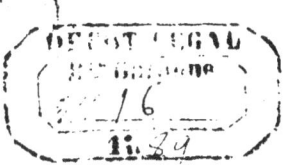

DES
HAUTES COURS POLITIQUES
EN FRANCE ET A L'ÉTRANGER
ET
DE LA MISE EN ACCUSATION
DU PRÉSIDENT DE LA RÉPUBLIQUE ET DES MINISTRES

ÉTUDE
DE DROIT CONSTITUTIONNEL ET D'HISTOIRE POLITIQUE

PAR

Adolphe-Émile LAIR

ANCIEN CONSEILLER A LA COUR D'APPEL D'ANGERS

OUVRAGE COURONNÉ PAR LA FACULTÉ DE DROIT DE PARIS

> « Il n'y a de véritable liberté et de
> » véritable justice que là où le juge se
> » regarde comme esclave de la loi. »
> LAPLAGNE-BARRIS.

PARIS
ERNEST THORIN, ÉDITEUR
LIBRAIRE DES ÉCOLES FRANÇAISES D'ATHÈNES ET DE ROME
DU COLLÈGE DE FRANCE ET DE L'ÉCOLE NORMALE SUPÉRIEURE
DE LA SOCIÉTÉ DES ÉTUDES HISTORIQUES
7, RUE DE MÉDICIS, 7

1889

DES

HAUTES COURS POLITIQUES

EN FRANCE ET A L'ÉTRANGER

ET

DE LA MISE EN ACCUSATION

DU PRÉSIDENT DE LA RÉPUBLIQUE ET DES MINISTRES

TOULOUSE. — IMP. A. CHAUVIN ET FILS, RUE DES SALENQUES, 28.

DES

HAUTES COURS POLITIQUES

EN FRANCE ET A L'ÉTRANGER

ET

DE LA MISE EN ACCUSATION

DU PRÉSIDENT DE LA RÉPUBLIQUE ET DES MINISTRES

ÉTUDE

DE DROIT CONSTITUTIONNEL ET D'HISTOIRE POLITIQUE

PAR

Adolphe-Émile LAIR

ANCIEN CONSEILLER A LA COUR D'APPEL D'ANGERS

OUVRAGE COURONNÉ PAR LA FACULTÉ DE DROIT DE PARIS

> « Il n'y a de véritable liberté et de
> véritable justice que là où le juge se
> regarde comme esclave de la loi. »
> LAPLAGNE-BARRIS.

PARIS

ERNEST THORIN, ÉDITEUR

LIBRAIRE DES ÉCOLES FRANÇAISES D'ATHÈNES ET DE ROME
DU COLLÈGE DE FRANCE ET DE L'ÉCOLE NORMALE SUPÉRIEURE
DE LA SOCIÉTÉ DES ÉTUDES HISTORIQUES

7, RUE DE MÉDICIS, 7

1889

INTRODUCTION

En 1884, la Faculté de droit de Paris avait mis au concours une étude sur les *Hautes cours politiques dans les temps modernes*. Elle a bien voulu couronner le mémoire que nous lui avions adressé.

C'est ce mémoire que nous publions aujourd'hui. Dans le remarquable rapport lu à la séance publique du 1er août 1885, M. Ducrocq s'exprimait ainsi : « Le sujet du concours de
» Droit constitutionnel était de nature à inspirer une œu-
» vre de mérite. La Faculté n'a pas été déçue dans son
» attente, et, sur les conclusions unanimes de la com-
» mission chargée du rapport préparatoire, elle décerne le
» prix Rossi à l'auteur du mémoire déposé.

» Ce n'est pas cependant que quelques parties de ce
» mémoire ne puissent être utilement complétées; qu'il n'y
» ait lieu d'enrichir l'introduction de notions sur cette
» partie de notre ancien droit public; que d'autres parties
» de l'œuvre n'eussent gagné, si l'auteur, à côté des tra-
» ditions de l'Angleterre, en cette matière, avait fait une
» part aux grands procès politiques de ce pays, comme à
» ceux de la France, et à des débats qui, dans ces der-
» nières années, se sont produits sur le continent. Nous
» estimons aussi qu'il s'est trop référé aux précédents de
» 1814 à 1848 sur les questions qui, en cas de poursui-
» tes devant le sénat, pourraient actuellement y surgir tant
» que le législateur n'aura pas comblé les lacunes de la
» loi. Mais la Faculté a pensé comme sa commission que
» ces réserves laissaient subsister le mérite absolu qui,

» dans le fond et dans la forme, rendaient ce mémoire
» digne de la plus haute récompense qu'elle puisse dé-
» cerner...

» Sans intervenir dans le grave débat résolu qui plane
» au-dessus des lois écrites, elle n'a pas hésité à décerner
» le prix Rossi à cet important mémoire dont l'auteur
» s'est montré fidèle à tout ce que commandait un tel
» nom. »

Une appréciation aussi flatteuse nous faisait un devoir de ne rien négliger pour combler les lacunes et rectifier les erreurs qui nous avaient été signalées (1). Mais si nous avons fait une plus large part à l'étude de notre ancien droit, et si, sur quelques points, nous avons modifié la doctrine que nous avions d'abord proposée, ces modifications et ces développements n'ont ni troublé l'économie générale ni altéré l'esprit de notre travail, et nous nous croyons toujours autorisé à le produire sous le patronage de la savante compagnie qui l'a honoré de sa plus haute récompense.

Pour résoudre les graves problèmes que soulève un pareil sujet, nous avons tour à tour interrogé la raison et l'histoire. Nous n'avons pas cru devoir nous borner à étudier dans leur texte et en elles-mêmes les différentes lois qui, depuis Rome jusqu'à nos jours, ont présidé au jugement des crimes politiques, et à préciser exactement les dispositions des législations étrangères. Nous nous sommes efforcé de les suivre dans leurs applications, d'étudier le rôle et les actes des tribunaux politiques, et c'est ainsi, à la double lumière de la théorie et des faits, que nous avons essayé de dégager les principes les plus propres à assurer aux accusés politiques une justice éclairée et impartiale.

---

(1) Nous prions tout spécialement MM. Albert Desjardins et Ducrocq d'agréer nos vifs remerciements pour les conseils autorisés qu'ils ont bien voulu nous donner avec tant de bienveillance.

I

Il semble que, dans tous les temps et chez tous les peuples, même les plus avancés dans l'exercice de la vie publique, même les plus jaloux de la liberté et de l'égalité civiles, on rencontre, à côté des tribunaux criminels de droit commun, des juridictions exceptionnelles chargées du jugement des délits politiques. Partout et toujours ces tribunaux paraissent répondre à un double besoin qui se perpétue à travers les âges. Le législateur n'ose confier au juge ordinaire ni le jugement de ces attentats, qui ne s'attaquant plus seulement aux droits individuels mais à la société elle-même dépassent en quelque sorte la mesure ordinaire du crime, ni celui des grands personnages que leur naissance ou leur fonction élève au-dessus du niveau commun, et investit d'une puissance qui paraît défier la justice. Il semble que dans ces deux cas, pour maintenir la proportion, on ait, de tout temps, senti la nécessité de grandir le tribunal dans la mesure même où grandissent soit le crime soit le coupable (1).

Evidemment, un fait aussi général ne répond pas seulement à des nécessités passagères, mais à un besoin permanent des sociétés, et Napoléon Ier était d'accord avec les enseignements de l'histoire, quand il disait, au commencement de ce siècle, que « le principe d'une haute Cour
» justifie par le respect et le prestige qui entourent cer-
» taines fonctions, la grandeur de l'émotion causée par un
» procès intenté à ceux qui en sont revêtus et la nécessité

---

(1) De bonne heure aussi, une pensée différente, celle-là toute de faveur, paraît avoir assuré une juridiction privilégiée aux membres de certaines assemblées et de certaines corporations, en leur ménageant le droit de n'être jugés que par leurs pairs, c'est-à-dire par les membres de la même assemblée ou de la même corporation. C'est ainsi qu'à Rome les sénateurs accusés n'avaient d'autre juge que le Sénat. Nous ne parlons qu'accidentellement de cette juridiction privilégiée qui ne rentrait pas directement dans notre sujet.

» d'une bonne justice (1). » Mais, et nous espérons l'avoir démontré, une telle conclusion n'est juste, et le principe d'une haute Cour n'est vraiment légitime qu'à une condition : c'est que la juridiction appelée à juger les crimes politiques assure aux accusés toutes les garanties dont ils jouissent devant les autres tribunaux, qu'elle soit une juridiction supérieure et non une juridiction d'exception.

C'est ici que l'histoire offre un triste spectacle. Herder la comparait à un serpent qui se mord la queue. Nulle part ce mot ne se vérifie mieux que dans le sujet qui nous occupe. Ce que, à toute époque ou à peu près, les différents pouvoirs ont cherché en instituant des tribunaux politiques, c'est bien moins une juridiction offrant aux accusés des garanties supérieures de lumières et d'indépendance, qu'un instrument de règne et une arme de parti pour écraser des adversaires. Il semble qu'en cette matière le droit n'existe plus dès que l'intérêt ou la passion commande ; et sous les noms divers de dictature, de raison d'Etat et de salut public, nous voyons, de Rome jusqu'à nos jours, les mêmes situations ramener les mêmes violences, et se reproduire à toute époque cet odieux sophisme que le droit de l'individu doit céder à l'intérêt général, et qu'il est juste qu'un seul périsse, fût-il innocent, pour le salut de tous.

II

A Rome et à l'origine il n'y eut pas, à proprement parler, de tribunaux exceptionnels pour le jugement des délits politiques. Cela tient à ce que le souverain, le roi d'abord, le peuple ensuite juge lui-même directement. Plus tard le peuple crut devoir déléguer sa juridiction, et le jugement passa des comices aux *quæstiones perpetuæ*. Pour remplacer les garanties que les peuples modernes cher-

---

(1) Cité par M. Barthe, dans son rapport sur le projet de loi instituant une haute Cour. — Sirey, *Lois annotées*, 1858, p. 169.

chent dans la liberté de la presse et la responsabilité ministérielle, les Romains avaient deux choses : la puissance tribunitienne et le droit d'accusation accordé à tous les citoyens. Machiavel a noté, avec sa profondeur ordinaire, le rôle important que joue le droit d'accusation dans une démocratie : « A ceux, » dit-il, « qui, dans un Etat, » sont préposés à la garde de la liberté, on ne peut don- » ner de droit plus utile et plus nécessaire que celui d'ac- » cuser devant le peuple ou devant quelque tribunal les » citoyens qui violent en quelque chose les libertés de » l'Etat (1). » Un tel droit assure en effet le respect de la constitution, et en donnant au peuple un moyen légal de défendre ses libertés l'empêche de recourir à la violence pour les maintenir. Et pourtant, ces droits si puissants ne suffisent pas aux Romains. Quand l'ennemi menace ou que la sédition gronde, ils s'empressent de concentrer tous les pouvoirs dans une seule main. La tradition autorise le sénat à faire élire un dictateur par les consuls ou à investir les consuls eux-mêmes du pouvoir dictatorial par la célèbre formule *Caveant consules ne quid detrimenti Respublica capiat*. Tite-Live semble même regretter qu'on ait trop rarement recours à cette mesure de salut public, et qu'on laisse trop oublier aux citoyens comme aux alliés la grande figure du dictateur : « *Ingentem speciem dictaturæ apud* » *cives sociosque vetustate jam prope oblitos* (2). »

En réalité la proclamation de la dictature équivalait à une suspension des garanties constitutionnelles, et l'un de ses principaux effets était de conférer à celui qui en était investi la juridiction suprême (3). Le dictateur avait droit de vie et de mort sur tous les citoyens ; il pouvait les distraire de leurs juges naturels, au besoin juger lui-même et substituer sa juridiction à toutes les autres.

---

(1) Discours sur Tite-Live, I, 7.
(2) Tite-Live, liv. XXII, ch. xi.
(3) *Judicium summum*, dit Salluste. Catilina, 29.

Catilina conspire : Cicéron se fait attribuer par le sénat le pouvoir dictatorial et, en vertu du droit de justice qui y est attaché, il déclare les conspirateurs hors la loi. C'était, en réalité, une mesure de salut public. Cicéron eut le tort de chercher à en justifier la légalité, et il ne put trouver que le plus misérable des sophismes, en alléguant que ceux qui sont ennemis de l'Etat perdent, par cela même, les droits du citoyen. Il n'osa jurer qu'il avait respecté les lois ; et plus tard, dans le *de Républicâ*, il compara lui-même la doctrine du salut public à un monstre (1).

Autorisée par la tradition dans les grandes crises de la la patrie, imposée à Camille devant les Gaulois, à Fabius en face d'Annibal, la dictature n'est plus, au dernier siècle de la république, que l'arme au moyen de laquelle les partis cherchent à s'écraser les uns les autres, un pur instrument de représailles politiques. Tibérius Gracchus et Scipion Nasica, Caïus Cracchus et Opimius, Saturninus et Rabirius, Lentulus et Cicéron lui-même l'éprouvent tour à tour.

Sous l'Empire, le sénat reçoit d'Auguste le droit de juger les magistrats et devient une juridiction politique. Dès le règne de Tibère, il tombe dans une bassesse que l'histoire a justement flétrie. Docile esclave des volontés impériales, il abandonne ces formes protectrices qui avaient été, dans les temps réguliers de la république, la sauvegarde des acusés, et devançant de dix-huit siècles les violences de nos tribunanx révolutionnaires, il prétend à l'omnipotence, s'arroge le droit de déterminer à son gré la procédure et la peine, ne respecte plus le principe tutélaire de la division des accusations, suspend sur toute tête qu'il veut perdre le *crimen majestatis* ou le prétexte menteur du salut public. C'est sous l'accusation de lèse-majesté qu'il condamne Silanus (2). C'est au nom du salut

---

(1) *Nihil istà quæ populi speciem imitatur, immanius belluá est.* III, 25.
(2) Tacite, *Annales*, III, 66 à 70.

public qu'il immole Thraseas : *Summam rempublicam agi*, fait dire Tacite à son accusateur (1).

Enfin, la juridiction du sénat disparaît elle-même pour faire place à celle de l'empereur ; et il ne reste aux accusés d'autres garanties que celles qu'ils peuvent trouver accidentellement dans le caractère ou l'intérêt du prince.

III

Pendant la période barbare, l'assemblée générale de la nation, sous le nom de champ de Mars ou de Mai, juge les crimes politiques. C'est déjà, dans son principe au moins, le jugement par les pairs, bien que ce nom n'appartienne qu'à la période féodale. Peu à peu, par suite de la difficulté de réunir les hommes libres et sous l'influence aussi des traditions romaines, la Cour du roi se substitue aux assemblées populaires. Mais le roi n'y juge pas seul : à l'origine, par un ressouvenir de l'intervention du pays dans les jugements, les fidèles, les pairs y sont associés à l'œuvre de la justice royale. Bientôt la Cour du roi elle-même devient le Parlement et le jugement par les Pairs fait définitivement place au jugement par les officiers du roi.

Si la royauté eût été sage, elle se fût contentée de la justice du Parlement. « L'indépendance forte et mesurée, les
» vertus héréditaires de ses membres, telles étaient les
» sources auxquelles le Parlement puisait l'autorité qu'il
» exerçait sur les esprits aussi bien que sur les affaires
» de l'Etat. Jamais la justice ne fut administrée avec plus
» de majesté et de conscience (2). »

A l'origine, et en haine de la féodalité, la Royauté s'appuie sur le Parlement, et le laisse étendre son pouvoir

---

(1) *Annales*, XVI, 28.
(2) Beugnot, préface des *Olim*. Machiavel l'appelle : « une institution des plus sages, propre à veiller à la sûreté du gouvernement et à la liberté des citoyens. »

au delà de sa juste compétence. Elle semble chercher en lui « son contrôle et sa limite (1). » Mais bientôt, sous l'influence des lois romaines, d'autres maximes prévalent : le droit public proclame que le roi est la source de tous les pouvoirs de l'Etat, et tout s'efface devant l'absolutisme royal.

Quand Mme de Staël, dans une phrase célèbre, disait qu'en France c'était la liberté qui était ancienne et le despotisme qui était nouveau, elle se faisait évidemment quelque illusion. Vraie peut-être sous certains rapports, une pareille appréciation ne résiste pas, au point de vue judiciaire, à une étude attentive de l'histoire.

A cet égard, l'ancien régime est l'absolutisme même. Tous les pouvoirs, le pouvoir judiciaire comme les autres, ne sont qu'une émanation de la souveraineté royale. A côté de la justice que le roi délègue, il y a la justice qu'il retient et qui lui permet, quand et comme il le veut, d'arrêter, de corriger ou de supprimer l'autre. « Le roi, » dit Muyart de Vouglans, « est le seul juge véritable de son » royaume. Sa Majesté est, à l'égard des tribunaux qu'il » a institués, comme un soleil qui leur communique ses » rayons, ou comme la mer est à l'égard des fleuves, les- » quels, après différents trajets lui reportent enfin les eaux » qu'ils avaient puisées dans son sein (2). »

Deux tentatives fort différentes furent faites pour limiter, en cette matière, l'omnipotence royale, et donner un cours régulier à la haute justice.

La première vint de ces puissants barons qui, à l'origine de la monarchie, se regardaient et pouvaient presque être regardés, en effet, comme les égaux du roi. Ils ne consentirent jamais à être jugés par les seuls officiers royaux, et se refusèrent à accepter d'autres juges que leurs égaux en dignité et en rang. Appuyés sur la tradition, forts de leur

---

(1) Beugnot, *loco citato*.
(2) *Lois criminelles*, p. 506.

puissance, ils parvinrent à faire prévaloir leurs prétentions, et leur résistance amena la constitution de la Cour des Pairs. En principe, au moins (car leur droit fut souvent violé, en fait), ils conservèrent jusqu'à la révolution le droit de n'être jugés que par le Parlement *garni de Pairs*.

La seconde vint des Légistes. Par l'institution des *Grands Jours*, ils essayèrent de doter la France d'une haute juridiction, qui devait être dans leur pensée, qui eût pu être en effet, sans les résistances qu'elle rencontra, comme la haute Cour de notre ancienne monarchie. Que ces assises solennelles tenues dans les provinces éloignées de la capitale aient eu pour but la répression des grands personnages et des hauts fonctionnaires qui échappaient, par leur situation et leur puissance, à l'action de la justice ordinaire, cela n'est pas douteux et Ayrault le dit positivement : « S'il arrivait que les parties fussent personnes
» de si grande estoffe, si riches et si puissantes que les
» juges ordinaires n'eussent autorité et gravité suffisantes
» pour eux, les Romains nommaient un des plus graves
» et anciens consulaires, quelquefois un dictateur. A cet
» exemple ont été ordonnés les *Grands Jours*. S'il s'offre
» donc quelque accusation de grand poids, comment
» est-ce que le juge ordinaire y suffirait parmi tant de ru-
» ses, formalités et empêchements ! Il faut nécessairement
» que ceux qui ont la main souveraine s'y entremettent
» aucunes fois (1). »

Aux termes de l'ordonnance de Blois, les *Grands Jours* devaient être tenus tous les deux ans dans les Parlements de Paris, Toulouse et Bordeaux. Leur fonctionnement régulier échoua malheureusement devant la résistance des seigneurs et la jalousie des Parlements; et le roi, se fondant sur son droit absolu, continua d'instituer, quand il lui plût, des commissions judiciaires, et de renvoyer ses

---

(1) *Institution judiciaire*, p. 43.

adversaires politiques devant des juges choisis et souvent achetés.

Les Parlements firent entendre leurs remontrances, les Etats généraux leurs doléances, les publicistes leurs protestations. Ayrault, Bodin, Pasquier critiquèrent tour à tour les commissions judiciaires. Dumoulin en signale hautement le péril et rappelle que les Parlements ont été institués précisément pour soustraire les parties à ces juges inconnus et redoutables, *ab injuriis ignotorum judicum et extraordinariarum quas vocant commissionum, quæ periculosissimæ sunt* (1). Devant ce concert de protestations, les ordonnances royales promettent à jamais l'abolition des commissions judiciaires, et, le lendemain, les commissions renaissent. Philippe le Bel et Louis XI, Louis XII et François Ier, les rois despotes et astucieux comme les princes honnêtes et chevaleresques en usent également.

Dans un livre récent, aussi remarquable d'ailleurs par l'étendue des recherches que par l'esprit généreux qui l'inspire, M. d'Avenel s'efforce d'établir que le despotisme royal date seulement de Richelieu (2). C'est Richelieu qu'il accuse d'avoir transformé la monarchie traditionnelle en monarchie absolue, d'avoir été le premier apôtre de la raison d'Etat et l'inventeur des commissaires, « d'avoir mis » le roi au-dessus de la justice et de ces lois souveraines » qui primaient le pouvoir de la royauté (3). » Une semblable appréciation est évidemment excessive. Si ces lois ont jamais existé, ce n'est pas Richelieu qui les a détruites. Depuis le treizième siècle, au moins, le roi n'a jamais cessé d'être au-dessus de la justice ou plutôt d'être à lui seul toute la justice. Quand donc Richelieu disait que « le » roi peut en dispenser comme il lui plaît » il ne faisait que

---

(1) Dumoulin, *Stylus Parliamenti.*
(2) *Richelieu et la monarchie absolue.* Paris, Plon, 1884.
(3) Tome I, p. 12 et 186.

répéter ce qui se disait depuis des siècles, et les princes n'avaient jamais douté qu'un pareil droit fût l'exercice naturel et légitime de leur prérogative. Ce qui est vrai, c'est que nul, avant Richelieu, n'avait appliqué ces principes avec autant de rigueur; nul, pas même Louis XI, n'avait mis autant d'esprit de suite dans l'emploi des commissions judiciaires, et d'audace dans le mépris des formes légales. Par la pratique comme par la théorie, Richelieu a, on peut le dire, porté à sa perfection le dogme du pouvoir absolu de la royauté.

Pour Richelieu, ce que Dieu peut sur l'univers, le roi le peut sur son royaume; il n'appartient qu'à lui de faire les lois, de les changer et de les interpréter. Il a droit de vie et de mort sur ses sujets, et, pour prouver que le roi est « au-dessus de la justice, on se joue comme à plaisir
» de toutes les formes judiciaires; — pour prouver que
» le roi dispose de la vie de ses sujets, on fait mourir des
» innocents (1). »

Des maîtres des requêtes, munis de pouvoirs discrétionnaires, parcourent la France, jugeant sans règles, où il leur plaît, assistés de qui ils veulent; des Chambres de justice soigneusement triées frappent les adversaires politiques. Cinq révoltés sont exécutés à Rouen sans avoir été entendus et sur un simple ordre verbal du chancelier. Et, pour Richelieu, tout cela est légitime; c'est que, en effet :
« Il y a une grande différence entre ce qu'on fait contre
» l'Etat et ce qu'on fait pour sa sûreté (2); — Il y a des
» crimes où il faut punir d'abord et puis informer (3); —
» Le crime de lèse-majesté est si grand qu'on en doit pu-
» nir même la pensée (4); — En matières de complots, il
» est souvent impossible d'avoir des preuves concluantes;
» les autres doivent suffire quand les conjonctures sont

---

(1) D'Avenel, t. I, p. 186.
(2) *Mémoires*, t. I, p. 216.
(3) *Lettres et papiers d'Etat*, t. III, p. 176.
(4) *Mémoires*, t. II, p. 407.

» pressantes (1) ; » — toutes maximes tirées de ses œuvres. Quand il veut perdre un homme, il accueille sur son compte les bruits les plus vagues (2). A défaut d'autre grief, il l'accusera de « traiter beaucoup de choses préjudiciables au service de Sa Majesté et au repos de l'Etat. » C'est la formule.

Montesquieu l'a dit avec raison : « Quand la servitude » elle-même viendrait sur la terre, elle ne parlerait pas » autrement (3). » Louis XIV n'a plus qu'à dire : « L'Etat c'est moi. »

IV

Un esprit nouveau souffle au dix-huitième siècle et les rôles changent. « Il s'est formé un tribunal indépendant » de toutes les puissances et que toutes les puissances » respectent : l'opinion (4). » La philosophie demande à l'autorité ses titres, analyse les organes du gouvernement et les conditions du pouvoir ; tour à tour libérale avec Montesquieu, radicale avec Rousseau, aux droits du prince elle oppose les droits de l'homme, à la souveraineté du roi la souveraineté de la nation. Ce mouvement amène la convocation des états généraux et la rédaction des cahiers de 1789.

Au point de vue qui nous occupe, deux idées principales se dégagent des vœux exprimés dans les cahiers et des délibérations de l'assemblée constituante : le respect de la légalité, la surveillance des agents du pouvoir et des ennemis de la nation.

Résumant l'opinion de son siècle, Montesquieu avait dit : « Une des choses qui portent le plus d'atteinte à la » liberté du citoyen est de le faire juger non pas par ses

---

(1) Cité par M. D'Avenel, t. I, p. 213.
(2) *On est son grand accusateur.* — D'Avenel.
(3) Montesquieu, *Esprit des lois*, édition Didot, p. 285.
(4) Laboulaye, *Revue des cours littéraires*, 19 mars 1870.

» juges naturels, mais par une commission (1). » Les cahiers réclament unanimement la suppression des commissions judiciaires, et la constitution de 1791 les abolit (2).

Mais en même temps, les cahiers demandent avec non moins d'ardeur qu'on soumette les agents de l'autorité, spécialement les ministres, à une responsabilité effective; qu'on définisse les infractions aux droits de la nation et qu'on institue un tribunal pour les juger. Et la pensée qui inspire ces vœux est moins une pensée de protection pour le citoyen que de défiance envers le pouvoir. « Partout, » dit M. Taine, « on sent la perpétuelle préoccupation de » se mettre en garde, l'arrière-pensée d'une trahison, la » persuasion que le pouvoir exécutif, quel qu'il soit, est, » par nature, un ennemi public (3). » Autrefois, l'un des soins les plus constants du pouvoir était la surveillance des citoyens et la recherche des crimes de lèse-majesté royale. — Aujourd'hui, c'est au tour des citoyens à surveiller le pouvoir, et la pensée qui les obsède, c'est de rechercher et de punir les crimes de lèse-nation (4).

Pour répondre à l'impatience de l'opinion, l'assemblée n'attend pas que la constitution ait établi la responsabilité des ministres et des autres agents de l'autorité. Avant même de proclamer les droits de l'homme, son premier soin est d'instituer à la hâte cette haute Cour qui doit être « l'organe de la souveraineté nationale, » et comme on disait alors « le glaive de la loi (5). » Elle confie la surveillance des fonctionnaires et la révélation des crimes de lèse-nation à tous les citoyens; — le droit d'accusation aux seuls représentants de la nation; — le jugement a des jurés directement élus par le peuple. Le droit d'accuser est re-

---

(1) *Grandeur et décadence des Romains.*
(2) Constitution des 3-14 septembre 1791. Tit. II, art. 17.
(3) *Origines de la France contemporaine*, t. I, p. 249.
(4) C'est le mot même dont se servent les cahiers.
(5) Expressions tirées des discours du temps.

fusé au roi, et les décrets d'accusation rendus par l'assemblée n'ont pas même besoin d'être sanctionnés par lui. Le roi n'a pas davantage le droit de choisir le ministère public; c'est l'assemblée qui désigne elle-même et dans son sein les grands procurateurs chargés de la poursuite. Telle est la haute Cour organisée par l'assemblée constituante : c'est la nation exerçant elle-même sa souveraineté, dans le domaine de la justice, « une représentation nationale judiciaire. » Sa compétence s'étend à tous les délits qu'il plaira au corps législatif de lui déférer. Le crime de lèse-nation n'est pas même défini. C'est l'arbitraire. Déjà, l'esprit radical a présidé à l'organisation de cette redoutable machine. Sur un seul point, l'esprit libéral a triomphé : la haute Cour siège à quinze lieues de Paris. On a voulu la soustraire à la pression de la multitude et aux menaces de l'émeute.

La machine organisée, on la met en mouvement, et de nombreux accusés sont déférés à la haute justice. — L'assemblée législative s'efforce d'en accélérer la marche. Malgré tout, la haute Cour ne parvient pas à fonctionner assez vite au gré de l'impatience populaire. Les accusés qu'elle devait juger sont enlevés des prisons, massacrés à Versailles, et l'un des premiers actes de la Convention est la suppression de la haute Cour.

A partir de ce moment, « l'absolutisme populaire s'approprie sans scrupules les théories et les pratiques de » l'absolutisme royal. » M. Taine, avec sa pénétrante analyse, a mis en pleine lumière cette identité du despotisme monarchique et du radicalisme jacobin, leur goût égal pour l'emploi des commissions extraordinaires, les accusations de lèse-majesté et la suppression des formes légales (1). — « Jadis, il y avait des crimes de lèse-majesté » royale, maintenant, il y a des crimes de lèse-majesté » populaire, et on les commet lorsque par action, parole

---

(1) *Revue des Deux-Mondes*, 1ᵉʳ février 1888.

» ou pensée, on dénie ou on conteste au peuple une par-
» celle quelconque de l'autorité plus que royale qui lui
» appartient (1). » Robespierre déclare qu'« en politique,
» il faut juger avec les soupçons d'un patriotisme éclairé. »
Richelieu avait exprimé la même pensée en d'autres termes. Et la doctrine du salut public s'étale dans des maximes comme celle-ci : « Quand une société ou sa majorité
» veut une chose, elle est juste. La minorité est toujours
» coupable, eût-elle raison moralement. Il ne faut que du
» sens commun pour sentir cette vérité-là. La nation a le
» pouvoir indiscutable de perdre même un innocent (2). »
— « Le roi peut tout, » disait-on autrefois : « La nation
peut tout » répète-t-on maintenant. Il est de l'essence de
sa souveraineté d'être supérieure à tous les droits, de suppléer à toutes les lois. Tel est le dogme nouveau, au nom
duquel la convention se constitue en Cour de justice pour
juger Louis XVI, et institue le tribunal révolutionnaire.
C'est ainsi qu'à moins de deux ans d'intervalle, la suppression des juridictions exceptionelles est suivie de la création des deux commissions judiciaires les plus violentes
et les plus cyniques dont l'histoire ait gardé le souvenir.
Le mouvement commencé au nom de l'ordre légal aboutit
à la Terreur.

V

Franchissons un espace de quarante années. La justice
révolutionnaire n'est déjà plus qu'un lugubre souvenir.
Les constitutions ont été unanimes à proscrire les commissions judiciaires comme les publicistes à les flétrir.
Les chartes de 1814 (3) et de 1830 (4) déclarent qu'il ne
pourra être créé de commissions et tribunaux extraordi-

---

(1) Taine, *Le programme jacobin*.
(2) *Nuits de Paris* : 15ᵉ nuit, p. 377.
(3) Art. 203.
(4) Art. 54.

naires, à quelque titre et sous quelque dénomination que ce puisse être. A leur exemple, la plupart des constitutions des autres pays ont reproduit le même principe (1). La monarchie restaurée a confié à la Chambre basse la poursuite, à la Chambre haute le jugement des crimes politiques. A part l'institution passagère des Cours prévôtales, le pouvoir se montre respectueux observateur de la légalité et le règne de la loi semble définitivement assis.

La révolution de 1830 éclate ; une partie de l'opinion proclame traîtres les ministres signataires des ordonnances et demande leur mise en jugement. La charte autorise sans doute la Chambre des députés à accuser les ministres pour trahison devant la Chambre haute. Elle a promis la définition de la trahison ; mais cette définition n'a jamais été donnée. Il n'existe ni texte qui la spécifie, ni loi qui la punisse. N'importe, la Chambre des députés renvoie les ministres devant la Cour des pairs, et la Cour des pairs les condamne. De quel droit? Du droit de la raison d'Etat.

Celui qui est l'ennemi de l'Etat n'est pas un citoyen et ne peut invoquer les droits du citoyen, avait dit Cicéron, pour faire condamner Catilina et ses complices. — Il y a des crimes qui font perdre *ipso facto* à ceux qui les commettent tous leurs droits et privilèges, avait dit Richelieu. — Il n'y a pas besoin d'une loi qui punisse les traîtres et les conspirateurs, la nation a toujours le droit de les punir, avaient dit la convention et le comité de salut public. — Quelle raison invoque-t-on pour frapper les ministres de 1830? C'est que « en matières de crimes politiques,
» quand il s'agit de l'indépendance ou de la sûreté de
» l'Etat, du maintien des institutions ou des lois, des li-
» bertés publiques ou des garanties individuelles, *il est*
» *impossible qu'il n'y ait pas accusation quand il y a eu*

---

(1) Il se retrouve dans les constitutions de la Belgique, du Portugal, de l'Italie, des Pays-Bas, de Berne, de Genève, etc.

» *péril pour la patrie, et qu'il n'y ait pas jugement,*
» *quand il y a eu accusation : car la liberté et la sûreté*
» *de tous sont préférables à celles de quelques-uns* (1).

Je défie qu'on relève une différence entre ces quatre exemples. A deux mille ans de distance, c'est la même doctrine, le même principe, la même négation du droit individuel au nom du salut de l'Etat.

Et qu'on ne s'y trompe pas, cette doctrine vit encore; elle est le fond même de l'esprit révolutionnaire et jacobin. Hier encore, un membre du conseil municipal de Paris disait dans des termes identiques à ceux que nous avons relevés dans l'histoire : « Les serviteurs d'un pré-
» tendant ne sont pas des citoyens (2). » On le voit, le monstre dont parlait déjà Cicéron n'est pas mort : il sommeille.

VI

Y aurait-il donc, ainsi que l'a dit Montesquieu lui-même, « des cas où il faut mettre pour un moment un
» voile sur la liberté comme on cache les statues des
» dieux (3).

Nous ne pouvons nous résigner à le croire. Liberté et justice ne sont que deux noms différents d'une même et sainte chose qui est le droit. Or le despotisme monarchique et l'absolutisme populaire sont, au même titre, la négation des droits de l'individu. La doctrine de la raison d'Etat et du salut public, qu'est-elle autre chose, sinon l'application aux affaires publiques du principe de la souveraineté du but, de cet odieux sophisme que la fin justifie les moyens ? Démosthène enseignait déjà aux Athéniens que le salut public ne peut venir qu'après la

---

(1) Rapport de M. de Bastard.
(2) Paroles de M. Joffrin à la séance du conseil municipal du 5 décembre 1888. — *Moniteur* du 7 décembre.
(3) *Esprit des lois*, XII, 9.

justice (1). Nous sommes aussi de ceux qui pensent que l'intérêt du plus grand nombre, fût-il constant, doit s'incliner devant le droit d'un seul. Tout le progrès de la civilisation est là.

Nul, mieux que Benjamin Constant, n'a mis à nu le vice de la justice révolutionnaire. Au moment de la conspiration de Babeuf, le Directoire avait tenu à procéder dans toutes les règles. Mais les esprits n'avaient pas encore repris leur équilibre et beaucoup s'irritaient de l'observance et de la lenteur des formes. « 'Eh quoi! » s'écrie Benjamin Constant, « vous dites que si les conspirateurs
» avaient triomphé, ils n'auraient pas observé contre vous
» toutes ces formes! Eh! c'est précisément parce qu'ils ne
» les auraient pas observées que vous devez les observer!
» C'est là uniquement ce qui vous donne le droit de les
» punir; c'est là ce qui fait d'eux des anarchistes, de vous
» des hommes d'ordre... Ce qui distingue avant tout la
» justice régulière de la justice révolutionnaire c'est le res-
» pect des formes protectrices des accusés (2). »

Il est impossible de mieux dire, et pourtant, dans une autre de ses œuvres, Benjamin Constant a poussé plus loin encore la démonstration de cette vérité : « Les formes
» sont une sauvegarde : l'abréviation des formes est la di-
» minution ou la perte de cette sauvegarde... L'abrévia-
» tion des formes est donc une peine. Si vous infligez
» cette peine à un accusé, c'est donc que son crime est
» démontré d'avance : mais si son crime est démontré
» d'avance à quoi bon un tribunal quel qu'il soit? Si
» son crime n'est pas démontré, de quel droit le placez-
» vous dans une classe particulière et proscrite, et le pri-
» vez-vous, sur un simple soupçon, du bénéfice commun
» à tous les membres de l'état social : cette absurdité

---

(1) Plutarque, *Vie de Démosthène*, ch. XIII : « Οὐ πρὸς τὸ ἥδιστον, ἢ ῥᾷστον, ἢ λυσιτελέστατον ἄγει τοὺς πολίτας, ἀλλὰ πολλαχοῦ τὴν ἀσφάλειαν καὶ τὴν σωτηρίαν οἴεται δεῖν ἐν δευτέρᾳ τάξει τοῦ καλοῦ ποιεῖσθαι καὶ τοῦ πρέποντος. »

(2) *Essai sur la Terreur*, p. 88.

» n'est pas la seule. Les formes sont nécessaires ou sont
» inutiles à la conviction; si elles sont inutiles à la con-
» viction pourquoi les conservez-vous dans les procès or-
» dinaires? Si elles sont nécessaires, pourquoi les retran-
» chez-vous dans les plus importants?

» Ce sont des brigands, dites-vous, des assassins, des
» conspirateurs auxquels nous enlevons le bénéfice des
» formes ; mais, avant de les reconnaître comme tels, ne
» faut-il pas constater les faits? Or, que sont les formes,
» sinon le meilleur moyen de constater les faits? S'il en
» existe de meilleurs ou de plus courts qu'on les prenne,
» mais qu'on les prenne alors pour toutes les causes (1). »

Pour brider, autant que possible, l'esprit révolutionnaire et prévenir son intrusion dans la justice, deux choses surtout sont nécessaires ; une loi précise et une juridiction impartiale. Il faut d'abord que les délits politiques comme les autres reçoivent de la loi des définitions qui ne permettent pas les poursuites arbitraires; qu'en matière politique, plus encore qu'en matière de droit commun, « nul délit, nul crime ne puisse être puni de peines
» qui n'étaient pas prononcées par la loi avant qu'il fut
» commis (2). » Or, une partie seulement des délits politiques a jusqu'ici trouvé une définition dans nos lois.

Au moment où s'impriment les dernières feuilles de ce livre une commission du sénat prépare la loi promise par la constitution qui doit régler la procédure à suivre au cas où la Chambre haute serait constituée en Cour de justice. Ce sera là, à coup sûr, une œuvre utile; la procédure, comme le reste, a besoin d'être fixée; les formes, nous l'avons dit, sont la sauvegarde des accusés, « et le mépris
» des formes conduit au mépris de la justice (3). » Mais l'œuvre nécessaire, l'œuvre urgente serait la définition des crimes et des délits qui peuvent motiver la poursuite

---

(1) *Réflexions sur les constitutions et les garanties*, p. 236.
(2) Code pénal, art. 4.
(3) M. D'Avenel.

devant la haute Cour. Une telle définition n'est évidemment pas impossible, puisque plusieurs de nos anciennes lois l'avaient tentée et qu'elle a été donnée ailleurs. Sauf le procès de l'amiral Persano, intenté pour « trahison, désobéissance et incapacité, » les derniers procès politiques qui ont eu lieu à l'étranger avaient tous pour objet des faits précis. Tant que la définition des crimes et délits politiques non prévus aujourd'hui par la loi n'aura pas été donnée, leur poursuite demeurera sans base légale et ne pourra se réclamer que de la raison d'Etat.

Il faut, en second lieu, que cette loi trouve, pour l'appliquer, un tribunal éclairé, indépendant, impartial. Il faut que ce tribunal ait une existence permanente qui écarte tout soupçon de commission et de juridiction exceptionnelle, qu'il donne aux accusés politiques toutes les garanties assurées aux autres accusés devant les tribunaux ordinaires.

C'est au Parlement qu'à l'imitation des Chartes de 1814 et de 1830, les lois constitutionnelles de 1875 ont confié la répression des crimes politiques ; à la chambre des députés appartient le droit d'accusation, au sénat le jugement.

La juridiction parlementaire ne saurait, sans doute, être comparée aux anciennes commissions judiciaires, et elle compte aujourd'hui encore des partisans nombreux. Nous croyons cependant avoir démontré, dans la conclusion de ce livre, qu'elle ne répond pas aux exigences d'une bonne justice. L'accusateur et le juge s'y touchent de trop près. Même astreint à ne prononcer que des peines légales, le Parlement manque, par la force des choses, du calme, de la liberté et de l'impartialité nécessaires au véritable juge. Centre des agitations politiques, des compétitions personnelles et des intrigues des partis, il est moins propre qu'aucune autre juridiction à dégager des passions du moment la justice et la vérité éternelles. Et l'histoire est là pour dire qu'il est dangereux de confier des attributions judiciaires à un corps politique et que les juridictions politiques ne trouvent chez les accusés ni confiance ni respect.

Une solution nous a paru s'imposer : celle d'une haute Cour purement judiciaire, pourvue de tous les organes nécessaires au fonctionnement d'une juridiction indépendante : — instruisant elle-même avant de juger ; — empruntant ses juges inamovibles aux degrés les plus élevés de la hiérarchie, ses jurés aux corps élus qui offrent le plus de garanties d'impartialité et de lumières ; — ne pouvant juger que des crimes définis, appliquer que des peines édictées par la loi ; — présentant, en un mot, à un degré supérieur et dans une majesté plus haute, tous les caractères de la justice de droit commun. Le pouvoir exécutif comme le pouvoir législatif peuvent également rendre plainte devant elle et la contraindre à informer. L'un et l'autre aussi doivent savoir s'incliner devant ses arrêts, soit qu'elle ne croie pas devoir donner suite à la plainte, soit que sur le renvoi de la chambre d'instruction et la poursuite de son procureur général, elle acquitte ou condamne.

VII

Nous faisons-nous une trop haute idée de la justice, et pensera-t-on qu'une Cour ainsi constituée est une puissance trop redoutable! Certes la prééminence du pouvoir judiciaire sur le pouvoir politique n'est pas faite pour complaire à cet esprit radical qui nous pénètre et nous envahit de plus en plus. Mais ce n'est pas à la justice d'être la servante de la politique ; c'est à la politique elle-même à s'incliner devant elle.

La justice est le premier besoin des sociétés. Comme l'a remarqué M. Guizot, toutes choses « dans l'état social » aboutissent à des jugements (1). » Dans une société qui

---

(1) *Hist. de la civilisation*, t. IV, p. 68.

n'est pas régie par la force seule (et ce ne serait plus alors une société digne de ce nom), les lumières et l'indépendance du juge sont donc, en dernière analyse, l'unique sauvegarde des droits du citoyen, la garantie véritable et définitive de la liberté. Combien cela n'est-il pas plus vrai encore du juge appelé à juger les crimes et délits politiques presque toujours au milieu des discordes civiles et sous la pression des partis, souvent en face des injonctions du pouvoir ou des menaces de la foule.

Nécessaire à toute société, une justice fortement constituée l'est à une société démocratique plus qu'à tout autre.

Certes, nous nous garderions, même à l'heure présente, de proposer la démocratie américaine en exemple à notre démocratie. Mais il faut convenir qu'elle a sur la nôtre une supériorité véritable. Elle a su faire du pouvoir judiciaire un troisième pouvoir ayant une autorité réelle et non pas seulement nominale, gardien du pacte fondamental et des garanties constitutionnelles, arbitre accepté de tous les partis et modérateur de tous les pouvoirs. On l'a justement remarqué, la solennelle déclaration des droits de l'homme ne nous a pas donné en fait de vraie liberté ce qu'a valu aux Etats-Unis la simple constitution de la Cour suprême.

Ce n'est pas en laissant au pouvoir exécutif et au pouvoir législatif la haute main sur les poursuites politiques qu'on garantira la liberté. C'est en fortifiant le pouvoir judiciaire (1). Une haute Cour aussi profondément que possible séparée de la politique, contenue par des règles fixes, une procédure déterminée et des définitions précises, capable d'arrêter au besoin les accusations témérairement intentées par les pouvoirs législatif ou exécutif, n'a donc rien qui

---

(1) L'extension du pouvoir judiciaire dans le monde politique, dit Tocqueville, doit être corrélative à l'extension du pouvoir électif. — V. les remarquables études de MM. le duc de Noailles, sur le *Pouvoir judiciaire aux Etats-Unis*, et de M. Georges Picot, sur *le Centenaire de Vizille. Revue des Deux-Mondes* des 15 juillet et 1ᵉʳ août 1888.

nous effraie. Nous y voyons au contraire la meilleure sauvegarde du droit contre les violences d'en haut et d'en bas (1).

Les personnes, s'il s'en rencontre, qui voudront bien jeter les yeux sur ces pages, y trouveront deux idées maîtresses qui nous sont depuis longtemps chères et que la réflexion et l'expérience n'ont fait qu'affermir dans notre esprit : l'une est la nécessité de séparer autant que possible la justice de la politique, l'autre, celle de subordonner tous les autres pouvoirs, même le pouvoir politique au pouvoir judiciaire. Nous savons que de telles idées ne sont pas aujourd'hui en honneur. Loin de dédaigner d'emprunter à leurs adversaires les armes qui les ont eux-mêmes blessés, les divers partis ne manquent guère de chercher tour à tour dans le pouvoir judiciaire un instrument de règne, et, à des degrés divers, ils tendent tous bien plutôt à le subordonner au pouvoir administratif et à ce qu'on est convenu d'appeler les nécessités politiques, qu'à laisser à la justice le dernier mot. Qu'on se souvienne de la théorie de l'acte de gouvernement, et qu'on interroge le tribunal des conflits. Nous sommes profondément convaincu que ce sont là des doctrines aussi erronées que funestes, et que, dans un état bien ordonné pour la paix, tout le monde doit se taire quand la justice a parlé. La justice humaine ne peut prétendre sans doute à l'infaillibilité de la justice divine; mais elle en tient la place dans nos sociétés imparfaites, *res judicata pro veritate*. Son rôle est d'appliquer aux faits contingents et aux réalités mobiles les principes du droit éternel. L'autorité de ceux qui ont la charge auguste d'appliquer la loi ne sera jamais trop haute. On ne rétablira la paix religieuse qu'en répudiant une politique hypocritement persécutrice pour

---

(1) La Cour suprême de Leipzig vient de résister à M. de Bismarck lui-même, en mettant en liberté le Docteur Geffcken. Le Parlement l'eût-il osé ?

respecter simplement la liberté des consciences. On ne fondera la paix sociale qu'en chassant la politique de la justice, en élevant assez haut les lumières et l'indépendance du juge pour lui assurer non seulement l'obéissance mais le respect et la confiance de tous.

DES
HAUTES COURS POLITIQUES

ET DE LA MISE EN ACCUSATION

DU PRÉSIDENT DE LA RÉPUBLIQUE ET DES MINISTRES

LIVRE PREMIER

DU JUGEMENT DES CRIMES D'ÉTAT ET DE LA RESPONSABILITÉ PÉNALE DES MAGISTRATS DANS LE DROIT ROMAIN.

CHAPITRE PREMIER.

CONSIDÉRATIONS GÉNÉRALES.

Plus on étudie l'histoire des Romains à la double lumière de l'érudition moderne et de l'expérience politique, plus on s'étonne de voir à quel point ils sont, en tout, nos maîtres. Il y a, certes, bien peu d'analogie entre la constitution romaine et nos constitutions modernes; mais les Romains ont eu, comme d'instinct, un si profond sentiment du droit, une si vive intelligence de la vie publique et des conditions pratiques de la liberté, qu'il n'est guère d'institution nécessaire dont on ne retrouve chez eux le modèle ou au moins le germe. Il ne saurait donc être sans intérêt de rechercher comment la constitution romaine avait organisé la responsabilité des fonctionnaires et la répression des crimes d'Etat.

Au point de vue spécial qui nous occupe, il convient de distinguer trois périodes : la Royauté, la République, l'Empire.

A l'origine, il n'y eut pas, à Rome, à proprement parler, de tribunaux exceptionnels pour juger les crimes commis par les magistrats, pas de juridictions privilégiées tenant à la personne ou à la fonction (1). Depuis la fondation de Rome jusqu'à l'établissement des *quæstiones perpetuæ*, c'est le souverain lui-même, le roi d'abord, le peuple ensuite, qui juge les fonctionnaires prévaricateurs, soit directement, soit par des commissaires auxquels il délègue sa juridiction.

A partir de la loi *Calpurnia*, des tribunaux spéciaux existent pour le jugement de certains crimes commis par des magistrats; mais leur spécialité est déterminée par le crime et non par les personnes. « Si des magistrats seuls comparaissaient devant la *quæstio repetundarum*, c'était que des magistrats seuls pouvaient se rendre coupables du crime de concussion (2). »

Ce fut seulement sous l'Empire que le sénat devint, pour toute sorte de délits ou de crimes, le tribunal *privilégié* des sénateurs et des magistrats.

---

(1) Excepté, probablement, pour le crime de *perduellio*.
(2) Laboulaye, *Essai sur les lois criminelles des Romains*, p. 187.

CHAPITRE II.

PÉRIODE ROYALE.

On sait combien sont obscurs les premiers temps de l'histoire romaine. Le roi paraît avoir concentré en sa personne tous les éléments de la souveraineté, le pouvoir judiciaire comme les autres, et il semble qu'il se réservait personnellement la connaissance des crimes les plus considérables, de ceux particulièrement qui s'attaquaient à la sûreté de l'Etat (1). Tantôt il les jugeait seul, tantôt entouré d'un conseil dont on ne connaît pas exactement la nature; quelquefois aussi il déléguait sa juridiction à des commissaires, *duumviri* (2), *quæstores* (3). D'après Tite-Live, ce furent les *duumviri perduellionis* qui jugèrent Horace. Le meurtre de Camille fut considéré comme un crime de lèse-majesté; mais le roi n'osa pas assumer la responsabilité d'une condamnation contre le vainqueur des Curiaces : il délégua sa juridiction à des commissaires (4), et, quand ceux-ci eurent condamné à mort l'accusé, ce fut encore le roi qui autorisa l'appel au peuple, c'est-à-dire aux comices-curies devant lesquels Horace fut acquitté (5).

---

(1) C'est, du moins, ce que dit Denys d'Halycarnasse : « Τῶντε ἀδικημάτων τά μέγιστα μὲν αυτον δικάζειν... Των εἰς τὸ κοῖνον φερόντων ἀδικημάτων αὐτὸς ἐποίειτο τὰς διαγνώσεις » (II, 14).

(2) Tite-Live, I, 26.

(3) Ulpien, l. 1 au Dig., § 13, *De officio quæstoris*.

(4) « Duumviros, inquit, qui Horatio perduellionem judicent, secundum legem, facio. » Tite Live, I, 26.

(5) Tite Live, I, 26; VIII, 33. — Duruy, *Hist. des Romains*, I, p. 28.

On a prétendu que, dans cette première période, le *crimen perduellionis* avait été le plus ordinairement jugé par des commissaires : l'opinion la plus probable est que la délégation des *duumvirs* ou questeurs au jugement des crimes d'Etat ne fut au contraire qu'une exception, et que la connaissance du *crimen perduellionis* était habituellement retenue par le roi lui-même.

Mais qu'était-ce, au juste, que la *perduellio* ? Ulpien la définit : « *Hostilis animus adversus rempublicam vel principem* (1), » « l'hostilité envers l'Etat ou envers le prince ! » On voit combien la définition est élastique. Il paraît bien cependant qu'elle ne date pas de l'Empire, et que, dès les premiers temps, la *perduellio* comprit, dans un sens très large, toute attaque à la majesté du peuple ou du prince, et à la sûreté de l'Etat. De tout temps, aussi, on semble avoir fait une distinction entre la lèse-majesté et la *perduellio* proprement dite. L'accusation de *perduellio* n'était pas éteinte par la mort de l'accusé et pouvait, même après, entraîner la confiscation de ses biens. Il en était autrement des autres accusations de lèse-majesté. Ulpien le dit positivement (2).

D'après Sigonius, la *perduellio* n'est que le cas le plus grave du crime de lèse-majesté ; et il s'appuie sur l'autorité d'Ulpien (3).

D'après le même auteur, ce mot paraît avoir désigné tantôt l'accusation elle-même qui était la cause la plus grave de toutes, tantôt la peine qui était la peine capitale. « Aspirer » à la tyrannie, conspirer contre l'Etat, soulever l'ennemi » contre la patrie ou lui prêter appui, violenter un magistrat,

---

(1) Ulp., l. 11 au Dig. : *Ad legem Juliam majestatis.*
(2) Loi citée.
(3) « Perduellionis autem reum Ulpianus interpretatur hostili animo adversus rempublicam vel principem animatum, ita ut perduellionis crimen gravissimum inter majestatis crimina videatur, et perduellionum non pœna gravissima sed crimen gravissimum sit. » *De judiciis*, l. II, p. 535 ; ch. XXIX, *De Legibus majestatis.*

» détruire la religion (1), emprisonner ou mettre à mort un
» citoyen romain, se faire battre par sa faute (de la part d'un
» général), s'opposer aux intérêts du peuple, dire du mal du
» peuple romain, » tels sont les principaux chefs de *perduellio* qu'énumère Sigonius, résumant la jurisprudence romaine (2).

(1) « Sacra imminuere. »
(2) Sigonius, *De judiciis*, ch. II.

CHAPITRE III.

PÉRIODE RÉPUBLICAINE.

Section Ire. — *De la répression des crimes politiques et des attentats à la sûreté de l'Etat avant l'établissement des* quæstiones perpetuæ.

Nous venons de le dire : pas plus sous la République que sous les rois, il n'y eut, à Rome, de tribunaux d'exception pour le jugement des crimes politiques. Rien qui ressemble de près ou de loin à la haute Cour que la plupart des gouvernements modernes ont instituée pour la répression des attentats contre l'Etat. Sous la Royauté, le roi les jugeait, en sa qualité de souverain ; sous la République, le peuple exerce lui-même sa souveraineté, en les jugeant dans les comices.

La Constitution toute traditionnelle de la République romaine ne connaissait pas la responsabilité ministérielle. Mais elle ne laissait pas l'Etat désarmé contre les entreprises coupables des hauts personnages ou contre les attentats qui menaçaient sa sécurité. Pour suppléer, en temps ordinaire, au mécanisme ingénieux par lequel nos Constitutions modernes ont cherché à garantir les libertés publiques, elle avait deux institutions de l'efficacité la plus sérieuse : l'accusation populaire et la puissance tribunitienne. Pour assurer dans les grandes crises, *in atroci negotio* (1), dit Salluste,

---

(1) Salluste, *Catilina*, 29.

le salut de l'Etat, elle eut la grande figure de la dictature. Le mot est de Tite-Live (1).

Comme on l'a ingénieusement remarqué, le droit d'accusation jouait, à Rome, un rôle analogue à celui que remplit, dans nos sociétés modernes, la liberté de la presse. Ouvert à tout citoyen, il donnait au peuple lui-même la surveillance des magistrats et de tous les ennemis des libertés publiques. Il avait, comme la presse moderne, ses violences et ses excès. Sans doute, il n'eut toute son efficacité qu'à partir de l'établissement des *quæstiones perpetuæ*; il ne pouvait, en effet, s'exercer directement devant les comices ou le sénat qu'un simple citoyen n'avait pas le droit de convoquer et qu'un magistrat pouvait seul réunir. Aussi, à l'origine, étaient-ce toujours des magistrats qui se portaient accusateurs d'autres magistrats devant les comices. Mais on manquait rarement de trouver quelqu'un qui consentît à accepter ce rôle : il échut tout spécialement aux tribuns. Institués pour être les gardiens des libertés publiques, les tribuns trouvèrent dans le droit d'accusation le moyen efficace de les défendre, et ils en usèrent largement devant les comices-tribus qu'ils avaient plus particulièrement charge de convoquer.

Dans cette période de l'histoire, et avant l'établissement des *quæstiones perpetuæ*, les magistrats sont soumis à une double responsabilité : l'une, criminelle, devant les comices-centuries ; l'autre, pécuniaire et politique, devant les comices-tribus.

1° *Juridiction des comices-centuries*. — Des rois, la suprême puissance judiciaire avait passé aux consuls. Mais elle ne leur appartint qu'un instant. La loi Valeria établit bientôt l'appel aux comices de tous les jugements criminels par eux rendus. Ce fut, à Rome, la grande charte de la liberté individuelle. En même temps qu'elle accordait au citoyen cette essentielle garantie, la loi Valeria organisait la responsabilité

---

(1) « Ingens species dictaturæ » (Tite Live, l. XXII, § 11).

du magistrat prévaricateur. A l'expiration de ses fonctions, le consul était responsable de sa gestion devant les comices-centuries. Ces comices pouvaient prononcer contre lui le dernier supplice, et s'il ne respectait pas l'appel porté devant eux contre sa sentence, la loi déclarait qu'il y avait *improbe factum*, formule qui équivalait à une *consecratio capitis*, et autorisait tout citoyen à mettre à mort le violateur de la Constitution (1). Ces principes ne s'établirent pas sans résistance ; il fallut renouveler plusieurs fois les lois *Valeriæ*. Investi par elles du suprême ressort, le peuple le fut bientôt de la juridiction criminelle tout entière. La loi des XII Tables édicta que le *maximus comitiatus*, c'est-à-dire les comices par centuries, pourraient seuls prononcer la peine capitale. A la vérité, cette règle ne paraît pas avoir été toujours rigoureusement observée. Coriolan (2), Appius Claudius (3) furent condamnés par les comices-tribus ; mais ces condamnations furent regardées comme de véritables violations de la Constitution ; et les tribuns eux-mêmes, quand ils voulaient obtenir une condamnation capitale, se croyaient tenus de saisir les comices-centuries, et, pour cela, d'obtenir l'autorisation du magistrat qui avait le droit de les convoquer (4). « Les comices-centuries furent, jusqu'au dernier moment, » les seuls juges du crime de *perduellio* : c'était, en effet, à » la nation, réunie comme une armée, qu'il appartenait de » juger celui qui, en l'attaquant, s'était déclaré ennemi pu- » blic (5). » Ce furent les centuries qui jugèrent Rabirius, accusé de *perduellio*, et que défendit Cicéron ; et quand Cicéron lui-même, accusé du même crime par Clodius, fut traduit devant les comices-tribus, il protesta contre l'incompétence du tribunal et se déclara injustement condamné.

2° *Juridiction des Comices-Tribus.* — Si la juridiction des

---

(1) V., sur ce point, M. Laboulaye, ouvrage déjà cité, p. 40.
(2) Tite Live, II, 35.
(3) Denys d'Halycarnasse, VIII, 6.
(4) Tite Live, XXVI, 3 ; XLIII, 16.
(5) Laboulaye, ouvrage cité, p. 101.

centuries avait surtout pour objet la répression de la *perduellio* ou des attentats violents contre l'Etat, toutes les autres fautes des magistrats rentraient dans la compétence des comices-tribus. Leur juridiction était moins criminelle que politique. — En principe, ils ne pouvaient prononcer que des condamnations pécuniaires : ils n'en devinrent pas moins, rapidement, entre les mains des tribuns, le véritable souverain de la République. Magistrats inviolables, investis du droit d'accusation, les tribuns firent de la surveillance des divers agents du pouvoir l'un des premiers devoirs de leur charge et furent toujours prêts à traduire devant les comices-tribus quiconque attentait à la souveraineté populaire. Dans le mécanisme de la Constitution romaine le tribunat jouait ainsi un rôle analogue à celui que nos constitutions modernes attribuent à la chambre populaire, celui d'accusateur. Mais le sénat, du moins en général, ne remplissait pas le rôle de juge attribué à nos chambres hautes. C'était le peuple lui-même qui jugeait, dans ses comices, les accusés de haute trahison ou de crime d'Etat. Le pouvoir qu'avaient les tribuns de citer devant les comices-tribus tout magistrat qui résistait à la volonté populaire devint entre leurs mains l'arme puissante qui assura l'avènement de la plèbe et consomma l'abaissement du patriciat. Aussi, quand Sylla voulut réagir contre les lois des Gracques, et essayer de rétablir le pouvoir du Sénat en ramenant la constitution de deux siècles en arrière, son premier soin fut-il d'enlever aux tribuns le droit de convoquer les comices-tribus. Il ne se trompait pas. C'était frapper l'ennemi au cœur. Pour conquérir la popularité, Pompée n'eut qu'à faire voter, aux acclamations universelles, le rétablissement de la puissance tribunitienne.

Une chose remarquable et qu'un publiciste moderne a justement mise en lumière, c'est que la compétence des comices-tribus n'était pas limitée : « Les Romains n'avaient pas
» les mêmes idées que nous sur le droit de punir. Chez nous,
» ce droit résulte d'une loi antérieure, qui a prescrit une

» règle à suivre et qui punit les infractions ; c'est la loi qui,
» en quelque sorte, fait la criminalité de l'action, et, quand
» la loi est muette, le juge ne se reconnaît pas le droit de
» punir une action répréhensible. Il en doit être ainsi chez
» nous où le juge n'est point législateur : mais il en était
» tout autrement à Rome où le peuple était souverain juge,
» souverain administrateur et législateur suprême. Pour pu-
» nir, il suffisait que l'acte lui parût coupable, fût-il ou non
» qualifié par des lois antérieures. Les comices avaient le
» droit absolu de déterminer comme ils l'entendaient la cri-
» minalité et d'appliquer l'amende qui leur plaisait. Pareil
» pouvoir appartient aujourd'hui à la Chambre des Pairs
» d'Angleterre, et, chez nous, dans un procès fameux, la
» Chambre des Pairs s'est également prétendue souveraine
» et maîtresse, à la fois, de la procédure et de la pénalité,
» sans qu'une loi antérieure eût déterminé ni la procédure,
» ni la peine. En France, où la Chambre des Pairs n'a qu'une
» portion de la souveraineté, ces prétentions ont excité de
» justes plaintes ; mais à Rome, où la souveraineté n'était
» point partagée, personne ne se révolta contre les droits des
» comices ; et, dans les derniers temps de la République,
» quand un tribunal nouveau, une commission tout excep-
» tionnelle fut instituée par une loi spéciale, pour juger Mi-
» lon, après le meurtre commis, personne, pas même
» l'avocat de l'accusé ne se récria contre ce qui nous paraî-
» trait aujourd'hui la violation des principes les plus sacrés
» de la défense (1). »

Ces réserves sont insuffisantes, et la souveraineté populaire ne justifie rien. La confusion du pouvoir législatif et du pouvoir judiciaire sera toujours la menace la plus directe à toutes les libertés, la formule même de la tyrannie. La définition antérieure des crimes est l'indispensable garantie d'une répression équitable, exempte de passion et d'arbitraire. On sent quelle arme terrible dut être, aux mains d'une démo-

---

(1) Laboulaye, *Essai sur les lois criminelles des Romains*, p. 105.

cratie mobile et jalouse, cette omnipotence des comices-tribus. La violence judiciaire n'est pas, on le voit, sans précédents dans l'histoire, et si les législateurs modernes qui ont institué des tribunaux révolutionnaires ont cru être originaux, ils se sont trompés : ils n'étaient que des plagiaires.

Cette juridiction des comices sur les officiers publics, l'un des attributs les plus éminents de la souveraineté populaire, se maintint, en principe au moins, jusqu'à la fin de la République. Même après l'établissement des *quæstiones perpetuæ*, « le peuple demeura toujours le juge suprême des magis-
» trats, soit qu'il laissât le procès suivre son cours devant
» les *quæstiones*, soit qu'il déléguât le jugement à une com-
» mission extraordinaire, soit qu'il se réservât la connais-
» sance du procès. De même que les comices-centuries se
» substituèrent peu à peu aux consuls dont la juridiction,
» frappée d'appel finit par s'éteindre entièrement, les comi-
» ces-tribus prirent le dessus sur les comices-centuries ;
» les *quæstiones* ou commissions singulières pour chaque
» affaire devinrent permanentes et firent le fond de l'orga-
» nisation judiciaire, jusqu'à ce que la politique des empe-
» reurs leur eût substitué peu à peu la juridiction du sénat,
» qui, elle-même, disparut devant la toute-puissance des
» officiers de l'Empire (1). »

3° *Juridiction du sénat.* — A côté de la juridiction du peuple, le sénat avait aussi sur les magistrats une part de juridiction criminelle. Toutefois, ici, une distinction est nécessaire. Les pouvoirs du sénat différaient entièrement, selon qu'il s'agissait de Rome ou des provinces. A Rome même, le sénat n'avait pas une juridiction indépendante : c'était un principe de la constitution qu'il ne pouvait prononcer, sans l'ordre du peuple, sur le sort des citoyens romains. Quand donc il croyait devoir provoquer la poursuite d'un crime commis à Rome, il ne pouvait le faire qu'en saisissant les comices par l'intermédiaire des magistrats. En fait, il obte-

---

(1) Laboulaye, *ibid.*, p. 111.

naît fréquemment que les comices lui renvoyassent le jugement de l'affaire, et il la jugeait alors soit en corps, soit, le plus souvent, par l'intermédiaire d'une commission prise dans son sein ; mais la juridiction qu'il exerçait ainsi n'était qu'une juridiction indirecte et déléguée.

Au contraire, le sénat exerçait une juridiction directe sur l'Italie et les provinces. A raison du droit qui lui appartenait d'administrer les provinces et de la confusion qui existait alors entre l'administration et la justice, c'était à lui, et à lui seul, qu'il incombait : 1° de réprimer tous les attentats, conspirations, révoltes, séditions qui s'y produisaient contre la souveraineté de Rome ; 2° de prononcer sur les crimes commis dans les provinces par les magistrats. Et il en connaissait tantôt directement, tantôt par la délégation d'un commissaire ou d'un dictateur *quæstionibus exercendis* (1).

4° *Dictature*. — Enfin, la tradition du *mos majorum* attribuait au sénat le droit de faire nommer un dictateur dans les moments de crise. Ce droit ne paraît pas lui avoir jamais été contesté. S'il n'existait pas dans la constitution romaine de tribunal d'exception pour juger les grands crimes politiques, la proclamation de la dictature avait pour principal objet d'en créer, pour principal effet d'investir le dictateur d'une juridiction suprême et sans appel.

Sans recourir à la nomination d'un dictateur, le sénat pouvait arriver au même but au moyen de la célèbre formule : *Caveant consules ne quid detrimenti respublica capiat.* Cette formule, quand il plaisait au sénat d'y recourir, investissait les consuls du pouvoir absolu, et, de la suprême juridiction, *imperium atque judicium summum* (2), suspendait tous les pouvoirs et toutes les libertés. En réalité, c'était un coup d'Etat, une véritable mesure de salut public, au moyen de laquelle le sénat mettait hors la loi tous ceux qu'il prétendait attenter à la sécurité de l'Etat : arme redoutable,

---

(1) Laboulaye, p. 116.
(2) Salluste, *Catilina*.

qui, bien qu'autorisée par la tradition, n'était, en réalité, que la suspension violente des libertés publiques et des garanties constitutionnelles, et qui, dans une démocratie agitée, devait être et fut, en effet, trop souvent, aux mains des partis, un instrument de représailles politiques.

Il suffit, pour s'en convaincre, de jeter un coup d'œil sur l'histoire du dernier siècle de la République romaine : rien de plus dramatique, et qui soit plus digne d'attirer l'attention du politique et de l'historien.

Bien que la formule *Caveant consules* ne paraisse pas avoir été prononcée contre le premier des Gracques, ce fut évidemment sous son influence morale, ce fut parce qu'il le regardait comme *perduellis* et hors la loi que Scipion Nasica sortit de la curie pour aller frapper Tibérius Gracchus. Après la mort de Tibérius, le sénat ordonne aux consuls de sévir contre ses complices *more majorum*. C'était, par un coup d'Etat, revenir aux tribunaux d'exception et ouvrir la porte à l'arbitraire.

Caïus, se souvenant du meurtre de son frère, veut proscrire à jamais les tribunaux d'exception, empêcher le sénat et les consuls de recourir au *mos majorum*, et fait voter la loi *Sempronia de capite civium*. Cette loi défend qu'aucun consul, aucune commission du sénat puisse jamais connaître d'une cause capitale, fût-ce même en premier ressort. Elle édicte contre le violateur de ses prescriptions la peine des assassins. — Scipion Nasica et ses complices s'exilent ou se font eux-mêmes justice.

Mais, pour se débarrasser de Caïus Gracchus, le sénat ne recule pas devant un nouveau coup d'Etat. En violation formelle de la *lex Sempronia*, il proclame encore une fois le recours au *mos majorum* ; — Caïus Gracchus et Fulvius sont déclarés *perduelles* ou ennemis publics ; — le consul Opimius les met à mort avec plus de trois mille de leurs partisans, et fait exécuter sans jugement tous ceux qui ont échappé au massacre ; — Popilius Lœnas, le meurtrier de Tibérius, est rappelé de l'exil.

Bientôt les chevaliers, à leur tour, abattent le parti de la noblesse, et Opimius va mourir déshonoré à Dyrrachium.

Saturninus, le tribun assassin, semble vouloir reprendre l'œuvre des Gracques, sans avoir ni leur honnêteté ni leur génie. Le sénat lance la formule *caveant consules*, et Marius fait lapider le tribun.

Quarante ans après, le meurtrier de Saturninus, Rabirius, accusé à son tour de *perduellio* par Labienus, à l'instigation de César, devait son salut moins à l'éloquence de Cicéron qu'à l'artifice du préteur Metellus (1).

Cicéron n'usa pas d'un autre moyen pour faire condamner Catilina et ses complices (2). Il les fit déclarer par le sénat *perduelles*, ennemis publics, afin qu'on pût procéder contre eux comme s'ils n'étaient plus citoyens (3). Quels que fussent les crimes des conjurés, l'histoire ne saurait trop flétrir les misérables arguments dont usa, ce jour-là, Cicéron, pour faire mettre hors la loi Lentulus et ses complices : « *qui* » *Reipublicæ sit hostis, eum civem esse nullo modo posse!* » Quiconque est l'ennemi de l'Etat perd le droit de cité. » Pitoyable raison, indigne à coup sûr du grand orateur et de sa grande âme, et qui ressemble, dans sa bouche, à une cruelle ironie! Détestable sophisme qui arrache à Salluste un cri de douleur (4), auquel toutes les tyrannies ont recours, que nous retrouverons sous la plume de Richelieu, dans la bouche du Comité de salut public, jusque dans celle des accusateurs des ministres de 1830, et que les vrais amis de la liberté et du droit ne sauraient trop réprouver et maudire!

Nous ne connaissons pas de plus instructive histoire, et qui montre mieux quel tort les partis se font en cherchant à écraser leurs adversaires avec des armes qui, bientôt, se

---

(1) Cicéron, *Pro Rabirio*. Duruy, *l. c.*, p. 35 et 36.

(2) Toutefois, comme on ne pouvait agir contre un magistrat pendant qu'il était en charge, Cicéron n'osa agir contre le préteur Lentulus qu'après avoir obtenu sa démission (Salluste, *Catilina*, 46, 47).

(3) Duruy, *Hist. des Romains*, III, p. 32. Cicéron, *Catilinaires*.

(4) « Eâ tempestate mihi imperium populi romani multo maxumè miserabile visum est. » *Catilina*, 36.

retournent contre eux-mêmes. En réalité, dans tous les cas dont nous avons parlé, le sénat sortait de la légalité, il violait la Constitution. Le peuple romain sentait si bien que de pareils coups d'Etat, malgré la tradition qui les autorisait, étaient des entreprises contre ses libertés et ses droits souverains, que presque toujours il en punissait les auteurs. Cicéron lui-même connut ce retour presque inévitable de la justice populaire. Sommé par le tribun Metellus Nepos, à l'issue de son consulat, de prêter le serment d'usage, *qu'il n'avait rien fait de contraire aux lois,* il se borna à jurer qu'il avait sauvé la République. Peu de temps après, le tribun Clodius faisait voter une loi qui interdisait le feu et l'eau *à quiconque avait fait mourir un citoyen sans jugement.* Et Cicéron, sans même oser invoquer le sénatus-consulte auquel il avait obéi, en faisant mettre à mort Lentulus et ses complices, quittait Rome et se condamnait volontairement à l'exil. Le lendemain, un jugement des comices-tribus le condamnait à ne pas s'approcher de Rome à plus de quatre cents milles (1).

En résumé, la juridiction des centuries pour la répression de la *perduellio* et l'application de la peine capitale ; — la juridiction des tribus pour toutes les autres prévarications des magistrats, et, en général, pour tous autres crimes et délits politiques ; — la juridiction du sénat pour les délits des magistrats provinciaux et les attentats commis dans les provinces ; — et enfin, dans les grandes crises, la juridiction exceptionnelle et sans appel du dictateur ou du consul investi par le sénat du pouvoir dictatorial, — tels étaient, sous la République romaine, les tribunaux chargés, à des degrés divers, de la répression des crimes politiques et des attentats à la sûreté de l'Etat.

En raison même de la nature des juridictions, leurs jugements étaient tous sans appel.

---

(1) Duruy, *Hist. des Romains*, t. III, p. 70.

Section II. — *De la répression des crimes politiques et des attentats à la sûreté de l'État, depuis l'établissement des* quæstiones perpetuæ.

Jusqu'au sixième siècle, le peuple comme le sénat jugèrent eux-mêmes. Peu à peu, cependant, ils prirent l'habitude de déléguer leur juridiction à des commissaires ou *quæstores* spécialement désignés pour chaque affaire. Le jugement par commissions, *quæstiones*, devint insensiblement la forme habituelle des jugements criminels, et quand, en 604, et pour le jugement des crimes de concussion, la loi *Calpurnia* transféra à des *quæstiones perpetuæ*, c'est-à-dire à des commissions permanentes pendant une année, la juridiction jusque-là directement exercée par le sénat ou les comices, elle ne fit que consacrer un état de choses que la pratique tendait à établir de plus en plus.

Ce n'était pas moins une révolution profonde. La loi nouvelle substituait une commission aux assemblées populaires, des jurés à la nation. Aucune réclamation ne paraît s'être élevée contre ce nouveau principe ; mais les partis sentirent toute l'importance de l'arme judiciaire et se la disputèrent avec acharnement. Le droit de juger devint le principal enjeu des luttes politiques. Pison, dans la loi *Calpurnia*, l'avait laissé aux patriciens. Caïus Gracchus le transfère aux chevaliers. Sylla le partage entre les deux ordres. En enlevant aux sénateurs le droit de juger les crimes des magistrats, Caïus Gracchus voulait rendre au peuple sa souveraineté : il était d'ailleurs peu logique que le sénat, chargé de l'administration, le fût, en même temps, du contrôle des administrateurs ; mais les juges ne valurent pas mieux. Si le sénat avait assuré l'impunité aux magistrats, les chevaliers l'assurèrent aux publicains et en firent des voleurs privilégiés. Montesquieu l'a justement remarqué (1).

---

(1) *Esprit des lois*, XI, 18.

1° *Procédure devant les quæstiones.* — Comme devant les comices, devant les *quæstiones* le droit d'accusation était populaire ; et tandis qu'on ne pouvait saisir les comices que par l'intermédiaire d'un magistrat, devant les *quæstiones*, l'accusation pouvait s'exercer directement. Tout citoyen, à moins qu'il ne fût infâme, pouvait se porter accusateur. Loin d'être vu avec défaveur par l'opinion, le rôle d'accusateur était, au contraire, le marchepied des honneurs et des magistratures. C'est en défendant les droits du peuple ou les intérêts des provinces que les plus grands hommes et Cicéron lui-même se firent connaître. A partir du septième siècle, les accusations portées par des particuliers devinrent plus nombreuses que celles portées par des magistrats. L'opinion les favorisait. Ce fut seulement sous l'Empire que l'accusation perdit son caractère et devint un métier infâme.

Une fois précisée dans la formule, l'accusation pouvait être abandonnée, mais elle ne pouvait plus être modifiée, non plus que la peine requise. Elle ne pouvait être arrêtée que par le *veto* d'un tribun (1) ou par l'exil volontaire de l'accusé. Il n'y avait pas, en effet, de détention préventive, et c'était l'un des principes les plus constants du droit public de Rome, que l'accusé pouvait se soustraire à la condamnation par l'exil. Il resta toujours maître, jusqu'au dernier moment, d'échapper à la peine en renonçant à sa patrie.

Les *quæstiones* étaient présidées par les préteurs ou par des *judices quæstionis* choisis parmi les simples citoyens. Le président avait un pouvoir analogue à celui de nos présidents d'assises et qui paraît même avoir été plus étendu.

Le droit romain admettait déjà que l'accusé ne devait être jugé que par ses pairs librement choisis (2). C'était l'application du jury au jugement des crimes et délits politiques. Le jury était ainsi le juge suprême de l'administration. Le peuple continuait d'exercer par là sur les magistratures un con-

---

(1) Du moins jusqu'à l'établissement des *quæstiones perpetuæ*.
(2) Cicéron, *pro Cluentio*.

trôle indirect qui est de l'essence des gouvernements démocratiques.

Le jury de jugement était fort analogue au nôtre, mais toutefois beaucoup plus nombreux. Il était tiré au sort par le président.

L'accusé comme l'accusateur pouvaient récuser sans motif les jurés qui ne leur convenaient pas. Le nombre des récusations péremptoires qu'ils pouvaient ainsi exercer est inconnu ; mais il était considérable. La récusation était publique.

La publicité des débats était également un principe du droit criminel de Rome. Toutefois, c'était seulement devant les comices et les commissions que la procédure était publique : il en était autrement devant le sénat, dont les délibérations étaient secrètes.

Les témoins n'étaient entendus qu'après les plaidoiries (1).

La défense était libre et orale. Au début et devant les comices, l'accusé se défendait lui-même. Ce fut seulement devant les *quæstiones* qu'il recourut au ministère des avocats.

Les jurés votaient au scrutin secret. Pendant un certain temps, il y eut exception pour l'accusation de *perduellio*, dans laquelle le vote devait être public. Mais cette exception elle-même fut supprimée, en 647, par une loi *Cælia*.

Devant les *quæstiones*, comme devant les Comices, la condamnation ne pouvait être prononcée qu'à la majorité absolue.

Les jugements rendus par des assemblées souveraines, telles que les comices ou le sénat, étaient nécessairement sans appel. Il paraît en avoir été de même des jugements rendus par les *quæstiones*, qui n'étaient en réalité, qu'une délégation de la souveraineté populaire.

Le citoyen romain avait d'ailleurs, comme le citoyen anglais ou américain, une action civile contre le magistrat

---

(1) Cicéron, *In Verrem*, I, 18.

prévaricateur. Il pouvait obtenir la restitution de ce qu'on lui avait pris, ou la réparation du préjudice qu'il avait souffert. Rome inaugurait ainsi la pratique des peuples libres (1).

Section III. — *Des lois criminelles destinées à assurer la répression des délits politiques.*

Pour achever cet exposé, il ne nous reste plus qu'à dire un mot des lois par lesquelles les Romains avaient cherché à assurer la responsabilité des magistrats et la répression des crimes politiques. Nous nous bornerons aux trois principales : les lois d'ambition, de concussion, de lèse-majesté.

§ 1. — *Lois d'ambition* (de ambitu).

De bonne heure, le besoin de réprimer le crime d'ambition s'était fait sentir à Rome, et une série de lois avaient été promulguées dans ce but. En 572, la loi *Cornelia Bæbia* punit le crime d'ambition de dix années d'interdiction des magistratures. La loi Calpurnia (604), présentée par le consul Calpurnius Pison, frappa les citoyens reconnus coupables d'ambition d'une peine pécuniaire, les déclara incapables d'exercer aucune magistrature et d'entrer dans le sénat. Autronius et Sylla furent condamnés en vertu de cette loi. — Que fallait-il entendre par ambition ? — Il est difficile de donner du délit une définition précise, tant étaient variées les formes sous lesquelles il pouvait se manifester. Ce qu'on peut dire d'une façon générale, c'est que les lois *de ambitu* eurent pour objet de réprimer le trafic et la vénalité des suffrages, la brigue et la violence des candidats. — Sous l'inspiration de Cicéron, un sénatus-consulte déclara passibles des peines de la loi Calpurnia les candidats qui s'entou-

---

(1) « Civibus cum ereptæ sunt pecuniæ, civili ferè actione et privato jure repetuntur... » (Cic., *De divinatione*, § 17).

reraient de gens à gages, ou qui donneraient au peuple, soit des combats de gladiateurs, soit des repas publics. Pendant son consulat, Cicéron fit convertir ce sénatus-consulte en loi, et la loi *Tullia* (689) prononça contre le coupable la peine de dix ans d'exil. C'était la première fois que l'exil prenait place, comme peine, dans les lois criminelles de Rome. La loi *Aufidia* (693), qui condamnait les acheteurs de suffrages à une amende annuelle de 3000 sesterces, pendant leur vie, n'eut pas plus d'efficacité. La loi Licinia (*de sodalitiis*) punit le recours à ces associations politiques au moyen desquelles on influençait les élections. Enfin, la loi Plautia (*de Vi*), chercha à atteindre ces violences factieuses, au moyen desquelles on tentait trop souvent d'emporter les suffrages. C'est en vertu de ces trois dernières lois que fut poursuivi Milon. — Pompée, après son avènement au consulat, fit voter une loi nouvelle (*Lex Pompeia, de Vi*), qui organisa une procédure plus expéditive et édicta une pénalité plus sévère. Enfin deux lois mal connues de César et d'Auguste attestent que, malgré la loi, la brigue ne s'éteignit pas, tant que la vie publique n'eut pas disparu du forum (1).

§ 2. — *Des lois de concussion* (repetundarum).

La concussion n'était pas, à Rome, une moindre plaie que l'ambition. Ce fut d'abord dans l'intérêt des alliés (*socii*) que la loi Calpurnia, puis la loi Junia, organisèrent la répression du crime de concussion. L'action accordée par ces deux lois avait un caractère avant tout civil, et tendait à la restitution des sommes abusivement perçues.

Plus tard, les lois Servilia (648) et Cornelia (654) permirent de réclamer le double. Mais, en même temps qu'elle aggravait la charge des réparations civiles, la loi Servilia donnait aux accusations de concussion un caractère criminel.

---

(1) « Pœnâ graviore et formâ judiciorum breviore » (Asconius). Sur ces diverses lois, v. Sigonius, *De Judiciis*, II, 30. — Duruy, *Hist. des Romains*, t. III, p. 61 et suiv. — Laboulaye, *loc. cit.*, *passim*.

Elle prononçait contre le concussionnaire l'exclusion du sénat et des magistratures. Et, par une disposition vraiment remarquable, elle décidait qu'alors même que l'accusé avait été acquitté par le jury, le citoyen lésé pouvait agir contre lui pour obtenir une condamnation pécuniaire (1).

La loi Cornelia, *De Repetundis*, proposée par Sylla, éleva au quadruple la *litis æstimatio*. Ce fut en vertu de cette loi que furent poursuivis Dolabella, Verrès, Macer; elle paraît, d'ailleurs, dans son élasticité, avoir compris tous les crimes dont un magistrat pouvait se rendre coupable dans l'exercice de ses fonctions.

César fit voter la *Lex Julia, de Repetundis*, qui fut une sorte de codification des lois précédentes. Cette loi, qui prévoyait un grand nombre de faits (2), édictait contre le magistrat concussionnaire la restitution au quadruple, l'exclusion du sénat, l'interdiction du témoignage, l'exil même dans certains cas.

§ 3. — *Lois de lèse-majesté.*

Ce fut l'héritier de Caïus Gracchus, le tribun Saturninus, qui fit voter la première loi de lèse-majesté, *Lex Apuleia majestatis*. Cette loi, dont le texte exact ne nous est pas parvenu, punissait quiconque s'était rendu coupable *de majestate minuta*. Ces expressions comprenaient toute trahison des magistrats, toute conspiration contre la République, toute attaque aux privilèges du tribunat, en somme toute atteinte à la majesté du peuple romain, tous les crimes autrefois désignés sous le nom de *perduellio*. Mais il y eut toujours à toute époque, entre la lèse-majesté simple et la *perduellio* proprement dite, une différence essentielle. L'accusation de lèse-majesté laissait à l'accusé la faculté de l'exil volontaire que l'accusation de *perduellio* ne permettait pas. Qu'est-ce

(1) Laboulaye, ouvr. cité, p. 239.
(2) Quelques-uns même complètement étrangers à la concussion.

qui distinguait, au juste, l'une de l'autre ? — C'est un point resté jusqu'ici obscur.

En faisant voter cette loi, Saturninus avait surtout pour but d'arrêter quiconque voudrait attenter à la puissance tribunitienne. Nous avons vu comment, sous l'invocation du *mos majorum*, le sénat se débarrassa de lui, grâce à l'obéissance de Marius.

Quelques années plus tard, le tribun Varius faisait voter, « le poignard à la main, » une loi, armée d'un effet rétroactif, qui punissait comme criminels de lèse-majesté tous ceux qui avaient soulevé l'Italie (1). Aussitôt, des accusateurs se levaient contre les plus illustres citoyens, contre Bestia, contre Aurélius Cotta, contre le vieux Scaurus. On connaît la belle réponse de Scaurus et son acquittement (2). Puis, bientôt, par un de ces retours de fortune, si communs dans les dissensions civiles, Varius lui-même était condamné en vertu de la loi qu'il avait portée : « *Sua lex eum domesticis laqueis constrictum absumpsit,* » dit Valère-Maxime (3).

Dans sa réaction contre les lois des Gracques, et les nombreuses lois qui en furent la conséquence, Sylla n'eut garde d'oublier de faire voter une loi de lèse-majesté.

La *Lex Cornelia majestatis* défendait aux gouverneurs de quitter leurs provinces, d'en faire sortir les troupes, de faire la guerre, sans le consentement du sénat (4). Elle déclarait criminels de lèse-majesté ceux qui empêchaient un magistrat de remplir ses fonctions, ceux qui mésusaient de la charge dont ils étaient revêtus (5). Elle reproduisait d'ailleurs les dispositions des lois précédentes contre quiconque attentait à la sûreté de l'Etat. On voit combien de pareilles dispositions étaient compréhensives et vagues. Aussi, en 687, le tribun Cornelius fut-il accusé de lèse-majesté

---

(1) Cicéron, *De oratore*, III, 2, 8. Appien, *Guerre civile*, I, 37.
(2) Laboulaye, *loc. cit.*, 6, 250.
(3) V. M., VIII, 6, 4.
(4) Cicéron, *In Pisonem*, 21.
(5) Cic., *In Verrem*, V, 33. *In Pisonem*, 21. *Pro Cluentio*, 35.

pour avoir tenté de rétablir les prérogatives du tribunat.

César fit rendre également une loi de majesté qui n'est qu'imparfaitement connue, mais dont la pénalité paraît avoir été l'interdiction de l'eau et du feu, c'est-à-dire l'exil (1).

Antoine fit décider que les condamnés pour crime de lèse-majesté pourraient en appeler au peuple. Cette disposition tutélaire de la liberté était, il est vrai, peu conforme au droit public de Rome, et, l'esprit de parti aidant, Cicéron reprocha amèrement à Antoine de bouleverser toutes les lois (2).

La loi de majesté (3) que fit voter Auguste devait bientôt prendre une redoutable et sinistre importance. « Cette loi,
» d'une compréhension fort élastique, punissait la révolte,
» la sédition, le complot, tous les crimes, en un mot, par
» lesquels Auguste, marchant sur les traces de César, s'était
» élevé à l'Empire. Elle ne parlait que d'attentats à la sûreté
» de l'État, de lèse-majesté du peuple romain, de tort fait à
» la République ; mais derrière ces grands mots se cachait
» la personne du prince dépositaire de la puissance et de
» la majesté de la nation (4). »

On sait et nous verrons bientôt ce que devinrent, sous l'Empire, les accusations de lèse-majesté. Les lois *Cornelia* et *Julia* continuèrent de subsister quant à la qualification des crimes ; mais la juridiction fut changée, la procédure modifiée, la pénalité aggravée (5). Bientôt l'accusé ne fut plus jugé par ses pairs : peu à peu les empereurs substituèrent le sénat aux commissions, puis se substituèrent eux-mêmes au sénat.

---

(1) Sigonius, *De judiciis*, II, 3.
(2) *Première philippique*, 21.
(3) La loi *de Vi* se confondait à peu près avec la loi de majesté.
(4) Laboulaye, p. 314. L. 1 au Dig. : « Ad legem Juliam majestatis. »
(5) La loi d'Auguste maintenait comme peine l'interdiction de l'eau et du feu.

CHAPITRE IV.

PÉRIODE IMPÉRIALE.

§ 1er. — *Des juridictions politiques sous l'Empire.*

Sous l'Empire, le peuple demeure, en principe, le souverain ; mais il n'a plus qu'une souveraineté nominale. L'empereur n'est, il est vrai, que son délégué ; mais revêtu, et à vie, de toutes les magistratures, à la fois consul, préteur, tribun, censeur, grand-pontife, il est, à ces divers titres, investi d'un pouvoir absolu, et la réunion sur sa tête de ces diverses fonctions en fait une sorte de dictateur, mais de dictateur permanent, armé d'une autorité sans bornes et d'une juridiction criminelle sans limites.

Juridiction du sénat. — Sans abolir aucune des juridictions de la République, et, tout en paraissant les respecter dans la forme, Auguste, fidèle à sa politique constante, institua parallèlement des juridictions exceptionnelles destinées à les remplacer peu à peu ; il laissa subsister les commissions permanentes établies par Sylla et César, mais il attribua au sénat le droit de juger les magistrats.

Pendant les premiers siècles de l'Empire, le sénat et les *quæstiones* jugent concurremment. Tibère lui-même, à qui un préteur demande s'il faut renvoyer devant les commissions permanentes les accusés de lèse-majesté, répond qu'il faut exécuter les lois. Mais « en rétablissant la commission de » lèse-majesté que la prudence d'Auguste avait laissée sans

» action, Tibère cacha sous des noms anciens la tyrannie
» nouvelle. L'ancienne commission de majesté punissait les
» attentats des magistrats contre la souveraineté populaire,
» les trahisons des généraux, les séditions ; — la nouvelle
» fut chargée de punir les attentats contre la personne du
» prince, et ces attentats ce furent non plus seulement des
» actions, mais des paroles, des écrits, des gestes, le silence
» même, et tout ce que peut rêver le caprice du prince.
» Du reste, Tibère jeta bientôt le masque, et transféra le
» jugement des crimes de lèse-majesté au sénat. Depuis, et
» sauf de rares exceptions, les crimes des magistrats et des
» sénateurs furent jugés par le prince ou le sénat (1). »

Le sénat devint ainsi, sous l'Empire, une sorte de représentation nationale et le souverain pouvoir judiciaire. Il était investi d'une double juridiction :

1° D'abord, d'une juridiction privilégiée sur ses membres, leurs enfants ou leurs femmes. Auguste, dans le discours que lui prête Dion Cassius à son avènement, avait déclaré que les sénateurs ne devaient être jugés que par leurs pairs. Cette juridiction, fondée sur la qualité des coupables, s'étendait à toute espèce de crimes (2).

2° Le sénat avait, en outre, une juridiction politique sur les crimes commis par les officiers publics, qu'ils fussent ou non sénateurs.

Les nombreux procès qu'il jugea à ce dernier titre se rangent tous, ou à peu près, sous la double qualification de concussion ou de lèse-majesté. Mais la servilité de ce corps que Tibère appelait lui-même un troupeau d'esclaves, et « que la bassesse entraînait à la cruauté (3), » ne tarda pas

---

(1) Lab., p. 412.
(2) Les curies des différentes villes de l'Empire furent, à cet égard, assimilées au sénat romain. On leur appliqua la constitution de l'an 423, par laquelle les empereurs Honorius et Théodose organisèrent le jugement quinqueviral (Cod. Theod., II, 1, 12). Quand un curiale commettait un crime, il ne pouvait être jugé que par cinq membres de la curie tirés au sort dans son sein.
(3) « Ab indecoris ad infesta » (Tacite, Annales, III, 66).

à en faire une des juridictions les plus violemment iniques dont l'histoire ait gardé le souvenir.

Tout en continuant d'appliquer les lois de la République, le sénat crut pouvoir s'affranchir du respect de la légalité. Se considérant comme le successeur des comices, comme l'héritier de la souveraineté nationale, il se prétendit maître absolu de la procédure comme de la peine.

Les lois de la République avaient consacré le principe tutélaire de la division des accusations. Le sénat ne le reconnut plus, et bientôt, toutes les fois qu'on ne fut pas sûr de la condamnation d'un accusé, on suspendit sur sa tête le *crimen majestatis*, qui devint, nous dit Tacite, le supplément obligé de toute poursuite : *quod tunc omnium accusationum complementum erat* (1).

Les lois de la République, en définissant les délits, avaient édicté les peines dont ils devaient être punis. Le sénat se déclara maître absolu de la pénalité, punissant le même crime tantôt d'une simple note d'infamie, tantôt de la peine capitale. Et quand il s'agissait du crime de lèse-majesté, dont le caractère indéfini laissait place à toutes les accusations, c'était encore le sénat qui qualifiait le fait tout en le punissant : système monstrueux, qui est la négation même de la liberté et du droit.

Quand notre Chambre des Pairs revendiquait, comme nous le verrons, le droit de régler la procédure et d'arbitrer la peine, se doutait-elle qu'elle revenait aux plus mauvaises pratiques du sénat romain ?

Pur instrument de règne de Tibère à Domitien, le sénat recouvra son indépendance sous les Antonins, et, de Nerva à Trajan, rendit une justice sérieuse. Mais son omnipotence en matière de procédure et de pénalité demeura toujours un vice capital qui ne laissait à l'accusé d'autre garantie que la modération des juges, et de juges qui dépendaient du prince ! C'était le despotisme pur.

---

(1) Tacite, *Annales*, III, 38.

Juridiction de l'empereur. — Bientôt, du reste, il ne resta plus au sénat que la juridiction privilégiée sur ses membres. Dès le début du troisième siècle, l'empereur et son *consistorium* l'ont remplacé et sont devenus les seuls juges des officiers publics.

De tout temps, le prince exerça la juridiction criminelle en concurrence avec le sénat. Consul, proconsul, tribun, il était, à tous les titres, le maître de la justice. — Comme consul, il figurait dans les procès jugés par le sénat, et, le plus souvent, lui imposait ses sentences ; — comme proconsul, il avait la suprême juridiction, dès qu'il jugeait l'Etat en danger ; — comme préteur, il pouvait arrêter les procédures ; de là il fit découler le droit de grâce.

Bientôt l'usage s'établit d'en appeler à l'empereur, qui devint ainsi le supérieur hiérarchique de tous les juges, la juridiction suprême.

Au surplus, l'empereur s'arrogea toujours le droit de juger personnellement ceux qui lui déplaisaient. Quelquefois, comme pour Thraséas, il chargeait le sénat de prononcer un jugement qui n'était que l'enregistrement de la sentence impériale.

Auguste déjà avait cherché à s'entourer d'un conseil d'Etat exerçant la juridiction suprême. Adrien fit de ce conseil une institution régulière et permanente, qui remplaça en partie le sénat.

Juridiction du préfet du prétoire. — A partir d'Alexandre Sévère s'élève la juridiction du préfet du prétoire, qui alla toujours en se développant. Constantin la limita. Mais le préfet du prétoire demeura toujours le juge des délits commis par les gouverneurs des provinces (1).

---

(1) Il y eut, notamment à Trèves, jusqu'à l'invasion des barbares, un préfet du prétoire qui avait juridiction sur tous les magistrats de la Gaule.

§ 2. — *De la procédure, sous l'Empire, en matière de crimes et délits politiques.*

Sous l'Empire, les formes anciennes de procédure subsistent légalement, mais elles ne sont plus que lettre morte.

La libre accusation qui, comme nous l'avons vu, jouait sous la République un rôle à certains égards analogue à la liberté de la presse, pouvait devenir gênante pour un gouvernement absolu. L'un des premiers soins d'Auguste fut de la restreindre. Déjà, sous Tibère, il ne se présentait plus d'accusateurs pour une justice honnête. Le sénat et l'empereur durent en désigner. Mais les accusations leur étaient dictées : *Jussi accusatores objicere*, dit Tacite (1). Le refus d'accuser était, parfois, puni de mort (2). « Bientôt l'accu- » sation n'est plus qu'un indigne trafic dont vivent les dé- » lateurs (3). » En matière de lèse-majesté notamment, tout témoignage est reçu, toute délation bonne. Les femmes, les esclaves, les gens notés d'infamie, tous ceux à qui ailleurs l'accusation et le témoignage sont interdits, sont ici admis à témoigner et à accuser.

L'accusation survit au coupable et permet de faire prononcer contre lui la confiscation posthume (4).

Enfin, par une de ces dispositions qui témoignent chez leurs auteurs et d'une immoralité rare et d'un profond mépris de l'humanité, la loi assure à l'accusateur le quart des biens du condamné et souvent lui donne sa place. Prime dangereuse offerte à la cupidité et à la délation, appel cynique aux plus basses et plus détestables passions du cœur humain, cette loi infâme a eu, dans l'histoire, un retentis-

---

(1) *Annales*, XV, 35.
(2) *Agricola*, 4.
(3) Laboulaye.
(4) Laboulaye, p. 316.

sement prolongé et terrible. Elle est devenue l'arme favorite de toutes les tyrannies, et a fait la joie de tous les despotes. Nous en retrouverons la trace sanglante dans les annales de notre ancienne monarchie.

La loi d'Auguste avait maintenu, comme peine du crime de lèse-majesté, l'interdiction de l'eau et du feu. Bientôt on lui substitua la mort, puis la mort avec les plus horribles supplices. Nous avons vu d'ailleurs que le sénat était maître absolu de la pénalité.

Il l'était également de la procédure. Toutes les garanties assurées à l'accusé avaient disparu. L'emprisonnement préventif, autrefois inconnu, était admis, la torture autorisée. La procédure, comme la pénalité, n'avait d'autre règle que le caprice du sénat ou du prince. L'empereur pouvait prendre dans les accusations le rôle qui lui convenait : de lui dépendaient l'accusation, la condamnation et la peine. Dans la forme, d'ailleurs, le jugement était toujours rendu à la majorité absolue ; — il était souverain, sauf le recours à la clémence du prince, depuis Tibère.

En réalité, dit M. Laboulaye, la procédure devant le sénat romain ressemble à la procédure devant le tribunal révolutionnaire : « même mépris des garanties légales, même
» férocité des accusateurs, même lâcheté des juges, même
» patience des accusés pour se laisser égorger sans se plain-
» dre... C'est là précisément qu'est le danger des jugements
» confiés à des corps politiques, tels que la Chambre des
» Lords en Angleterre, la Chambre des Pairs en France. Leur
» toute-puissance intérieure leur donnant le droit de régler
» à leur gré la forme des délibérations, ces assemblées se
» trouveront toujours maîtresses de la procédure et du vote.
» Il n'y a plus de garantie pour la liberté aussitôt que c'est
» le souverain ou un des membres du souverain qui tient le
» pouvoir judiciaire. La modération de l'assemblée peut ren-
» dre cette puissance plus ou moins inoffensive ; mais cet
» arbitraire, pour être caché, n'en est pas moins dangereux;
» et ce qui, dans tous les temps, a distingué les pays libres,

» c'est qu'on n'y a jamais demandé aux hommes ce qu'on
» peut attendre de la justice des lois (1). »

Procédure devant le prince. — Devant l'empereur, la procédure comme la pénalité étaient plus arbitraires encore que devant le sénat. Tantôt il jugeait seul, tantôt entouré d'un conseil. Depuis Auguste, et sous les Césars, la répression des magistrats n'eut guère d'autre règle que le caprice du prince. Auguste avait donné l'exemple en violant lui-même, à chaque instant, ses propres lois. Il n'eut, hélas! que trop d'imitateurs (2).

---

(1) Laboulaye, ouvr. cité, p. 440-441.
(2) « Culpam vulgatam, gravi nomine læsarum religionum et violatæ majestatis adpellando, clementiam majorum suasque ipse leges egrediebatur » (Tacite, *Annales*, III, 24).

LIVRE II

DU JUGEMENT DES CRIMES D'ÉTAT ET DE LA RESPON-
SABILITÉ DES MAGISTRATS SOUS NOTRE ANCIENNE
MONARCHIE.

CHAPITRE PREMIER.

DE LA JUSTICE POLITIQUE SOUS LES DEUX PREMIÈRES DYNASTIES.

Prise dans son ensemble, l'histoire de la justice politique sous l'ancien régime peut se résumer en un mot : l'arbitraire. Elle n'est qu'un long duel entre la nation et la royauté. Il serait impossible de la comprendre, de s'en expliquer les inconséquences, les audaces, et jusqu'aux violences criminelles, si l'on ne recherchait d'abord les origines du droit national et le vrai caractère du pouvoir judiciaire de la royauté.

Les travaux les plus récents de la critique ont, dans une large mesure, modifié les conclusions de l'histoire au sujet de nos trois premières dynasties. On s'était accoutumé à ne voir dans les rois mérovingiens ou carolingiens que des chefs de bandes, à demi barbares, ignorant ou méprisant tout du passé, comme dans Hugues Capet et ses successeurs, de simples suzerains de la hiérarchie féodale. Un tel point de vue était trop exclusif et trop absolu pour être parfaitement juste. L'humanité, comme la nature, ne procède guère par brusques saillies, et les résultats les plus récents de la science tendent tous, suivant l'expression de l'un de ses derniers et plus éminents interprètes, « à vérifier la grande loi historique de

» la continuité et de la transformation lente et graduelle » des institutions (1). »

Nous ne faisons pas œuvre d'érudition et nous ne nous attarderons pas à étudier avec détail, au milieu de la profonde obscurité qui enveloppe cette période de l'histoire, ce que fut la répression des attentats à la sûreté de l'Etat, sous les dynasties mérovingienne et carolingienne. Chez les Germains, l'assemblée du peuple est le juge des crimes qui intéressent la sûreté de l'Etat, tels que la trahison, la désertion à l'ennemi, l'abandon de l'armée (2). Ces crimes sont au premier rang de ceux auxquels la peine capitale est réservée. Tandis que presque tous les autres (3) se paient par une peine pécuniaire, à l'égard de ceux-là la composition est interdite (4), et, comme à Rome, « l'assemblée nationale peut » seule se prononcer, quand il s'agit de retrancher de la » nation l'un de ses membres (5). »

Le droit d'accusation devant l'assemblée nationale appartient à tous (6). L'audience, la discussion, le jugement sont publics.

C'est également dans l'assemblée de la nation que réside, en principe, le pouvoir judiciaire sous nos deux premières dynasties. Le *placitum generale* ou *conventus publicus Francorum* (7) réunit en lui ce que nous appelons aujourd'hui « l'ensemble du pouvoir souverain (8). » Dans les champs de

---

(1) Luchaire, *Histoire des institutions monarchiques de la France sous les premiers Capétiens*, t. II, p. 291.

(2) Tacite, *Germanie*, 11 et 12.

(3) Nous ne connaissons d'autre crime puni de la peine capitale qu'un certain genre d'immoralité.

(4) Ces crimes qui compromettent directement l'existence ou la sécurité de la nation sont en dehors de toute estimation légale (Thonissen).

(5) F.-Hélie, *Traité de l'Instruction criminelle*, t. I, p. 181. Pardessus, *Loi salique*, p. 566. Thonissen, *l'Organisation judiciaire, le Droit pénal et la Procédure de la loi salique*, p. 160, 161.

(6) « Licet apud concilium accusare et discrimen capitis intendere, » dit Tacite. *Germanie*, XII.

(7) On trouve les deux expressions. Voy. *Capit. de Louis le Pieux*. Baluze, I, 674. Hincmar, II, 833.

(8) Glasson, *Histoire des institutions politiques et judiciaires de l'Angleterre*, t. I, p. 193.

Mars ou de Mai, la nation entière prend part à l'œuvre de justice comme à l'œuvre législative. C'est au milieu de ses fidèles et avec leur assentiment que le roi juge les grandes causes et promulgue les lois (1).

Les affaires qui intéressent la sûreté de l'Etat, l'ordre public, les grands personnages du royaume, se discutent dans ces assemblées. « Dans le Champ de Mai, » dit Estienne Pasquier, « se terminaient les plus grands différends, et » principalement de ceux qui étaient accusés de trahison, » rébellion et lèse-majesté (2). »

A cette époque, le juge des crimes politiques, c'est donc l'assemblée du peuple où siègent tous les fidèles, c'est-à-dire les pairs de l'accusé. « Les fidèles, » dit M. Flach, « sont liés les » uns aux autres ; ils sont égaux, ils sont *pares*, à raison de » leur fidélité commune ; si l'un d'eux viole les accords, s'il » trouble la paix et s'insurge, les pairs, de concert avec le » roi, doivent le faire rentrer dans l'ordre. Le simple sujet, » *subditus*, doit être, lui aussi, jugé par ses cofidèles (3). »

Ces lignes, écrites pour une période un peu postérieure, peuvent s'appliquer déjà à celle qui nous occupe. Le principe du jugement par les pairs se retrouve au fond de toutes les institutions du moyen âge. Il deviendra plus rigoureux, sans doute, quand, dans le contrat de fief, il sera corroboré par l'hommage. Mais il est bien antérieur au fief. Il était un droit germanique avant de devenir un droit féodal (4).

Faut-il, dans ces temps troublés, chercher l'organisation d'une justice vraiment régulière ? « Rien, » dit l'un des au-

---

(1) Dans tout ce chapitre, nous avons spécialement en vue la législation des Francs.

(2) *Recherches de la France*, l. II, ch. 2. Henrion de Pansey adopte la même opinion, et l'appuie sur les assertions d'un publiciste allemand, Hirtius, qui s'exprime ainsi : « In comitatibus populi generalibus causas principum, sive primorum quales tunc fuere duces, episcopi, comitum præcipui, saltem illas quæ rempublicam attinebant decisas fuisse exemplis compluribus probatur » (Hirtius, II, 5, § 36).

(3) Flach, *Origines de l'ancienne France*, t. I, p. 232.

(4) Sous la justice féodale il subit même une restriction, conséquence du vasselage, et ne s'applique pas, du moins en principe, aux roturiers et aux serfs.

teurs qui ont le mieux étudié et connu cette époque, M. Beugnot, « n'autorise à penser que les placites généraux
» aient exercé les fonctions d'un tribunal suprême ou d'une
» haute Cour nationale. Sans doute, ces assemblées ont plus
» d'une fois condamné des rois ou dégradé des princes;
» mais, le rang des condamnés, le genre des condamna-
» tions et les circonstances qui les accompagnèrent, mon-
» trent que ces faits mémorables étaient des actes de haute
» politique, et non des arrêts d'un tribunal régulier (1). »

M. Thonissen pense également que le *mâl*, l'assemblée judiciaire de la Centaine, avait compétence pour juger toutes les causes indistinctement, quelle que fût la gravité de l'accusation, et que, si « l'assemblée nationale avait incontes-
» tablement le pouvoir nécessaire pour frapper les grands
» coupables, elle n'entrait pas dans le cadre de l'organisa-
» tion judiciaire (2). » Ce qui est certain, cependant, c'est qu'elle est appelée à juger les plus grands crimes politiques.

En 788, le duc des Bavarois, Tassilon, a conspiré contre Charlemagne : il est traduit devant le plaid d'Ingelheim ; l'assemblée le condamne à mort comme coupable de haute trahison et de lèse-majesté, et le dégrade du rang d'homme de guerre comme traître à la chrétienté, au roi et au royaume (3). Quelques années plus tard, le fils naturel de Charlemagne, Pépin le Bossu, organise un complot contre son père dont il médite le renversement et la mort. Charlemagne le renvoie, ainsi que ses complices, « devant l'assem-
» blée générale des Francs et de ses autres fidèles. » Les accusés sont condamnés à mort ou à l'exil, leurs biens sont confisqués, *secundum judicium francorum* (792) (4). Bernard, neveu de Louis le Débonnaire, se révolte contre son oncle, lui déclare la guerre, puis, saisi de repentir, vient se

---

(1) Beugnot, *Introduction au Recueil des Olim*, p. 11. Sic Faustin-Hélie, *Traité de l'Instruction criminelle*, t. I, p. 190.
(2) Thonissen, p. 266, 267.
(3) Eginhard, V, 208. Henri Martin, *Hist. de France*, t. II, p. 305.
(4) Diplôme de Charlemagne, de 797. *Scriptores rerum Gall. et Franc.*, t. V, p. 758. Henri Martin, t. II, p. 314.

remettre entre ses mains, en implorant son pardon. Louis réunit, à Aix-la-Chapelle, une assemblée générale (1), à laquelle il défère Bernard et ses complices. L'assemblée les condamne à mort comme « violateurs de la Sainte Constitution » de 817 et comme traîtres (818). » Enfin, sous Charles-le-Chauve, Pépin d'Aquitaine dit Pépin l'Apostat, s'allie aux Normands pour incendier Toulouse. Il est fait prisonnier, et « les grands du royaume, et généralement toute l'assemblée » le condamnent à mort comme traître à la patrie et à la » chrétienté (2). »

Ces exemples (on pourrait les multiplier) (3) ne montrent-ils pas les placites généraux régulièrement convoqués pour faire acte de haute Cour nationale? Leurs jugements, tels que les rapporte l'histoire, sont rendus conformément au droit traditionnel de la Germanie. De même qu'aux premiers siècles de la République romaine, c'est le peuple qui, dans ses comices, juge le criminel d'Etat, *perduellis*; de même, aux premiers siècles de la monarchie franque, s'il se produit quelque attentat à la sûreté de l'Etat, c'est la nation entière, l'assemblée de tous les fidèles qui fait acte de souveraineté en le jugeant (4). Telle est, dans sa pureté première, le droit national.

Quelle était, devant l'assemblée nationale, la procédure suivie? Sans doute, dans les procès qui lui étaient soumis, les principes du droit durent subir plus d'une atteinte. Toutefois, on devait se rapprocher, autant que possible, des règles alors observées dans les diverses Cours de justice.

---

(1) « Habuit magnum conventum populorum. » *Vita Ludovici Pii. Script. rer. Gall. et Fr.*, t. VI, p. 79. Henri Martin, t. II, p. 375.

(2) Flach, ouvrage cité, t. I, p. 232. H. Martin, t. II, p. 440 à 450.

(3) Ainsi l'assemblée d'Andelot (587) condamne Gontran Boson à la peine de mort comme traître. Il y a de nombreux exemples de jugements dans des affaires civiles ayant un caractère politique : Succession de Galswinde, procès entre l'évêque de Trèves et l'abbé Assuérus, entre l'évêque du Mans et le couvent de Saint-Calais, etc.

(4) Voir, sur le caractère et les attributions de cette assemblée, M. Geffroy, *Rome et les Barbares*, p. 213 et suiv. : « C'est en elle, » dit-il, « que se concentre réellement toute la vie politique et sociale. »

L'audience était publique. Le roi, disent les textes du temps, ordonnait, suivant la coutume des Francs, de préparer un grand champ, *magnum campum parari*, ou réunissait l'assemblée sur les bords de quelque fleuve, « dans le voisinage d'une forêt consacrée, ou d'un temple célèbre, car l'acte politique qu'on venait y accomplir, se confondant presque avec un acte religieux, ne se passait ni des sacrifices ni des prêtres (1). » Tout s'accomplissait devant le peuple, et la foule se pressait d'ordinaire à ces jugements. D'après la coutume germanique, le droit d'accusation appartenait à la fois à la partie lésée et au juge. Mais, en matière d'attentats à la sûreté de l'Etat, le droit d'accusation était accordé à tous (2). En ce cas, d'ailleurs, le roi était fondé à se considérer comme partie lésée, et, par suite, à se porter accusateur. Lui seul avait qualité pour convoquer l'assemblée nationale; en fait, c'est à lui que paraît avoir appartenu l'initiative. C'est lui que nous voyons, dans les divers procès dont nous avons parlé, réunir ses fidèles et leur déférer le coupable. Mais le droit germanique distinguait soigneusement le droit de justice du droit de participer au jugement. Le chef de la juridiction, dépositaire du droit de justice, ne l'exerçait pas par lui-même. Sa fonction se bornait à rassembler les juges, à les présider et à faire exécuter leur sentence. Il ne paraît pas en avoir été, à cet égard, du roi autrement que du comte ou du centenier. Il ne prenait pas personnellement part au jugement. C'était l'assemblée, la nation elle-même qui jugeait, alors même qu'elle ne faisait qu'approuver par son silence, ou voter par acclamation les résolutions qui lui étaient soumises (3). L'accusé se présentait libre (4).

---

(1) Geffroy, *Rome et les Barbares*, p. 217.
(2) Voy. M. Glasson, t. I, p. 297; Grégoire de Tours, VII, 20; Marculfe, 33. Au surplus, pour les crimes graves emportant rupture de la paix du roi, il était admis que le magistrat compétent pour les juger avait le droit de les poursuivre d'office. Glasson, I, 302, note. Loi salique, t. 45, ch. 9.
(3) Voir, sur ces divers points, M. Flach, ouvr. cité, t. I, liv. II, ch. 7 et 8.
(4) La détention préventive était inconnue ; c'est sous Charles le Chauve qu'on en trouve les premières traces.

Il était de principe qu'en matière capitale, nul ne pouvait être jugé sans être entendu, c'est-à-dire par contumace (1). S'il faut s'en rapporter à ce qui se passait devant les autres juridictions, l'accusateur exposait sa plainte, l'accusé était interpellé et mis en demeure d'avouer ou de nier le fait qui lui était imputé. Son aveu terminait la procédure. S'il niait, recourait-on à la preuve testimoniale, au serment, aux épreuves? Etait-il admis à se justifier au moyen de cojurateurs? On ne peut faire à cet égard que des conjectures.

Deux causes vinrent peu à peu modifier cet état de choses : la difficulté de réunir l'assemblée des hommes libres, et la transformation de l'autorité royale.

Clovis avait conservé l'usage de réunir ses fidèles aux calendes de mars. Mais le nombre des Francs était si faible par rapport à celui des Gaulois, que, pour conserver aux assemblées leur caractère national, les rois durent se borner à convoquer les grands du royaume, qui tous étaient d'origine germanique (2). Sous Charles Martel, ces assemblées étaient tombées en désuétude. Pépin les rétablit en les reportant de mars à mai, et Charlemagne s'efforce de les remettre en honneur. Deux assemblées doivent se tenir chaque année, l'une en mai, l'autre en automne : à la première doivent assister tous les fidèles, à la seconde, les *optimates* seulement. Mais Tacite signalait déjà le peu d'empressement des Germains à se rendre aux assemblées (3). Ce mal ne fit que s'accroître quand l'invasion eut dispersé les peuplades germaines sur de vastes territoires. Sous Charlemagne, la masse de la nation se désintéresse de plus en plus de la vie politique, et les hommes libres abandonnent chaque jour davantage « le droit précieux de juger leurs pairs » (4).

Tandis que s'affaiblissait ainsi progressivement la partici-

---

(1) « In capitali causâ nemo absens damnatur. » Le contumace était frappé d'une sorte d'excommunication, *forbannitus*. Ses biens étaient séquestrés, et, au bout d'un an et un jour, confisqués.
(2) *Capit. de Childebert II*, de 596. Pertz, III, 9.
(3) Tacite, *Germanie, loc. cit.*
(4) Guizot, *Histoire de la civilisation en France*, t. I, 8ᵉ leçon.

pation du peuple à l'administration de la justice, grandissait, au contraire, un autre pouvoir, qui remplissait de plus en plus la place laissée vide par la désertion des hommes libres.

Si profonde qu'eût été la révolution causée par l'invasion des barbares, le souvenir de l'empire romain n'avait pas complètement péri. « Il y avait là, » dit M. Guizot, « un pouvoir, des titres, une machine de gouverne-
» ment que les barbares connaissaient, dont ils avaient
» admiré l'éclat, dont ils comprirent très vite l'efficacité.
» Ils devaient être fort tentés de se les approprier. Tel
» fut aussi le but de tous leurs efforts. Clovis, Childe-
» bert, Gontran, Chilpéric, Clotaire, travaillent incessam-
» ment à se parer des noms, à exercer les droits de l'em-
» pire, à remplir le cadre immense de la royauté impériale(1). »

Déjà sous Clovis, et plus encore sous ses successeurs, « le
» commandement militaire des rois tend à se changer en
» une royauté absolue et à la romaine (2). » La tradition maintient l'influence du droit romain autour de la personne royale (3). Entourés de conseillers romains qui les initient aux traditions de l'empire, les rois s'affirment de plus en plus comme les héritiers de l'autorité impériale. D'élective qu'elle était en Germanie, la royauté devient patrimoniale, puis héréditaire. Par son intervention dans la cérémonie du couronnement, l'Eglise achève de la transformer. Dagobert déjà se présente comme roi justicier. Pépin, sacré par Boniface, jure à Dieu et à son peuple « de maintenir pour cha-
» cun, suivant sa loi, la justice du droit ecclésiastique et sé-
» culier. » Charlemagne est couronné empereur d'Occident ; et ainsi se perpétue la tradition d'un pouvoir indépendant de la volonté populaire, béni et consacré par l'Eglise, tenant son droit de Dieu lui-même. La royauté de droit divin est

---

(1) Guizot, *Histoire de la civilisation en France*, t. I, p. 228.
(2) Henri Martin, t. II, p. 57.
(3) La loi des Ripuaires, écrite et revisée sous l'inspiration de Dagobert, prévoit expressément et punit le crime de lèse-majesté (tit. 45 et 49). Voy. Ginouilhac, *Hist. du Droit français*, p. 209.

née. La fonction royale est un ministère sacré, et le roi est désormais, de par son serment même, le grand justicier du royaume.

Déjà, chez les Germains, et avant l'invasion, on voit le roi retenir la connaissance de certaines affaires criminelles qu'il ne croyait pas devoir renvoyer à l'assemblée générale. Cette juridiction ne fit que se développer après l'établissement des Francs dans la Gaule. Marculfe atteste l'existence du tribunal ou plaid du roi sous la deuxième race de nos rois (1). Mais le tribunal du roi rendait déjà des jugements sous la première, et l'on peut affirmer qu'il était régulièrement organisé avant la fin de la période mérovingienne. Suivant M. Thonissen, le roi de la loi salique est déjà « la personnification la plus élevée de la justice nationale (2). »

Qu'était-ce que cette juridiction royale généralement connue alors sous le nom de plaid du palais, *placitum palatii* ? C'était, à la fois, un conseil politique et une cour de justice (3) ; un conseil dont le roi s'entourait pour promulguer les lois et les capitulaires, une cour qu'il appelait à l'assister dans le devoir qui lui incombait de rendre la justice à ses sujets. Nous croyons pouvoir le dire sans témérité : c'était déjà la Cour du roi avec le double caractère politique et judiciaire qu'elle présente dans la période suivante (4). Déjà, à l'époque qui nous occupe, sa composition est presque identique à celle qu'elle aura sous le régime féodal et les premiers Capétiens. Le roi juge, disent les documents du temps, *cum proceribus, cum fidelibus* (5) ; on dira, au dixième et au onzième siècle, *cum fidelibus, optimatibus, proceribus, principibus*,

---

(1) Marculfe, *Epist.*, V, 33 ; formules 37 et 38, etc.
(2) *La Procédure pénale de la loi salique*, p. 25. M. Thonissen reconnaît, d'ailleurs, que les pouvoirs du roi étaient tempérés par l'intervention de l'assemblée populaire.
(3) Certains auteurs parlent d'une cour du sénéchal existant près du *placitum palatii*. Aucun texte n'en établit l'existence.
(4) Les travaux de MM. Luchaire et Flach montrent clairement le parallélisme des institutions germaniques et des institutions féodales.
(5) Marculfe, XXXVIII.

etc. (1). L'enchaînement des faits et des institutions se montre ici sur le vif.

Comment était-elle réellement composée? On y voit siéger des évêques, des comtes, des grands officiers du palais (2). Mais le roi paraît avoir eu le droit de composer sa Cour comme il lui plaisait (3); s'il y appelait, en général, les personnages les plus importants du royaume, il pouvait y appeler, les textes semblent l'indiquer, même de simples fidèles. La Cour du roi paraît avoir subi l'influence de la transformation des autres juridictions. Des raisons plus impérieuses encore amenèrent en Gaule une révolution analogue à celle qui, à Rome, substitua le jugement par un jury, devant les *quæstiones*, au jugement direct des comices. Quand le concours des *boni homines*, des rachimbourgs, fit défaut, dans l'impossibilité où il se trouvait de rendre la justice, le chef, comte ou duc, désigna, avec le concours du peuple, un certain nombre d'hommes libres qu'il associa, sous le nom de scabins ou échevins, à son œuvre de justice. Toutefois, le principe fondamental du droit traditionnel fut respecté. Ces jugeurs, tirés du peuple, durent être les *pairs* de celui qu'ils étaient appelés à juger (4). Quelque chose d'analogue semble s'être passé pour le plaid royal. Beugnot dit qu'à une certaine époque les juges du *placitum Palatii* étaient désignés, comme ceux des autres juridictions, sous le nom de *rachimbourgs* (5). Il n'est pas douteux qu'au neuvième siècle ils portent le nom de *scabins, scabini sacri palatii* (6). En faisant de simples jurés des juges permanents, l'institution des scabins n'avait pas porté atteinte au droit des hommes libres. Les *boni homines* pouvaient toujours con-

---

(1) Voy. **M.** Luchaire, ouvr. déjà cité, t. I, p. 248, note.
(2) 15 mars 693-916-919. Voy. **M.** Beugnot, ouvr. cité.
(3) Voy. **M.** Glasson, ouvr. cité.
(4) Ainsi, notamment, ils devaient être pris parmi les hommes libres de la même nation. Voy. **M.** Flach, ouvr. cité.
(5) Beugnot, Préface des *Olim*, p. 17.
(6) Diplôme de Louis II, de 879. Baluze, II, 161.

courir avec eux aux jugements (1). D'obligatoire, leur concours était seulement devenu facultatif (2). Indépendamment des juges qualifiés de *scabins*, qui, sans doute, siégeaient en permanence au plaid royal (3), le roi pouvait y appeler quiconque était au nombre de ses fidèles; nous sommes même convaincu que déjà, à cette époque comme dans la période suivante, l'accusé, dans certains cas au moins, devait être autorisé à modifier la composition du tribunal en y amenant les personnes qu'il avait lui-même choisies. Cette faculté, certaine aux onzième et douzième siècles, nous paraît être de tradition germanique. Tous les modes de preuve autorisés devant les autres juridictions l'étaient également devant le plaid royal. La présence de sept membres au moins était nécessaire pour rendre la délibération valable. C'était le principe posé par la loi salique et appliqué par toutes les juridictions (4). Mais il est certain que le nombre des juges du plaid du palais était illimité.

La Cour du palais réalisait ainsi une sorte de conciliation du droit populaire et du droit royal. L'élément national y était représenté par l'assistance des grands du royaume et des fidèles : ils y tenaient la place du peuple. C'était une application plus restreinte, sans doute, mais c'était encore une application du droit national. Quand il ne pouvait ou ne voulait réunir la nation entière, le roi ne croyait pas du moins devoir complètement s'isoler d'elle : en chose grave, il ne faisait œuvre de législation ou de justice qu'avec le concours d'une sorte de représentation du peuple.

Le roi présidait lui-même sa Cour : Charlemagne et Louis le Débonnaire tenaient beaucoup à cette fonction de rois

---

(1) Les rachimbourgs et les scabins siégeaient les uns à côté des autres, dans les placites généraux.

(2) F.-Hélie, t. I, p. 259.

(3) C'était sans doute au nombre des juges permanents que se trouvaient les conseillers *romains* qui, cela est certain, ont siégé à plusieurs reprises dans le tribunal du roi. Etait-ce dans tous les procès ? Etait-ce seulement pour le jugement des Romains ?

(4) Loi salique, tit. 42, § 2.

justiciers. En cas d'empêchement, le roi se faisait remplacer, à l'origine, par l'un des principaux membres de la Cour ; plus tard, par le comte du palais (1).

Quelle était la compétence de la Cour du palais ? Bien qu'il n'y eût alors aucune hiérarchie entre les juridictions, elle devint peu à peu une sorte de tribunal d'appel (2). Mais elle était aussi un haut tribunal politique, un tribunal d'exception, et c'est seulement à ce second point de vue qu'elle nous intéresse ici. Sa compétence ne fut jamais nettement définie, et cette absence de définition en favorisa le développement. Avec le temps, les crimes emportant peine capitale, les attentats politiques qui, à l'origine, étaient de la compétence de l'assemblée nationale, furent le plus souvent déférés au tribunal du roi. C'est ainsi qu'on le voit connaître de crimes de haute trahison, d'actes de rébellion et de violence de nature à troubler l'Etat, de séditions, de réunions d'assemblées illicites, etc. (3). La compétence de la Cour du palais s'étendit aussi aux procès des conseillers *royaux*, *des officiers du palais*, *des hauts fonctionnaires*, des évêques, des abbés, des comtes, et cette Cour devint pour eux, même à raison de délits communs, une juridiction privilégiée (4). Elle connaissait spécialement des prévarications des juges (5).

Antérieure, en principe, à l'établissement des Francs dans la Gaule, la juridiction royale alla ainsi se développant sans cesse, à mesure que grandissait et se transformait la royauté elle-même. Elle se substitua peu à peu aux *placites généraux* et

---

(1) *Capit. de Louis le Débonnaire* de 819. *Capit. de Charles le Chauve* de 877, tit. 53, ch. 17.

(2) Notamment quand, dans les cours inférieures, les rachimbourgs ou les scabins avaient faussé jugement ou commis un déni de justice, il était permis de les attaquer devant la cour du roi.

(3) Edit de Chilpéric, 574. Edit de Childebert, 595, ch. 9. Grégoire de Tours, V, 50 et VI, 37. Pardessus, *Loi salique*, p. 568. Thonissen, p. 270.

(4) *Capit.* de 812, ch. 2. Pertz, III, 174. Marculfe, *Formules*, I, 26, etc. Voy. Thonissen, VI, 270.

(5) *Constitution de Clotaire*, ch. VI. Baluze, I, 9. On redoutait leur influence sur leurs collègues.

absorba progressivement la connaissance des grandes affaires qui motivaient autrefois la convocation d'une assemblée nationale. Le roi, dit Thonissen, devint, « dans toute la force des termes, le juge suprême de la nation (1). »

Toutefois, l'assemblée nationale ne disparut pas. Elle conserva toujours, au moins en principe, la souveraineté judiciaire : Les rois la réunissaient encore dans certaines circonstances particulièrement solennelles. Nous avons vu des exemples de ces convocations : sous Charlemagne (792), à la fin du huitième siècle, et sous Louis le Débonnaire, au commencement du neuvième (818).

Nous ne voulons pas terminer ce chapitre consacré non seulement aux grands attentats politiques, mais aussi à la responsabilité des magistrats, sans rappeler que les *missi dominici* avaient une délégation du droit de justice, avec pouvoirs illimités, et qu'une de leurs principales fonctions consistait à contraindre les juges d'observer les lois, à rechercher et punir tous les fonctionnaires coupables (2).

(1) Thonissen, p. 270.
(2) Les *missi* tenaient des assises à la place des comtes, avec le concours des optimates. Cette institution, antérieure à Charlemagne, se développe surtout sous son règne.

CHAPITRE II.

DE LA JUSTICE POLITIQUE DEPUIS L'AVÈNEMENT DE HUGUES CAPET JUSQU'AU TREIZIÈME SIÈCLE. — DE LA COUR DU ROI.

La Cour du roi se substitua ainsi peu à peu, par la force des choses, à ces assemblées des hommes libres qui avaient, au point de vue judiciaire, le caractère d'une grande Cour nationale (1). Avec la dynastie capétienne, elle devient le tribunal suprême et, pendant une certaine période, elle est, pour ainsi dire, le tribunal unique du royaume (2). Elle a joué, au point de vue qui nous occupe, un trop grand rôle et trop puissamment influé sur la marche de nos institutions judiciaires et politiques, pour que nous ne nous y arrêtions pas quelques instants. Il est intéressant d'en préciser, d'après les études les plus récentes, le caractère et la fonction.

Il semble qu'on lui ait attribué jusqu'ici un caractère trop exclusivement féodal. Sans doute, le roi est seigneur dans son domaine privé, comme les autres grands vassaux le sont dans leurs fiefs, et sa Cour administre la justice comme dans chaque grand fief, la Cour féodale du comte ou du duc. Mais, à aucune époque, pas même sous les premiers Capétiens, la Cour du roi n'a été exclusivement une Cour féodale.

D'après M. Luchaire, « les documents du onzième et du

---

(1) « Les placites généraux cessèrent de se réunir, » dit M. F.-Hélie, t. I, p. 285.

(2) En tant que justice royale.

» douzième siècle montrent, dans les assemblées seigneu-
» riales qui se tiennent autour des premiers capétiens, non
» point tant une Cour de vassaux chargés de juger leurs
» pairs et de conseiller le suzerain, que la réunion de tous
» les grands du royaume, ecclésiastiques et laïques, qui ont
» juré fidélité au souverain. Ce n'est pas la Cour féodale du
» duché de France, agrandie et étendue à tous les posses-
» seurs des grands fiefs. On n'y fait pas de distinction en-
» tre les vassaux directs des anciens ducs, comme le comte
» d'Anjou ou le comte de Blois, et les vassaux de la cou-
» ronne, tels que le duc d'Aquitaine ou le comte de Flan-
» dre. Tous les fidèles de quelque importance ou d'un cer-
» tain rang social y viennent au même titre. Tous participent
» aux affaires publiques, comme l'avaient fait leurs ancê-
» tres du dixième et du neuvième siècle, en se rendant à
» la Cour des rois Robertiniens ou Carolingiens (1). »

Sans doute, les grands seigneurs ecclésiastiques ou laïques, ceux-là surtout dont les fiefs étaient le plus voisins de Paris, en faisaient habituellement le fond. Mais ce serait une erreur de croire qu'ils la constituassent à eux seuls. Tous les vassaux qui se présentaient spontanément paraissent avoir eu le droit d'y siéger (2), et, dès cette époque, on y voit figurer dans les grandes circonstances l'élément bourgeois et jusqu'à l'élément populaire.

« Qu'il s'agît d'affaires de justice ou de questions politiques
» intéressant l'universalité de la nation, la royauté avait le
» droit de semondre à sa Cour les communautés de la classe
» populaire au même titre que les ecclésiastiques et les no-
» bles. Les bourgeois ne faisaient point partie, à proprement
» parler, des vassaux du roi ; mais c'est en qualité de *fidè-*
» *les* que les représentants des villes pouvaient être appelés
» à la Cour, comme ils l'étaient à l'ost royal (3). »

---

(1) Luchaire, œuvre citée, t. I, p. 241, *sic* Flach.
(2) Albert du Boys, *Hist. du Droit criminel en France*, t. I, p. 38. Klimrath, *Mémoire sur les Olim*, II, p. 106, 107.
(3) Luchaire, I, 6, 252. Il est donc bien probable que, dès le début, la

Ainsi composée, la Cour du roi constituait, au point de vue politique, une sorte de *représentation nationale* ; au point de vue judiciaire, une sorte de *grand jury national* présidé par le roi. Sans doute, il n'y a encore là qu'une grosssière ébauche du gouvernement représentatif. Comme on l'a justement fait remarquer, les fidèles ne s'assemblaient pas en vertu d'un droit, et si réunir la Cour était souvent, pour le roi, une nécessité, ce n'était jamais une obligation. Sans doute encore, une pareille assemblée n'avait ni droit d'initiative, ni droit de suffrage régulier ; et, en fait, elle paraît s'être souvent bornée à ratifier, par acclamation, la volonté royale. Si modeste que fût son rôle, elle n'en constituait pas moins une limitation du pouvoir absolu de la royauté ; le besoin de la réunir, afin de s'appuyer sur ces puissants évêques et ces puissants barons, dont l'opposition était redoutable, en amena l'habitude ; l'usage suppléa au droit et devint une tradition, et la tradition fit ainsi de la Cour du roi, pendant les deux premiers siècles, l'un des organes essentiels du royaume. De son sein sortira, au siècle suivant, l'une des grandes institutions modératrices de l'ancien régime, le Parlement : la critique la plus moderne incline même à y voir, et avec raison, croyons-nous, l'origine des Etats-généraux (1).

La Cour du roi, le roi jugeant avec les grands vassaux, les fidèles, c'était le Parlement. « Le Parlement, » dit un ancien auteur, « est la réunion des pairs et du roi : dans » une acception plus large, c'est la réunion des principaux » citoyens du royaume, présidée par le roi, pour ordonner » des affaires publiques » (2).

cour du roi eut une certaine juridiction sur les pays situés hors d'obéissance.

(1) M. Luchaire.
(2) Le Laboureur, *Histoire de la pairie et du parlement*, Londres, 1740. Cependant ce n'est pas avant le treizième siècle qu'on trouve ce mot de *parlement*. Au onzième et au douzième siècle, c'est généralement par les noms de *placitum*, *audientia* qu'est désignée la réunion du roi et des fidèles.

La compétence de cette Cour était universelle ; questions de politique extérieure ou intérieure, questions ecclésiastiques, questions de justice civile ou criminelle, rien n'échappait à ses délibérations (1). C'est au point de vue judiciaire exclusivement, et même au point de vue seulement de la justice politique que nous devons l'étudier ici.

Il n'est pas douteux qu'elle ait exercé la haute juridiction criminelle et politique. A cette époque, les seigneurs hauts justiciers avaient la plénitude de la juridiction criminelle ; « ils pouvaient informer, connaître et juger de tous les » crimes (2). » Beaumanoir range expressément au nombre de ces crimes, un crime politique, la trahison. Comme cour féodale, la Cour du roi avait donc le même droit illimité d'instruire et de juger en matière criminelle. Mais elle avait, nous l'avons dit, un caractère plus haut et plus large, une juridiction s'étendant, au moins en principe, à l'universalité du royaume, et à ces grands vassaux qui, tout en se déclarant indépendants, ne méconnurent jamais complètement la souveraineté du roi sur tous (3). L'exercice d'une pareille juridiction par la Cour royale n'était d'ailleurs que la continuation des pratiques du *placitum palatii* et la tradition de l'âge précédent.

On la voit en possession de cette juridiction dès le commencement du onzième siècle. Sous Robert II (996-1031) elle juge le comte Raoul, pour assassinat, et le comte d'Anjou, coupable d'avoir fait égorger le palatin Hugues de Beauvais, comme criminel de lèse-majesté (4). Ce paraît être sous la

---

(1) Dans toutes les grandes affaires, la royauté lui laissait une certaine autorité ; en matière de paix et de guerre, cette autorité était décisive. Elle rendait même des décrets, *decreta*, ayant force de loi dans tous les pays soumis à l'autorité royale.

(2) *Coutumes de Normandie*, ch. I, art. 13. Les *Coutumes de Nivernais*, *de Saint-Pol*, *de Sens*, *de Bar* ont des dispositions analogues. Voy. Beaumanoir, ch. 58, § 2.

(3) Voy. M. Glasson, t. II, p. 409, 410.

(4) *Reum majestatis* (*Historiens de la France*, t. X, p. 456), fait remarquable qui prouve la survivance de l'accusation de lèse-majesté à travers l'époque féodale, et avant toute résurrection du droit romain.

même accusation que Louis le Gros condamne à mort le meurtrier du châtelain de la Roche-Guyon. Sous Louis VII, un sieur Bouchard de Massi, en 1150 (1), un sieur Simon de Neauphle (2) sont condamnés à mort et à la confiscation de leurs biens pour crime de haute trahison, *propter proditionem*. On peut dire d'une manière générale qu'en matière criminelle la Cour du roi pouvait connaître de toutes les affaires où le roi était directement intéressé.

Les seigneurs ecclésiastiques et laïques essayèrent bien de se soustraire à cette juridiction ; mais la guerre était souvent au bout de la résistance, et l'époque n'était pas éloignée où tous « s'inclineront devant cette puissance judiciaire d'ordre » supérieur qui emprunte surtout ses moyens d'action et » son prestige à la haute situation du roi, source de toute » justice, parce qu'il est le souverain » (3).

Au point de vue judiciaire, la Cour du roi n'était, en réalité, que l'application la plus haute du grand principe qui, depuis des siècles, dominait toute justice : le jugement par les pairs. C'étaient les fidèles jugeant un de leurs co-fidèles sous la présidence du roi (4).

Mais la Cour du roi comprenait encore un autre élément. De tout temps, à l'époque Mérovingienne, comme à l'époque Carolingienne, les officiers de la maison du roi avaient siégé au nombre des juges. Il n'en fut pas autrement sous les Capétiens. Du moins, la présence dans la Cour du roi, du bou-

---

(1) Guérard, *Cart. de N.-D. de Paris*, I, p. 35.
(2) Martin, *Thes. anecd.*, t. I, p. 587.
(3) Luchaire, t. I, p. 294.
(4) Y eut-il à l'origine *deux* cours distinctes, l'une, purement féodale, exclusivement composée des vassaux convoqués par le suzerain à raison de l'hommage et du contrat de fief qui les lie ; l'autre, plus large, comprenant tous ceux qui ne sont liés que par le simple serment de fidélité, et convoqués par le seigneur en vertu d'une sorte de souveraineté ? Cette question longtemps débattue nous paraît aujourd'hui résolue en faveur de la dualité. Il semble bien qu'à l'origine, dans les domaines du roi comme dans ceux de tous les comtes et barons, il y eut à la fois une justice de fief et une justice de seigneurie ; mais, à une date ancienne, la cour féodale du suzerain et la cour du souverain se fondirent en une seule (voir, à cet égard, les travaux de MM. Luchaire et Flach).

teiller, du connétable, du sénéchal, est constatée dès l'année 1043 (1). Dès l'origine, la Cour du roi comprit ainsi, à côté des vassaux et des fidèles réunis pour juger leurs pairs, des conseillers chargés de juger au nom du souverain. De bonne heure l'élément monarchique s'y mêla à l'élément féodal (2).

On ne voit pas, d'ailleurs, qu'au commencement, la composition de la cour ait été modifiée par la nature du procès ou la qualité de l'accusé, fût-il l'un des neuf ou dix chefs des grands Etats féodaux. Ce n'est, du moins, qu'au commencement du treizième siècle qu'on voit apparaître le privilège des pairs et fonctionner une Cour des pairs régulièrement organisée (3).

En principe, le roi avait le droit de composer sa cour comme il voulait, et d'y appeler ceux de ses fidèles qu'il croyait le plus disposés à subir son influence. L'assise eût ainsi ressemblé à une commission formée en vue du procès, si un usage aussi libéral que remarquable ne lui eût enlevé ce caractère. En matière criminelle, les parties étaient autorisées à modifier la *composition de la cour*, en y amenant les personnes qu'elles désignaient pour y assister. L'accusateur y conduisait ses partisans; l'accusé y amenait les siens (4). On voit un abbé, cité devant Louis le Gros, convoquer pour sa défense les plus honnêtes et plus célèbres personnages de son temps, « *convocatis honestissimis atque famosissimis personis* (5). »

---

(1) Voy. M. Luchaire, t. I, p. 303.
(2) Il arrivera peu après à le réduire, puis à l'éliminer complètement.
(3) Beugnot, *Préface des Olim*, p. 48.
(4) Un pareil droit était bien supérieur au droit de simple récusation, et il permet de dire que les accusés étaient jugés par leurs pairs, ou, du moins, par les juges de leurs choix.
(5) Chartes de 1041, 1113 et 1130, citées par M. Luchaire. Au surplus, la prononciation des arrêts dans les affaires importantes était entourée d'une grande solennité. « Les Roys, dans ces occasions, appellent avec eux un grand nombre de personnes qui n'assistent pas au jugement des procès, comme il fut fait en cette occasion » (Procès du duc d'Alençon).

Le nombre des juges n'avait donc rien de fixe ; il variait avec chaque affaire et avec l'importance du procès.

La présidence et la direction des débats appartenaient au roi : « de lui émane toute justice. Sa présence est, en prin-
» cipe, d'une rigoureuse nécessité (1). » Toutefois, il ne juge pas : il se borne à approuver la sentence rendue par ses fidèles (2). Aux onzième et douzième siècles, il préside toujours, même les plus petites affaires. La force des choses seule l'oblige peu à peu à se faire suppléer par l'héritier présomptif ou la reine, puis, par le sénéchal, le chancelier ou même un simple conseiller ; et, enfin, à s'abstenir d'y paraître, sauf dans les causes les plus importantes.

L'audience était publique (3), la procédure orale. Le droit de libre accusation et la publicité des débats, légués à la fois par la tradition romaine et la tradition germanique, dominent tout le moyen âge (4). A l'origine, sans doute, toute la procédure dût se faire à l'audience, sans instruction préalable. La preuve par gages de bataille y était-elle admise ? Il est au moins logique de le supposer. Les règles paraissent avoir été les mêmes dans toutes les juridictions féodales (5). Mais, de bonne heure, la cour du roi procède par voie d'enquête. Les *Olim* montrent que telle était, au treizième siècle, sa procédure habituelle ; et cette pratique était sans doute beaucoup plus ancienne (6).

Tout fidèle convoqué assistait aux débats et donnait son avis. Si, le plus souvent, les juges étaient des barons, des évêques, des abbés, quelquefois aussi, comme nous l'avons vu, c'étaient de simples chevaliers, des clercs de rang infé-

---

(1) M. Luchaire.

(2) « Le roi, » dit Bodin, « ne donnait point sentence » (*De la Rép.*, III, 2). Aux termes du droit féodal, le seigneur présidait les assises, mais ne jugeait pas. Il en était ainsi déjà du chef germanique.

(3) C'est un principe certain sous nos trois premières dynasties. Voy. l'*Ord. de Louis le Hutin* du 1er avril 1315, art. 9.

(4) Glasson, t. III, p. 449. Bouquet, X, 594-612.

(5) V. F.-Hélie, t. I, p. 344.

(6) *Ibid.*, p. 518.

rieur, des gens du peuple. La formule du jugement porte d'ordinaire qu'il a été rendu « en présence du roi et devant les grands du royaume. »

La cour du roi étant souveraine, ses sentences étaient sans appel : on ne pouvait qu'en solliciter l'amendement.

A l'origine, la Cour du roi n'eût pas de siège déterminé et permanent : elle se réunissait là où se trouvait la personne royale. A partir de Louis le Gros, Paris devient le séjour habituel du souverain, et, désormais, la cour ne siège plus ailleurs qu'accidentellement. C'était, en effet, une maxime du droit féodal que la cour d'un suzerain ne pouvait siéger qu'au chef-lieu de la seigneurie.

Les sessions judiciaires n'ont rien de périodique. La cour siège quand il plaît au roi de la réunir pour lui soumettre un litige. Au onzième siècle, on profite, en général, pour juger les affaires importantes, de la présence des seigneurs appelés autour du roi par les grandes solennités religieuses, Noël, Pâques, la Pentecôte. Peu à peu, les affaires les moins graves se débattirent sans bruit, au palais, devant le roi et les conseillers qui formaient son entourage habituel; et on ne réserva aux assemblées générales que les affaires intéressant de grands personnages, ou dans lesquelles étaient engagés des intérêts considérables (1).

Telle fut, à l'origine, la Cour du roi, ou Parlement, « cour » suprême du royaume, » dit Klimrath, « où tous les prin- » cipes du droit public et privé, criminel et civil, toutes les » formes de la procédure prenaient corps et vie » (2). Au point de vue spécial qui nous occupe, celui de la justice criminelle et politique, il importe d'en signaler le caractère,

---

(1) Sans doute même, il en fut ainsi de tout temps. M. Luchaire établit, en effet, par des textes, qu'à l'origine la cour se réunissait très fréquemment, au moins une fois par mois. Avec la difficulté de communications qui existait alors, il était impossible que la présence des vassaux et des fidèles pût être régulière, et la décision d'un grand nombre d'affaires dut forcément être abandonnée au roi et à ses conseillers.

(2) Klimrath, *Mémoire sur les Olim*.

qui n'a pas été, peut-être, suffisamment remarqué. La Cour du roi, nous l'avons dit, n'est que la forme la plus éminente du jugement par les pairs, une grande assise nationale, présidée par le roi. Mais c'est aussi l'organe, au moyen duquel le roi, de qui toute justice émane, remplit, vis-à-vis de ses sujets, son *devoir* de justice. Elle constitue une sorte de synthèse du principe monarchique et de la coutume féodale, du droit divin et du droit populaire. Trop peu puissante à l'origine, la royauté a dû subir les conditions des temps où elle vivait; elle a dû, pour s'assurer le concours de la nation, l'associer à sa justice comme à sa politique. Mais ce n'est là, de la part de la royauté, qu'une concession faite aux exigences de sa situation, et non la reconnaissance d'un droit. Au point de vue judiciaire comme au point de vue politique, elle prétend au pouvoir absolu. A mesure qu'elle sent sa force grandir, elle élimine l'élément populaire. C'est ici qu'il convient de préciser le caractère de ce pouvoir royal qui, au treizième siècle, aura achevé, ou à peu près, de transformer la monarchie tempérée des premiers siècles en monarchie absolue.

CHAPITRE III.

DU POUVOIR ROYAL ET DU ROI CONSIDÉRÉ COMME GRAND JUSTICIER.

C'est au treizième siècle que se dégage, sous l'influence des légistes, la théorie du pouvoir royal. Mais cette théorie n'était pas nouvelle.

Nous avons vu les princes de nos deux premières dynasties revendiquer le pouvoir absolu des empereurs de Rome et s'affirmer déjà (1) comme rois de droit divin. La révolution féodale et l'avènement de la dynastie Capétienne ne modifièrent pas autant qu'on l'avait cru jusqu'ici le caractère du pouvoir royal ; « en changeant de condition et devenant » rois, » dit M. Luchaire, qui a éclairé toute cette période d'une si vive lumière, « les marquis de Neustrie et le duc » de Bourgogne subissaient fatalement les nécessités atta- » chées à leur situation nouvelle. Ils héritaient des traditions » et de la politique de leurs prédécesseurs, de même qu'ils » revêtaient les mêmes insignes et copiaient dans leur » diplôme les formules de la chancellerie Carolingienne (2). »

En réalité, ce ne fut pas, comme on l'a si longtemps cru, et si souvent répété, l'idée féodale qui prévalut alors dans le choix des souverains ; ce ne fut pas davantage une idée de race ou de nationalité ; ce fut, au contraire, « la tradition » romaine et monarchique, » le besoin de confier le pouvoir à un chef vigoureux et puissant, fortement attaché au sol par un fief central qui pouvait servir de noyau à la recons-

---

(1) Au moins à partir de Pépin.
(2) Luchaire, t. I, p. 22.

titution du territoire, à un prince assez fort pour lutter contre le torrent féodal, pour « faire revivre, au milieu du mou-
» vement d'anarchie et de morcellement politique qui
» semblait devoir emporter toute trace de l'antique organi-
» sation de la Gaule impériale et franque, la dignité royale,
» presque morte aux yeux des Français (1). »

Ces vues si neuves sont grosses de conséquences pour l'intelligence de la constitution de notre ancienne monarchie (2). « Quelle est, » dit l'auteur que nous avons déjà cité, « la nature de ce pouvoir monarchique que, de son
» aveu même, la dynastie capétienne ne faisait que repren-
» dre des mains de ceux qu'avec l'appui de l'Eglise elle
» avait supplantés? C'est toujours la royauté franque, re-
» production affaiblie de la monarchie impériale, absolue en
» principe, faisant de celui qui la possède la source unique
» de tous les pouvoirs sociaux; concentrant et confon-
» dant dans une seule main les prérogatives les plus diver-
» ses, tendant à ramener tout à elle-même, et n'agissant, le
» plus souvent, que sous l'impulsion des idées d'unité et
» de centralisation à outrance, qui sont le propre du génie
» romain et l'empreinte même laissée par lui sur la Gaule
» latinisée. A un autre point de vue, la monarchie de Hu-
» gues Capet est encore, et plus que jamais, la royauté de
» caractère ecclésiastique, fondée sur l'union intime du
» pouvoir civil et du clergé. Cette royauté est, naturelle-
» ment et avant tout, une puissance de droit divin. Tenant
» ses pouvoirs d'en haut, le roi est lui-même un ministre
» de Dieu, et revêt, en quelque sorte, le caractère sacerdo-
» tal. La fonction royale est une mission divine; celui qui
» en est investi a été institué du ciel pour maintenir parmi
» les hommes la justice et la paix (3). » Le roi règne par la

---

(1) « Regium nomen quod apud Francos pene emortuum est resuscitemus, » mot de Gerbert, l'un des auteurs de l'élection de H. Capet, cité par M. Luchaire.
(2) Spécialement au point de vue qui nous occupe.
(3) Luchaire, ouvr. cité, t. I, p. 38.

grâce de Dieu (1) ; il est le ministre du royaume de Dieu (2) ; il remplit une fonction divine (3).

Le principal devoir, la fonction la plus éminente (4) de la royauté ainsi comprise, c'est la justice. Le roi en est débiteur envers ses sujets (5) ; il doit être « le grand justicier. » Sa mission est de rendre justice à tous, dit Hugues Capet, *omnibus justitiam operare* (6), de conserver à chacun le sien, *jus suum unicuique custodire*, dira Louis le Gros (7). La définition de la fonction royale, donnée par Abbon, fait du roi la personnification même de la justice (8). « Responsable de » ses actes devant Dieu seul, armé de tous les pouvoirs, le » roi ne trouve d'autre limite à son autorité que celle que » lui assignent sa propre conscience et le respect de sa mission divine (9). » Sans doute, la royauté subira l'influence des différents états de la société où elle est appelée à exercer son pouvoir ; à l'époque féodale, seigneur direct dans ses propres domaines, le roi sera, en outre, le suzerain général des grands vassaux et prendra place au sommet de la hiérarchie féodale. Mais ce que la critique historique nous paraît avoir démontré jusqu'à l'évidence, c'est que, à toute époque, le roi revendiqua un droit supérieur à la simple suzeraineté, « le droit de la royauté souveraine divinement » instituée. » En fait, sans doute, un tel pouvoir rencontre des limites, et ces limites sont même assez étroites pendant les premiers siècles ; il saura parfois consentir à s'en imposer à lui-même ; en droit, il n'en a pas (10).

(1) « Gratiâ Dei, opitulante divinâ gratiâ, Deo volente, permissu Dei, etc., » termes des chartes capétiennes du onzième siècle.
(2) « Minister regni Dei, » charte de Philippe I*er*, 1068.
(3) « Divinum ministerium, » charte de Henri I*er*, 1031.
(4) Boulainvilliers, *Hist. de la pairie*, p. 69.
(5) C'est le mot du parlement lui-même, dans ses remontrances du 15 juillet 1560. Voy. Dufey, *Hist. du parlement*, t. I, p. 239.
(6) Diplôme pour l'abbaye de Corbie.
(7) Suger, édition de Lecoy de La Marche, p. 143.
(8) *Historiens de la France*, t. X, p. 627.
(9) Luchaire, t. I, p. 45.
(10) Nous croyons donc que M. Guizot se trompe quand il dit que l'ancienne royauté « n'était pas absolue en droit, qu'elle n'avait pas, en droit,

Si nous insistons sur ce point, c'est que là est vraiment la clef de toute l'histoire judiciaire de l'ancien régime. C'est cette théorie du pouvoir royal qui, seule, explique à nos yeux, qui, seule, pouvait légitimer, aux yeux des contemporains, ces exceptions, ces privilèges, cette série d'actes arbitraires, capricieux, parfois inouïs, qu'y présente la justice, spécialement en matière politique. Quels qu'ils soient, ils ne sont qu'une conséquence logique de l'absolutisme royal.

Qu'on veuille, en effet, y réfléchir un instant. Le roi étant regardé comme l'incarnation vivante de tous les droits souverains, et spécialement de la justice, *toute justice émane du roi* (1). Partant, le roi peut ou exercer lui-même son droit de justice ou le déléguer à d'autres ; par suite, tous les tribunaux institués dans le royaume n'exercent qu'une justice déléguée ; par suite encore, en déléguant son droit de juger, le roi ne l'aliène ni ne l'épuise ; à côté de *la justice déléguée* reste ce que les légistes appellent *la justice retenue* (2) ; et, en réalité, ce que le roi retient, c'est la plénitude même du droit de justice. Il peut intervenir quand il lui plaît, pour, à son gré, presser, suspendre, arrêter le cours de la justice rendue par ses officiers. Il peut évoquer leurs décisions et les casser, si elles lui déplaisent ; il peut reprendre la délégation qu'il leur avait faite pour la donner à d'autres ; il peut, s'il se défie de leur justice, instituer à côté d'eux de simples commissions judiciaires. Et non seulement il le peut, mais

---

» de souveraineté systématiquement illimitée. » Il reconnaît, d'ailleurs, « qu'elle ne rencontrait pas non plus de limites converties en institutions » ou en croyances nationales, » et qu'il « y avait là un germe fécond de » pouvoir absolu » (*Hist. de la civilisation en France*, t. 4, p. 162). Le parlement lui-même reconnut toujours le caractère absolu du droit royal. Dans ses remontrances du 25 juillet 1527, il disait : « *Savons bien que vous êtes au-dessus des lois, et que lois et ordonnances ne vous peuvent contraindre par puissance coactive ; mais entendons dire que vous ne devez pas vouloir tout ce que vous pouvez, mais seulement ce qui est juste et raisonnable* » (H. Martin, t. VIII, p. 94, note).

(1) « La justice n'est pas seulement pour le roi un droit, mais un devoir » (Bodin, *De la République*).

(2) Voy. Esmein, *Hist. de la procédure criminelle*, p. 249 et suiv. Albert du Boys, t. I, p. 232.

il le doit, si sa conscience l'y porte, car « il doit justice au
» sujet; *il en est responsable devant Dieu, auquel il ne peut*
» *dire qu'il en a chargé la conscience de ses juges; car la*
» *sienne n'est pas déchargée pour cela* (1). »

Et ainsi agit-il, en effet : mais par passion, plus souvent que par conscience. Toutes les fois qu'il a besoin de se débarrasser d'un adversaire qui le gêne, de supprimer un personnage puissant, de perdre un rival redouté, il choisit les juges. La commission a été, par excellence, l'arme judiciaire de l'ancien régime !

Quand Jean-Sans-Peur, pour plaire au duc de Bourgogne, veut perdre Montagu, il le défère à une commission que préside le prévôt de Paris. Quand Charles VII, trompé, sacrifie Jacques Cœur, il le renvoie devant des commissaires : c'est la pratique. La plupart du temps, par une détestable importation du droit romain, les biens de l'accusé sont, avant le procès, assurés aux juges (2). La commission devient ainsi, pour emprunter la sévère, mais juste expression d'un historien, « une véritable machine à condamnation (3), » devant laquelle tout accusé est perdu d'avance et qui n'est trop souvent, comme le sera plus tard le tribunal révolutionnaire, qu'une sinistre parodie de la justice.

Parfois, il ne suffit pas encore au roi que la commission soit composée de juges à sa merci ; s'il croit avoir besoin de peser de tout son poids sur sa délibération, il vient présider le tribunal lui-même ; ainsi font Charles VII pour Jacques Cœur, Louis XIII pour le duc de la Valette (4). — Si les juges, même choisis, ne jugent pas à son gré, il les suspend, comme Louis XI, dans l'affaire du duc de Nemours.

Il s'attribue, même en matière criminelle, un droit absolu

---

(1) Bodin, *De la République*, l. IV, ch. 6.
(2) Ainsi en fut-il notamment pour Jacques Cœur.
(3) M. Henri Martin.
(4) M. Albert du Boys observe avec raison qu'au *moins* depuis l'institution du ministère public, le roi eût dû s'abstenir de juger, sous peine d'être juge et partie. Mais les rois ne comprirent pas qu'ils s'étaient ainsi interdit d'exercer la justice par eux-mêmes.

d'évocation. Si la justice ordinaire, le Parlement, par exemple, a été saisi, et qu'il résiste, le roi évoque l'affaire à son conseil, au mépris de toutes les compétences, et casse l'arrêt qui le gêne. Ainsi font Louis XII pour le duc de Rohan (1504); François II pour le prince de Condé (1560) (1).

Ce n'est pas tout encore ! « Le vieux droit autorisait le roi » à faire justice lui-même (2). » Il en use. Parfois, sans recourir aux commissions et aux évocations, il trouve plus simple et plus commode de procéder personnellement et directement au jugement et à l'exécution. Le roi Jean fait décapiter le comte d'Eu à l'hôtel de Nesle, par le prévôt de Paris, sans jugement d'aucune sorte (1350); dans un souper, il condamne à mort le comte d'Harcourt et le fait exécuter devant lui (1355). Charles V ordonne de pendre en sa présence un homme accusé de viol. Louis XI emprisonne le cardinal La Balue (3). Au seizième siècle, Charles IX fait mettre à mort Coligny; Henri III, le duc et le cardinal de Guise. Le tout, en vertu de la prérogative royale ! On ne saurait guère imaginer quelque chose de plus monstrueux (4).

Ces pratiques sont aussi anciennes que la royauté : elles tiennent à son principe même. Le droit romain leur prêta un puissant appui. Dans leur ardeur à fortifier l'autorité royale, les légistes que Philippe-Auguste fit asseoir dans sa

---

(1) Condé soutenait qu'il ne devait être jugé que par la cour des pairs. Le conseil privé évoqua l'affaire, et dit qu'il avait « mal et sans grief appelé. » L'arrêt lui étant prononcé, il en appela derechef; mais on lui répondit « *qu'il n'y a point d'appel du roi séant en son conseil, parce que les arrêts rendus en conseil privé n'ont autre juridiction que l'absolue déclaration de la volonté particulière du roi* » (*Mémoires* de Castelnau, l. XXII, ch. 11.

(2) Albert du Boys.

(3) Voy. Duruy, *Hist. de France*, t. 1, p. 457. Henri Martin, t. V, p. 121 et 140; VII, p. 47. Albert du Boys, t. I.

(4) La Royauté revendiquera jusqu'à la Révolution, au moins en principe, le droit de justice personnelle. L'édit de 1711, (affaire de la Force), qui défère un pair au parlement, porte encore : « Si nous ne trouvons pas à propos de décider ces questions par nous-mêmes » (Isambert, à sa date). — Voir, sur ce point, le livre de M. Albert Desjardins, *Les sentiments moraux au seizième siècle*, p. 108 et suivantes, et les nombreux exemples cités par l'auteur.

cour de justice, que saint Louis admit à siéger dans tous les plaids, puisèrent à pleines mains dans le riche arsenal des lois romaines. En même temps qu'il contribuait si puissamment à ramener dans le droit civil la raison et la justice, le droit romain restauré poussait ainsi le droit criminel dans la voie de l'arbitraire et de la violence. Il mettait aux mains de la royauté les armes du despotisme.

Les légistes lui empruntèrent toutes les dispositions protectrices de la personne du prince, dans lequel alors s'incarnait l'Etat. La loi de Majesté reparut avec tous les raffinements dont l'avaient pourvue la bassesse et la peur des légistes de l'Empire, avec la confiscation préalable, la collation des biens de l'accusé aux dénonciateurs et aux juges, et redevint, aux mains d'un pouvoir sans contrôle, l'arme terrible autant qu'odieuse des hautes œuvres politiques.

Le roi, étant le souverain dispensateur de la justice, représente un principe supérieur à toutes les juridictions (1). Par déduction de ce principe, les légistes l'arment du droit de tout faire au moyen des lettres-royaux. Il peut empêcher la poursuite d'un crime et l'amnistier par des lettres d'abolition ; — quand la procédure est commencée, la suspendre par des lettres de respit, la clore par des lettres de rémission ; — pardonner à un contumax, par des lettres de rappel de ban ; — dispenser un condamné de l'appel par des lettres de dispense d'appel et remise de peines ; — supprimer le droit d'appel et déclarer une sentence en dernier ressort ! etc. Il peut enfin faire saisir et emprisonner un citoyen par des lettres de cachet, « négation formelle de la liberté individuelle et » affirmation positive de l'omnipotence royale (2). » Les Etats

(1) Et dire que ce principe de la justice retenue faisait pâmer d'aise les jurisconsultes ! « Rien, » dit Muyart de Vouglans, « n'était plus digne de la bonté de nos rois que la réserve qu'ils ont faite de ce pouvoir » (*Institutes*, p. 103).

(2) Albert du Boys, ouvr. cité, t. I. « Le roi, » dit M. Laboulaye, « étant considéré comme la source de toute justice, avait le singulier privilège de pouvoir disposer de la liberté et de la propriété des citoyens, sans jugement, par sa volonté particulière » (*Revue des cours littéraires*, année 1886, p. 9).

généraux protesteront (1), des ordonnances comme celles du 15 août 1389 et de 1560 proclameront, en apparence, l'abolition des lettres de cachet. Ces lettres vivront autant que la monarchie. Il faudra la philosophie du dix-huitième siècle, les protestations de Malesherbes et la révolution de 1789 pour les emporter !

Sans doute, cette théorie du pouvoir royal n'est pas encore achevée au treizième siècle : la logique et la subtilité des légistes se chargeront de lui donner peu à peu toute sa perfection ; mais déjà la transformation est complète quant aux grandes lignes. En tout, et spécialement en matière judiciaire, Philippe le Bel agit en roi absolu.

Est-ce à dire, cependant, que dans la constitution purement traditionnelle de notre ancienne monarchie, le pouvoir judiciaire du roi, dont personne ne conteste en principe le caractère illimité (2), ne soit tempéré en fait par certaines limites, et ne rencontre certaines résistances ? Non, sans doute.

D'une part, les seigneurs les plus puissants, les grands vassaux dont l'influence balançait autrefois celle du roi lui-même, persistent à ne vouloir être jugés que par leurs égaux. La tradition leur maintient ce privilège et amène la constitution de la Cour des pairs.

D'un autre côté, les accusés traduits devant des tribunaux extraordinaires, ou victimes directes des vengeances royales, protestent contre l'arbitraire et la violence (3). Ils réclament leur renvoi devant leurs juges naturels ; ils refusent de répondre aux juges commis. Leurs voix trouvent de l'écho dans le pays, et, en face de l'omnipotence arbitraire de la royauté,

---

(1) **Voy.** M. Picot, I, 121 ; II, 191, 555, 556 ; III, 188 ; IV, 84.

(2) Même dans ses remontrances les plus vives, le parlement ne nie jamais le droit dernier du roi.

(3) « L'irritation causée par le meurtre du comte d'Eu fut vive parmi les barons ; passe encore pour se laisser juger par les légistes du parlement, mais abandonner leur tête à la hache du despotisme, devenait par trop intolérable » H. Martin, *Hist. de France*, t. V, p. 121, à propos de l'exécution du comte d'Eu, ordonnée par le roi Jean.

se dressent les *remontrances* des Parlements et les *doléances* des Etats généraux.

Le Parlement, il est vrai, est devenu un corps purement judiciaire. Les légistes y ont remplacé les grands feudataires, et, l'ancienne Cour du roi, se dégageant peu à peu de l'élément féodal, a perdu son caractère primitif de cour aristocratique et de grand jury national pour devenir un tribunal essentiellement monarchique. Le roi a cessé de le présider : « Pour présider un Parlement de barons, il fallait un roi ; pour » présider un Parlement de légistes, un bourgeois suffit (1). » Mais, bien que réduit au rôle de corps judiciaire, le Parlement n'oubliera pas son origine. Il se souviendra qu'il est sorti de la Cour du roi, « qu'il tient la place des princes et » barons qui, de toute ancienneté, étaient près la présence » des rois (2). » A ce titre, il se considérera toujours comme une sorte de représentation nationale, et se croira le droit d'adresser des remontrances à la royauté. Ce droit, la tradition le lui maintient, et il en use pour prétendre parler au nom du pays (3). Contre la violation de ses droits, l'usurpation de sa compétence, l'évocation au conseil du roi ou à des commissions arbitraires des causes qui ressortissent à sa haute justice, le Parlement proteste avec autant de persévérante fermeté que de courageuse indépendance. Il eut plus d'une fois à en souffrir (4).

Enfin, la Cour du roi contenait, nous l'avons vu, le germe d'une représentation nationale. Ce germe se développe et grandit. Dans les graves circonstances, la royauté, malgré l'absolutisme auquel elle prétend, sent le besoin de s'appuyer sur le pays : elle convoque les Etats généraux. A leur

---

(1) D'Avenel, *Richelieu et la monarchie absolue*.
(2) Remontrances de 1615 au roi Louis XIII.
(3) « Le parlement, » dit Henrion de Pansey, « tenait le milieu entre le prince et la nation ; il était le régulateur du pouvoir, dont il modérait l'action par le droit de remontrance ; c'était l'ancre du vaisseau de l'Etat » (p. 701).
(4) Mais la royauté ne renonce pas à ce qu'elle regarde comme son droit. Voy. spécialement l'ordonnance du 22 mai 1436.

tour, devant tant de scandales judiciaires, tant de condamnations qui n'ont que l'apparence de la justice, les Etats généraux font entendre leur voix, qui est la voix nationale ; ils protestent contre le caprice et l'iniquité (1).

La royauté cède en apparence dans ses ordonnances : elle proteste de son respect pour le droit commun, proclame les principes libéraux, renvoie chacun à ses juges naturels, abolit à jamais les juridictions d'exception. Le lendemain, dès que l'intérêt parle ou que la passion commande, elle oublie toutes ses promesses, pour violer de nouveau toutes les lois, nommer de nouvelles commissions et reprendre le cours des assassinats juridiques. Le Parlement et les Etats reviennent à la charge. Le roi promet de respecter le droit, pour le violer encore. Et ainsi se poursuit, entre l'autorité royale d'une part, la justice régulière et les organes du pays de l'autre, à coup de lettres patentes, de remontrances et de doléances, une sorte de duel qui durait encore à la veille de 1789.

Mais il est temps de sortir des généralités, et de voir ces différentes institutions et ces différents principes en œuvre, et aussi en conflit dans l'histoire. De la Cour du roi sortent à la fois la Cour des pairs et le Parlement, peut-être même les Etats généraux. Nous allons étudier successivement l'influence de ces trois institutions sur la marche de la justice politique.

---

(1) La protestation contre les commissions judiciaires est aussi ancienne que les Etats généraux eux-mêmes.

CHAPITRE IV.

DE LA COUR DES PAIRS ET DU PRIVILÈGE DES PAIRS.

« Le droit que revendiquait le Parlement de Paris de se
» constituer en Cour des pairs, » dit M. Albert du Boys,
« est le dernier débris de la Constitution de l'ancienne Cour
» féodale. » A un point de vue plus large, c'est le dernier
reste du grand et libéral système de l'intervention du pays
dans les jugements.

Nous l'avons vu, le jugement par les pairs est le grand
principe qui, sous des formes diverses, domine toute la
justice depuis l'invasion germanique jusqu'au treizième siècle. Le droit féodal en avait tiré deux maximes : les juges
devaient être d'un rang au moins égal à celui des plaideurs
(*illius qualitatis cujus sunt vassalli litigantes*) (1), et le plus
élevé en rang ne pouvait être jugé par l'inférieur (*major a
minore non potest judicari*).

Tant que le roi jugea, à la tête d'une cour composée de
grands vassaux, les seigneurs, qui, à raison de quelques
crimes, eurent à comparaître devant cette cour, y trouvèrent
pour les juger leurs covassaux ou leurs cofidèles. Toutefois,
en vertu des principes féodaux que nous avons formulés
tout à l'heure, ils émirent la prétention de n'être jugés que
par leurs pairs en dignité et en rang. Les hauts-seigneurs,
qu'on appela plus tard les grands vassaux de la couronne,
les ducs de Normandie, d'Aquitaine, de Bourgogne, les

___
(1) Ducange.

comtes de Flandre, de Toulouse et de Champagne, « ces
» fidèles que l'on pourrait dire hors rang devaient donc,
» par droit et par raison, être convoqués à la Cour du roi,
» s'il s'agissait de juger l'un d'entre eux, l'un de leurs pairs.
» De là naquit l'usage de réserver le titre de pairs aux plus
» puissants et aux plus grands parmi les vassaux ou les
» simples fidèles ; à ceux dont la présence faisait de la Cour
» du roi une Cour des pairs par excellence, une cour dont
» nul fidèle ne pouvait plus décliner la compétence (1). »

Partout, dans les cours des ducs et des comtes comme dans la Cour du roi, ce furent seulement les principaux des vassaux qui conservèrent le nom de pairs. Une charte accordée par Philippe-Auguste, en 1195, aux bourgeois de Saint-Quentin le dit expressément en parlant des pairs du Vermandois : *Viromandiæ pares qui tunc temporis majores habebantur* (2). Le comte de Vermandois avait six pairs, le comte de Champagne sept, le comte de Flandre douze ; le roi de France en eut également douze. Ainsi paraît s'expliquer, d'après les recherches les plus récentes, l'origine de la pairie, qui avait paru jusqu'ici une énigme indéchiffrable (3).

Quoiqu'il en soit, les douze pairs de France sont définitivement constitués sous Louis VII. Il y a six pairs laïques : les ducs de Normandie, d'Aquitaine, de Bourgogne, les comtes de Flandre, de Toulouse et de Champagne, tous grands seigneurs relevant directement de la couronne : nous venons d'indiquer l'origine de leurs pairies. A côté d'eux siègent six pairs ecclésiastiques : l'archevêque de Reims, les évêques de Laon, Noyon, Châlons, Beauvais et Langres. L'origine des pairies ecclésiastiques n'a pu encore être expliquée d'une manière tout à fait satisfaisante (4).

(1) Flach, *Origines de la France*, p. 255.
(2) Isambert, *Ordonnances des rois de France*, t. XI, p. 270.
(3) Voir aussi, sur ce point, le rapport de M. Picot sur le prix Bordin, fait à l'Académie des sciences morales en 1882 (*Mém. de l'Acad.*, 1882, p. 341).
(4) Suivant M. Ginouilhac, les pairs ecclésiastiques étaient les grands di-

Pourquoi ce nombre douze ? On suppose généralement que ce fut en souvenir des douze pairs imaginaires dont la poésie s'était plu à entourer Charlemagne.

Dès 1153, on voit la Cour des pairs juger un procès entre le comte de Bourgogne et l'évêque de Langres (1).

S'il faut en croire une pièce dont l'authenticité toutefois est douteuse, les douze pairs prirent officiellement séance à la cérémonie du sacre de Philippe-Auguste (1180) (2).

Lorsque, au treizième siècle, les grands officiers de la couronne et ceux qu'on appela les clercs du roi prirent dans la Cour du roi le pas sur les grands vassaux, les pairs se refusèrent à se laisser juger par eux, et revendiquèrent le droit de n'être jugés que par un tribunal exclusivement composé de leurs égaux. La question fut expressément soulevée, en 1224, dans le procès de la comtesse de Flandre. Mais l'arrêt de la cour repoussa leur prétention (3).

Quand, plus tard, le roi eut cessé de siéger à la tête de sa Cour, quand cette Cour elle-même fut devenue un tribunal exclusivement composé de légistes, les pairs de France ne reconnurent sa compétence à leur égard, qu'autant que leurs égaux reviendraient y prendre rang pour les juger. En un mot, pour le jugement d'un pair on devait reconstituer la Cour du roi, autant du moins que cette reconstitution était possible. La tradition confirma la prétention des pairs de France, et ainsi s'établit en leur faveur ce privilège à raison duquel ils pouvaient exiger que le Parlement fût, pour les juger, *suffisamment garni de pairs*.

La même raison historique explique comment le Parlement

---

gnitaires ecclésiastiques dont les diocèses faisaient partie des domaines de la Couronne, et qui, assimilés aux fiefs, leur donnaient titre de ducs ou de comtes.

(1) Henri Martin, t. III, p. 504.

(2) A la cour du roi, les douze pairs siégeaient immédiatement après la roi et immédiatement avant les autres vassaux.

(3) « Judicatum est in curiâ domini regis quod ministeriales prædicti de hospitio domini regis debent interesse cum paribus Franciæ ad judicandum pares, et tum prædicti ministeriales judicaverunt comitissam Flandriæ cum paribus Franciæ apud Parisios anno Domini 1224 » (Brussel., p. 235).

de Paris avait seul la prétention de se constituer en Cour des pairs. C'est qu'en effet lui seul était l'héritier direct de l'ancienne Cour royale. En fait, la tradition ne reconnut qu'à lui le droit de juger les questions concernant les pairies et les pairs eux-mêmes : le Parlement de Toulouse s'étant permis de décréter un pair de France, le duc de Fitz-James, un arrêt du Parlement de Paris du 30 décembre 1763 annula ce décret (1).

Quand la première génération de pairs fut éteinte, le roi la remplaça. En 1297, on voit Philippe le Bel nommer trois nouveaux pairs et ériger en pairie l'Anjou, l'Artois, la Bretagne. Comme le remarque justement M. d'Avenel, ce fut un grand fait politique que la première érection d'une pairie par la seule puissance du roi. Ceux qui devaient au prince leur dignité ne pouvaient se comparer à ceux qui la possédaient avant la dynastie elle-même (2). Bientôt, tout en s'excusant, le roi dépassa le nombre douze. D'abord il n'osa élever à l'éminente dignité de pair de France que des princes du sang. A partir de 1505, il y appelle des princes étrangers à la famille royale; bientôt enfin (à partir de 1551) de simples gentilshommes. Tous les pairs anciens ou de création récente jouirent jusqu'à 1789 du privilège de n'être jugés que par le Parlement garni de pairs.

Ce privilège leur appartenait aussi bien en matière civile qu'en matière criminelle (3). Nous n'avons à l'étudier ici qu'à ce dernier point de vue.

Quelle était la procédure suivie devant la Cour des pairs?

Au roi paraît avoir appartenu, à l'origine, le droit de con-

---

(1) Henrion de Pansey.

(2) Les pairs nommés par le roi furent considérés comme de simples officiers royaux. On ne leur reconnut le droit de siéger au parlement qu'autant qu'ils prêteraient le serment exigé des autres membres de la compagnie, et on leur attribua qualité pour juger tous les procès au même titre que les autres conseillers.

(3) L'ordonnance de Hesdin (13 octobre 1363) déclare formellement que les pairs ne doivent ressortir qu'au parlement de Paris, tant pour leurs affaires personnelles que pour les droits de leurs pairies. Le parlement de Paris, dit cette ordonnance, est « la Cour des Pers. »

voquer la Cour. Les pairs, du moins, soutenaient que le Parlement ne pouvait les juger s'il n'y était autorisé par une commission expresse du roi. Le Parlement avait des prétentions contraires. La question se posa encore au dix-huitième siècle dans l'affaire du duc de La Force (1721). Elle ne fut jamais expressément résolue (1). En fait, le roi convoquait la Cour des Pairs par lettres-patentes et appelait par lettres individuelles chacun des vassaux qui devaient y siéger. L'ordre de comparution devait être notifié à l'accusé par deux de ses pairs. Toutefois, cette règle, exactement suivie à l'origine, tomba peu à peu en désuétude : on admit que pour cette notification les deux pairs pouvaient être remplacés par deux chevaliers, puis par de simples sergents du roi.

On discuta beaucoup pour savoir si le roi devait et même s'il pouvait assister au procès et siéger à la tête de la Cour. Les pairs lui contestèrent vivement ce droit. La première protestation se produisit sous Charles V, dans le procès du duc de Bretagne. Les pairs soutinrent que la présence du roi était irrégulière et qu'à eux seuls appartenait le jugement de la cause. Le roi maintint sa prérogative (2).

La protestation se renouvela en 1386, dans le procès fait au roi de Navarre. Le duc de Bourbon contesta à Charles VI le droit de séance. Bien que tranchée une seconde fois en faveur de la prérogative royale, la question ne semblait pas définitivement résolue, et en 1458, à l'occasion des poursuites dirigées contre le duc d'Alençon, Louis XI demanda expressément au Parlement si le roi pouvait assister au procès criminel fait à un pair de France. Le Parlement répondit que l'assistance du roi n'était pas seulement licite, mais nécessaire. Ainsi consacré par le Parlement, le droit du roi ne

---

(1) D'après M. Glasson, le parlement décidait s'il y avait lieu de convoquer les pairs, et, en cas de contestation sur ce point, la difficulté était tranchée par le roi et son conseil. Voir, sur ce point, Boutaric, *la France sous Philippe le Bel*, p. 208.

(2) Toutefois, il avait promis de faire expédier des lettres patentes portant que c'était sans préjudice du droit des pairs pour l'avenir. Mais ces lettres ne furent jamais expédiées.

semble pas avoir été contesté depuis. Louis XIII fut le dernier de nos rois qui usa de cette prérogative et vint siéger à la tête de la Cour (1).

Il n'était pas d'ailleurs besoin, pour le jugement d'un pair, que tous les autres pairs fussent présents. Il suffisait que la Cour fût suffisamment garnie de pairs, et elle était réputée l'être quand tous avaient été régulièrement convoqués et que plusieurs avaient répondu à l'appel (2). Ce principe fut formellement reconnu en 1386, dans le procès du roi de Navarre. Sur douze pairs, cinq seulement étaient présents, sept absents. On soutint, au nom de l'accusé, que la Cour n'était pas régulièrement composée. Mais le roi répondit que *tous les pairs avaient été ajournés* ; que les absents s'étaient excusés et « qu'il tenait sa Cour suffisamment garnie de pairs. »

Dans la pratique même, le Parlement jugea plus d'une fois sans la présence d'aucun pair. Quand les pairs ne répondaient pas à la convocation qui leur était adressée, il passait outre et jugeait néanmoins comme Cour des Pairs. Il y en eut plusieurs exemples.

Par suite de la réalité des grands fiefs, les femmes qui en étaient investies pouvaient siéger à la Cour des Pairs. Ce fut ainsi que la comtesse Mahaut jugea Robert de Flandre (3).

Les pairs qui n'étaient pas au nombre des douze pouvaient-ils assister au procès fait à l'un des douze pairs originaires ?

Louis XI fit poser la question au Parlement dans le procès du duc d'Alençon. Le Parlement répondit que tous les pairs indistinctement pouvaient y siéger.

Les pairs pouvaient-ils commettre d'autres juges à leur

---

(1) Procès du duc de La Vallette.
(2) D'après le droit féodal, il n'était même pas nécessaire que tous les fidèles fussent convoqués ; il suffisait qu'il y en eût un certain nombre. D'après Defontaines, il en fallait au moins quatre ; mais cette règle ne fut pas toujours suivie. Voy. *Conseil de Defontaines*, ch. XXI, § 30, et Ginouilhac, *Hist. du Droit français*. D'après M. Glasson, il suffisait qu'un seul eût été convoqué, même s'il ne venait pas (III, 294). Nous croyons qu'il y a là une exagération.
(3) Henrion de Pansey, p. 706.

place ? — Le Parlement fut également saisi de cette question dans le même procès. Il refusa aux pairs le droit de se faire remplacer et déclara qu'ils devaient siéger en personne (1).

Le caractère des pairs ecclésiastiques leur donnait au sein de la Cour une situation particulière. Il semble que de tout temps ils s'abstinrent de prendre part à une condamnation capitale. Dans le procès de Jean sans Terre, ils assistèrent aux débats et participèrent à l'arrêt de déchéance, mais non à la partie de la sentence qui prononçait *peine de sang*. — Dans le procès du duc d'Alençon, un incident remarquable se produisit : Juvénal des Ursins, archevêque et duc de Reims, premier pair de France, protesta au nom des pairs ecclésiastiques, par acte passé devant notaire, « qu'étant » ecclésiastiques, ils ne pouvaient opiner en matière si cri- » minelle dont effusion de sang se pouvait suivre (2). » Telles furent les premières applications d'un principe conforme aux canons de l'Eglise et qui semble avoir été depuis fidèlement observé. Dans notre siècle même et dans les procès soumis à la Chambre des Pairs, sous le gouvernement de la Restauration et sous le gouvernement de Juillet, les pairs ecclésiastiques s'y conformèrent scrupuleusement ; et de nos jours encore, les pairs ecclésiastiques d'Angleterre continuent à s'abstenir de prendre part à aucune condamnation capitale.

Conformément aux traditions du droit germanique et féodal, le roi présidait mais ne jugeait pas ; toutefois, il devait approuver le jugement pour qu'il pût être exécuté. Ce jugement était publié sous forme de lettres-patentes par le roi ; et, à l'origine, les autres pairs le publiaient également dans leurs domaines.

La première grande cause criminelle jugée par la Cour des Pairs fut celle de Jean sans Terre. Après la mort de Richard

---

(1) Du Tillet, *Recueil des rangs et de la majorité*, p. 405.
(2) Voy. le procès du duc d'Alençon, à la suite de l'*Histoire des Templiers*, par Pierre Dupuy. Paris, 1654.

Cœur de Lion, Jean avait assassiné de sa propre main son compétiteur au trône, le jeune Arthur, fils de son frère aîné. Ce meurtre avait soulevé contre lui l'indignation publique. En même temps que roi d'Angleterre, Jean était duc de Normandie, et à ce titre grand vassal de la couronne de France et pair de France. Philippe-Auguste ne craignit pas de traduire devant la Cour des Pairs un souverain étranger qui était en même temps son vassal. Le droit, en effet, était formel. Jean fut cité devant ses pairs, les grands vassaux de la couronne de France, comme accusé de meurtre et de félonie. Il demanda un sauf-conduit qui lui fut refusé et ne répondit pas à la citation. La Cour des Pairs le jugea par contumace. Reconnu coupable de meurtre par trahison, il fut proclamé déchu de tous ses fiefs et condamné à mort (1203). Le duché de Normandie fut réuni à la France (1).

On trouve des arrêts rendus par la Cour du roi garnie de pairs en 1216, 1217, 1224, 1230, 1233, 1234. La plupart de ces arrêts sont rendus en matière civile. Mais c'est en matière criminelle qu'en 1224 la Cour juge et condamne par défaut la comtesse Jeanne de Flandre, et en 1230 Pierre Mauclerc (2).

Les pairs de France conservèrent jusqu'en 1789 leur privilège de juridiction. La constitution de la Cour, sa compétence, la procédure suivie devant elle ne semblent pas avoir varié jusqu'à la Révolution. Toutefois, malgré la tradition, malgré le rang élevé des hauts personnages qui ressortissaient à la justice privilégiée de la Cour, peut-être à cause de leur élévation même, la royauté, ainsi que nous le verrons, ne respecta pas toujours le droit des pairs. Ce droit constituait, en effet, une limitation de l'omnipotence royale. C'était la dernière trace de l'antique intervention du pays dans les jugements. C'était aussi la dernière marque de l'ancienne puissance des grands vassaux qui, à une certaine

---

(1) Henri Martin, t. III, p. 582 et suiv. Beugnot, *Bibliothèque de l'Ecole des chartes*, 2ᵉ série, t. V, 1ʳᵉ livr. On ne connaît pas exactement la composition du tribunal qui jugea Jean sans Terre.

(2) Voir M. Ginouilhac, *Hist. du Droit français*.

date, avaient osé s'égaler au roi lui-même. La royauté leur montra trop souvent que cette égalité avait depuis longtemps disparu pour faire place à sa toute puissance.

CHAPITRE V.

DU JUGEMENT DES CRIMES POLITIQUES DEPUIS LE TREIZIÈME SIÈCLE JUSQU'A LOUIS XIII.

Il nous reste à étudier, au point de vue de la justice politique, l'intervention de l'autorité royale, le rôle du Parlement et l'influence des Etats généraux.

Pour en donner une juste idée et bien faire saisir le jeu des institutions, il nous paraît intéressant de présenter, à partir du treizième siècle, un rapide aperçu des principaux procès politiques. En face des abus que nous aurons à signaler, nous placerons les protestations qu'ils soulevèrent, les remontrances du Parlement, les réclamations des Etats, les satisfactions qu'à diverses reprises la législation parut accorder à leurs doléances. Fidèles d'ailleurs à notre sujet, nous nous occuperons uniquement des juridictions, sans parler, autrement que dans la mesure nécessaire, de la définition des délits politiques et des peines qui leur étaient appliquées.

Le treizième siècle voit s'opérer, en même temps que l'achèvement du pouvoir royal, une profonde révolution judiciaire.

La Cour du roi se transforme. Pendant que l'extension du domaine royal et l'activité croissante de la vie publique en grandissait l'importance, la force des choses en a modifié la composition et changé le caractère. Les seigneurs y ont cédé la place aux légistes. Le roi s'abstient de plus en plus d'y siéger : il lui délègue, tacitement d'abord, bientôt expressément, son pouvoir de justice (1). La Cour du roi devient ainsi une juridiction indépendante autorisée par l'usage, puis par la loi, à juger seule (ordonnance de 1302) (2). Les grandes assises royales et nationales se sont transformées en un tribunal essentiellement monarchique : le Parlement. En même temps, par la théorie de l'appel et des cas royaux, les légistes dessaisissent de plus en plus les justices féodales au profit de la justice royale. Les baillis, les sénéchaux remplacent les anciennes cours où la justice était rendue par les propriétaires de fiefs. Cette révolution s'opère pendant les quarante dernières années du treizième siècle et les vingt premières du quatorzième (3). A cette époque, toutes les causes qui intéressent directement ou indirectement la couronne sont de la compétence exclusive du juge royal. Des juges permanents remplacent les juges temporaires : le droit d'accusation passe des mains du peuple aux mains des officiers du roi.

La nécessité pour juger un pair de convoquer les autres pairs demeure la seule trace de l'ancienne intervention du pays dans les jugements.

Nul, mieux que M. Guizot, n'a compris et caractérisé cette phase de notre histoire judiciaire. « A la place, » dit-il, « de
» ce beau système du jugement par les pairs, s'en était élevé
» peu à peu un autre, celui d'un ordre judiciaire, d'une classe
» de personnes spécialement vouées à l'administration de la
» justice. Au treizième siècle, les sénéchaux, baillis, pré-
» vôts, etc., entourent la royauté ; ils appellent encore pen-
» dant quelque temps des assesseurs, des jugeurs ; peu à
» peu ils jugent seuls ; pendant quelque temps, les baillis
» sont encore des possesseurs de fiefs, des barons de second
» ordre ; bientôt ils cèdent la place aux gens de loi ; et il ne

---

(1) Ce fut Charles V qui, le premier, octroya au Parlement l'autorisation expresse de juger et de faire exécuter ses arrêts malgré les lettres-royaux contraires.
(2) Désormais, l'exécution seule se fait au nom du Roi.
(3) Voir Henrion de Pansey.

» reste plus que les légistes, instrument admirable de la
» royauté contre le pouvoir féodal et le pouvoir ecclésiasti-
» que; terrible et funeste instrument de tyrannie qui fit pré-
» valoir, en matière judiciaire surtout, des principes con-
» traires à toute liberté (1). »

A la fin du treizième siècle et dans les premières années du quatorzième, les officiers du roi, baillis, prévôts, Parlement ont seuls le droit de juger toutes les affaires importantes. Mais, au-dessus de ces juridictions nouvelles, plane toujours le droit supérieur du roi. Si, d'ordinaire, il respecte la compétence des juridictions qu'il a lui-même établies, il est toujours prêt à en suspendre l'exercice et à ressaisir un pouvoir qui est une part intégrante de sa souveraineté.

Sage et modérée avec saint Louis, la royauté devient égoïste et violente sous ses successeurs, et surtout entre les mains despotiques de Philippe le Bel. Saint Louis avait travaillé à mettre la justice partout où était la force. Philippe le Bel met trop souvent la force à la place de la justice. Dans les premiers siècles, nous l'avons vu, la nation était associée aux jugements comme à la législation. Bien qu'abolie en fait, cette participation était toujours reconnue en principe, et les ordonnances des rois faisaient mention du consentement ou tout au moins du conseil des grands, représentant le peuple (2). A partir de Philippe le Bel, les ordonnances émanent du roi seul.

Le nouveau caractère de la royauté ne se manifeste pas avec moins d'énergie au point de vue judiciaire. « C'est après
» saint Louis, c'est sous le règne de Philippe le Hardi (1270-
» 1285) qu'on voit commencer ces commissions extraordi-
» naires, ces jugements par commissions qui, depuis, ont
» tant de fois souillé et attristé nos annales. Les sénéchaux,
» baillis, jugeurs et autres officiers nommés par le roi
» n'étaient pas inamovibles; il les révoquait à son gré, les

---

(1) Guizot, *Histoire de la civilisation en France*, t. IV, p. 181 et suiv.
(2) « Lex fit consensu populi et constitutione regis. »

» choisissait dans chaque occasion particulière et suivant le
» besoin : peut-être par un souvenir des cours féodales où,
» en fait, le suzerain appelait presque arbitrairement tels ou
» tels de ses vassaux. Il arriva de là que, dans les grands
» procès, le roi se trouva le maître d'instituer ce que nous
» appelons une commission. Or, les grands procès, les
» grandes affaires criminelles avaient alors, presque néces-
» sairement, l'un ou l'autre de ces deux caractères : ou bien
» la royauté poursuivait un ennemi redouté, ecclésiastique
» ou laïque, un grand seigneur ou un évêque ; ou bien, à
» à la suite d'une réaction, l'aristocratie féodale ou le clergé
» ayant repris auprès de la royauté leur ancien empire, em-
» ployaient sa force ou ses agents à poursuivre à leur tour
» leurs ennemis. Dans les deux cas, l'ordre judiciaire royal,
» les légistes, servaient d'instrument à des inimitiés, à des
» vengeances de parti ou de pouvoir, et l'un ou l'autre vain-
» queur, choisissant à son gré les commissaires, jugeait ses
» ennemis aussi arbitrairement, aussi iniquement qu'il avait
» été jugé lui-même quelque temps auparavant (1). »

De la mort de saint Louis (1270) à l'avènement de Philippe de Valois (1328), on ne compte pas moins de cinq grands procès criminels jugés par des commissaires. En 1278, le favori de Philippe le Hardi, Pierre de la Brosse, excite par sa puissante influence la jalousie des hauts barons. Une lutte s'engage entre son parti et celui de la reine. La reine obtient son arrestation : il est jugé par une commission composée seulement du duc de Bourgogne, du duc de Brabant et du comte d'Artois. Ces trois juges le condamnent à être pendu. La procédure est inique, secrète, à ce point qu'on ignore le crime dont il était accusé (2). Le peuple voit avec mécontentement de la Brosse tomber victime des grands sous une réaction féodale.

En 1301, Philippe le Bel fait poursuivre violemment, illé-

---

(1) Guizot, *Histoire de la civilisation en France*, t. IV, p. 181.
(2) Henri Martin, t. IV, p. 362. Toutefois, suivant la Chronique de Saint-Denis, il aurait été accusé de haute trahison.

galement, Bernard de Saisset, évêque de Pamiers, légat de Boniface VIII. C'est ici la royauté qui, « par la main des » légistes et aux dépens d'un accusé, soutient sa lutte poli- » tique contre le clergé. »

Le procès des Templiers (1307-1310), le procès intenté à la mémoire de Boniface VIII (1310) offrent le même caractère « de commissions judiciaires mettant la justice au service de » la politique et aux ordres de la royauté (1). »

Après Philippe le Bel, une réaction féodale s'opère, et c'est un légiste, Enguerrand de Marigny, qui, en 1315, sous Louis le Hutin, est jugé et condamné par une commission de chevaliers, de prélats et de barons sous les plus absurdes accusations (2). Ce procès offre un mémorable exemple des violences arbitraires et des brutales iniquités qui ont fait si souvent des procès politiques de l'ancien régime non l'exercice régulier de la justice, mais de simples vengeances politiques et de véritables exécutions sommaires. Chose inouie, et qui montre à quel point était alors poussé le mépris de la légalité et des formes, un prince étranger, le roi d'Arménie, siégeait au nombre des juges! On ne permit pas à l'accusé de se défendre. Il avait pour ami le plus célèbre avocat du temps, Raoul de Presles. Pour empêcher de Presles de prêter à Marigny le secours de sa parole, on l'accusa lui-même de complicité et on l'emprisonna. Le roi confisqua les biens de Marigny et les donna à Pierre Machaut, son dénonciateur. Cet arrêt a été à bon droit qualifié de monstrueux (3).

« Ainsi l'une et l'autre partie se jugent tour à tour selon » le système et par les procédés qu'ont introduits les légistes » et qu'ils ont en partie empruntés au droit romain, au droit » ecclésiastique, aux coutumes féodales dénaturées, en par- » tie, inventés pour la circonstance et le besoin. N'est-ce pas

---

(1) Guizot.
(2) Notamment celle de sorcellerie; on avait relevé, contre Marigny, quarante charges, dont les principales étaient des griefs de concussion et de fraude au trésor.
(3) *Histoire des Ministres d'Etat*, p. 570. — Isambert, à sa date.

» là l'introduction du despotisme dans l'administration de
» la justice (1) ? »

Ce fut surtout à partir de cette époque et dans la seconde moitié du quatorzième siècle que les commissions extraordinaires se multiplièrent et devinrent dans toutes les affaires graves, et plus spécialement en matière politique, l'arme favorite de la royauté.

Comment le roi ne se fût-il pas cru le droit de s'en servir contre ses adversaires politiques, quand il en usait à tout instant contre les criminels de droit commun ?

Le 31 janvier 1354, des lettres patentes du roi Jean désignent le chancelier Pierre de Lieuvilliers comme commissaire pour informer contre les bannis, suspects et autres, et lui donnent pouvoir de les juger criminellement, en s'adjoignant un conseiller ou un bailli, avec faculté d'appliquer des peines arbitraires, d'infliger la question et de prononcer toutes confiscations. C'est un véritable pouvoir discrétionnaire donné au chancelier. Les lettres l'autorisent, ainsi que son adjoint, « à aler et chevaucher par tout notre dist royaume
» en tel état et à si grant compeignie de gens comme bon
» leur semblera. » Et elles ajoutent : « faites ou faites faire
» tantost et senz délay bon et brief accomplissement de jus-
» tice. Le roi veut de tout son pouvoir garder et maintenir
» les sujets de son royaume en vraie paix et tranquillité par
» bonne exercition de justice (2). »

A coup sûr, c'est là le chef-d'œuvre du genre ! Une commission judiciaire embrassant le royaume entier, pouvant connaître de tous les crimes, arbitrer les peines, les faire exécuter sans appel ni sursis ! A leur insu peut-être, nos modernes Jacobins ont eu des maîtres. Mais que penser d'un temps où de pareilles mesures étaient sans doute utiles, d'un état social et politique où elles semblaient non seulement possibles, mais légitimes, où le roi se croyait le droit, bien

---

(1) Guizot, ouvrage cité, t. IV, p. 183.
(2) Isambert, *Ordonnances des Rois de France*, t. IV, p. 406.

plus le devoir de dessaisir d'un trait de plume, dans toute l'étendue de son royaume, tous les juges de droit commun au profit d'une commission de son choix !

Les commissions se multiplient pendant les dernières années du siècle. Nous voyons le roi en instituer successivement : pour juger souverainement et sans appel les délits commis par les officiers du Languedoc (23 avril 1380) ; — pour statuer sur le fait des monnaies, « avec droit de pu- » nir à volonté sur corps et avoir (1380) ; » — pour juger en dernier ressort les coupables de malversations, et « leur » infliger les peines qu'ils jugeront convenables » (23 février 1388) ; — pour s'enquérir des exactions des officiers royaux, notaires et autres, avec pouvoir « de les punir à discrétion » et, chose énorme, « de juger sur des conjectures et pré- » somptions » (9 juillet 1391, 12 juillet 1393) ; — pour juger en dernier ressort les usuriers et leur appliquer des peines arbitraires (3 mars 1402).

Comme on le voit par ces exemples qu'il serait aisé de multiplier, la royauté ne violait pas seulement, par l'institution des commissions, les lois de compétence, mais jusqu'aux règles de procédure et à la liberté de la défense. Les termes de la commission étaient, en effet, la règle du juge ; et nous voyons les commissaires investis de pouvoirs illimités et même du droit d'arbitrer les peines ! Toutefois, quand la commission était muette sur ce point, les commissaires étaient tenus, comme tous les autres juges, de se conformer aux lois et ordonnances du royaume, et « en général » choisis parmi les légistes, ils ne s'éloignaient que rarement » des règles communes de l'instruction (1). » Mais, à moins que les bornes de la commission n'eussent été excédées, le jugement était toujours sans appel (2).

A côté de ces commissions ayant un caractère général qui

---

(1) F. Hélie, t. I, p. 666.
(2) Les commissaires pouvaient cependant annuler leur procédure et la recommencer si elle était vicieuse. D'ailleurs, devant eux comme devant les autres juridictions, la procédure dut varier avec les époques.

sont un souvenir des anciens *missi dominici* et font penser aux juges voyageurs de l'Angleterre, s'en rencontrent d'autres, en bien plus grand nombre, qui n'ont pour objet qu'un jugement individuel. Ce sont là les commissions par excellence, soigneusement composées en vue d'un accusé spécial et d'un procès déterminé. A cette époque, le Parlement a reçu de Philippe le Bel et de Philippe V son organisation définitive : la grand'chambre est le juge des criminels d'Etat ; — l'usage veut que la Cour des Pairs soit seule compétente pour juger un pair de France. Mais, dès qu'il redoute « les » restes d'influence d'un grand personnage récemment dis- » gracié (1), » au lieu de saisir le Parlement ou la Cour des Pairs, le roi le renvoie devant une commission. Les crimes qu'il leur défère ainsi sont divers ; mais ce sont, la plupart du temps, de prétendus crimes de lèse-majesté.

Nous avons établi déjà la persistance à travers tout le moyen âge de cette accusation terrible. La loi des Ripuaires la mentionne. La veille de son couronnement, Charlemagne fait condamner à mort plusieurs grands seigneurs de Rome pour crime de lèse-majesté envers le pape (2). Divers documents du règne de Philippe le Bel, spécialement l'ordonnance du 1er avril 1315 (3), visent expressément ce crime ; et, à partir de cette époque, la lèse-majesté occupe dans notre histoire une place analogue à celle qu'elle a si tristement remplie dans l'empire romain. L'ordonnance du 8 octobre 1371 (4), dans son article 9, en attribue la connaissance aux baillis. Toutefois, quand le crime offrait un degré particulier de gravité, le bailli devait le déférer au Parlement (5). La lèse-majesté prend ainsi place au premier rang des crimes capitaux. Sous le nom de lèse-majesté, les légistes comprennent « toutes les espèces de machination contre la majesté

---

(1) Albert du Boys, *Histoire du droit criminel.*
(2) Henri Martin, t. II, p. 358.
(3) « Duntaxat læsæ majestatis excepto. »
(4) *Sur la juridiction du bailli de Touraine.* — Isambert, t. V, p. 356.
(5) Glasson, ouvrage cité, t. III, p. 317.

» du roi notre sire. » Vient ensuite la prodition, *proditio;* Beaumanoir dit la « traïson. » Bientôt on y comprend également la sédition et la conspiration, deux formes d'attentat à la sûreté de l'Etat que les légistes distinguent ; la sédition consiste « à se révolter contre son droiturier seigneur ; » la conspiration est « une machination contre l'ordonnance et » l'édit du prince, afin de le détruire par le fait du peu- » ple (1). » On y annexe successivement la fabrication de fausses monnaies, la vente de vivres aux ennemis, le négoce avec les infidèles (on se servira de ce prétexte pour perdre Jacques Cœur), l'action de parler du roi ou seigneur « déshon- » nêtement, par forme de reproches ou injures. »

« De tels délits, » dit Bouteiller, « nul autre que le roi, » tant haut justicier qu'il soit, n'en peut avoir la connais- » sance. » La justice royale proprement dite est seule compétente. La peine est celle du droit romain (2), c'est-à-dire la mort, avec confiscation de tous les biens au profit du Roi ; mais les légistes l'aggravent encore : Bouteiller veut que le traître soit écartelé ou écorché tout vif ; et ses enfants doivent être condamnés « à une mort convenable, car, » dit-il, « un tel crime infecte la semence, et il faut détruire la ra- » cine (3). » — La lèse-majesté devient, comme à Rome, le complément des accusations qui se soutiennent mal et le moyen habituel de supprimer les adversaires politiques.

Il fallait que le scandale fût déjà bien grand au milieu du quatorzième siècle, puisque les Etats généraux tenus sous le roi Jean n'hésitèrent pas à réclamer l'abolition des juridictions exceptionnelles. C'était l'objet de leurs vœux les plus ardents (4). Le roi s'engagea devant eux à ne plus en tolérer et les trois ordonnances de décembre 1355, mars 1356 et octobre 1363 parurent leur donner satisfaction. « Désirant, » disait

---

(1) Bouteiller, *Somme rural.*
(2) Code, livre IX, titre VIII, l. 5. « Quisquis. »
(3) *Somme rural.*
(4) Picot, *Histoire des états généraux*, t. I, p. 102. — Duruy, *Histoire de France.*

l'article 18 de l'ordonnance de 1356, « que chacun use de ses » droits, nous voulons et ordonnons que toutes les juridic- » tions soient laissées aux juges ordinaires, » et l'article 27 révoquait toutes les commissions précédemment nommées (1).

Aussi voyons-nous d'abord la juridiction de la Cour des Pairs exactement respectée. C'était devant cette Cour régulièrement composée qu'en 1332 Philippe VI avait fait traduire son beau-frère Robert d'Artois, accusé d'avoir fabriqué de fausses pièces et empoisonné la comtesse Mahaut. La Cour l'avait condamné par contumace à la perte de ses biens et au bannissement perpétuel (8 avril 1332) (2).

En 1379, Charles V convoque la Cour des Pairs pour juger le duc de Bretagne. Charles II était mort depuis deux mois; mais l'avocat du roi soutint que, suivant le droit féodal, on pouvait agir pour félonie, même après le décès du vassal. Le roi lui-même présida la Cour. L'accusé ne comparut pas; la Cour donna défaut, le déclara criminel de lèse-majesté, le condamna à mort et prononça la confiscation de son duché (2 juillet 1379) (3).

Sous le même règne, les sieurs Jacquet de Rue, chambellan du roi de Navarre, et Pierre Dutertre, gouverneur du comté d'Evreux, accusés d'avoir servi les projets de Charles le Mauvais contre le roi de France en négociant avec les Anglais et d'avoir pris part à un complot pour empoisonner le roi, furent déférés au Parlement sous l'accusation de lèse-majesté. Chose remarquable, bien que ni l'un ni l'autre des accusés ne fût pair et par suite ne pût réclamer le privilège de la pairie, le Parlement fut, dans ce procès, renforcé d'un grand nombre de prélats et de barons. On y vit siéger, avec

---

(1) « Plusieurs commissions impétrées et baillées à diverses personnes dont les parties sont communément moult grevées, ordonnons que d'orénavant telle commission soit nulle et oultre ne soit passé; voulons que les juges ordinaires des parties contre qui lettres seraient impétrées en cognoissent et ne souffrent à telles commissions être obéi. »

(2) Duruy, *Histoire de France*, t. I, p. 440. — Henri Martin, t. V, p. 16 et suiv.

(3) Isambert, t. VI, p. 420.

les membres du Parlement, le chancelier, deux archevêques, cinq évêques, cinq abbés, le nonce du pape, le comte d'Harcourt, le vicomte de Thouars, le sire de Coucy, etc., les secrétaires du roi, le prévôt des marchands et des notables de Paris. Il semble que ce fût comme une résurrection de la Cour du roi et que, pour le jugement d'un attentat à la personne du prince, la justice ordinaire eût paru insuffisante et la royauté eût senti le besoin de s'entourer, comme autrefois, d'une sorte de représentation nationale (1).

Néanmoins, les promesses des ordonnances furent mal tenues. Ce fut une commission qui, en 1382, jugea et condamna à mort, comme chef prétendu de la sédition de Paris, l'avocat général Desmarets et onze autres citoyens. Arrêt injuste, à bon droit flétri par Loisel et condamné par l'histoire (2).

Ce fut encore une commission qui, le 17 octobre 1409, condamna à mort le ministre des finances Montagu. Le duc de Bourgogne attaquait la mémoire du duc d'Orléans en poursuivant les prétendus complices des crimes dont il avait accusé ce prince. Il obtint que Montagu fût déféré à une commission présidée par le prévôt de Paris. L'accusation était celle de lèse-majesté. Montagu avoua tout à la torture. Condamné à mort, il protesta de son innocence en marchant à l'échafaud. Ses biens furent donnés à ses dénonciateurs. Et trois ans après, en 1412, sa mémoire était réhabilitée! Il avait été inhumé dans l'abbaye de Marcoussy. En visitant un jour son tombeau, François Ier dit au religieux qui l'accompagnait : « Quel dommage » qu'un pareil homme soit mort par justice ! — Sire, » reprit le moine, « il n'a pas été jugé par justice, mais seu» lement par commissaires. » — François Ier avait l'âme généreuse. Cette belle parole le toucha profondément, et, étendant la main sur le grand autel, il jura de ne jamais

---

(1) Les deux accusés furent condamnés à mort et exécutés (21 janv. 1378).
(2) *Dialogue des avocats*.

faire mourir personne par commissaires (1). — Il devait, hélas ! oublier son serment.

C'était le prévôt de Paris, Pierre des Essarts, qui avait dirigé l'instruction du procès contre Montagu. Pour prix de ce service, il avait obtenu la place du condamné, la surintendance des finances. Par un de ces retours de fortune, si communs dans l'histoire, le 1ᵉʳ juillet 1413, il comparaissait à son tour devant une commission qui le condamnait à être décapité.

Le règne de Charles VII se signale par plus d'un procès douloureux. Victime d'odieuses machinations, Jacques Cœur, le favori du roi, l'initiateur de tant d'utiles mesures, fut traduit devant une commission sous la quadruple accusation d'empoisonnement, de concussion, de faux et de lèse-majesté. « Ses richesses étaient le plus grand de ses crimes et avaient donné envie à des *vautours de Cour* d'en poursuivre la confiscation et de lui faire faire son procès par des juges intéressés et enrichis de ses dépouilles (2). » — « Sans aucune
» information, ni aucun jugement rendu, ses biens furent sai-
» sis et mis dans la main du roi, qui en prit 100,000 écus
» pour la guerre de Guyenne et destina ses terres à Antoine
» de Chabannes et Guillaume Gouffier et à plusieurs autres
» qui furent en même temps, ses ennemis, ses geôliers et ses
» juges (3). » Le roi vint en personne présider le tribunal. Aucune des accusations n'était fondée, et celle d'empoisonnement dut être abandonnée. Néanmoins, Jacques Cœur fut condamné au bannissement et à la confiscation de tous ses biens. C'était une condamnation inique. « Quant à son pro-
» cès, » dit Etienne Pasquier, « si les juges n'y eussent
» passé, je dirais presque que c'était une calomnie ; mais je
» ne mentirai point quand je dirai que la jalousie des grands

---

(1) *Preuves de l'histoire de Charles VI*, p. 749.
(2) La Thaumassière, cité par M. Clément, *Jacques Cœur et Charles VII*, t. II, p. 377.
(3) Bonamy, *Mém. acad. des inscriptions et belles-lettres*, t. XX, p. 509.
— Louis XI fit réhabiliter Jacques Cœur.

» qui étaient près de Charles VII lui trama cette tragédie (1). »

C'est en 1453 qu'est prononcée cette odieuse condamnation ; et, par un singulier contraste, c'est aussi d'avril 1453 qu'est datée l'ordonnance dite de Montil-lès-Tours sur la réformation de la justice. Faisant droit aux réclamations publiques, cette ordonnance prohibait formellement les jugements par commissaires, « voulant, » dit-elle, « oster les » clameurs, rumeurs et esclandres, et que notre justice soit » gouvernée et réglée en honneur et révérence (2). » Etrange contradiction entre la théorie et la pratique, entre la parole et les actes, qu'on retrouve trop souvent dans l'histoire judiciaire de notre ancienne monarchie.

En même temps, dans son article 28, elle donnait au Parlement le droit de juger, même en première instance, les affaires les plus importantes, dont « *pour grande et évidente cause,* » il croirait devoir « *retenir la connaissance* (3). » Les jurisconsultes s'appuyèrent sur ce texte pour lui déférer l'instruction et le jugement des crimes de lèse-majesté au premier chef que la pratique tendait déjà à lui attribuer (4).

Charles VII respecta le privilège de juridiction du duc d'Alençon en le renvoyant devant la Cour des Pairs. Après avoir vaillamment servi contre les Anglais et été fait prisonnier à la bataille de Verneuil, le duc d'Alençon, « fort pressé » dans ses affaires, » avait demandé au roi de France des secours qu'il n'avait pas obtenus. Il s'était alors adressé au roi d'Angleterre et avait préparé une descente des Anglais en Normandie. Trahi par un de ses complices, il fut arrêté ainsi qu'eux. Le 23 mai 1458, des lettres-patentes ordonnèrent au Parlement de se réunir à Montargis pour juger le

---

(1) Etienne Pasquier, *Recherches de la France.*
(2) Voir les articles 5, 6 et 79 de cette ordonnance. Déjà, un an auparavant, des lettres patentes datées de Montbason (12 avril 1452) étaient conçues dans le même esprit. Cette ordonnance organisait, en même temps, au Parlement, la Chambre de la Tournelle.
(3) Ord. de Montil-lès-Tours, art. 28. — Isambert, t. IX, p. 202 et suiv.
(4) Muyart de Vouglans, *Lois criminelles de la France*, édition de 1780, p. 134.

duc (1). De nouvelles lettres, datées de Beaugency, le 20 juillet suivant, transférèrent la cour à Vendôme à cause de la peste qui régnait à Montargis. Elles y convoquèrent les deux portions du Parlement et aussi les « pers de France et seigneurs » de notre sang et lignage, et tenans en pairie et autres, » notre féal chancelier et aucuns des maîtres des requêtes de » notre hôtel et autres gens de notre conseil. »

Un seul pair temporel se trouva présent : c'était le duc de Bourgogne ou, du moins, son représentant. Pour l'assister, le roi créa quatre pairs nouveaux : le duc de Bourbon, le comte de Foix, le comte de la Marche, le comte d'Eu.

Les pairs renouvelèrent contre la présence du roi la protestation qu'ils avaient déjà fait entendre dans le procès du duc de Bretagne et du roi de Navarre : elle fut écartée. La Cour, « garnie de pairs, » déclara le duc d'Alençon, « cri» mineux de lèse-majesté, comme tel, privé et débouté » d'honneur et dignité de pairie de France et autres dignités » et prérogatives, et le condamna à recevoir mort (2). »

Charles VII commua la peine en prison perpétuelle et fit enfermer le condamné au château de Loches. Mis en liberté par Louis XI, le duc conspira de nouveau. Traduit devant le Parlement il invoqua son privilège de pairie, et fit remontrer au roi « qu'il n'était tenu de comparaître que par » devant sa Majesté comme son seul et souverain seigneur » et juge. » Le roi lui accorda des lettres d'abolition (1464). Dès l'année suivante, l'incorrigible duc s'engageait dans la ligue du bien public et était une seconde fois condamné à mort pour crimes de lèse-majesté, homicide et fausse mon-

---

(1) D'autres lettres portaient que, tandis que la partie du Parlement siégeant à Montargis instruirait le procès avec les pairs, la partie, restée à Paris, procéderait à l'expédition du procès, mais ne pourrait prononcer l'arrêt et ne ferait, jusqu'au retour de l'autre moitié, que des actes d'instruction.

(2) Voltaire dit de ce procès : « On vit un évêque de Bayeux, un bailli de Rouen et un correcteur des comptes confisquer toutes les terres du coupable avant même qu'il fût jugé. » Voltaire, *Histoire du Parlement*, t. X, p. 195.

naie (18 juillet 1474). Gracié encore, il mourait bientôt après (1476).

Respecté pour le duc d'Alençon, le droit fut au contraire violé en ce qui concerne le comte d'Armagnac. En 1457, le comte fut traduit devant le Parlement pour rébellion à main armée. Il proposa un déclinatoire fondé sur ce que, étant du sang royal, il ne pouvait être jugé qu'en présence du roi, ou du moins par la Cour de Parlement, suffisamment garnie de pairs. Comme, à ce moment, il avait déjà répondu sur les griefs qui lui étaient imputés, son déclinatoire fut déclaré tardif et rejeté. Le Parlement le condamna au bannissement; ses biens furent confisqués.

Peu de princes ont montré plus de mépris que Louis XI pour les formes de la justice. Il se fit des commissions judiciaires une arme systématique et terrible contre la féodalité, et n'a été, à cet égard, dépassé que par Richelieu. Sans poursuites, sans jugement, il retient le cardinal la Balue captif pendant dix années, au fond des cachots d'Onzain (1). S'il respecta la compétence et les formes, en ce qui concerne le duc d'Alençon, il n'hésita pas à les violer ouvertement, dans un intérêt politique, vis-à-vis du connétable de Saint-Pol et du duc de Nemours. Livré au roi par le duc Charles, le connétable de Saint-Pol, puissant seigneur, veuf d'une sœur de la reine, était certainement coupable. Il avait fomenté la guerre civile, promis à Charles de faire périr le roi. Les preuves de ses intrigues et de ses félonies abondaient. Mais la violence dont on usa à son égard ramena l'intérêt sur sa personne. Conduit à Paris, il fut enfermé à la Bastille, déféré à une commission judiciaire. Il demanda, en vain, à être interrogé par voie de justice. Le 19 décembre 1475, la commission le déclara *crimineux de lèse-majesté* et le condamna

---

(1) Le cardinal avait été renvoyé sous l'inculpation de haute trahison devant une commission composée de Tanneguy Duchatel, Guillou, Commynes, de Torcy, Pierre Doriole, chancelier. Mais le cardinal était prince de l'Eglise, et le roi et le pape ne purent s'entendre sur la direction du procès.

à être décapité. L'illégalité du procès était telle que plusieurs juges refusèrent de s'associer à la condamnation et protestèrent par devant notaire « qu'ils ne sont ou ne seraient en la » poursuite de l'arrêt de sentence criminelle qu'on doit pro» férer contre messire Louis de Luxembourg, autrefois con» nétable de France (1). »

Plus illégal encore fut le procès du duc de Nemours. Nemours avait trahi deux fois Louis XI : il avait pris part successivement à la guerre du bien public et à la rébellion du comte d'Armagnac. Deux fois pardonné, il avait renoué un grand complot. Louis le fit mettre à la Bastille dans une cage de fer, donna l'ordre de « le gehenner bien étroit, de le faire » parler clair, » et désigna des commissaires pour l'interroger et le juger. Nemours avoua tout dans une lettre au roi. Parmi les commissaires désignés se trouvait le chancelier, Pierre Doriole. Il croit devoir faire au roi certaines objections : ces représentations indisposent Louis XI, le roi le révoque, nomme d'autres commissaires et renvoie l'affaire au Parlement qui s'adjoint les commissaires nommés par le roi. L'accusé était pair de France : aucun pair ne fut convoqué. Le duc renonça d'ailleurs à sa qualité de pair et à la compétence privilégiée qu'elle lui assurait. Le roi transféra le Parlement à Noyon et le fit présider par le sire de Beaujeu. Celui-ci et plusieurs membres de la Cour refusèrent d'opiner. Les juges n'obéissaient pas assez vite. Louis XI leur adjoint alors de nouveaux commissaires. Il distribue préalablement les biens de l'accusé à ses juges. Commynes en eut sa part (2). Enfin, le 10 juillet 1477, la commission déclare le duc de Nemours coupable de haute trahison et de lèse-majesté, prononce la confiscation de ses biens et le condamne à être décapité. Mais le roi n'a pas pardonné aux juges leur velléité de résistance. Après le jugement, il suspend de leur charge trois officiers du Parlement qui n'avaient pas voté la mort,

---

(1) Isambert, t. X, p. 726 et 727. — Henri Martin, t. VII, p. 100 et 101.
(2) L'un des juges, le lombard Boffalo del Giudice, se fit donner préalablement une partie des biens du condamné et livrer son fils.

leur reprochant « de faire bon marché de sa peau. » Le Parlement adresse au roi des remontrances. Le roi répond « qu'il
» expurgera la Cour de gens qui veulent abolir la peine de
» mort pour lèse-majesté et fera que nul en ça ne puisse al-
» léger la peine de ce crime (1). » Il est difficile d'accumuler
dans une affaire plus d'énormités. Pourquoi prendre des juges
même choisis et ne pas s'adresser directement au bourreau ?

Et cependant le roi n'est pas rassuré, et c'est alors qu'effrayé des résistances qu'il rencontre, il promulgue l'ordonnance tristement fameuse du 22 décembre 1477. Elle ordonne
de regarder comme complices tous ceux qui, ayant eu connaissance d'une conspiration contre la personne du roi, de
la reine ou du dauphin, n'en auront pas dénoncé les auteurs,
et les soumet aux peines édictées par les lois contre les criminels de lèse-majesté. Loi terrible et immorale qui place
l'homme entre sa conscience et son intérêt, et sous les coups
de laquelle devaient succomber de nobles victimes et spécialement de Thou (2) !

Les deux grands procès de Nemours et de Saint-Pol furent
les plus considérables qui signalèrent le règne de Louis XI.
Ce ne furent pas les seuls. Il faut y joindre celui du comte
de Dunois, condamné le 23 mai 1488 pour crime de lèse-majesté, et celui de l'historien Commynes, frappé le 14 mars
de la même année de dix années de relégation (3) pour manœuvres contre le roi. Les commissions extraordinaires (4)
étaient, on le voit, devenues l'instrument habituel des vengeances royales. Ces détestables pratiques soulevèrent l'indignation publique et provoquèrent la réprobation des hommes
voués au respect des choses judiciaires. « Les accusateurs

---

(1) Isambert, t. X, p. 777.

(2) Henri Martin, t. VII, p. 135. — Duruy, t. I, p. 646. — Isambert, à sa date.

(3) Le mot de relégation est celui même dont se sert l'arrêt : « il sera relégué dans une des maisons de lui ou de sa femme, telle qu'il plaira au roi l'ordonner. » Voir la notice de l'*Edition de Commynes* de Mlle Dupont, p. 106 et 107.

(4) Malgré l'abolition formelle de Charles VII en 1454.

» choisis comme commissaires ou du moins présents à l'in-
» struction et assis près des juges, la fortune de l'accusé
» présentée à ces indignes magistrats comme la récompense
» de leur zèle et enflammant d'avance leur cupidité; toutes
» les procédures ordinaires mises de côté, tous les usages
» foulés aux pieds, tel avait été pendant ce règne le déplo-
» rable tableau des procès politiques multipliés par le caprice
» et la passion du prince (1). »

Aussi lorsqu'en 1484, au lendemain de la mort de Louis XI, les Etats généraux se réunirent à Tours, les députés demandèrent-ils énergiquement l'abolition de ces procédures, insistèrent pour que toutes les informations fussent faites par les juges ordinaires et surtout pour que « les formes de
» droit fussent gardées (2). »

Contre de tels abus, les Etats ne réclamaient pas seulement des promesses, mais des exemples. Les juges de Louis XI devaient recevoir la punition de leurs crimes. Les cahiers demandaient la poursuite des magistrats « qui avaient mal-
» versé et leur condamnation à des restitutions pécuniaires. »
Le conseil du roi accorda ces deux demandes.

Ces promesses, sans doute, ne devaient pas être longtemps tenues; cependant l'énergique intervention des Etats généraux ne fut pas sans résultat. Nous ne trouvons, en effet, aucun grand procès politique sous le règne de Charles VIII, et Louis XII se souvenait sans doute des doléances de ses sujets lorsque, dans son mémorable édit de 1499, il ordonnait « qu'on suivit toujours la loi, malgré les ordres con-
» traires à la loi que l'importunité pourrait arracher au
» monarque (3). »

Les Etats de Tours avaient également réclamé l'organisation régulière du Grand Conseil du Roi. Deux édits de Charles VIII et de Louis XII (4) firent droit à cette demande. La

---

(1) Picot, *Histoire des Etats généraux*, t. I, p. 445.
(2) Cahier du Languedoc, art. 26 et 39.
(3) Isambert, à sa date.
(4) 2 août 1497 et 13 juillet 1498. — Isambert, à leur date, t. XI, p. 296.

royauté devait bientôt se faire du Grand Conseil un instrument pour modifier l'ordre des juridictions, en le saisissant, par voie d'évocation, d'affaires trop souvent étrangères à sa compétence.

L'ordonnance de Blois (1490-1499) édictait une mesure dont l'inspiration était excellente et dont l'application eût pu avoir sur l'administration de la justice et les destinées du pays la plus heureuse influence. Elle voulait faire des Grands-Jours une institution régulière de l'Etat, et en ordonnait la tenue, tous les deux ans, par les Parlements de Paris, Toulouse et Bordeaux. C'était le moyen le plus efficace de réprimer les révoltes locales, les crimes des seigneurs et les abus de pouvoir des agents de l'Etat. Malheureusement, la loi ne fut pas exécutée. La résistance des seigneurs et des hauts fonctionnaires, la jalousie des Parlements « inquiets » de donner tant d'autorité à quelques-uns de leurs mem- » bres (1), » parvinrent à empêcher le fonctionnement régulier des Grands-Jours.

Louis XII ne fut pas toujours fidèle aux principes par lesquels il avait semblé inaugurer son règne. Le procès suscité en 1504 par Anne de Bretagne au Maréchal de Gié (2), prince de Rohan, en offre un triste exemple. Le roi fit ajourner Rohan devant son grand conseil pour des causes futiles, comme accusé de lèse-majesté. Jamais l'audace dans la violation du droit n'avait été poussée plus loin. Le conseil était, en effet, complètement étranger, par sa compétence, aux affaires de cette nature. Cependant, le 30 octobre 1504, il mit le prévenu en liberté sous caution. Le 24 janvier suivant, le roi désigna des commissaires pour informer ; et, à la suite de l'information, le prince fut renvoyé devant une commission de treize membres. Cette commission fut formée à Toulouse, afin qu'il pût être jugé par les lois romaines. La reine n'épargna rien pour intimider les juges. Ils refusè-

---

(1) Picot, *Histoire des Etats généraux*, t. I, p. 457.
(2) Il fut enfermé pour cinq ans au château de Dreux. Voir l'étude sur le maréchal de Gié, par M. de Maulde. Paris, 1885.

rent cependant d'appliquer au maréchal la peine de la lèse-majesté. Déclaré coupable de haute trahison, il fut condamné à la perte de sa dignité, et à fixer sa résidence à dix lieues au moins de la Cour (9 février 1505).

L'ordonnance de Paris, de juillet 1493 avait maintenu au Parlement le droit que lui conférait déjà l'ordonnance de 1453, de juger en première instance pour *grande et urgente cause* (1). Un édit de François Ier, d'avril 1515, réorganisa le Parlement, précisa les attributions de la Grand'Chambre et de la Tournelle, et maintint à la Grand'Chambre seule le droit de connaître des accusations concernant « les personnages » d'Etat (2). » Mais François Ier est le premier de nos rois qui ait osé parler de *son bon plaisir*, et ce bon plaisir, il le porte dans l'administration de la justice comme ailleurs.

Qui ne connaît le procès du connétable de Bourbon ? A la nouvelle de sa défection, le roi nomme des commissaires pour interroger ses complices ; peu après, il les change. Par lettres réitérées des 10 septembre, 15 et 20 octobre 1522, il ordonne de faire le procès au connétable absent et à ses coaccusés. Mais, parmi eux, se trouvent deux évêques. Le roi se décide à renvoyer l'affaire au Parlement. Le Parlement laisse les évêques de côté pour ne s'occuper que des laïques et condamne le seigneur de Saint-Vallier à la peine de mort. Le 8 mars, le roi réunit la Cour des pairs, qui ordonne que le connétable sera ajourné à son de trompe. Puis, irrité que le Parlement de Paris n'ait pas condamné à mort tous les complices du prince, il nomme une commission nouvelle pour juger ceux sur le sort desquels il n'a pas encore été statué. La Cour des pairs instruisait toujours le procès lorsque François Ier fut fait prisonnier à Pavie. Par le traité de Madrid, le roi dut rendre au connétable tous ses biens et promettre de s'abstenir de toutes poursuites. Mais, une fois remis en liberté, François Ier se croit dispensé de

---

(1) Art. 97. Isambert, t. XI, p. 214 et suiv.
(2) Muyart de Vouglans, liv. I, tit II, p. 526.

tenir sa parole ; de nouvelles lettres patentes ordonnent au Parlement d'instruire le procès même en l'absence du roi. Le connétable meurt sur ces entrefaites. Néanmoins, le 25 juillet 1527, un arrêt « de la Cour, garnie de pairs de » France, le roi séant et présidant en icelle, damne et abolit » sa mémoire et renommée à perpétuité (1). »

La même année, une autre commission judiciaire servait d'instrument à la vengeance de Louise de Savoie et du cardinal Duprat. Poursuivi sous les accusations les plus iniques, l'ex-surintendant des finances Semblancay (2), vieillard auguste et intègre, que le roi appelait son père, était déclaré coupable et condamné à mort (12 août 1527).

Faut-il mentionner le ridicule procès fait à Charles-Quint ? L'empereur reprochait à François Ier d'avoir manqué à sa parole et violé le traité de Madrid. François Ier le fit ajourner devant la Cour des pairs, comme son vassal pour les comtés de Flandre et d'Artois, et l'accusa de rébellion et félonie. Le roi vint présider la Cour. L'avocat général Capel requit contre Charles-Quint. Un arrêt ordonna que Charles serait cité à son de trompe sur la frontière ; et, l'empereur n'ayant pas répondu à la citation, la Cour déclara confisqués l'Artois, la Flandre et le Charolais, dont l'empereur ne perdit pas pour cela la possession (1537) (3).

Un édit du mois de juillet 1534 déclara coupables de lèse-majesté ceux qui recevaient des lettres ou messages d'un prince ennemi et avec lequel l'Etat était en guerre, s'il n'avait pas averti le roi. L'édit de Crémieu (19 juin 1536), renouvela l'attribution aux juges royaux de la connaissance des crimes de lèse-majesté et autres qui leur étaient assimilés (4). De son côté, l'ordonnance d'Ys-sur-Thille avait

---

(1) En mai 1530, des lettres d'abolition effacèrent cette condamnation ; dix-neuf des complices de Bourbon avaient été condamnés à mort par contumace.

(2) Henri Martin, t. VIII, p. 95.

(3) Dufey, *Histoire des Parlements*, préface; Henri Martin, t. VIII, p. 246. — Voltaire, *Histoire du Parlement; Œuvres générales*, t. X, p. 914.

(4) « Pareillement connaîtront nosdits baillis, sénéchaux et autres juges

maintenu la compétence du Parlement en déclarant qu'il connaîtrait des crimes de lèse-majesté et autres cas à lui réservés par les ordonnances et anciennes constitutions du royaume (1).

A partir de cette époque, la législation paraît se résumer ainsi :

La Grand'Chambre des Parlements (2) seule avait compétence pour l'instruction et le jugement des crimes d'Etat ou de lèse-majesté humaine au premier chef (3). On en distinguait deux catégories :

La première comprenait les attentats contre la personne même du souverain, contre ses enfants et descendants et contre la reine.

La seconde comprenait les attentats contre la souveraineté et la sûreté de l'Etat, ce que l'ordonnance appelait *machination* ou *entreprise contre la république du royaume*. Rentraient dans cette seconde catégorie :

1° La conspiration contre le souverain et ses ministres ;

2° La non-révélation de ces conspirations ;

3° La levée et l'enrôlement de gens de guerre sans la permission du roi ;

4° Le fait de parcourir le royaume pour exciter les sujets du roi à entrer dans des associations contraires à son autorité ;

5° Le fait d'entretenir des intelligences avec les ennemis de l'Etat ;

6° Le fait de s'en aller en armes dans le royaume contre le commandement du roi ;

---

présidiaux, du crime de lèse-majesté, fausse monnaie, assemblées illicites, émotions populaires, port d'armes, infractions de sauvegarde, et autres cas royaux, et non lesdits prévosts. » Isambert, t. XII, p. 504 à 506.

(1) Ord. d'Ys-sur-Thille, le 10 décembre 1533 (ch. XIII, art. 1) citée par Muyart de Vouglans, p. 529.

(2) Un certain nombre de Parlements autres que celui de Paris avaient déjà été institués à cette date, tels que Dijon, Bordeaux, Rouen. D'autres le furent successivement au seizième et au dix-septième siècles.

(3) Albert du Boys, t. II, p. 69 et suiv. — Muyart de Vouglans, liv. III, t. II, ch. I, p. 134.

7° Le fait de livrer une place aux ennemis, en leur fournissant des armes et secours ;

8° Le fait de faire tomber les troupes françaises dans les embûches de l'ennemi ;

9° La désertion pendant la guerre.

La peine de ces différents crimes était la mort avec confiscation des biens, la condamnation de la mémoire ; les enfants du condamné étaient déclarés incapables de tous honneurs et dignités et exclus de toute succession.

Enfin, la loi distinguait un second et moindre degré de lèse-majesté humaine ; on pouvait blesser la majesté du prince sans la détruire :

1° En attaquant l'honneur ou la dignité du prince par des paroles (1), écrits ou voies de fait ;

2° En attaquant son autorité dans son essence par l'usurpation de droits régaliens, tels que la fabrication des monnaies, de l'artillerie, des rassemblements d'armes ;

3° En troublant l'autorité royale dans l'administration des finances ou de la justice, par la révolte contre les arrêts, la levée arbitraire d'impôts, le péculat, la concussion, la falsification du sceau royal. — La fausse monnaie était punie de mort. Les autres crimes n'étaient frappés que de peines inférieures. Tous entraînaient la confiscation ; mais, dans le second cas, la peine n'atteignait pas la postérité des coupables (2).

Les crimes de lèse-majesté au second chef pouvaient être jugés en première instance par les juges royaux autres que le Parlement.

L'ordonnance de 1539 substituait la procédure inquisitoriale et secrète à la procédure accusatoire. Sa rigueur est connue.

La légalité n'en fut pas pour cela mieux respectée. L'ami-

---

(1) Ordonnance de Charles IX de décembre 1567 ; une autre ordonnance de Henri III de janvier 1580 applique la peine de mort à ce fait.

(2) Albert du Boys; Jousse, t. III, p. 681; Muyart de Vouglans, liv III, t. II, ch. I, p. 132.

ral de Chabot était Pair de France : à ce titre il n'était justiciable que de la Cour des Pairs. Le Roi avait promis de respecter son privilège de juridiction; mais il ne tint pas parole et le déféra à une commission présidée par le chancelier Poyet. Condamné à une amende qu'il ne put payer, Chabot fut enfermé au château de Melun (1541).

Quelques années plus tard, c'était le juge de Chabot, le chancelier Poyet lui-même, qui comparaissait devant une commission judiciaire (3 avril 1543). Elle était exclusivement formée de membres du Parlement de Paris et des autres Cours souveraines : ce n'était pas moins une commission, car Poyet tenait de sa fonction le droit de n'être jugé que par toutes les Chambres réunies du Parlement. Toutefois, il est juste de dire que François Ier tint compte des récusations présentées par Poyet. Mais si l'on peut, jusqu'à un certain point, accepter le tribunal, que dire de la procédure (1)? Les commissaires, s'appuyant sur un article de l'ordonnance de 1539 dont Poyet lui-même était l'auteur, lui refusèrent le droit de se faire défendre par un avocat! Et ce fut le Roi en personne qui vint témoigner que le chancelier avait altéré la minute du jugement rendu contre l'amiral Chabot, et avait falsifié les Sceaux pour s'approprier des deniers publics! Un arrêt du 24 avril 1545 condamna Poyet, pour concussion, malversations et abus de pouvoir, à la destitution de son office.

Le 21 mai 1549, Jacques de Coucy, sieur de Vervins, qui avait rendu Boulogne aux Anglais, est poursuivi pour lèse-majesté, mis à la torture et condamné à mort. Son beau-père, le maréchal Dubiez, ne réussit pas à reprendre la ville que son gendre n'a pas su défendre. A son tour il comparait devant une commission extraordinaire qui le met à la torture et le condamne à mort comme coupable du même crime (26 juin 1551) (2).

---

(1) V. Procès de Poyet, à la fin du livre III des *Défenses de M. Fouquet*.
(2) Le roi Henri II commua la peine, enleva à Dubiez ses titres et dignités, et le retint prisonnier à Loches. Dubiez fut réhabilité en 1575.

Ces arrêts n'ont pas été ratifiés par l'histoire, bien que, dans la première au moins des deux commissions, l'Hospital fut au nombre des juges.

Le faible et inintelligent Henri II ne se montra pas plus respectueux des formes judiciaires que ne l'avait été son père. Au moment même où se réunissaient les Etats d'Orléans (1560), le prince de Condé, chef des protestants, était déféré à une commission présidée par le chancelier de l'Hospital. En sa qualité de prince du sang, Condé était pair de France, et, à ce titre, ne pouvait être jugé que par la Cour des pairs. Mais les Guise avaient obtenu qu'une commission judiciaire fut chargée d'instruire rapidement l'affaire. Le prince déclina la compétence de ses juges et refusa de répondre. Il fut néanmoins condamné à mort (26 novembre 1560). « Tout était contre les lois dans ce procès, » dit Voltaire (1). L'Hospital et deux autres commissaires, déclarant préférer la mort au déshonneur, refusèrent de signer l'arrêt (2). Il fallut surseoir à l'exécution, et bientôt la mort de François II délivra le condamné qui, peu après, fut réhabilité. Que penser des caprices d'une pareille justice, se déjugeant à quelques jours d'intervalle, et proclamant aujourd'hui l'innocence de celui qu'hier elle déclarait un grand criminel?

Devant de semblables abus, devant le scandale de ce dernier procès qui s'est déroulé sous leurs yeux, les Etats généraux élèvent de nouveau la voix, et les protestations grandissent à mesure que l'esprit public s'éclaire. Les longs cahiers de doléances présentés au chancelier de l'Hospital s'élèvent avec force contre ces commissions extraordinaires qui sont la ruine de toute justice, dans lesquelles « le choix » des juges, dicté par des affections particulières, est gran-

---

(1) *Histoire du Parlement.*
(2) De Thou révoque ce fait en doute, mais reconnaît que le chancelier était opposé à la condamnation; on lui prête ce mot : « Je sais mourir, mais non me déshonorer. »

» dement suspect ; » ils en réclament la suppression absolue au profit des juridictions ordinaires (1).

Le roi fit à ces doléances une réponse favorable.

L'ordonnance d'Orléans, dans ses articles 34, 35 et 36, confirma l'abolition des juridictions extraordinaires que l'ordonnance de Roussillon avait déjà prononcée en 1553 (2).

Par un ressouvenir des procédures suivies contre le prince de Rohan et le prince de Condé, l'article 37 défendit au grand Conseil d'entreprendre sur le Parlement, et de connaître d'autres causes que de celles qui lui étaient attribuées par sa création et institution. L'article 87 interdit aux juges « d'avoir égard aux dons de confiscation faits auparavant les » jugements de déclaration et condamnation. » Quelques années après, l'ordonnance de Moulins (1566) contint des prohibitions analogues (art. 68 et 69).

Malheureusement, ces interdictions répétées, qui prouvent l'étendue et la profondeur du mal, ne suffirent pas à l'arrêter. Les plaintes se renouvelèrent plus vives encore aux Etats de Blois (1576) (3). Les Etats d'Orléans ne s'étaient pas bornés à réclamer la suppression des commissions arbitraires. Ils avaient signalé, et l'ordonnance avait proscrit le scandale de ces confiscations qui, en attribuant au Juge les biens du condamné, assuraient et nécessitaient la condamnation ; et cependant, depuis, « le roi avait continué de donner à ses » mignons, et souvent aux dénonciateurs, sans attendre la » condamnation, les biens de celui qu'il faisait mettre en » accusation. On pressent avec quelle avidité le courtisan » favorisé s'efforçait de hâter la perte de l'accusé dont la » mort devait consolider sa fortune. C'est ainsi que des com- » missions, arbitrairement composées de juges passionnés, » étaient choisies pour décider du sort d'un accusé condamné

---

(1) Cahiers du tiers état, 188.
(2) « Voulons que tous procès soient dorénavant jugés à l'ordinaire en nos parlements, grand Conseil, et autres Cours souveraines. »
(3) Cahier du clergé, art. 262 ; cahier de la noblesse, art. 123. Le tiers état était encore plus énergique. — Picot, t. II, p. 491.

» d'avance. Il faut voir en quels termes le tiers Etat flétrit
» ces manœuvres, à l'aide desquelles grandissait la scan-
» daleuse opulence des Joyeuse et des Epernon (1). »

Ce courant d'opinions entraîna l'abolition des compétences exceptionnelles et des confiscations arbitraires, contre lesquelles les Etats généraux n'avaient cessé de protester depuis le Roi Jean. L'ordonnance de Blois (2) (mai 1579) révoqua toutes les commissions extraordinaires, et déclara les prohiber pour l'avenir (3).

Elle ne se borna pas là : après avoir défendu les dons scandaleux faits aux Juges, elle édicta contre les donataires la restitution et le paiement du double, les déclara incapables de rien recevoir à l'avenir, et prescrivit aux Juges de les poursuivre sans merci (art. 204). « Qui peut assurer
» qu'en un tel temps une telle loi fut respectée ? La tristesse
» de Guy-Coquille ne semble nous laisser aucune illusion
» sur l'exécution de la loi : Il n'y a point, » dit-il, commentant cet article 204, « de plus violent et plus dangereux
» solliciteur contre les misérables accusés, que ces infâmes
» confiscataires qui, semblables à des corbeaux coassants,
» aboient de faim et d'avarice après la curée ; aussi M. Cu-
» jas (4) appelle très convenablement la donation des con-
» fiscations *corvinam.* »

C'était quelque chose, pourtant, d'avoir fait insérer dans la loi une prohibition aussi formelle. Il était difficile qu'elle restât complètement lettre morte. A cette époque, les publicistes joignent leurs voix à celles des Etats généraux, leurs doctrines inspirent les représentants de la nation, et ainsi se

---

(1) Picot, *Histoire des états généraux*; cahier du tiers état, 178.
(2) Ainsi appelée quoique datée de Paris.
(3) « Voulant faire cesser les plaintes à nous faites par nos sujets à l'oc-
» casion des commissions extraordinaires ci-devant décernées, avons révo-
» qué et révoquons toutes les dites commissions extraordinaires, voulant
» poursuites être faites de chacune matière par devant les juges auxquels
» la connaissance en appartient » (art. 98).
(4) Sur la loi 26 au Digeste : *De Verborum obligatione.* Picot, *Histoire des états généraux*, t. II, p. 550-551. — Guy-Coquille, édition de 1666, t. I, p. 71.

forme, peu à peu, une opinion publique dont on ne tient pas encore grand compte, mais dont l'influence ira sans cesse grandissant. Dans ses *Recherches de la France*, publiées en 1561, Etienne Pasquier n'hésite pas à flétrir les commissions judiciaires : « Elles sont toujours suspectes envers toutes
» personnes graves, et semble, à plusieurs, que tels juges
» soient choisis à la poste de ceux qui les y font commettre,
» pour en rapporter tels profits ou telle vengeance qu'ils se
» sont projeté de sous le masque de justice (1). »

Et, d'une expression particulièrement énergique et pittoresque, Pasquier déclare qu'un prince « doit bien se donner
» garde de faire mourir un sien sujet sans connaissance de
» cause, et, comme on dit, *d'une mort d'Etat* (2). » Bodin ne pense point autrement dans sa *République* (1577). Il blâme la condamnation de Thomas Morus « plus pour la forme de
» procéder que pour le fond en soi, » et il écrit en termes exprès : « les commissions et charges extraordinaires sont
» odieuses (3). » Il ne veut pas surtout qu'on les applique
« aux crimes de lèse-majesté, mêmement au premier chef,
» où il est question d'avoir attenté à l'honneur ou à la vie
» du Prince. »

Ayrault (1591), cet esprit si libéral, tout en reconnaissant qu'il y a des cas où les commissions peuvent être indispensables, comme un remède extraordinaire, veut qu'on « se
» garde d'octroyer lettres et évocations pour accabler plus
» facilement un pauvre homme et encore pour purger non
» les provinces mais les bourses : il n'y a rien si injuste ni
» qui rende un état tant odieux (4). »

C'est ainsi qu'au seizième siècle se manifeste, par la voix des grands publicistes, des grands jurisconsultes et des grands magistrats, l'esprit de liberté et de réforme.

Après le meurtre du duc et du cardinal de Guise, pendant

---

(1) Livre VI, ch. VIII.
(2) *Ibid.*
(3) Liv. III, ch. II.
(4) *Ordre et formalité judiciaire*, p. 43.

les seconds Etats de Blois (1588), le procureur général, M. de la Guerle, vint, au nom du roi, déclarer aux députés qu'au moment où quelques-uns de ses sujets avaient entrepris sur son autorité, il serait opportun d'insérer dans les Cahiers quelques articles « pour définir le crime de lèse-majesté et » répandre ainsi une terreur salutaire. » C'était demander hypocritement aux députés une aggravation de la loi qu'on n'osait réclamer directement. Le tiers et la noblesse furent d'accord pour repousser cette odieuse proposition. Avec autant de fierté que de justesse, ils répondirent que « les Ca-
» hiers du peuple ne devaient contenir que ses doléances. »
Et loin d'accéder aux désirs du roi, ils renouvelèrent leurs protestations contre les procès jugés par commissions spéciales (1).

Il fallut le génie despotique de Richelieu pour retarder de deux siècles le développement des idées libérales qui s'affirmaient ainsi de plus en plus à la fin du seizième siècle; elles ne furent sans doute pas étrangères à l'âme généreuse de Henri IV, ni sans influence sur son administration. Aucun scandale judiciaire ne déshonora son règne. Après les Etats de la Ligue (1593) et l'assemblée des notables de Rouen (1596), l'Edit sur la justice, de janvier 1597 (2), prononça, une fois de plus, l'abolition des jugements par commissaires, et proclama, de nouveau, avec une grande énergie, le principe que nul ne peut être distrait de ses juges naturels (3). Pour la première fois, cette ordonnance paraît avoir été, pendant quelque temps, scrupuleusement observée. L'esprit libéral du roi aimait à respecter les droits des accusés et la compétence des juridictions. Chatel, l'assassin de Henri III, fut jugé par le Parlement (4). Le duc d'Aumale avait livré Ham

---

(1) Picot, *Histoire des états généraux*, t. III, p. 178. — Cahiers du tiers, 68 et 87.
(2) Dit édit de Rouen.
(3) Art. 12, 13, 15, 16, 17.
(4) Cependant Barrière, qui, en 1593, avait tenté, d'une première fois, d'assassiner Henri IV, semble avoir comparu devant une commission.

aux Espagnols (1595). Il était Pair de France. Le Parlement le déclara déchu (*ipso facto*) de son privilège de pairie, le condamna, par contumace, à être écartelé, et prononça la confiscation de ses biens. L'arrêt fut exécuté en effigie sur la place de Grève. En n'appelant pas les pairs au jugement, le Parlement avait ouvertement violé la loi. Le roi tint l'arrêt pour non avenu en ce qui concernait la confiscation, et, dès l'année suivante, il l'annula (1596) (1). Le maréchal de Biron avait été créé duc et pair en 1598. Les Pairs furent, à deux reprises, les 11 et 23 juillet 1602, convoqués pour le juger ; deux fois ils refusèrent de siéger : « C'était la cause » des grands qu'on jugeait dans la personne de Biron ; ils » n'osaient absoudre et ne voulaient pas condamner (2). » Ils s'excusèrent tous. Devant cette attitude, le Parlement prit acte de leur défaut et passa outre. Cette procédure était régulière et conforme à sa jurisprudence. L'arrêt condamna Biron à mort et prononça la confiscation de ses biens. — Le roi rendit les biens confisqués au frère de Biron, son héritier naturel. Cette fois, ce fut l'esprit étroitement légiste du Parlement qui protesta contre cet acte d'équité généreuse ; avant d'entériner les lettres qui restituaient les biens à l'héritier du condamné, le Parlement fit (3) remontrance au roi « que ce don à l'héritier des biens d'un condamné pour lèse-» majesté au premier chef était contraire aux règles... » Le roi répondit : « Je veux qu'on sache que ce n'a été ni l'or, ni » l'argent qui m'a semons à la mort du défunt, ains la ven-» geance publique. » — « C'était là, » dit Pasquier, « de la » monnaie royale (4) ! »

---

(1) Boulainvilliers, *Histoire de la pairie*. Londres, 1763.
(2) Henri Martin, t. X, p. 517.
(3) Par la bouche du président Nicolaï.
(4) Etienne Pasquier, *Recherches de la France*, liv. VI, ch. XIV.

CHAPITRE VI.

DU JUGEMENT DES CRIMES POLITIQUES DEPUIS LA FIN DU RÈGNE DE HENRI IV JUSQU'A LA RÉVOLUTION DE 1789.

Le mouvement libéral qui avait signalé la seconde moitié du seizième siècle se continue pendant les premières années du dix-septième. Il eut abouti peut-être à doter la France d'une constitution raisonnable, s'il n'eût rencontré pour l'arrêter le génie inflexible de Richelieu.

Bien que la légalité eût été généralement respectée sous le règne de Henri IV, les Etats généraux de 1614 renouvelèrent la protestation de leurs prédécesseurs contre l'abus des commissions judiciaires, et réclamèrent une fois de plus l'abolition des juridictions exceptionnelles (1).

Leur histoire présente une particularité curieuse au point de vue qui nous occupe. Le pays se plaignait amèrement des concussions et malversations des gens de finance. Tandis qu'il protestait contre les commissions à l'égard de tous autres, il en réclamait périodiquement contre les traitants et les financiers. Les Etats de 1614 reproduisirent un vœu déjà formulé par les Etats de Blois, et demandèrent la création d'une chambre de justice, « juridiction temporaire *tirée du* » *sein des Etats*, et chargée de faire rendre gorge aux finan- » ciers enrichis. » Les trois ordres se mirent d'accord sur le principe. La noblesse proposa que les juges fussent choisis parmi les députés des trois ordres. Les gens de finance de

---

(1) Duruy, t. II, p. 238.

l'assemblée se montrèrent fort émus à ce sujet : « C'était » transformer les accusateurs en juges, et confondre tous » les pouvoirs (1). » Mais ces objections cédèrent devant le désir commun d'un accord.

Telle est, à notre connaissance, la première tentative faite en France pour transformer la représentation nationale en Cour de justice ou, tout au moins, pour faire sortir une commission judiciaire du sein de la représentation nationale. Et déjà, nous voyons s'élever contre une telle mesure, cette objection de confusion des pouvoirs, à laquelle, deux siècles plus tard, Montesquieu donnera une formule systématique. Déjà on reproche à une semblable juridiction de transformer les accusateurs en juges. C'est qu'en effet elle constitue une menace pour la liberté, qui frappe du premier coup les âmes honnêtes.

Après avoir d'abord refusé, la Cour céda et accorda l'établissement d'une chambre de justice. Mais, cette fois, plus sage que les députés, plus fidèle aux véritables principes, elle n'autorisait pas les Etats à prendre les juges dans leur sein, et leur laissait le soin de les choisir sur une liste de cent membres des Cours souveraines.

Par une étrange inconséquence, les Etats protestaient contre les tribunaux d'exception, et c'étaient eux-mêmes qui en constituaient un !

Richelieu lui-même, qui devait bientôt donner à la théorie comme à la pratique du pouvoir absolu sa dernière perfection, s'inspire d'abord d'un esprit libéral, pour condamner les principes dont il se fera plus tard l'inflexible apôtre. En 1617, sous l'inspiration du duc de Luynes, Louis XIII fait assassiner le maréchal d'Ancre, et condamner Léonora Galigaï pour de prétendus crimes de lèse-majesté (2). Cette fois, c'est le Parlement qui approuve ces violences, et Riche-

---

(1) Procès-verbal du tiers du 13 décembre 1614, cité par M. Picot. Voy. t. III, p. 352.
(2) Pour déterminer le parlement à voter la mort de Léonora Galigaï, Luynes lui avait promis qu'elle serait graciée.

lieu qui les condamne. La mort du maréchal d'Ancre n'était qu'un acte de force brutale, un pur meurtre, et cependant le Parlement déclare : « que le seul aveu du roi couvre » tout autre manque de formalité : autrement ce serait ré- » voquer en doute sa puissance. » Richelieu proteste contre ces doctrines; il s'élève avec force contre ce principe que « les lois et formes de la justice, résidant comme en leur » source en la personne du roi, il les peut changer et en » dispenser comme il lui plait (1). »

Et bientôt, cependant, le principe du droit absolu du roi n'aura pas de partisan plus convaincu ni d'exécuteur plus impitoyable.

Déjà cet esprit nouveau commence à se révéler dans les propositions que le cardinal soumit à l'assemblée des Notables, tenue à Paris en 1626. Ces propositions étaient au nombre de quinze. Deux s'appliquaient à la répression des crimes contre la sûreté de l'Etat : « Le renouvellement si fréquent, » depuis seize ans, des intrigues princières, les révoltes pré- » parées de longue main, les conspirations qui se tramaient » à la Cour, rendaient nécessaires, » dit M. Picot, « des » mesures spéciales que Richelieu comptait bien ne pas » laisser stériles (2). »

Au surplus, loin d'y exagérer la sévérité, Richelieu, dans la forme, blâmait, au contraire, la rigueur excessive des peines « qui empêche leur exécution et les énerve plutôt qu'elle ne » les fortifie. » Il tient à la rapidité du châtiment plus qu'à sa dureté, et ajoute que le meilleur moyen de supprimer les abus n'est pas d'établir des peines rudes, mais de tenir et garder celles qui seraient établies, quoique plus douces, sans remise ni diminution. Il veut que toute désobéissance au Roi soit punie de la perte immédiate de la charge possédée par l'officier coupable. Il maintient la peine de mort contre les rebelles et les factieux. Mais il étend considéra-

---

(1) *Mémoires de Richelieu*, collection Michau, 2ᵉ série, t. VII, p. 159.
(2) *Hist. des Et. gén.*, III, p. 442.

blement cette catégorie, et y fait entrer : « ceux qui, sans
» permission du Roi, auraient enrôlé des soldats, retenu ou
» amassé des armes, acheté des approvisionnements de
» poudre ou de plomb, fondu des canons ou fortifié des
» châteaux. » Sous la même peine, il était défendu « de faire
» partie d'une ligue ou d'une association quelconque en
» France ou à l'étranger. » Enfin, « les auteurs, imprimeurs
» ou colporteurs de libelles diffamatoires étaient assimilés
» aux auteurs des soulèvements (1). »

Toutes ces propositions furent adoptées, et l'article 4 de l'ordonnance déclara les personnes reconnues coupables des faits que nous venons de citer : « rebelles et factieuses con-
» tre l'Etat, et criminelles de lèse-majesté avec confiscation
» de corps et biens, et privation des charges, offices et béné-
» fices auxquels il sera pourvu à l'instant, sans attendre les
» procédures et instructions du procès (2). »

Cependant le cardinal n'a pas encore oublié les doléances des Etats généraux de 1614, ni les requêtes des notables de 1617 et de 1626. C'est sous leur inspiration et par ses ordres qu'est rédigée l'ordonnance de 1629, vulgairement connue sous le nom de code Michau. Cette ordonnance, que malheureusement la résistance des corps judiciaires rendit stérile, était le plus puissant effort qu'eût encore fait le gouvernement pour répondre aux vœux du pays. Elle contenait, à beaucoup d'égards, les dispositions les plus heureuses. Elle interdisait toutes évocations dans les procès criminels (art. 65). Renouvelant les prohibitions des articles 68 et 69 de l'ordonnance de Moulins, de l'article 133 de l'ordonnance de Blois, elle proscrivait de nouveau les jugements par commissaires (art. 86). Enfin elle annonçait la tenue de Grands Jours.

En proposant à l'assemblée des notables la convocation des Grands Jours, Richelieu leur donnait pour mission « d'aller

---

(1) Lettres de Richelieu, *Documents sur l'Histoire de France*, t. III, p. 315.
(2) *Ibidem.*

» par le royaume recevoir toutes les plaintes des sujets du
» Roi contre ceux desquels ils n'auraient pu avoir justice
» dans les provinces, pour y être trop puissants par l'auto-
» rité de leur charge. » C'était viser directement les magistrats prévaricateurs et tous les grands rebelles à l'autorité royale. Le moyen était aussi efficace que légitime : c'était l'exercice régulier de la justice. Malheureusement l'ordonnance de 1626 était, avant tout, l'œuvre du garde des sceaux Marillac et l'hostilité de Richelieu contre le garde des sceaux contribua à donner à sa pensée une direction différente.

La critique de notre siècle, en mettant au jour les pièces originales et les documents officiels, a, sur bien des points, dissipé les fausses apparences qui couvraient certains actes et semblaient les justifier, les excuser tout au moins aux yeux des contemporains et de la postérité elle-même. Pour aucun homme politique peut-être, cette tardive justice de l'histoire n'a été plus sévère que pour Richelieu.

Richelieu n'a pas été seulement un ministre sans scrupule, écartant impitoyablement de sa route tout obstacle qui l'arrête ou le gêne ; il n'a pas été seulement l'exécuteur sanglant des meurtres politiques les moins justifiés et les plus arbitraires, il en a été le théoricien. Dans son beau livre sur Richelieu et la monarchie absolue, M. d'Avenel a éclairé ce point d'une lumière que rien, désormais, ne saurait obscurcir.

« Richelieu, » dit M. d'Avenel, « créa, de toute pièce, un
» être mystérieux et terrible, l'Etat, dont il fut le ministre
» et l'interprète, qu'il fit parler à sa guise, et dont il inau-
» gura le règne effrayant. Il y eut, dès lors, les droits de
» l'Etat, les maximes d'Etat, les prisons et les criminels
» d'Etat et surtout les raisons d'Etat. De tout cela se forma
» une morale d'Etat, très différente de la morale vulgaire,
» une morale à l'usage du gouvernement, que la justice ré-
» prouvait et que le ministre pratiqua. » — Au cours des affaires ordinaires, écrit Richelieu, « la justice requiert une
» clarté et une évidence de preuves... Mais ce n'est pas de

» même aux affaires d'Etat..., car souvent les conjectures y
» doivent tenir lieu de preuves : la perte des particuliers
» n'est pas comparable au salut public (1). » Richelieu reprend et s'approprie l'odieux sophisme que nous avons déjà trouvé dans la bouche de Cicéron, que nous retrouverons, à une date bien plus récente, dans celle d'autres accusateurs politiques, à savoir qu'il est de certains crimes qui font perdre *ipso facto* à ceux qui les commettent tous leurs droits et privilèges, à ce point qu'on ne peut, dit-il, « les renvoyer devant le juge de leurs privilèges, même pour
» juger s'ils en sont déchus. »

M. d'Avenel le dit à bon droit : « La raison d'Etat est la
» formule légale de l'absolutisme et de l'arbitraire. » Si énorme qu'ait été la justice du tribunal révolutionnaire, elle a eu en France même un précurseur, et ce précurseur s'appelle Richelieu. Au fond, il n'y a pas de différence entre Robespierre et le Cardinal : la lèse-majesté pour l'un, l'incivisme pour l'autre sont une même chose, et M. d'Avenel a raison d'ajouter : « Tous les despotismes sont frè-
» res. »

Ce fut entre les mains de Richelieu que la commission judiciaire devint, par excellence, l'arme sanglante des vengeances politiques, et, suivant le mot que M. Henri Martin ne peut retenir, « une véritable machine à condamnation. » La première commission judiciaire qu'il institua fut la chambre criminelle, créée à Nantes en 1626 pour le jugement de Chalais et de ses complices. Le jour même où Richelieu bénissait, à Nantes, le mariage de Gaston d'Orléans, dénonciateur de Chalais, le Parlement de Rennes enregistrait les lettres patentes établissant la chambre de justice. Le procès fut vidé en huit jours : l'interrogatoire, l'instruction, tout fut secret ; naturellement, la condamnation fut capitale.

En 1631, plusieurs accusés avaient été, par ordre de Richelieu, traduits devant des commissaires, condamnés à mort

---

(1) D'Avenel, *Richelieu et la monarchie absolue*, t. I, p. 233.

et exécutés pendant la nuit. Le 28 novembre, le Parlement manda Laffemas, celui qu'on appelait « le bourreau du cardinal, » et lui fit défense d'exercer aucune poursuite en vertu de commissions, sous peine de dépens, dommages-intérêts et prise à partie. « Sa Majesté, » écrivait au roi le Parlement, « avait intérêt à ne pas commettre son autorité entre les
» mains de gens qui en abusaient et la rendaient odieuse et
» méprisable... De tels procédés autorisaient à croire que
» ces exécutions n'étaient pas la punition de crimes, mais
» l'exercice de vengeances particulières. »

Ces remontrances n'arrêtèrent pas Richelieu. Peu d'actes judiciaires sont aussi scandaleux et révoltants que le procès fait l'année suivante au maréchal de Marillac (8 mai 1632). Il s'agit, en apparence, de délits militaires ; en réalité, d'une vengeance politique. Les membres de la commission ne sont pas seulement des amis dévoués du pouvoir ; ce sont, notoirement, les ennemis personnels de l'accusé. Le Parlement, sur la requête du maréchal et de sa femme, et sur les conclusions du procureur général Mathieu Molé, interdit aux commissaires de continuer l'information. L'accusé récuse ses juges. Mais le roi évoque l'arrêt et les récusations à son Conseil qui les rejette ou les casse. Le Parlement est dessaisi, et c'est par les commissaires, à Rueil, dans la maison même du cardinal, que l'arrêt est rendu. Le garde des sceaux meurt de douleur en apprenant l'assassinat juridique de son frère (février 1631) (1).

Quoi qu'on en ait dit, nous ne croyons pas qu'on doive attribuer un caractère politique au procès d'Urbain Grandier (2). Mais, quand on parle des procédés judiciaires de Richelieu, peut-on oublier ce déplorable procès où la superstition le dispute à la cruauté ? cette commission extraordinaire, composée de juges soigneusement choisis, et surtout le conseiller d'Etat qui la préside, Laubardemont, « âme impitoya-

---

(1) Isambert, t. XVI, p. 370. Henri Martin, t. XI, p. 375.
(2) 10 août 1634.

» ble, une de ces natures d'inquisiteur, dangereuses en tout
» temps, terribles et fatales sous les gouvernements absolus
» qui ont le malheur de leur livrer une part de l'autorité pu-
» blique (1). »

Le maréchal de Montmorency est Pair de France. A ce titre, il n'est justiciable que du Parlement de Paris, garni de Pairs. N'importe! une déclaration royale du 23 avril 1632 le déclare déchu des privilèges de la pairie. C'est devant le Parlement de Toulouse que Richelieu le fait traduire. L'accusé dédaigne de décliner la compétence de ses juges. Il est condamné à mort, et monte sur l'échafaud (31 octobre 1632) (2).

Cependant l'absolutisme royal rencontrait parfois des résistances jusque dans les commissions. Le duc de la Valette avait été traduit par contumace devant des commissaires (1639). Louis XIII vint présider lui-même (3) la commission qui se composait de Ducs et Pairs, de quelques Conseillers d'Etat, et d'un certain nombre de membres du Parlement. Une scène terrible se produisit entre le Roi et les Juges (4).

Le Parlement demandait que l'accusé fût renvoyé à sa juridiction : « Je ne veux pas, » répondit le Roi; « vous faites
» toujours les difficiles : il semble que vous vouliez me
» tenir en tutelle; mais je suis le maître, et je saurai me
» faire obéir : *c'est une erreur grossière de s'imaginer que je*
» *n'ai pas le droit de faire juger qui bon me semble et où il*
» *me plaît.* » Le Roi demanda lui-même l'avis des Juges.
« Sire, » répondit le conseiller Pénon, doyen de la Grand'-Chambre, « il y a cinquante ans que je suis dans le Parle-
» ment; je n'ai pas encore vu d'affaire de cette qualité.
» M. de la Valette a eu l'honneur d'épouser la sœur naturelle
» de Votre Majesté; il est, outre cela, Pair de France; je

---

(1) H. Martin, t. XI, p. 605. *Id.*, XVI, p. 413 note.
(2) Le 14 janvier 1633, le parlement de Dijon condamne à mort, pour haute trahison, les ducs d'Elbœuf, de Montpensier et de Goulas.
(3) Ce fut la dernière intervention personnelle du roi dans les jugements.
(4) Guizot, *Histoire de France*, t. IV, p. 71.

» vous supplie de le renvoyer au Parlement. » — « Opinez, » dit sèchement le Roi. — « Je suis d'avis que M. de la Va-
» lette soit renvoyé au Parlement pour y être jugé. » — « Je
» ne veux pas : ce n'est pas là opiner. » — « Sire, un ren-
» voi est un avis légitime. » — « Opinez au fond, » reprit le Roi qui commençait à se fâcher ; « sinon, je sais ce que
» je dois faire. » — Le Président de Bellièvre fut encore plus hardi : « C'est une chose étrange, » dit-il en face à Louis XIII,
« de voir un Roi donner son suffrage au procès criminel de
» l'un de ses sujets ; jusqu'alors les Rois s'étaient réservé
» les grâces, et renvoyaient la condamnation des coupables
» à leurs officiers. Votre Majesté pourrait-elle bien soutenir
» la vue d'un gentilhomme sur la sellette, qui ne sortirait
» de votre présence que pour aller sur l'échafaud? Cela est
» incompatible avec la majesté royale. » — « Opinez au
» fond, » commanda le Roi. — « Sire, je n'ai pas d'autre
» avis. » Le duc, qui s'était réfugié en Angleterre, fut condamné et exécuté en effigie. Mais le Procureur général Matthieu Molé « ne trouva pas de son ministère de faire une
» exécution de cette qualité. » Il fallut recourir au Lieutenant criminel du Châtelet (24 mai 1639).

Peu de temps après (1641), une ordonnance royale interdisait au Parlement toute intervention dans les affaires d'Etat et d'administration. « Nous avons estimé nécessaire, » disait le préambule, « de régler l'administration de la justice, et
» de faire connaître à nos Parlements l'usage légitime de
» l'autorité que les Rois nos prédécesseurs et nous *leur*
» *avons déposée*, afin qu'une chose qui est établie pour le
» bien des peuples ne produise pas des effets contraires,
» comme il arriverait si les officiers, au lieu de se contenter
» de cette puissance qui les rend juges de la vie de l'homme
» et des fortunes de nos sujets, voulaient entreprendre sur
» le gouvernement de l'Etat qui n'appartient qu'au prince (1). »
Nulle affaire ne met aussi vivement en présence les préten-

---

(1) Guizot, *Histoire de France*, t. IV, p. 71 et 72.

tions contraires. L'autorité du Parlement est une autorité que le Roi lui a déposée. Le Roi peut faire juger qui bon lui semble, et par qui il lui plaît. Voilà la théorie royale. C'est le bon plaisir absolu. Le Parlement la repoussait courageusement. Cependant des publicistes de nos jours, et notamment M. Henri Martin, ont cherché des excuses à une pareille théorie.

« A une époque, » dit-il, « où l'idée de la séparation des
» pouvoirs était si vague et si mal définie, et où tout tendait
» à la dictature, on concluait volontiers dans les régions du
» gouvernement, du droit qu'avait le chef de l'Etat de se
» dire le chef de la justice, et d'instituer des juges, à son
» droit, de faire rendre la justice par qui bon lui semblait. »
C'était revenir à l'absolutisme de Philippe le Bel. Mais, ajoute M. Henri Martin, « les Parlements fortifiaient par
» leurs prétentions et leur refus de concours cette dange-
» reuse tendance. Ils voulaient avoir ce qui ne leur appar-
» tenait pas, ce à quoi ils étaient impropres, la direction
» politique et administrative du pays, et on leur refusait,
» par réaction, ce qui leur appartenait, le pouvoir judiciaire.
» Il faut bien le reconnaître, si les Parlements avaient raison
» dans la forme, ils avaient le plus souvent tort dans le
» fond. S'ils représentaient dans leur résistance à Richelieu
» la légalité luttant contre le despotisme, ils représentaient
» encore mieux la lutte de l'esprit stationnaire contre l'esprit
» de mouvement et de progrès, et le plus souvent la lutte
» de la petite politique contre la grande (1). » Mais, quand il s'agit du droit individuel et de ces formes qui sont protectrices de l'honneur, de la liberté, de la vie des citoyens, n'est-ce pas le cas de dire que la forme est aussi importante que le fond?

Ce fut encore une commission judiciaire qui, en 1642, condamna à mort Cinq-Mars et de Thou pour haute trahison et lèse-majesté. Cinq-Mars était coupable. Quant à de Thou,

---

(1) Henri Martin, *Histoire de France*, t. II, p. 377.

on ne pouvait lui reprocher que de n'avoir pas révélé le complot où s'était engagé son ami. Le chancelier Séguier voulait le sauver : il disait au cardinal qu'on ne trouvait point d'ordonnance qui punît de mort la non-révélation d'un complot. Richelieu lui fit cette sinistre réponse : « Cherchez dans l'abîme judiciaire dont les chanceliers sont » toujours pourvus. » Laubardemont exhuma la terrible ordonnance de Louis XI, du 22 décembre 1477, et de Thou monta sur l'échafaud aux côtés de Cinq-Mars (12 septembre 1642).

Les procès politiques furent rares sous Louis XIV. Les Grands-Jours d'Auvergne, tenus à Clermont, en 1665, avaient été investis d'un pouvoir absolu. La déclaration royale qui les instituait (1) leur donnait droit « de connaître de toutes ma- » tières criminelles, de quelque importance et qualité qu'elles » fussent. » Ils eurent à poursuivre et à condamner le grand sénéchal d'Auvergne, le grand prévôt du Bourbonnais, et réprimèrent de véritables attentats commis par des bandes armées qui empêchaient la levée des tailles.

Deux grands procès politiques, d'un caractère général, méritent une attention spéciale : le procès de Fouquet (1664) et celui du chevalier de Rohan (1674).

L'assemblée des notables de 1626 s'était plainte de la création de ces commissaires qui, sous le nom d'intendants de justice et de police, n'avaient, en réalité, d'autre but que de connaître de toutes les affaires civiles et criminelles que le roi voulait enlever aux juges ordinaires. Loin de faire droit à ces doléances, Richelieu, en 1637, en avait établi, par mesure générale, dans toutes les provinces, en leur confiant de plus la connaissance de tout ce qui regardait les impôts.

Après l'arrêt d'union rendu par le Parlement sous la Fronde, l'assemblée de toutes les Cours souveraines de France tenue en la Chambre de Saint-Louis, déclara « que » toutes les commissions extraordinaires demeuraient révo-

---

(1) 31 août 1665. Isambert, t. XVIII, p. 60.

» quées, toutes les ordonnances et jugements rendus par les
» intendants de justice cassés et annulés, et fit défense aux
» sujets du roi de les reconnaître pour juges » (art. 10). Les députés des quatre cours souveraines réclamaient spécialement la révocation des intendants et l'institution d'une nouvelle chambre de justice pour la répression des abus commis dans les finances. Le Parlement ratifia ces deux propositions, et deux déclarations de la reine, l'une du 11, l'autre du 13 juillet 1648, révoquèrent les intendants et instituèrent une chambre de justice.

Ces mesures, prises à un moment de trouble, avaient été mal exécutées ou, tout au moins, n'avaient pas suffi. Un édit de 1661 institua de nouveau une chambre de justice pour connaître des malversations des financiers. C'était au lendemain de l'arrestation de Fouquet. Le roi voulait, disait-il, « faire punir exemplairement tous les auteurs et complices
» des crimes énormes de péculat qui ont épuisé nos finan-
» ces et appauvri nos provinces; punir tous crimes commis
» à l'occasion des finances par quelques personnes de quel-
» que qualité qu'elles soient. » Le sixième des amendes à prononcer était accordé aux dénonciateurs, et, par dérogation à l'ordonnance d'Orléans, le procureur général était dispensé de les faire connaître (1).

Fouquet était procureur général au Parlement de Paris. A raison de sa charge, il avait droit de n'être jugé que par le Parlement, toutes chambres assemblées. Louis XIV, qui se défiait du Parlement, fit donner à Fouquet sa démission de procureur général et le traduisit devant la chambre de justice qu'il venait d'instituer.

Le chancelier Séguier, le plus mortel ennemi de l'accusé, et Pussort, oncle de Colbert, qui convoitait sa place, en faisaient partie (2). Le procureur général Talon était aussi du

---

(1) Isambert, t. XVIII, p. 12. H. Martin, t. XIII, p. 38 et 39.
(2) Elle comprenait : le premier président, un président, quatre conseillers au parlement, quatre maîtres des requêtes, un président, deux conseillers de la Chambre des comptes, des conseillers de la Cour des aides, un

nombre de ses ennemis. Qui ne connaît les deux courants d'opinion que souleva ce procès? D'un côté, on vit le roi et Colbert presser, influencer les juges avec un véritable acharnement; de l'autre, tous les grands esprits, tous les grands cœurs, Pellisson, Lafontaine, Mme de Sévigné, Condé, Turenne, intervenir en sa faveur. Fouquet réclama, comme *vétéran du Parlement*, le droit de n'être jugé que par le Parlement et non par une commission. Il soutint qu'à un second point de vue, la Chambre de Justice, aux termes même de la déclaration qui l'avait instituée, était complètement incompétente pour juger un crime de lèse-majesté (1). Sous l'influence de Colbert, la chambre de justice rejeta sa requête. Colbert, comme Richelieu, avait le mépris des formes. Mais les irrégularités de la procédure, l'insistance même de Colbert et du roi indisposèrent les juges et spécialement le premier président de Lamoignon. Après une instruction de dix-huit mois, les débats du procès s'ouvrirent le 14 novembre 1664 et durèrent jusqu'au 4 décembre. Tandis que les autres traitants, Gourville, Bruant, Dumont, étaient condamnés à mort, Fouquet, déclaré coupable de trahison et de concussion, ne le fut qu'à la peine du bannissement (20 décembre 1664). Au lieu de le faire conduire en exil, le roi le fit enfermer prisonnier à Pignerol. Louis XIV, comme Richelieu, croyait au droit supérieur et arbitraire des chefs d'Etat d'ôter la liberté aux sujets dangereux : « Il n'eut pas plus de doute » sur son droit que sur la nécessité d'en user. »

Quelques années après, une conspiration ourdie par le chevalier de Rohan, un sieur Latréaumont et le Hollandais Van den Enden tente de renverser Louvois et Louis XIV, et de substituer la république à la monarchie (2). Les révélations d'un des conspirateurs, nommé Du Cause, qui ne

---

conseiller de chacun des parlements provinciaux, un avocat général au parlement de Paris faisant fonctions de procureur général et un greffier.

(1) *Défense de M. Fouquet*, t. I, p. 47.

(2) Voir, dans la *Revue des Deux-Mondes* des 15 juillet et 15 août 1866, le récit de cette conspiration, par M. Alfred Maury

voulut pas, en gardant le silence, s'exposer à périr comme de Thou, amenèrent la découverte du complot et l'arrestation des coupables. Cette fois, la procédure fut régulière (1). Le roi nomma commissaires, pour instruire le procès, MM. de Pommereu et de Bezons.

M. de Bezons arracha l'aveu du chevalier de Rohan en lui promettant sa grâce, « action indigne d'un juge, » dit La Fare. Les accusés subirent la question ordinaire et extraordinaire ; puis, avant leur exécution, la question préalable. Sur les conclusions de la Reynie, Van den Enden, Rohan, et deux de leurs complices, Préau et Mme de Villars, furent condamnés à mort comme coupables de lèse-majesté. Il n'y avait eu pourtant que des projets qui n'avaient pas même eu un *commencement* d'exécution. Mais, dans la jurisprudence du temps, le projet seul du complot suffisait pour caractériser le crime. Louis XIV fit examiner de nouveau l'affaire dans un conseil qu'il présida lui-même. Il inclinait personnellement à la clémence. Mais, sur les instances de Letellier, il consentit à laisser exécuter la sentence prononcée contre Rohan, qui mourut courageusement, assisté par le père Bourdalou. Le sort du chevalier de Rohan servit d'exemple, et il fut, sous Louis XIV, le seul homme de qualité puni de mort pour crime de lèse-majesté.

L'esprit du dix-huitième siècle protestait bien plus encore que celui des publicistes du seizième, contre les violations du droit et les jugements par commissaires. Nous n'avons pas trouvé dans Voltaire la condamnation expresse des commissions extraordinaires ; mais cette condamnation est implicitement écrite dans mainte page de ses œuvres. Montesquieu s'en explique formellement. « La chose du monde la » plus inutile au prince a souvent affaibli la liberté dans » les monarchies : les commissaires nommés quelquefois » pour juger un particulier. Le prince tire si peu d'utilité

---

(1) Louvois, qui voulait perdre un de ses ennemis personnels, le marquis d'Ambre, sollicita vivement Du Cause de l'accuser faussement ; mais Du Cause refusa avec énergie.

» des commissaires, qu'il ne vaut pas la peine qu'il change
» l'ordre des choses pour cela. Il est moralement sûr qu'il
» a plus l'esprit de probité et de justice que ses commis-
» saires, qui se croient toujours assez justifiés par ses ordres,
» *par un obscur intérêt de l'Etat*, par le choix qu'on a fait
» d'eux, et par leurs craintes même. Sous Henri VIII,
» lorsqu'on faisait le procès à un pair, on le faisait juger
» par des commissaires tirés de la chambre des Pairs :
» avec cette méthode, on fit mourir tous les pairs qu'on
» voulut (1). » D'Aguesseau qui, à un certain moment,
n'avait pas été exempt de quelque complaisance pour les
commissions extraordinaires dirigées contre les financiers (2),
dit à son tour, dans ses lettres : « Il a paru qu'il serait d'un
» exemple dangereux de nommer des commissaires pour
» juger un procès criminel qui est poursuivi contre des gen-
» tilshommes, et où il s'agit d'une accusation capitale. On
» s'est récrié dans tous les temps contre ces sortes d'attri-
» butions extraordinaires, et elles ont fait, plus d'une fois,
» la matière des remontrances des Parlements (3). » Duclos
résume admirablement le sentiment public à cet égard :
« Les commissions, » dit-il, « sont si odieuses au public en
» affaires criminelles, qu'un coupable même qu'elles con-
» damnent, passe toujours pour un innocent sacrifié à la
» passion (4). » Le Parlement lui-même se faisant l'écho de
l'opinion publique, réclame le respect des *juridictions réglées*,
et proteste avec énergie contre les commissions et les évocations : « Quelle peut être, sire, » osait-il dire au roi,
« l'administration de la justice, lorsqu'elle est abandonnée
» à des juges arbitraires qui ne doivent ce caractère qu'au
» choix affecté et à la sollicitation des parties, à qui presque
» toujours, les tribunaux de votre justice souveraine ne sont

---

(1) Montesquieu, *Esprit des lois*, l. XII, ch. XXII.
(2) Voy. son discours du 22 mars 1717, où il annonce la suppression de la Chambre de justice.
(3) D'Aguesseau, *Matières criminelles*, lettre 28, t. VIII, p. 58.
(4) Duclos, *Considérations sur les mœurs*, p. 375.

» redoutables qu'à cause de leur intégrité ; » et, rappelant les nombreuses ordonnances qui avaient tant de fois proscrit les évocations et les commissions, il ajoutait : « Elles
» sont prohibées comme contraires au bien public, soit par
» l'impunité qu'elles assurent souvent aux crimes les plus
» graves, soit parce que les peines qui peuvent être infligées
» aux coupables par des juges extraordinaires sont aussi
» inutiles qu'irrégulières, puisque les lois ne peuvent avouer
» de semblables punitions comme leur exécution et que les
» peuples sont dans le principe et l'habitude de les recon-
» naître encore moins pour des exemples (1). »

Aussi ne trouvons-nous pas, dans l'histoire du dix-huitième siècle, de véritables commissions judiciaires. Sans doute, le roi use encore des lettres de cachet et continue d'évoquer certains procès à son Conseil. Mais l'opinion publique est devenue trop forte pour qu'on ne compte pas avec elle. Si la monarchie est encore absolue en principe, elle se tempère en fait. A la vérité, elle aura des retours de colère et ira jusqu'à briser les corps qui lui résistent. Jamais la lutte entre les parlements et la royauté n'a été plus vive : mais elle a surtout pour objet des querelles religieuses. Jamais l'administration de la justice n'a donné lieu à un si grand nombre de plaintes, et jamais les publicistes ne s'en sont occupés davantage : mais c'est plutôt pour signaler de déplorables erreurs judiciaires ou pour critiquer l'intervention de la justice humaine dans les questions religieuses que pour relever la violation des compétences et le désordre des juridictions.

Au commencement du siècle, la Cour des Pairs est deux fois réunie : le 10 mai 1716, pour juger le duc de Richelieu, le 9 mars 1721, pour juger le duc de La Force. Damien, l'assassin du roi, est condamné pour lèse-majesté, mais il comparaît régulièrement devant le Parlement. Dans ces différents cas, la légalité est observée.

---

(1) Remontrances du 9 avril 1753, Dufey, *Histoire des parlements de France*, t. I, p. 296.

Deux procès cependant ont laissé dans l'histoire un douloureux souvenir. Après la perte de l'Inde, dans laquelle il avait été plus malheureux que coupable, Lally-Tollendal, sous la pression de l'opinion publique, fut d'abord enfermé à la Bastille par lettres de cachet, puis bientôt décrété de prise de corps (9 avril 1764). L'information dirigée contre lui fut peu sérieuse et les procédés en furent arbitraires (1) : au mépris du droit le plus sacré, on refusa un conseil à l'accusé. Sans pouvoir préciser aucun fait, le rapporteur déclara que l'ensemble de sa conduite le rendait coupable de haute trahison et de lèse-majesté au second chef. Mais il fut régulièrement traduit devant le Parlement. Le 6 mai 1766, le Parlement, la Grand'Chambre assemblée, le condamnait à mort et prononçait la confiscation de tous ses biens. Quelques années après (1779), son fils obtenait la revision de cette sentence inique et la réhabilitation de son père (2).

En 1770, le duc d'Aiguillon, pair de France, était aussi traduit devant le Parlement. Mais bientôt le roi évoquait l'affaire à son conseil ; le Parlement protesta alors avec énergie, et ce fut dans cette circonstance qu'il ne craignit pas de dire au roi : « Sire, la France attendait un grand exemple et elle ne voit qu'un grand scandale (3). »

A l'époque à laquelle nous sommes parvenus, les lettres de cachet sont l'objet d'énergiques protestations. En 1753, l'avocat Barbier les condamne dans son journal, et le Parlement lui-même en conteste la validité (4). Malesherbes, au nom de la Chambre des comptes, adresse à Louis XV de mâles protestations contre ces arrestations arbitraires (5). Enfin, le 3 mai 1788, le Parlement proteste contre le système de la *seule volonté*. Il déclare que la France est « une monarchie

---

(1) Le dernier auteur qui ait écrit sur ce procès, M. Tibulle Hamont, qualifie l'instruction d' « odieuse et ridicule. »

(2) *Revue des Deux-Mondes*, du 1er avril 1887, article de M. Tibulle Hamont.

(3) Dufey, *Histoire des parlements*, t. II, p. 203.

(4) *Journal de Barbier*, t. V, p. 415 ; t. VI, p. 368.

(5) V. Laboulaye, *Revue des cours littéraires*, 1864, p. 643, et 1870, p. 244.

» gouvernée par le roi suivant des lois, et que ces lois fon-
» damentales garantissent le droit de chaque citoyen de
» n'être traduit, en aucune matière, par devant d'autres
» juges que ses juges naturels qui sont ceux que la loi lui
» désigne, et le droit, sans lequel tous les autres sont inu-
» tiles, de n'être arrêté par quelque ordre que ce soit que
» pour être remis sans délai entre les mains des juges com-
» pétents (1). »

Ainsi s'affirmait, à la veille de 89, par l'organe des compagnies judiciaires comme par la voix des magistrats et des publicistes, le besoin impérieux de la légalité, le scrupuleux respect de la liberté individuelle. C'étaient là des signes des temps. Cette protestation du Parlement contre les tribunaux extraordinaires et les lettres de cachet, qu'elle fût ou non conforme au droit traditionnel de la monarchie, était une manifestation éclatante de l'esprit nouveau ; elle témoignait hautement de cette passion de réforme, de ce besoin impérieux de justice, qui grandissait de plus en plus dans la nation et y soulevait déjà le grand mouvement de la Révolution française.

En résumé, quelle était, au point de vue des délits politiques, la situation judiciaire en face de laquelle allaient se trouver placés les rédacteurs des cahiers de 1789? Au sommet de la hiérarchie, la Cour des Pairs était seule compétente pour juger les pairs de France, quel que fut le délit par eux commis. Le Parlement de Paris revendique encore ce droit avec énergie au milieu du dix-huitième siècle. *Ratione materiæ*, le Parlement, conformément aux ordonnances du seizième siècle, avait conservé le droit de juger « les causes
» les plus importantes et qui exigent un plus grand degré de
» pouvoir et d'autorité que n'en ont les tribunaux ordinaires
» pour faire justice et assurer l'exécution de leurs juge-
» ments (2). » On entendait par là les crimes d'Etat et sous le

---

(1) Dufey, *Histoire des parlements*, t. II, p. 437.
(2) Muyart de Vouglans, liv. I, t. II, p. 526 et suiv.

nom de lèse-majesté au premier chef, la Grand'Chambre et la Tournelle réunies connaissaient des crimes politiques commis par tout autre qu'un pair (1).

Au moyen de ces assises extraordinaires, qu'on appelait les Grands Jours, le Parlement pouvait atteindre les révoltes locales, les fonctionnaires qui abusaient de leurs charges ; il allait chercher et frapper sur place ces grands coupables (et c'était trop souvent des agents du pouvoir) qui faisaient tout trembler autour d'eux.

Le Parlement connaissait encore, *ratione personæ*, toutes chambres assemblées, des accusations criminelles portées contre ses propres membres et contre les officiers de la Cour des Comptes (2). Cette compétence, qui ne résultait d'aucune loi, était fondée sur l'usage. La Grand'Chambre et la Tournelle assemblées étaient juges d'appel pour les ecclésiastiques, les gentilshommes, les secrétaires du roi et les officiers de judicature qui le demandaient. Elles pouvaient enfin juger, sur leur demande, en premier et dernier ressort, les trésoriers de France, présidents de Présidiaux, lieutenants généraux et lieutenants criminels, avocats et procureurs (3), etc.

Au-dessus de toutes les juridictions s'élevait toujours la justice réservée du roi, libre de suspendre l'exercice de la justice ordinaire par une évocation, ou de substituer aux tribunaux réguliers des commissaires de son choix. La responsabilité ministérielle n'existait pas, les ministres dépendaient du roi seul. Lui seul pouvait les faire mettre en jugement. Deux siècles, d'ailleurs, s'étaient bientôt écoulés depuis la dernière réunion des Etats généraux.

---

(1) Ordonnance de 1670, tit. I, art. XI. Le texte paraissait établir, pour la lèse-majesté, la compétence de tous les juges royaux. Mais la pratique réserva au Parlement la connaissance exclusive de la lèse-majesté au premier chef. — V. Rousseaud de la Combe, liv. I, chap. II, sect. V et part. II, chap. II, n° 5.

(2) Muyart de Vouglans, liv. I, t. II, p. 526 et suiv.

(3) Déclaration de 1676.

LIVRE III

DES HAUTES COURS POLITIQUES DEPUIS 1789 JUSQU'A LA FIN DU PREMIER EMPIRE

CHAPITRE PREMIER.

LA HAUTE COUR POLITIQUE ET LES CAHIERS DE 1789.

La suppression des commissions judiciaires devait être au premier rang des réformes réclamées par les cahiers de 1789. On peut dire que, sous forme expresse ou indirecte, ce vœu se rencontre à peu près dans tous les cahiers. Plusieurs demandent formellement qu'on abolisse « l'usage dange-
» reux et illégal de toute commission pour juger les dé-
» lits (1). » La plupart se bornent à demander « que nul
» François ne puisse être traduit que par-devant ses juges
» naturels, » et le clergé d'Anjou déclare que les juges naturels sont ceux « qui sont reconnus par la nation (2). » Dès lors, comme le remarque très justement M. Desjardins (3), il ne peut plus y avoir de ces commissions extraordinaires qui, dit le Tiers d'Amiens, « n'ont été trop souvent établies
» que pour perdre des innocents ou sauver des coupa-
» bles (4). » Et, comme sanction de ces principes, un grand nombre de cahiers demandent que tout magistrat ou autre

---

(1) Angoumois, Anjou, Annonay, Autun, etc.
(2) Anjou, Clergé, chap. I, 20.
(3) *Les cahiers des Etats généraux en 1789*, p. 213.
(4) Amiens, Tiers, § 11.

qui accepterait de faire partie d'une commission, soit poursuivi « comme prévaricateur et coupable d'attentat à la li-
» berté publique (1). »

Mais, par une contradiction au moins apparente, presque tous les cahiers réclament l'établissement d'une juridiction exceptionnelle pour le jugement des délits commis par les ministres et des crimes d'Etat.

La responsabilité des agents du pouvoir, plus particulièrement des ministres, non seulement la responsabilité politique, mais la responsabilité judiciaire a été l'une des réformes le plus ardemment, le plus universellement réclamées par les cahiers des Etats généraux. Il faut lire dans le beau livre que M. Albert Desjardins a consacré à l'étude de ces cahiers, en matière de législation criminelle (2), les expressions, diverses dans la forme, unanimes au fond, que donnent à ce vœu les différentes provinces, les différents ordres du pays. C'est le Tiers d'Auxois qui demande que « la contravention aux lois constitutionnelles soit déclarée
» crime d'Etat irrémissible et imprescriptible (3) ; » — la noblesse de Comminges, « que les infractions de la Charte
» et des droits de la nation soient réputées crimes de lèse-
» patrie et, comme tels, irrémissibles (4) ; » — les Trois Ordres de Montfort « qu'on définît les crimes de lèse-majesté
» et de lèse-nation. »

En France, remarque finement M. Desjardins, « la haine
» des ministres était presque aussi ancienne que l'amour du
» Roi (5). » C'était à eux, bien plus qu'au prince, que le peuple imputait les maux dont il souffrait, et les mesures arbitraires dont il avait à se plaindre. A la veille de 1789, le pouvoir ministériel était devenu une sorte de bouc émissaire, responsable de tous les maux, coupable de tous les crimes ; et, de

---

(1) Alençon, Noblesse; Le Quesnois, Noblesse; Meaux, Tiers, etc.
(2) *Les cahiers des Etats généraux en* 1789 *et la législation criminelle.* Paris, Durand, 1883.
(3) Art. 21.
(4) Art. 16.
(5) *Les cahiers des Etats généraux en* 1789, p. 155.

plusieurs siècles de haine accumulée, s'élevait contre lui une réaction terrible qui devait aller, dans la théorie, presque à l'annuler, sous prétexte de le contenir, et, dans la pratique, à l'entraver par l'excès d'une surveillance jalouse et tracassière (1).

A la vérité, en demandant que les ministres deviennent responsables, les vœux des cahiers de 1789 ne distinguent pas toujours nettement la responsabilité judiciaire de la responsabilité politique. Cependant, le plus ordinairement, c'est une responsabilité judiciaire qu'ils réclament en termes exprès, et on y trouve de nombreuses indications sur les délits qui doivent entraîner cette responsabilité, sur le droit de poursuite et la juridiction.

Délits entraînant la responsabilité. — C'est plus spécialement en matières financières, et à l'égard du ministre des finances, que les cahiers réclament une responsabilité judiciaire; presque tous demandent que cette responsabilité s'applique à l'abus, à la malversation des deniers publics (2). Mais on peut dire qu'elle est généralement réclamée pour tous les ministres et pour tous les actes abusifs qu'ils peuvent commettre dans leurs fonctions. C'est ainsi qu'on trouve indiqués dans les cahiers, comme devant entraîner la responsabilité judiciaire : « La violation des lois en géné-
» ral (3) ; — la contravention aux lois constitutives; — l'in-
» fraction à la charte des droits de la nation (4), — les or-
» dres illégaux et injustes ; — l'attentat à la sûreté des
» citoyens ; — la trahison de la confiance du Prince ; — la
» suggestion d'actes contraires aux intérêts toujours insépa-
» rables du Roi et de la nation (5) ; — les mesures qui se-
» raient jugées attentatoires, soit à la liberté, soit à la pro-
» priété (6). » — Il serait difficile de trouver formules plus

---

(1) Taine, *La Révolution française*, t. II, p. 188.
(2) Anjou, Blois, Guyenne, Bourbonnais, etc.
(3) Aunis.
(4) Comminges.
(5) Carcassonne.
(6) Anjou, Tiers.

compréhensives et plus élastiques. En voici une pourtant qui l'est davantage : Le clergé de Bar-sur-Seine veut que le ministre soit responsable judiciairement pour le seul fait « *d'avoir abusé de la puissance publique.* » On le voit, les rôles sont changés : c'était autrefois le pouvoir qui songeait à se défendre contre les entreprises des citoyens ; ce sont maintenant les citoyens qui cherchent des garanties contre les entreprises du pouvoir.

Droit de poursuite. — A qui appartiendra le droit de poursuivre les ministres ? Les cahiers l'attribuent généralement aux Etats généraux. C'est ainsi que le Tiers de Pont-à-Mousson demande que les « ministres soient responsables de leur » gestion aux Etats généraux qui pourront les faire juger sur » le fait de l'exercice de leurs fonctions par les juges com- » pétents. »

Quelques-uns veulent que les Etats généraux dénoncent le ministre prévaricateur au Procureur général près le Parlement de Paris, qui sera alors forcé d'agir (1). — Quelques-uns demandent que les Etats provinciaux puissent dénoncer les ministres aux Etats généraux (2) ; — quelques-uns que la résolution de l'un des Trois Ordres suffise pour la mise en accusation d'un ministre (3). — D'autres veulent que les Procureurs généraux puissent agir de leur propre mouvement (4). — D'autres enfin, que, dans l'intervalle des sessions, les Procureurs généraux instruisent et que rapport de l'instruction soit fait à la prochaine session des Etats généraux (5).

Juridiction. — Quelle sera la juridiction ? Ici, la confusion est extrême, et toutes les idées se font jour avec la fécondité propre à cette époque de rénovation. Un certain nombre de cahiers admettent la juridiction des Etats Généraux ; un grand

---

(1) Nivernais, Tiers.
(2) Clermont-Ferrand, Noblesse.
(3) Saint-Mihiel.
(4) Evreux.
(5) Comminges.

nombre réclament une juridiction spéciale créée d'avance par les Etats ; d'autres veulent renvoyer les ministres aux tribunaux ordinaires, mais les tribunaux indiqués sont tantôt la Cour des Pairs, tantôt les Parlements, tantôt le Parlement de Paris; quelques-uns proposent une simple commission (1). Ne pourrait-on les déférer à la juridiction des pairs, en adjoignant aux pairs d'autres magistrats tirés de toutes les Cours? — Ne pourrait-on les déférer à des juges électifs nommés *ad hoc* en laissant aux accusés une large faculté de récusation? — Ou les faire juger par douze juges nommés par les Etats, à la pluralité des voix, et auxquels s'adjoindraient douze des pairs de l'accusé choisis dans son ordre? — Ne pourrait-on diviser la représentation nationale en deux Chambres : prendre la Chambre basse pour accusatrice, la Chambre haute pour juge? — Autant d'idées qui se rencontrent dans les cahiers et qui y sont parfois émises plutôt sous formes de doutes et de questions que de résolutions mûrement arrêtées? Parmi tant d'opinions diverses, celle du tiers état de Nemours mérite une attention particulière. « Devant qui les ministres seront-ils responsables, qui pro-
» noncera la peine? Là le tiers état du bailliage de Nemours
» marche d'un pas moins assuré. Les représentants de la
» nation, qui sont colégislateurs, et du milieu desquels doi-
» vent s'élever des accusateurs lorsque leur loi et les droits
» du peuple sont violés, peuvent-ils être juges? *Le tiers état*
» *se permet d'en douter, il dirait volontiers qu'il se permet*
» *de ne le pas croire.* Peuvent-ils nommer des commissions
» spéciales? *Les jugements par commission ont toujours été*
» *odieux, et seraient peut-être encore plus suspects de partia-*
» *lité, plus en danger d'être maîtrisés par l'opinion, si la*
» *commission était nommée par une grande assemblée natio-*
» *nale, que lorsqu'elle l'était par un ministre ou par un roi.* »
Pensées remarquables pour le temps, qui témoignent, à notre sens, d'une haute intelligence des vraies conditions de

---

(1) Bar-sur-Seine, Clergé.

la justice et de la liberté civile, et des périls qu'entraîne forcément toute juridiction confiée aux assemblées politiques!

Procédure. — Quant à la procédure, nous ne rencontrons, dans les cahiers, aucune indication précise : ils se bornent à réclamer pour cette matière nouvelle, une loi qui est tout entière à faire.

Pénalité. — Rien non plus sur la pénalité. Sur ce point encore, ils s'en rapportent, en général, à la loi que doivent faire les Etats Généraux. Quelques-uns, cependant, veulent que le ministre coupable de malversation financière soit responsable sur *sa vie et sur ses biens*.

Droit de grâce. — Pour mieux assurer la répression, les cahiers refusent, en général, au roi, en ce qui concerne les ministres, le droit de grâce aussi bien que le droit d'abolition.

La plupart veulent que les principes régissant la responsabilité pénale des ministres soient étendus aux principaux fonctionnaires.

Tels sont, dans la matière qui nous occupe, les vœux des cahiers. En en présentant l'analyse à l'assemblée constituante, dans la séance du 27 juillet 1789, M. de Clermont-Tonnerre pourra, sur ce point, les résumer exactement en ces termes : « *La responsabilité de tous les agents de l'autorité est demandée généralement,* » et poser, comme expression certaine de la volonté nationale, ce principe : « *Les agents de l'autorité sont responsables* (1). »

Nous allons voir comment l'assemblée constituante essaya d'assurer cette responsabilité.

Chose étrange : c'est au moment même où se déchaîne la passion de l'égalité que s'affirme le plus énergiquement, en matière de justice politique, l'idée de privilège! L'institution d'une haute Cour nationale précède la déclaration des droits de l'homme. Mais, il faut le dire, la création de cette haute juridiction est bien moins inspirée par une pensée de pro-

---

(1) *Moniteur* des 25-27 juillet 1789.

tection pour le citoyen que par le désir de défendre le peuple contre ceux qui l'oppriment. Dans cette société à peine affranchie, éprise de la liberté jusqu'à l'ivresse, tout ce qui semble menacer les franchises du peuple donne le vertige. Dès cette époque, on voit poindre cet esprit de défiance contre le pouvoir, cette crainte de la contre-révolution qui devait peser si lourdement sur les destinées de la Révolution française, et, quelques années après, aboutir à la loi des suspects. Qu'on ne s'y trompe pas, l'institution de la haute Cour nationale n'est, en réalité, que la préface du tribunal révolutionnaire.

CHAPITRE II.

LA HAUTE COUR NATIONALE ET L'ASSEMBLÉE CONSTITUANTE.

L'Assemblée constituante chercha à satisfaire les vœux de la nation et à donner une sanction pratique à la responsabilité des ministres par l'abolition expresse des juridictions exceptionnelles et l'établissement d'une haute cour nationale. Fidèle à l'esprit des cahiers, « elle réserve toutes ses méfiances pour le pouvoir exécutif (1). » La création, l'organisation d'un Tribunal suprême destiné à protéger la souveraineté du peuple, fut l'une de ses premières et de ses plus constantes préoccupations. Il y a là tout un chapitre, l'un des moins connus certainement, non le moins intéressant de l'histoire judiciaire de la Révolution. Il vaut la peine qu'on s'y arrête quelques instants. Au surplus, l'influence des principes de 89 sur les destinées de la France et même du monde a été si grande qu'on ne peut pas ne pas prêter une sérieuse attention à toutes les institutions fondées à cette époque mémorable.

La loi du 24 août 1790 (tit. II, art. 17) s'exprimait ainsi : « L'ordre constitutionnel des juridictions ne pourra être troublé, ni les justiciables distraits de leurs juges naturels, par aucune commission, ni par d'autres attributions ou évocations que celles qui seront déterminées par la loi. »

Le premier projet de constitution, présenté par Mounier

---

(1) Mortimer-Ternaux, *Histoire de la Terreur*, t. I, p. 24.

dès le 27 juillet 1789, avait déjà posé le principe de la responsabilité des fonctionnaires, en ces termes :

« Les ministres, les autres agents de l'autorité royale sont
» responsables de toutes les infractions qu'ils commettent
» envers les lois, quels que soient les ordres qu'ils ont re-
» çus, et ils doivent en être punis, sur les poursuites des
» représentants de la nation (1). »

Et lorsque, quelques jours après, M. de Lally-Tollendal venait, au nom du parti constitutionnel, proposer la division du pouvoir législatif en deux chambres, il disait à son tour :

« Le Sénat doit être seul juge des agents supérieurs du
» pouvoir public, accusés d'en avoir fait un usage contraire
» à la loi. La Chambre des représentants doit être seule ac-
» cusatrice ; l'accusation, le procès et le jugement doivent
» être publics (2). »

La souveraineté nationale s'affirmait, et, en même temps qu'elle proclamait la responsabilité des agents de l'autorité, elle revendiquait le droit de les accuser et de les juger. Au moment du renvoi de Necker, le 13 juillet, l'assemblée, en adressant aux ministres renvoyés un témoignage de son estime et de ses regrets, tient encore à rappeler, par la bouche de Mounier, que « les ministres et agents civils de l'autorité
» sont responsables de toute entreprise contraire aux droits
» de la nation et aux décrets de l'assemblée (3). »

Presque au lendemain de la prise de la Bastille, l'assemblée des électeurs fit demander à l'Assemblée nationale d'établir un Tribunal exceptionnel, composé de soixante jurés, pour juger les crimes de lèse-nation. L'Assemblée s'y refusa ; elle laissa au Châtelet, juridiction ordinaire de l'époque, la connaissance de tous les crimes et délits, et des décisions spéciales des 14 et 21 octobre 1789 lui conférèrent même expressément la connaissance des délits de lèse-na-

---

(1) Ch. II, art. 7; *Moniteur* des 25-27 juillet 1789.
(2) Séance du 19 août 1789. *Moniteur* du 20.
(3) *Moniteur* du 14 juillet.

tion (1). Mais ce n'était là (les décrets le disent), qu'une solution provisoire. Avant même d'organiser le jury et le tribunal de cassation, l'Assemblée voulut discuter l'organisation de la haute Cour. La division du Corps législatif en deux chambres, proposée par Lally et les constitutionnels, à l'imitation de l'Angleterre, avait été rejetée ; il n'était plus possible de songer à prendre la Chambre des représentants pour accusatrice, la Chambre haute pour juge. Le comité de législation avait été chargé de préparer le projet d'une haute juridiction destinée à juger les agents du pouvoir. Le 25 octobre 1790, M. Chapelier vint, au nom de ce comité, exposer à l'Assemblée les principes qui l'avaient guidé dans son travail : « Il a pensé d'abord qu'étant nécessaire que tous
» les fonctionnaires publics fussent surveillés par chaque
» citoyen en particulier, il fallait cependant, pour éviter
» les dangers des accusations téméraires, conférer le droit
» de les intenter aux seuls et légitimes représentants du
» peuple (2). »

Surveillance des fonctionnaires par tous les citoyens, accusation des fonctionnaires par les seuls représentants du peuple : telle est la double idée qui paraît, à l'origine, présider à l'institution de la haute Cour.

Comment le comité de législation avait-il organisé la haute Cour ? Elle devait être composée d'un double élément : de grands juges, au nombre de cinq, tirés au sort parmi les membres du Tribunal de cassation et d'un haut jury élu par les électeurs à chaque renouvellement de la législature, en même temps que les représentants du peuple. Sa compétence s'étendait *à tous les crimes et délits dont le Corps législatif jugerait nécessaire de se rendre l'accusateur.* Le Corps législatif seul pouvait la saisir en décrétant l'accusation. Ce décret d'accusation n'avait pas besoin d'être sanctionné par le roi. Le Corps législatif choisissait dans son sein deux grands

---

(1) *Moniteur* des 14, 15 et 20 octobre 1789. Dalloz Alph., *Compétence criminelle*, n° 710.
(2) *Moniteur* du 26 octobre 1790.

procurateurs pour soutenir l'accusation devant la haute Cour. Le roi était représenté devant elle par un commissaire. La procédure devait être la même que celle suivie devant le jury ordinaire (1).

La haute Cour devait se réunir à une distance de quinze lieues au moins du lieu où la législature tenait ses séances.

Le droit d'accusation conféré aux représentants de la nation et affranchi de la sanction royale; — le jugement du fait confié à des jurés élus par le peuple; — l'application de la loi par des juges tirés au sort parmi les membres de la Cour suprême; — l'éloignement de la haute Cour de tout centre d'agitation politique, tels étaient, en négligeant les détails, les grands traits de l'organisation proposée.

Deux surtout des dispositions du projet donnèrent lieu à une vive discussion (2), et mirent aux prises les deux écoles qui, déjà, se disputaient la direction des esprits, l'école libérale, issue de Montesquieu, l'école radicale, fille de Rousseau.

Robespierre ne voulait pas que les juges de la Haute-Cour nationale fussent choisis, même au sort, parmi les juges institués par le Roi. Dans un temps « *où le despotisme faisait des efforts pour se relever,* » il voulait, pour dompter les factions, « un Tribunal composé d'amis de la révolution, investi de courage, de force armée, puisqu'il aurait à combattre les grands qui sont les ennemis du peuple. » De là, suivant lui, découlait cette vérité, que le peuple seul a le droit de nommer ses protecteurs et qu'aucune partie, même indirecte, de ce droit d'élection ne peut appartenir au Roi.

Il combattait plus vivement encore la disposition du projet qui obligeait la haute Cour à ne se réunir qu'à une distance de quinze lieues au moins du lieu où la législature tenait ses séances. « Où, » s'écriait-il, « peut-on mieux placer ce tribunal qu'à Paris, dans cette ville qui a rendu

---

(1) Il convient de remarquer que cette procédure n'était pas encore organisée. *Moniteur* du 26 octobre 1790.
(2) Séances des 25 et 26 octobre 1790.

» tant de services à la révolution, et qui fut de tout temps
» le centre des lumières (1) ? »

L'abbé Maury, au contraire, trouvait cette disposition « digne de la sagesse de l'assemblée, » et elle révélait, en effet, de la part des auteurs du projet, une exacte intelligence des conditions de la liberté et de la justice politique. Mais il adressait au projet d'autres critiques qui n'étaient pas sans fondement.

En premier lieu, il lui reprochait d'instituer un Tribunal, avant d'avoir défini les délits dont il devait connaître et les pénalités qu'il devrait appliquer : « Avant de créer une » haute Cour, » disait-il, « il faudrait savoir de quoi elle » s'occupera : il faut faire les lois, avant de créer le Tribu- » nal qui les appliquera. — Il me semble impossible que » vous votiez l'institution des juges avant d'avoir déterminé » les crimes qu'ils jugeront. » — Cazalès se joignit à lui pour demander qu'on commençât par décréter des lois sur les crimes de lèse-nation : « Ce crime, » disait-il, « n'a été » que trop longtemps indéfini, et la postérité n'apprendra » pas sans surprise que des législateurs ont créé un Tribunal » et que des juges ont osé juger avant que la véritable ac- » ception du mot crime de lèse-nation ait été fixée. » — Maury qualifiait un pareil procédé de « *monstrueux* (2). » — Une haute Cour dont la compétence s'étendait à tous les délits que le corps législatif voudrait lui déférer, lui semblait une « institution redoutable (3). »

Il réclamait pour le Roi un droit d'accusation égal à celui attribué au Corps Législatif : lui refuser un pareil droit, c'était faire de lui un Roi *in partibus;* c'était attaquer le pouvoir exécutif dans l'exercice de ses fonctions essentielles.

Il voulait, enfin, qu'avant de rendre le décret d'accusation, le Corps Législatif pût entendre l'accusé lui-même, et

---

(1) *Moniteur* du 26 octobre 1790.
(2) Séance du 25 octobre 1790. *Moniteur* des 26 et 27.
(3) *Ibid.*

non pas seulement les témoins, dont les déclarations pouvaient n'être pas sans inconvénients.

Pour tous ces motifs, il demandait l'ajournement du projet.

M. Buzot fit remarquer qu'il fallait, au moins, commencer par organiser le Tribunal de Cassation, puisque les juges de la haute Cour devaient être pris parmi ses membres. Cette raison péremptoire décida l'assemblée à organiser le Tribunal de Cassation avant la haute Cour.

Mais, en même temps, sur la proposition de Robespierre, l'Assemblée « révoqua l'attribution, faite au Châtelet, de la
» connaissance des crimes de lèse-nation, par décret du
» 14 octobre 1789 (1). »

Dès lors, il n'existait plus de Tribunal pour les juger (2).

Bientôt, cependant, plusieurs citoyens, arrêtés sous inculpation de crime de lèse-nation, réclamèrent des juges (3).

Le 26 février 1791, un député, M. Dandré, demandait qu'il fût enjoint, pour la troisième fois, au comité de constitution, de « présenter incessamment un projet de décret pour l'éta-
» blissement d'un *tribunal provisoire* destiné à juger les cri-
» mes de lèse-nation (4), » et, le 5 mars suivant, sur le rapport de M. Desmeuniers, l'Assemblée votait l'organisation d'un tribunal provisoire (5).

D'après la loi qui l'instituait, ce tribunal devait se réunir à Orléans (6). « En choisissant Orléans, » disait le rapporteur, « l'Assemblée tenait à remplir la grande vue de sa-
» gesse qui l'avait déterminée à placer la haute Cour natio-
» nale à une certaine distance de la Capitale (7). »

---

(1) 25 octobre 1790. *Moniteur* du 27.
(2) Divers recueils citent comme ayant organisé la première haute Cour une loi du 9 novembre 1790. Cette indication est erronée. Ce décret réglait simplement l'ordre des questions à suivre dans la discussion pour la formation du tribunal de Cassation et de la haute Cour.
(3) Notamment un sieur Trouard, dit Riolle. *Moniteur* du 4 février 1791.
(4) *Moniteur* du 27 février 1791.
(5) Décret des 5-13 mars 1791.
(6) Le Comité de constitution proposait Melun : l'Assemblée préféra Orléans.
(7) *Moniteur* du 7 mars 1791.

Aux termes de l'article 1ᵉʳ, il était chargé : « d'instruire et
» juger en dernier ressort les affaires criminelles qui avaient
» été, jusque-là, renvoyées aux tribunaux successivement
» désignés pour prononcer sur les crimes de lèse-nation,
» ainsi que toutes les affaires criminelles sur lesquelles l'As-
» semblée déclarerait qu'il y avait lieu à accusation. »

Pour former ce tribunal, chacun des quinze tribunaux de district les plus voisins d'Orléans devait nommer un de ses membres (art. 2) (1).

Ce tribunal ainsi composé élisait son président, choisissait dans son sein un accusateur public et nommait son greffier ; l'accusateur et le greffier prêtaient devant lui le serment civique et le serment de remplir avec exactitude les fonctions qui leur étaient déléguées (art. 3).

Le Tribunal pouvait juger au nombre de dix membres ; il devait, pour l'instruction et le jugement, se conformer aux dispositions établies par les décrets des 8 et 9 octobre 1789 et 12 avril 1790.

Les commissaires du roi près le district d'Orléans devaient remplir les fonctions de commissaires du roi près le Tribunal provisoire. Ce Tribunal devait se réunir le 25 mars, et cesser ses fonctions le jour de l'installation de la haute Cour nationale (art. 4, 5, 6, 7, 8).

On le voit, le Tribunal provisoire avait les mêmes attributions que la haute Cour. Il ne pouvait être saisi que par un décret du Corps législatif, et sa compétence n'avait d'autre borne que le bon plaisir de l'Assemblée nationale.

Le 8 mars, M. Dandré, afin de « montrer à la nation que
» cette institution ne sera pas illusoire et que ses représen-
» tants sont bien résolus à faire punir les ennemis de son
» repos, » proposait de décréter que le roi serait prié de faire transférer immédiatement à Orléans les personnes détenues pour crime de lèse-nation dans les prisons de l'abbaye

---

(1) C'étaient Beaugency, de Neuville, de Boiscommun, Pithiviers, Janville, Mer, Blois, Gien, Aubigny, Montargis, Nemours, Etampes, Châteaudun, Vendôme et Romorantin.

Saint-Germain. L'Assemblée adoptait cette motion, et rendait un décret conforme.

Le 25 mars, le Tribunal réuni à Orléans transmettait à l'Assemblée nationale le procès-verbal de son installation (1).

A leur arrivée à Orléans, les juges n'avaient trouvé ni prisons, ni accusés, ni procédures. Depuis, trois accusations leur avaient été transmises ; elles s'instruisaient. Mais l'opinion, surexcitée par les accusations politiques, gourmandait la lenteur du Tribunal, et, dans le sein même de l'Assemblée, des doutes s'étaient, paraît-il, élevés sur son zèle. Le 4 juillet 1791, une députation de ses membres venait, à la barre de l'Assemblée, « renouveler le serment de leur in-
» violable attachement à la loi, et déclarer qu'ils étaient
» *prêts à défendre, jusqu'au dernier soupir, notre sublime*
» *Constitution*, » et que, malgré les agitations de leurs ennemis, leur courage serait inébranlable comme elle.

L'Assemblée, par l'organe de son président, M. Lameth, se déclara satisfaite, en réclamant toutefois des juges « une
» justice prompte et impartiale (2). »

Quelles peines devait appliquer le Tribunal provisoire ? La loi ne le disait pas (3).

Ajournée au mois d'octobre 1790, la discussion sur la haute Cour avait été reprise au mois de février 1791 (4). Dans l'intervalle, de sérieuses objections avaient été soulevées contre cette institution.

De l'aveu même du rapporteur, « on avait fait sur le pro-
» jet du comité beaucoup de réflexions, on s'était attaché à
» prouver que cet établissement ne devait pas être dans la

---

(1) *Moniteur* du 5 avril.
(2) *Moniteur* du 7 juillet 1791. Le *Moniteur* du 11 contient une note du greffier, du 29 juin, donnant l'indication et la date de tous les actes d'instruction faits dans chacune des trois procédures. On voit, par là, quelle importance l'Assemblée et l'opinion attachaient à ces affaires et combien elles les suivaient de près.
(3) Malgré toutes nos recherches, nous n'avons pu trouver sur ce point aucune indication précise.
(4) Séance du 8 février 1791. *Moniteur* du 9.

» constitution (1). » Le rapporteur répondait ainsi à ces objections : « Nous persistons à penser que certains délits et
» certaines personnes doivent être jugés par les représen-
» tants de la nation. Ces délits sont ceux qui intéressent
» essentiellement le salut de l'Etat. Ces personnes sont les
» fonctionnaires publics, les agents du pouvoir exécutif,
» *qui, autrement, une fois en butte à la défiance, seraient*
» *toujours troublés dans leurs fonctions.* On a dit aussi, qu'avant
» d'organiser la haute Cour, il fallait définir les crimes de
» lèse-nation : c'est une branche séparée de notre travail ;
» nous faisons ici ce que vous avez fait pour le jury ordi-
» naire; vous l'avez organisé, quoique le Code pénal ne fût
» pas encore décrété. Embrassant déjà dans votre pensée la
» totalité des délits que la société doit réprimer, *vous voyez*
» *qu'il en est qui intéresseront le salut de l'Etat et qui néces-*
» *sitent pour leur jugement une institution particulière.* Cette
» vue générale suffit pour que vous organisiez la haute Cour
» nationale (2). » — Soustraire à la justice de droit commun certains délits qui intéressent plus particulièrement la sûreté de l'Etat ; certaines personnes qui exercent de hautes fonctions publiques, et les faire juger par les représentants de la nation, c'est-à-dire par une justice politique ; — à un point de vue secondaire, chercher, pour les fonctionnaires dans l'institution de cette justice privilégiée, une protection contre la justice ordinaire, telles étaient, d'après le rapporteur, les idées qui avaient inspiré le projet.

Après diverses remises, ce projet fut enfin voté, et devint la loi des 10-15 mai 1791. Il n'avait été apporté aux dispositions présentées en octobre que des modifications sans importance.

Malgré les protestations éloquentes de Cazalès et de l'abbé Maury, la loi ne donna ni la définition des crimes de lèse-

---

(1) *Moniteur* du 9 février 1791.
(2) Discours de M. Chapelier. *Moniteur* du 9 février 1791.

nation, qui relevaient de la compétence de la haute Cour, ni la nomenclature des fonctionnaires qui en étaient justiciables. Elle se bornait à dire, dans son article 4, que la haute Cour connaîtrait de tous les crimes et délits dont le Corps législatif jugerait nécessaire de se rendre accusateur. C'était, d'un mot, mettre la justice entière aux mains d'une assemblée politique.

Examinons comment elle organisait la haute Cour et réglait le droit d'accusation et la procédure.

Organisation de la haute Cour. — La haute Cour se composait d'un haut jury et de quatre grands juges.

Le jury statuait sur le fait; les quatre grands juges devaient diriger l'instruction et appliquer la loi après la décision du jury (art. 1, 2 et 3).

Les hauts jurés étaient élus par le peuple; au renouvellement de la législature, les électeurs de chaque département, après avoir nommé les représentants du peuple, élisaient, au scrutin individuel et à la majorité absolue des suffrages, deux citoyens ayant les qualités nécessaires pour être député. Chaque nouvelle législature, après avoir vérifié les pouvoirs de ses membres, dressait la liste des jurés élus et la faisait publier. Le tableau du haut jury était ainsi formé pour tout le cours de la législature.

Les quatre grands juges étaient pris parmi les membres du Tribunal de cassation; leurs noms étaient tirés au sort dans la salle où la législature tenait publiquement ses séances, en présence de deux commissaires du roi (art. 10).

Droit d'accusation. — Comment la haute Cour était-elle saisie? Elle ne pouvait l'être que par le Corps législatif, qui jouait, dans ce cas, le rôle de jury d'accusation. Elle ne pouvait connaître d'aucune autre affaire que de celles qui lui étaient ainsi déférées. Il lui était interdit de se former avant que le Corps législatif eût porté le décret d'accusation (art. 5). Ce décret avait l'effet d'une ordonnance de prise de corps; il n'avait pas besoin d'être sanctionné par le roi.

Le roi lui-même ne pouvait se porter directement accusateur. L'Assemblée, on le voit, n'avait pas fait droit aux réclamations du cardinal Maury.

Le décret d'accusation pouvait être précédé d'une instruction : toutefois, les formes de cette instruction sont mal définies. « Le Corps législatif, » dit l'art. 9, « pourra appeler et
» entendre à la barre les témoins qui lui seront indiqués. Il
» ne sera point tenu d'écriture des dires des témoins. »

En décidant qu'il ne serait pas dressé procès-verbal des déclarations des témoins devant le Corps législatif, la loi voulait leur laisser, le rapporteur le dit expressément, « la faculté
» de se rétracter après avoir été entendus. »

La loi persistait à refuser au Corps législatif, avant de se prononcer sur l'accusation, le droit d'entendre l'inculpé, même quand il demandait à fournir des explications. Et cependant, d'après le droit commun, tout inculpé avait le droit de se justifier devant le jury d'accusation. Vainement, un amendement avait sollicité pour lui le droit de demander à être entendu. Cet amendement avait été rejeté sur l'observation de Garat que « si le Corps législatif entendait l'accusé,
» il porterait un véritable jugement et que ce jugement au-
» rait une force irrésistible à laquelle le haut jury n'oserait
» pas s'opposer (1). »

Instruction. — La haute Cour était-elle une juridiction d'instruction, en même temps qu'une juridiction de jugement? A cet égard, les dispositions de la loi étaient obscures : la juridiction d'instruction n'y était pas expressément organisée. Toutefois, l'art. 9, après avoir décidé qu'il ne serait pas dressé procès-verbal des déclarations des témoins devant le Corps législatif, disait qu'au contraire, « ces dispo-
» sitions seraient écrites devant les quatre grands juges de
» la haute Cour nationale. » La pratique déduisit de ce texte, en faveur des grands juges, un pouvoir d'instruction qu'en fait ils ont constamment exercé.

Siège de la haute Cour. — Où devait siéger la haute Cour?

---

(1) *Moniteur* du 9 février 1791.

Aux termes de l'article 10, il appartenait au Corps législatif, en décrétant l'accusation, de désigner la ville où se réunirait la haute Cour : Cette ville devait être distante de quinze lieues au moins du lieu où la législature tenait ses séances. Robespierre s'était élevé de nouveau contre cette disposition, et demandait, au contraire, que la haute Cour siégeât près du Corps législatif : « Elle aura » disait-il, « à
» juger des hommes puissants ; car le faible ne conspire pas ;
» il faut donc qu'elle soit environnée d'une grande masse
» d'opinions publiques, contrepoids indispensable au danger
» imminent de la corruption (1). » — Mais M. Dandré lui avait répondu avec autant de vérité que d'éloquence :
« Les raisonnements du préopinant me paraissent appuyer
» l'avis contraire. La haute Cour doit juger entre la nation
» ou ses représentants accusateurs et le citoyen accusé de
» forfaiture : il faut mettre le haut jury à l'abri de la puis-
» sance de l'opinion publique, *qui, trop souvent, n'est qu'une*
» *opinion populaire très dangereuse...* L'opinion est toujours
» terrible, quand il s'agit d'un crime de lèse-nation. La si-
» tuation de l'accusé serait effrayante (2). » Et malgré les murmures de la gauche, l'assemblée avait écarté, par la question préalable, l'amendement de Robespierre.

Compétence de la haute Cour. — Quant à la compétence de la haute Cour, elle n'avait, nous l'avons vu, d'autres limites que la volonté même du Corps législatif. Aux termes de l'article 4, elle connaissait « de tous les crimes et délits dont
» le Corps législatif jugeait nécessaire de se rendre l'accu-
» sateur. » Vainement Malouet avait essayé de faire prévaloir un amendement portant « que la haute Cour connaîtrait
» des délits qui seraient déterminés être de sa compétence. »
En vain, avait-il fait remarquer que « si l'assemblée avait
» organisé le jury avant de décréter le code pénal, c'est qu'il
» y avait un code pénal subsistant jusqu'à ce qu'un autre le

---

(1) *Moniteur* du 9 février 1791.
(2) *Moniteur* du 9 février 1791.

» remplaçât ; *tandis qu'il n'en existait aucun pour les crimes
» de lèse-nation.* » Le rapporteur avait répondu que le titre
premier du code pénal aurait pour objet les délits que le
Corps législatif pourrait dénoncer et que le code pénal serait
voté avant que la haute Cour fut organisée. L'assemblée
s'était laissé persuader par cette observation et avait repoussé l'amendement de Malouet (1). Elle avait ainsi conféré
au Corps législatif le plus exorbitant des droits. Il n'était ni
citoyen, ni délit qui, aux termes de la loi, échappât à son
action. On parlait de séparation des pouvoirs et jamais on
ne les avait plus entièrement confondus.

Procédure. — La procédure était la suivante : quand le
Corps législatif avait décrété qu'il se rendait accusateur, il
annonçait par une proclamation solennelle la formation de
la haute Cour ; il faisait rédiger un acte d'accusation et nommait quatre de ses membres qui, sous le titre de *grands
Procurateurs de la nation*, devaient exercer près de la haute
Cour les fonctions d'accusateurs.

Le haut jury convoqué était de trente membres, dont six
de réserve, le haut jury effectif était de vingt-quatre. L'accusé avait le droit d'exercer, sans donner de motifs, un nombre de récusations double de celui accordé par le décret sur
la procédure par jurés. Un délai de quinze jours lui était
laissé pour l'exercice des récusations. On avait demandé
que le délai de récusation fût, comme en matière ordinaire,
de vingt-quatre heures seulement ; mais il avait été répondu
que, « quand il s'agissait de jurés répandus sur toute la sur-
» face du royaume, il fallait que l'accusé eût le temps de
» chercher avec ses conseils quels étaient les jurés les plus
» dignes de sa confiance (2). »

Les récusations exercées et le haut jury déterminé, les
grands juges convoquaient dans la forme ordinaire, par l'intermédiaire des Procureurs généraux, les trente membres

---

(1) *Moniteur* du 9 février 1791.
(2) Discours de M. Chapelier. *Moniteur* du 8 février 1791.

dont il était composé. Les jurés étaient tenus de se rendre, dans un délai de quinze jours, au lieu désigné dans la notification. Au surplus, on procédait devant le haut jury comme devant le jury ordinaire. Le plus âgé des quatre grands juges était président. Le commissaire du roi près le tribunal de district, dans le territoire duquel la haute Cour se réunissait, remplissait près d'elle les fonctions de commissaire du roi, pour l'instruction et le jugement, comme devant le tribunal criminel ordinaire. Le haut jury statuait sur le fait, et, en cas de condamnation, les grands juges appliquaient la peine.

Décret additionel du 31 mars 1791. — Un décret additionnel du 31 mars 1791 compléta, en les modifiant sur divers points, ces dispositions (1). Ce décret réglait certaines questions relatives au haut jury : — Le haut jury devait se composer de vingt-quatre membres et ne pouvait juger qu'à ce nombre. Six jurés adjoints étaient tirés au sort sur les cent soixante-six élus par le suffrage universel ; — aucune excuse ne pouvait empêcher l'inscription sur la liste des hauts jurés. La liste formée et la haute Cour convoquée, les hauts jurés qui avaient des recours à proposer les adressaient aux grands juges. Les grands juges statuaient sur ces excuses et pouvaient accorder une dispense de siéger. — Mais le haut jury une fois déterminé, on ne pouvait plus invoquer d'autre excuse que la *maladie grave*. Le haut juré non dispensé était tenu de se rendre au lieu de la convocation, sous peine d'une amende égale au montant de la contribution directe de l'année et de la déchéance des droits de citoyen actif pendant six ans. En cas d'empêchement, les jurés titulaires étaient remplacés par les adjoints ; les adjoints par des jurés pris au sort dans la liste des jurés du département où siégeait la haute Cour.

Les grands procurateurs ne pouvaient proposer de récusations sans motifs. Ces motifs étaient appréciés par les grands juges.

(1) *Moniteur* du 1ᵉʳ avril.

Les hauts jurés recevaient la même indemnité que les membres du corps législatif. Celui qui avait une fois rempli les fonctions de haut juré ne pouvait plus être appelé en cette qualité (art. 13 à 23) (1).

Telle fut la première loi votée en France sur l'organisation de la haute Cour nationale. Elle donnait à cette haute juridiction un caractère permanent pendant la durée de la législature. Elle consacrait, en matière d'accusation politique, l'indépendance et l'omnipotence absolue des représentants de la nation ; — l'indépendance, car non seulement ce droit d'accusation leur était exclusivement réservé et ne pouvait être exercé ni par les simples particuliers ni par le roi, mais, par une exception remarquable, le décret d'accusation était dispensé de la sanction royale ; — l'omnipotence, car, en l'absence de toute définition des crimes de lèse-nation, de toute nomenclature des personnes justiciables de la haute Cour, le Corps législatif pouvait, s'il le jugeait nécessaire, soumettre à cette haute juridiction le jugement de toute personne et de tout délit. Elle confiait le jugement des crimes ou délits politiques à un jury populaire, issu de l'élection et du suffrage universel. C'était à tous égards, la consécration de la souveraineté de la nation. Une seule part et bien indirecte était laissée à l'autorité royale ; les grands juges chargés d'appliquer la loi ne pouvaient être pris que parmi les juges du tribunal de Cassation, institués par le roi (2). Mais le choix n'en n'était pas même laissé à l'autorité royale, c'était le sort qui devait les désigner.

La loi plaçait à la fois, devant la haute Cour, deux grands procurateurs de la nation et un commissaire du roi : dualisme illogique autant que périlleux. Comment, en effet, concilier les attributions réciproques des uns et des autres, et pourquoi, en matière de justice, opposer le roi à la nation ?

----

(1) Séance du 31 mars 1791. *Moniteur* du 1ᵉʳ avril.
(2) Et encore le Roi ne pouvait choisir ces juges que sur un tableau que lui présentait l'Assemblée contenant ceux qu'elle avait elle-même choisis parmi les élus de la nation.

Il faut que la justice émane du peuple ou qu'elle émane du roi, représentant le peuple, mais il faut choisir : elle ne peut émaner des deux à la fois.

Par suite de l'impatience des esprits, et, par un singulier renversement de la logique des choses, le vote de la loi organique avait, en ce qui concerne la haute Cour, précédé celui des dispositions constitutionnelles.

Enfin fut promulguée la constitution des 3-14 septembre 1791.

Elle consacrait les réformes essentielles sollicitées par les cahiers des Etats Généraux.

Elle proclamait la responsabilité ministérielle et sanctionnait cette responsabilité par la création d'une haute Cour, et l'attribution au Corps législatif du droit d'accusation.

Constitution des 3-14 septembre 1791. — Les ministres
« sont responsables de tous les délits par eux commis contre
» la sûreté nationale et la constitution ; — de tout attentat à
» la propriété et à la liberté individuelle ; — de toute dissi-
» pation des deniers destinés aux dépenses de leur départe-
» ment (chap. II, section IV, article 5). »

« En aucun cas l'ordre du roi verbal ou écrit ne peut
» soustraire un ministre à la responsabilité (article 6).

» Aucun ministre en place ou hors de place ne peut être
» poursuivi en matière criminelle, pour fait de son adminis-
» tration, sans un décret du Corps législatif (article 8). »

Devant quel tribunal le Corps législatif peut-il renvoyer le ministre ? L'article 23 du chapitre V va nous répondre :
« Une haute Cour nationale formée de membres du Tribunal
» de Cassation et de hauts jurés, connaîtra des délits des mi-
» nistres et agents principaux du pouvoir exécutif et des cri-
» mes qui attaqueront la sûreté générale de l'Etat, lorsque le
» Corps législatif aura rendu un décret d'accusation. — Elle
» ne se rassemblera que sur la proclamation du Corps légis-
» latif et à une distance de trente mille toises au moins du
» lieu où la législature tiendra ses séances. »

Par une dernière précaution la constitution veut que « les

» citoyens qui serviront dans le haut jury ne puissent être
» promus au ministère ni recevoir aucune place, dons, pen-
» sions, traitement ou commission du pouvoir exécutif ou
» de ses agents pendant la durée de leurs fonctions, ni pen-
» dant deux ans après en avoir cessé l'exercice. — Il en sera
» de même de ceux qui seront seulement inscrits sur la liste
» du haut jury pendant tout le temps que durera leur ins-
» cription » (chapitre II, section IV, article 2).

Tel est le texte de la loi constitutionnelle. Si on le rapproche des dispositions de la loi du 15 mai précédent, on trouve qu'il y apporte une double et importante modification.

Si le Corps législatif conserve le droit exclusif d'accusation, ce droit ne peut s'étendre : *ratione personae* qu'aux délits des ministres et agents principaux du pouvoir exécutif ; — *ratione materiae* qu'aux crimes qui attaqueront la sûreté générale de l'Etat. Pour la première fois, nous voyons inscrit dans la loi le principe de cette double compétence et nous en trouvons une définition, trop vague encore sans doute, mais enfin une définition.

A un premier point de vue, « la haute Cour est compé-
» tente pour juger des crimes qui attaquent la sûreté géné-
» rale de l'Etat. » Formule singulièrement vague et élastique de laquelle, hélas ! il n'était que trop facile d'abuser ; — à a un second point de vue, elle a compétence pour juger « *les ministres.* » Ici, il ne pouvait y avoir d'équivoque — et encore « *les agents principaux du pouvoir exécutif.* » Quels fonctionnaires comprenait une pareille définition ? Où devait commencer, où devait finir l'énumération ? La loi ne le disait pas. La compétence s'étendait-elle à tous les délits commis par les ministres et les hauts fonctionnaires ? Pour les ministres la constitution précisait. La haute Cour ne connaissait que des délits par eux commis dans l'exercice de leurs fonctions contre la sûreté nationale et la constitution, contre la propriété et la liberté individuelle, ou de toute dissipation par eux commise dans les dépenses de leur département.

Pour les agents principaux du pouvoir exécutif la loi était muette. Que faut-il conclure de ces dispositions combinées avec l'article 4 de la loi du 15 mai précédent? Le Corps législatif avait-il le droit de renvoyer un agent du pouvoir devant la haute Cour pour tous délits dont il croirait devoir se porter accusateur? Avait-il un droit arbitraire et absolu d'accusation? Nous croyons que le droit du Corps législatif devait se restreindre aux délits politiques commis par les agents du pouvoir exécutif dans l'exercice de leurs fonctions. L'esprit doit ici dominer le texte.

Quelles peines pouvait appliquer la haute Cour! Rien n'indique qu'elle eût, à cet égard, un pouvoir arbitraire; et, d'ailleurs, la constitution (art. 8 de la déclaration des droits) voulait qu'aucune peine ne pût être appliquée qu'en vertu d'une loi antérieure au délit. Jusqu'à la promulgation du code pénal des 25 septembre-6 octobre 1791, il semble que l'ordonnance criminelle pût seule être appliquée. Depuis cette époque on appliqua, sans doute, les dispositions de ce code.

La loi était absolument muette sur l'action civile. Un ministre eût-il pu, à cette époque, être devant les tribunaux de droit commun l'objet d'une action en réparation civile pour un fait relatif à ses fonctions? Non sans doute, puisque les lois des 24 août 1790 (art. 13) et du 27 avril 1791 (art. 30 et 31) avaient proclamé l'entière séparation des pouvoirs administratif et judiciaire et fait défense aux juges de connaître des actes d'administration sous peine de forfaiture. — Mais quelle raison eût pu arrêter l'action civile, après accusation devant la haute Cour et condamnation par elle? Dans son rapport présenté à la convention sur la responsabilité ministérielle à la séance du 23 fructidor, Thibaudeau affirme qu'une disposition de l'assemblée constituante, conciliant à la fois le respect dû aux premiers agents du gouvernement et le droit du citoyen lésé, veut que l'action en dommages intérêts ne puisse avoir lieu contre un ministre pour faits de son administration qu'autant que ces faits ont donné lieu à un acte d'accusation (1). Nous avons vainement cherché la disposition de loi à laquelle fait allusion cette partie du rapport de Thibaudeau. Mais bien qu'elle nous ait échappé, il nous semble que loin de contredire les principes que nous venons d'exposer elle ne pouvait que les confirmer.

Telle est, dans la matière qui nous occupe, l'œuvre de l'assemblée constituante. La haute Cour nationale figure dans la constitution par elle votée, comme le corollaire et la sanction de la responsabilité ministérielle, comme l'organe de la souveraineté nationale. Au moment même où elle introduisait en France le jury, l'assemblée s'était convaincue de son insuffisance, et avait jugé nécessaire que le jugement « des » crimes dont les auteurs pouvaient être des hommes puis- » sants, et dont les ramifications pouvaient s'étendre à plu- » sieurs parties de l'empire, ressortissent à un tribunal uni- » que, élevé, *sorte de représentation nationale judiciaire* (2). »

A ce titre, il est permis de dire que l'institution d'une haute Cour fait partie des principes de 89.

L'accusation attribuée aux représentants de la nation, sans intervention royale, le jugement confié à des jurés qui sont ses élus, tel est le système par lequel on cherche à sanctionner la responsabilité des fonctionnaires et à assurer l'exercice de la souveraineté nationale. Malgré l'élasticité des textes, la compétence de la haute Cour se restreint aux délits politiques, et les crimes ou délits de droit commun commis par les ministres ou les hauts fonctionnaires de l'Etat demeurent justiciables des tribunaux ordinaires ; quand aux délits politiques la loi supprime à la fois et l'action privée des citoyens et l'action publique du pouvoir judiciaire pour en livrer entièrement la répression au Corps législatif.

Les principes étaient posés. Il ne sera pas sans intérêt d'en suivre l'application sous l'assemblée législative. Nous y verrons grandir cet esprit de démocratie jalouse et d'om-

---

(1) *Moniteur* du 26 fructidor (12 septembre 1793).
(2) Portalis, Discours à l'occasion de l'attentat d'avril 1814.

brageuse surveillance dont nous avons pu constater les premiers symptômes, et qui, bientôt, sous prétexte de liberté, aboutira à la loi des suspects et au tribunal révolutionnaire.

CHAPITRE III.

LA HAUTE COUR NATIONALE ET L'ASSEMBLÉE LÉGISLATIVE.

Conformément à l'article 6 du décret du 29 mai 1791, les assemblées électorales convoquées pour nommer la première législature avaient élu les hauts jurés à raison de deux par département. La haute Cour nationale pouvait donc fonctionner ; et, avant de se dissoudre, l'assemblée constituante, par un décret des 20 septembre, 12 octobre 1791, supprima le tribunal provisoire établi à Orléans (1). Le 30 septembre elle se séparait, et le lendemain, 1ᵉʳ octobre, commença la session de l'assemblée législative.

L'un des premiers actes de la nouvelle assemblée fut la loi sur les émigrés (9 novembre 1791). Elle sommait les princes français, fonctionnaires publics civils et militaires, émigrés à l'étranger, de rentrer en France d'ici au 1ᵉʳ janvier 1792, déclarant qu'à partir de cette date leur absence du royaume les constituerait *ipso facto* coupables du crime de conjuration contre la patrie et passibles de la peine de mort. — L'article 4 de la loi décidait que dans les quinze premiers jours du mois de janvier 1792, la haute Cour nationale serait convoquée, s'il y avait lieu, pour les juger (2).

Deux jours après, le 11 novembre, l'assemblée est informée que des troubles motivés par la constitution civile du

---

(1) *Collection Duvergier*, t. III, p. 330.
(2) Le Roi, usant de la faculté que lui laissait la constitution, refusa sa sanction à cette loi.

clergé ont éclaté à Caen ; on a cru y découvrir les traces d'une conspiration et quatre-vingt-deux personnes ont été arrêtées. Aussitôt le député Cambon monte à la tribune et demande, la constitution à la main, « qu'on accuse ceux
» qui conspirent contre la sûreté de l'Etat et qu'on convoque
» immédiatement la haute Cour nationale (1). » Le lendemain, M. Isnard réclame à son tour la même mesure. « Il
» faut enfin, » dit-il avec l'emphase du temps, « sortir de
» son fourreau *ce nouveau glaive de la loi qu'a fabriqué la*
» *liberté*. Ce n'est qu'en faisant tomber la foudre au milieu
» de vos ennemis que vous leur apprendrez à reconnaître et
» à respecter votre toute-puissance (2). » On voit quelle arme redoutable l'assemblée se sent entre les mains. Une partie demande avec passion qu'on rende immédiatement le décret d'accusation. Cependant la majorité hésite à prendre, sur une simple lettre, une mesure aussi grave et se décide à attendre l'envoi des pièces et de plus amples éclaircissements.

Le lendemain, 12 novembre, un sieur Varnier est arrêté à Paris sous inculpation de conspiration. Aussitôt, l'assemblée rend contre lui un décret d'accusation (3). Ce décret emporte le décret de prise de corps, tandis que la plainte de l'accusateur public laisse l'accusé dans tous ses droits. « Mais, » ainsi que l'observe Guadet, « la nature du crime
» et l'intérêt général de la nation veulent qu'on mette sous
» la main de justice celui qui est prévenu d'un crime inté-
» ressant la sûreté générale de l'Etat (4). »

Immédiatement, malgré la loi qui ne lui permet pas d'entendre l'accusé, l'assemblée décide que M. Varnier sera traduit à la barre. Il est introduit et interrogé par le président : l'assemblée, en proie à l'émotion la plus vive, suspend, lève, rétablit tour à tour l'effet du décret d'accusation, et

---

(1) *Moniteur* du 12 novembre 1791.
(2) Séance du 11 novembre. *Moniteur* du 13 novembre 1791.
(3) Ainsi que contre les sieurs Tardy et Noirot.
(4) *Moniteur* du 14 novembre 1791.

enfin vote d'urgence toutes les mesures nécessaires pour la prompte convocation de la haute Cour (1).

Cependant, le 20 novembre, M. Varnier écrit à l'assemblée qu'il croyait que l'accusé devait être interrogé dans les vingt-quatre heures; qu'il est depuis huit jours à l'Abbaye, au secret, sans avoir été interrogé, et il demande des juges (2).

Cette lettre émeut vivement l'assemblée ; plusieurs membres veulent que le secret soit immédiatement levé, « car, » si M. Varnier n'est pas soumis aux lois ordinaires, il ne » doit pas souffrir de l'absence des juges (3). » Afin de hâter la formation de la haute Cour, l'assemblée décide qu'elle procédera, le soir même, au tirage au sort des grands juges; mais au moment de procéder à cette opération, on s'aperçoit que les commissaires du roi ne sont pas là et il faut renvoyer au lendemain.

Le 21 novembre, le comité de législation rend compte que treize départements n'ont point encore nommé de hauts jurés; qu'il y a donc lieu de surseoir en invitant le pouvoir exécutif à faire compléter le haut jury le plus promptement possible. L'assemblée rend un décret conforme, nomme les grands procurateurs (4) et ordonne que la haute Cour se réunira à Orléans où siégeait déjà le tribunal provisoire (5).

Le 22 décembre, M. Delmas, au nom du comité de législation, expose que l'établissement de la haute Cour nationale, convoquée pour juger une conjuration contre l'Etat, « exige » de nouvelles mesures que semblent avoir omises les dé- » crets déjà rendus en cette matière, » et il en propose deux fort importantes :

Aux termes de la première, les grands procurateurs ne

---

(1) Publication de la liste du jury, proclamation, nomination des grands procurateurs, tirage au sort des juges.
(2) *Moniteur* du 20 novembre 1791.
(3) *Moniteur* du 21 novembre 1791.
(4) C'étaient les députés Garran-Coulon et Pelicot.
(5) *Moniteur* du 22 novembre.

devaient correspondre qu'avec l'assemblée, et de même le pouvoir exécutif ne devait correspondre qu'avec le commissaire du roi : « les principes de l'institution de la haute » Cour, » disait le rapporteur, « semblent attribuer au roi » une surveillance sur l'exécution de la loi, puisqu'ils lui » attribuent la nomination d'un commissaire près ce Tribu- » nal ; mais les ministres ne doivent pas avoir d'influence » auprès d'un tribunal qui doit les juger. » — De même si, par ses grands procurateurs le Corps législatif doit régler l'exercice et les formalités de la loi, « il doit aussi s'abstenir » de toute influence qui serait une monstrueuse confusion » de pouvoirs (1). »

Aux termes de la seconde, la haute Cour ne devait pas avoir une durée supérieure à la législature qui l'avait convoquée. Quand bien même elle n'avait pu juger toutes les accusations qui lui avaient été déférées, il devait en être convoqué une autre (art. 2). Le 30 décembre, le comité modifie légèrement son projet : la haute Cour, formée pour juger une première accusation, achèvera, avant de se séparer, de juger toutes celles qui lui auront été déférées. Elle ne pourra, il est vrai, prolonger son existence au delà de la législature qui l'aura établie, et si elle n'a pas jugé toutes les accusations à elle déférées, il en sera immédiatement formé une autre ; *mais la première continuera ses fonctions jusqu'à son remplacement effectif* (2).

Le projet semblait redouter la puissance d'une aussi haute juridiction ; et, pour l'amoindrir, en limitait la durée. Ce n'était pas dans la permanence du Tribunal qu'était le danger. C'était dans l'abus possible du droit d'accusation conféré au Corps législatif. Ainsi limitée, Pastoret la trouve encore trop puissante.

(1) Séance du 22 décembre 1791. *Moniteur* du 23.
(2) Séance du 30 décembre. *Moniteur* du 31. — Le projet de décret décidait enfin que dans chaque accusation le jury serait formé par le tirage au sort sur la liste des cent soixante-six jurés élus, et voulait que le fait d'avoir siégé une fois ne pût être invoqué comme cause de dispense pendant la durée d'une même législature.

Il déclare « que la protection de la liberté civile n'est pas
» un devoir moins sacré que celle de la sûreté publique. »
Il s'élève contre la puissance de ce tribunal permanent et irresponsable pendant deux années ; « jamais, » dit-il, « on
» n'aura exercé dictature plus redoutable ; » il craint pour
l'accusé, l'omnipotence d'une pareille juridiction ; pour l'Etat
la corruption des juges, — et rappelant que « diviser l'exer-
» cice de la puissance est le moyen d'être et de rester libre »
il demande qu'on institue une haute Cour temporaire pour
le jugement de chaque accusation ou que chaque genre de
délit contre la nation soit jugé par une haute Cour différente (1). Remèdes pires que le mal qui eussent transformé le
tribunal en commission, confondu les juridictions en les
multipliant. — Attaqué par MM. Goujon et Voisin, défendu
au contraire par M. Jouffrey et par le rapporteur, le principe
de la permanence de la haute Cour pendant toute la durée de
la législature triompha néanmoins et fut décrété par l'assemblée (2). Le même décret attribuait au grand juge le choix
du greffier et des huissiers attachés à la haute Cour; — au
surplus la loi du 15 mai 1791 devait continuer à être exécutée dans toutes les dispositions auxquelles il n'était pas
dérogé par le présent décret.

Cette loi ordonnait que les accusés de crime de lèse-nation
fussent maintenus au secret jusqu'après l'interrogatoire.
Frappé de la rigueur qu'une telle disposition pouvait faire
peser sur eux, un député, M. Becquet demanda qu'on fixât
un délai dans lequel le Corps législatif serait tenu de nommer les grands procurateurs, et de réunir les grands juges.
L'assemblée prit cette proposition en considération et la renvoya au comité de législation (3).

Une question bien autrement grave s'éleva dans la même
séance. M. Delmas fit connaître que, d'après l'avis du comité,
les décrets du Corps législatif, concernant l'organisation de

---

(1) Séance du 30 décembre. *Moniteur* du 31.
(2) Séance du 3 janvier 1792. *Moniteur* du 4.
(3) Séance du 4 janvier 1792. *Moniteur* du 5.

la haute Cour nationale et l'ordre judiciaire qui doit y être observé devaient être soumis comme les lois ordinaires à la sanction du roi. L'objection était qu'aux termes de la constitution les décrets d'accusation pour crimes de lèse-nation étaient affranchis de la sanction royale. Mais la raison de décider semblait péremptoire : « la Constitution française, » disait M. Delmas, « est représentative. Les représentants sont
» le Corps législatif et le roi. Leur concours est nécessaire
» pour toutes les lois qui ne sont pas formellement excep-
» tées par la Constitution. Or, si l'acte constitutionnel fait
» une exception pour les décrets d'accusation, il n'en fait au-
» cune pour ce qui concerne l'ordre judiciaire et les règle-
» ments d'organisation à observer soit par la haute Cour na-
» tionale, soit par les autres tribunaux (1). » — M. Becquet soutint éloquemment la même thèse : Il fit justement remarquer quel danger il y aurait à revêtir le même corps qui accuse de la faculté de changer à son gré les lois relatives à la formation du tribunal qui doit juger ces accusations. N'aurait-on pas à craindre, s'écriait-il, « que dans ces moments
» de crise où les passions s'agitent, et souvent même domi-
» nent et égarent les esprits, on ne modifiât l'organisation
» d'un pareil tribunal en raison des circonstances ou même
» des personnes qu'on y traduirait? Qui peut calculer
» l'effet que peut produire dans certaines conditions sur une
» assemblée publique l'*apparence quelquefois trompeuse du*
» *bien public ?* Pour moi, s'il en était ainsi, je ne verrais plus
» dans la haute Cour nationale qu'une espèce de commission
» du Corps législatif, puisque son existence et sa marche se
» trouveraient absolument dépendantes de sa volonté ; et une
» telle institution me paraît infiniment alarmante pour la li-
» berté civile, ce *serait un véritable monstre en politi-*
» *que* (2). » Paroles admirables qui faisaient ressortir à la fois et l'immoralité du jugement par commission et le péril de

---

(1) Séance du 4 janvier 1792. *Moniteur* du 5.
(2) *Moniteur* du 5 janvier 1792.

l'omnipotence des assemblées ! La question néanmoins donna lieu à une discussion passionnée. En vain, montrait-on que le Corps législatif ne pouvait être à la fois accusateur et juge ; — qu'en organisant la haute Cour, il exerçait le pouvoir législatif, tandis qu'en décrétant une accusation il exerçait le pouvoir judiciaire ; — que la formation de la haute Cour n'était pas une conséquence du décret d'accusation ; que son organisation était antérieure à ce décret et en était indépendante. — Couthon, Vergniaud, Lacépède soutenaient avec ardeur la thèse contraire. La discussion passionnait les tribunes et le peuple ; le 9 janvier, elle se poursuivait au milieu des vociférations de la foule qui criait en se tournant vers les Tuileries : « point de sanction, point de sanction. » L'assemblée se décida à l'ajourner en chargeant le ministre de la justice de lui rendre compte dans la huitaine des mesures qu'il aurait prises pour mettre la haute Cour nationale en activité (1).

Le 16 janvier, l'assemblée reçoit une lettre des grands procurateurs qui lui annoncent leur arrivée à Orléans, et demandent qu'on leur envoie les pièces relatives aux décrets d'accusation (2). Le 19, dans une nouvelle lettre ils se plaignent de ce que, depuis la convocation de la haute Cour nationale, le pouvoir exécutif n'a pris aucune mesure pour son installation. Par un décret du 28 janvier (3), l'assemblée décrète que l'archiviste sera tenu de remettre au comité des décrets les décrets d'accusation rendus jusqu'à ce jour et que ce comité les fera incessamment parvenir aux grands procurateurs par la voie de la gendarmerie nationale.

Cependant, la haute Cour ne faisait pas, au gré des passions populaires, justice assez prompte des nombreux accusés politiques renvoyés devant elle. « On conçoit aisément, »

---

(1) *Moniteur* des 4, 7, 8, 9, 10 janvier 1792. J'ai vainement cherché la suite de cette discussion ; je ne sais si elle a jamais été reprise.
(2) *Moniteur* du 20 janvier 1792.
(3) *Moniteur* du 29 janvier 1792.

disait, le 28 mai, le rapporteur de la commission chargée d'examiner la marche des procédures, « combien de lenteurs » devaient accompagner la formation et les premiers mou- » vements d'une cour qui n'a point eu de modèle dans no- » tre législation (1). » La pratique n'avait pas tardé à révéler le vice de quelques unes des dispositions consacrées par la loi du 15 mai 1791. Aux termes de cette loi, chaque accusé avait le droit de récuser vingt jurés; quand il y avait plusieurs coaccusés, aucune disposition ne les obligeant à se concerter pour l'exercice de leurs récusations, la liste des jurés était vite épuisée. A un autre point de vue, le délai de quinze jours imparti par la loi à chacun des accusés, pour l'exercice de ses récusations, retardait singulièrement la marche des procédures. Le 25 avril, le comité de Législation signale cette situation à l'assemblée (2). Et le 9 mai (3), un projet de décret propose d'interpréter la loi du 15 mai 1791, en ce sens que la haute Cour est de droit autorisée à arrêter les récusations au point où elles ne pourraient plus se continuer sans épuiser la liste des jurés; — mais on observe que c'est violer ouvertement une loi formelle, et, sur la proposition de Guadet l'assemblée demande un nouveau projet (4).

Les événements politiques, en précipitant le mouvement révolutionnaire, vinrent hâter et dicter les résolutions de l'assemblée. Le jury de la haute Cour avait acquitté plusieurs accusés. Les démagogues avaient protesté contre ces décisions. Triomphante après le 10 août, la commune de Paris impose à la faiblesse de l'assemblée la création d'un tribunal extraordinaire, destiné à juger les crimes commis dans la journée du 10 août, et autres crimes y relatifs, avec circonstances et dépendances. Formé de juges élus par les sections, siégeant en permanence, jugeant en dernier ressort

---

(1) *Moniteur* du 29 mai 1792.
(2) *Moniteur* du 26 avril 1792.
(3) *Moniteur* du 10 mai.
(4) *Ibid.*

et sans appel (1), ce tribunal a reçu de l'histoire le nom de tribunal du 17 août. C'était le premier essai du tribunal révolutionnaire : la Terreur commençait.

Dans la séance du 15 août l'assemblée avait déclaré qu'il y avait lieu à accusation contre Lameth et Barnave, contre le comité entier des ministres, MM. Duportail, Duport-Dutertre, Bertrand, Montmorin et Tarbé, et ordonné leur translation dans les prisons de la haute Cour à Orléans (2). Ce n'était pas assez. La commune demande que les prisonniers d'Orléans soient transférés à Paris pour y être jugés par le tribunal du 17 août.

Le 23 août, une députation de la commune se présente à la barre : « Il est temps, » dit-elle, « que les criminels d'Or-
» léans soient transférés à Paris pour y subir le supplice de
» leurs forfaits. Si vous n'accordez cette demande, nous ne
» répondons pas de la vengeance du peuple. Vous nous avez
» entendus et vous savez que l'insurrection est un devoir
» sacré (3). »

Le président répond que la convention seule aura le droit de modifier l'organisation de la haute Cour nationale. Cependant l'assemblée essaie de transiger. Le 25 août, au nom d'une commission extraordinaire, Gensonné rappelle à l'assemblée qu'elle a reconnu l'insuffisance des lois sur la haute Cour, qu'elle n'a ajourné une réforme salutaire que dans la crainte de lui voir refuser la sanction royale ; mais que ce tribunal paraît avoir décidément « manqué le but de son
» institution, » et que le moment est venu « de donner à
» l'action de la loi toute l'activité dont elle est susceptible. »
« Un cri général, dit-il, s'élève contre les lenteurs de la
» haute Cour nationale. En vain l'assemblée s'est-elle occu-

---

(1) Décret du 17 août. *Moniteur* du 19.

(2) *Moniteur* du 17 août. S'y trouvaient déjà : Delessart, ancien ministre; le duc de Cossé-Brissac, commandant de la garde du Roi ; Castellane, évêque de Mende; vingt-trois officiers et neuf bourgeois de Perpignan accusés, sans aucune preuve, d'avoir voulu livrer la ville aux Espagnols.

(3) *Moniteur* du 25 août 1792.

» pée à livrer les conspirateurs à la vengeance des lois; ses
» efforts restent impuissants et le long intervalle écoulé en-
» tre l'accusation et le jugement donne l'espérance de l'im-
» punité et rend l'exemple de la terreur inutile (1). »

Gensonné ramenait à trois les causes principales qui avaient retardé le fonctionnement de la haute Cour : 1° La faculté indéfinie que la loi donnait aux accusés de faire entendre des témoins ; 2° la nécessité que les dépositions des témoins fussent recueillies par le tribunal entier, et l'impossibilité pour les grands juges d'adresser des commissions rogatoires ; 3° la longueur du délai accordé aux accusés pour la récusation des jurés.

En conséquence, et conformément aux propositions de sa commission extraordinaire, l'assemblée décréta les résolutions suivantes : Les accusés devant la haute Cour devaient désormais, dans les trois jours qui suivaient le premier interrogatoire, indiquer les témoins qu'ils désireraient produire, faute de quoi ils ne pourraient plus les faire entendre que dans le débat public (art. 1-3). 2° Le Tribunal recevait le droit de commettre un seul juge pour entendre les témoins, et les grands juges celui d'agir par commission rogatoire (art. 5). 3° Quant à la faculté de récusation, l'accusé devait, dans les vingt-quatre heures qui suivaient la notification à lui faite du tableau général des jurés, récuser les quarante jurés que la loi lui donnait le droit de récuser sans motif; dans les vingt-quatre heures suivantes, le tableau définitif devait être formé et l'accusé ne pouvait plus proposer contre les jurés qui y étaient inscrits que des récusations motivées (art. 6-9).

Ces récusations devaient être proposées dans les vingt-quatre heures et le tribunal devait y statuer dans le même délai (2).

La première de ces mesures, celle relative aux témoins,

---

(1) Séance du 25 août. *Moniteur* du 27.
(2) Décret du 25 août 1792. *Moniteur* du 27.

a déjà un caractère franchement révolutionnaire. Un membre, M. Saladin, avait même proposé de limiter le nombre des témoins que l'accusé pourrait faire entendre; cette mesure avait été repoussée comme « contraire à l'humanité. » Déjà, il ne suffit pas que la justice populaire soit terrible; il faut qu'elle soit prompte comme la foudre. On sent que le comité de salut public et le Tribunal révolutionnaire ne sont pas loin. C'est dans le même esprit que, trois jours après, Danton, devenu ministre de la justice, consulte l'assemblée sur le caractère des décisions rendues par la haute Cour.

Etaient-ce des décisions souveraines, ou au contraire existait-il contre elles quelque voie de recours, telle, par exemple, que la cassation? La loi était muette sur ce point. L'assemblée décida que les jugements de la haute Cour ne pouvaient être attaqués devant le Tribunal de cassation.

« Considérant, dit le décret, que le droit de l'institution
» de la haute Cour, le mode de son organisation, la nature
» des fonctions qui lui sont déléguées, la connaissance que
» ce tribunal est unique dans l'Etat ne permettent pas de
» penser que ses décisions puissent être soumises au re-
» cours devant le Tribunal de cassation, recours que la let-
» tre et plus encore l'esprit des lois existantes écartent éga-
» lement (1). »

Désormais, la justice révolutionnaire était armée. Suivant l'expression d'un document du temps : « il ne restait rien à
» désirer ni pour la célérité, ni pour la justice (2). »

L'assemblée, au surplus, ne considérait ces mesures que comme provisoires. Elle voulait, disait-elle, mettre la convention nationale à même de statuer dès les premiers jours de sa réunion sur la réorganisation du Tribunal. Aussi le décret du 25 août (art. 10) invitait-il les assemblées électorales qui devaient élire les membres de la convention à nommer deux nouveaux hauts jurés par département. La haute Cour ac-

---

(1) Décret du 28 août. *Moniteur* du 31.
(2) Adresse de l'Assemblée aux citoyens de Paris. *Moniteur* du 17 août.

tuelle devait rester en fonctions jusqu'à la réorganisation du Tribunal par la convention. Deux commissaires devaient être envoyés à Orléans pour se rendre compte de l'état des procédures (1).

Le décret conservait la haute Cour : l'assemblée avait compris qu'elle ne pouvait la dessaisir sans violer tous les principes. Les mesures votées ne donnaient qu'une satisfaction imparfaite à la commune. Dès la veille, elle avait expédié à Orléans une troupe de cinq à six cents *patriotes* armés, chargée de s'emparer des prisonniers et de les ramener à Paris.

On connaît cette lugubre histoire. En vain, l'assemblée, pour essayer de sauver les prisonniers, ordonnait leur translation à Saumur et envoyait à Orléans une troupe régulière. Le 5 septembre, malgré les courageux efforts du grand procurateur, Fournier à la tête de sa bande, les enlevait et les ramenait vers Paris. Le 9, ils étaient massacrés à Versailles (2). Danton, le ministre de la justice avait tout laissé faire, sinon tout favorisé (3).

Si la haute Cour existait encore de nom, en réalité la légalité n'existait plus ; la violence populaire l'avait détruite pour chercher dans des tribunaux extraordinaires, investis d'une juridiction illimitée, les dociles instruments de ses vengeances. La Terreur avait commencé, et la haute juridiction politique, créée par la constituante, venait de disparaître dans le sang. Un décret du 12 septembre renvoya dans leurs foyers les hauts jurés et les témoins réunis à Orléans (4).

---

(1) Séance du 25 août 1792. *Moniteur* du 27.
(2) Cinquante sur cinquante-trois périrent.
(3) Il faut lire dans M. Mortimer-Ternaux, *Histoire de la Terreur*, t. III, p. 319 et suiv., le récit de ces lamentables événements.
(4) *Collection Duvergier*, à sa date.

CHAPITRE IV.

LA HAUTE COUR NATIONALE ET LA CONVENTION.

Nous venons de le voir, l'assemblée législative, avant de se séparer, avait spécialement invité la convention à régler d'une manière définitive la question de la haute Cour qu'elle considérait comme n'ayant encore reçu qu'une solution provisoire. L'un des premiers actes de la convention fut de supprimer cette juridiction. Les 25-26 septembre, quatre jours seulement après sa réunion, elle rendait un décret ainsi conçu : « La haute Cour nationale est supprimée; les tra-
» vaux commencés à son sujet seront discontinués : toutes
» les propositions faites pour le jugement des procès com-
» mencés devant elle sont renvoyées à un comité pour être
» présenté un projet de loi (1). »

Deux dispositions de l'acte constitutionnel du 24 juin 1793 maintinrent au Corps législatif le droit d'accusation en ce qui concerne les crimes et délits des ministres et des fonctionnaires publics, et les attentats commis contre la sûreté générale de l'Etat. L'article 55 range, en effet, au nombre des décrets que peut rendre le Corps législatif, « la poursuite
» des membres du Conseil et des fonctionnaires publics, et
» l'accusation des prévenus de complots contre la sûreté
» générale de la République. » Et l'article 71 porte expressément : « Les membres du Conseil, en cas de *prévarica-*
» *tion*, sont accusés par le Corps législatif. » Devant quels

(1) Collection Duvergier, à sa date.

juges devaient être portées ces accusations ? La constitution ne le disait pas ; l'histoire ne le dit que trop. Je ne crois pas que la Convention ait jamais voté la loi dont elle annonçait la préparation dans le décret qui supprimait la haute Cour. Le Tribunal du 17 août ne suffisait-il pas ? Et, d'ailleurs, il convient de se souvenir qu'au moment où la constitution était votée, le Tribunal révolutionnaire fonctionnait depuis plus de trois mois (1).

Le décret des 4, 6 décembre 1793 sur le gouvernement révolutionnaire, conférait au comité de sûreté générale et au comité de salut public le pouvoir de dénoncer à la convention les agents nationaux et tous autres fonctionnaires publics chargés de la surveillance et de l'application des lois, pour les faire punir conformément aux dispositions du présent décret (section II, art. 18).

Chaque ministre était personnellement tenu de rendre, tous les dix jours, au comité de salut public, un compte particulier des opérations de son département (section II, art. 5). La section V organisait contre les fonctionnaires publics et autres agents de la République, une série de pénalités allant depuis la confiscation des biens et la privation des droits civiques pendant six années, jusqu'à la mort.

Nous ne croyons pas devoir entrer dans l'étude de la justice révolutionnaire. Comme on l'a dit avec raison, « elle ap-
» partient uniquement à l'histoire de la politique ; elle n'ap-
» partient pas heureusement à l'histoire de la justice en
» France (2). » Si, en fait, ses tribunaux ont pris la place de la haute Cour, en droit, ils n'étaient qu'une monstrueuse usurpation de la souveraineté nationale. La légalité était morte, l'arbitraire régnait seul, et, suivant le mot profond de Benjamin Constant, « la Terreur n'a été que l'arbitraire
» poussé à l'extrême (3). »

---

(1) Il avait été installé le 12 mars 1792.
(2) M. Boitard, *Leçons de Droit pénal.*
(3) *Des réactions politiques*, p. 89.

Il nous semble toutefois impossible de ne pas dire un mot du procès du roi.

La Convention s'érigeant en juge de Louis XVI, le dépouillant de son inviolabilité royale, pour le rabaisser au rang d'un simple fonctionnaire et le rendre justiciable de la nation, n'est-elle pas, en effet, une haute Cour politique au premier chef? Au nom de quel principe s'arroge-t-elle le droit de juger le Roi? N'est-ce pas au nom de la souveraineté populaire dont elle érige en dogme l'omnipotence et l'infaillibilité? Aucune loi ne donne à l'assemblée compétence pour juger le Roi. Mais « N'est-il pas de l'essence de
» la souveraineté populaire de suppléer, s'il le faut, au
» silence des lois écrites? Les droits et les devoirs de la
» nation ne sont-ils pas d'un ordre supérieur à toutes les
» institutions (1)? » — Tout citoyen doit comparaître devant un jury d'accusation, avant d'être traduit devant un jury de jugement. Qu'importe? La Convention n'est pas tenue de suivre les règles ordinaires. Ne représente-t-elle pas la nation qui peut tout ? — Il n'existe aucune loi préexistante qu'on puisse appliquer au roi s'il est reconnu coupable. Qu'importe encore? « N'y a-t-il pas la loi qui frappe les traî-
» tres et les conspirateurs (2) ? »

Exemple éclatant entre tous du vice de la juridiction des assemblées, des sophismes qui peuvent égarer les esprits, et de la nécessité de soustraire la justice politique aux entraînements des partis, en lui donnant une organisation permanente et en la contenant par des règles fixes. Je ne sais rien de plus dangereux au monde que cette doctrine qui consiste, suivant un mot tristement célèbre, « à sortir de la légalité
» pour rentrer dans la loi. » La loi n'est plus alors que le caprice d'un homme, d'une assemblée ou d'un peuple. M. de Sèze a pu dire à la Convention : « Je cherche ici des juges
» et ne trouve que des accusateurs, » et l'histoire a ratifié cette parole vengeresse.

---

(1) **Rapport de Valazé.**
(2) *Ibid.*

CHAPITRE V.

LE DIRECTOIRE ET LA HAUTE COUR DE JUSTICE.

Avec le Directoire, l'ordre commence à rentrer dans l'Etat, et la légalité à reprendre le pas sur l'arbitraire.

La Constitution du 5 fructidor an III (22 août 1795) consacre le principe de la responsabilité ministérielle. L'article 152 déclare les ministres responsables de l'inexécution des lois de l'Etat et des arrêtés du Directoire.

Elle consacre également le principe d'une haute Cour ; seulement, cette haute juridiction n'est plus qualifiée de haute Cour nationale, mais de haute Cour de justice.

Compétence. — La haute Cour de justice est constituée « pour juger les accusations admises par le Corps législatif, » soit contre ses propres membres, soit contre ceux du Di- » rectoire » (art. 265).

Droit d'accusation. — Comme sous les constitutions précédentes, le droit d'accusation appartient au Corps législatif, mais contre ses propres membres et les directeurs seulement (art. 265). La haute Cour ne peut se former qu'en vertu d'une proclamation du Corps législatif rédigée et publiée par le conseil des Cinq-Cents. C'est également au conseil des Cinq-Cents qu'il appartient de désigner par cette proclamation le lieu où la haute Cour se formera et tiendra ses séances, — ce lieu ne peut être plus près qu'à douze myriamètres de celui où réside le Corps législatif (art. 267-268). — Enfin, c'est encore au même conseil qu'il appartient de dresser et de rédiger les actes d'accusation (art. 271).

Organisation. — La haute Cour se compose de cinq juges, de deux accusateurs nationaux et d'un certain nombre de hauts jurés. Quand le Corps législatif a proclamé la formation de la haute Cour de justice, le Tribunal de cassation tire au sort quinze de ses membres dans une séance publique ; sur ces quinze membres, il en désigne cinq, dans la même séance, au scrutin secret. Les cinq juges ainsi nommés sont les juges de la haute Cour. Ils élisent entre eux un président. Dans la même séance encore, le Tribunal de cassation nomme au scrutin secret, à la majorité absolue, deux de ses membres pour remplir près de la haute Cour les fonctions d'accusateurs nationaux (art. 266 à 270).

Jury. — Quant au jury, les assemblées électorales de chaque département l'élisent chaque année. Un mois après les élections, le Directoire exécutif fait imprimer et publier la liste des jurés ainsi nommés pour la haute Cour (art. 272-273).

Une remarque importante à faire, c'est que l'article 265 de cette constitution limite expressément le droit d'accusation du Corps législatif et la compétence de la haute Cour aux délits commis par les membres du Corps législatif ou par les membres du Directoire. Il ne dit rien des ministres, bien que l'article 152 de la constitution les proclame responsables.

A un autre point de vue, il ne limite pas, même par une énumération générale, comme le faisait la Constitution de 1791, les délits à raison desquels les législateurs et directeurs peuvent être accusés par le Corps législatif et jugés par la haute Cour. Il semble que l'article 265 confère, à cet égard, au Corps législatif, un pouvoir arbitraire, puisqu'il dit que la haute Cour jugera « les accusations admises par » le Corps législatif. » Comme les constitutions et lois qui l'ont précédée, la constitution est, d'ailleurs, absolument muette sur la pénalité et sur l'action civile. Elle ne contient aucune disposition sur la procédure.

En réalité, la constitution n'avait fait que poser les principes, et la haute Cour n'était pas organisée lorsque éclata la conspiration de Babeuf. Babeuf préparait la révolution sociale ; il faisait appel « à une Vendée plébéienne pour im-
» poser aux riches, par la force, une grande révolution dans
» les propriétés. » Il annonçait « l'égalité réelle et absolue,
» l'abolition de la propriété individuelle, la jouissance com-
» mune de tous les fruits de la terre et de l'industrie. » Il entendait réaliser ses projets par la force ; de nombreux conjurés étaient réunis, et tout était prêt pour l'assassinat des directeurs et l'occupation de l'Etat (1). Un des conjurés dénonça le complot, et le 21 floréal, veille du jour où il devait être exécuté, Babeuf fut arrêté avec la plupart de ses complices. Il prétendit traiter avec le Directoire, « de puissance à puissance. » Le Directoire se hâta de constituer la haute Cour, « parce qu'on voulait procéder dans toutes les for-
» mes (2). »

L'un des accusés, Drouet, était membre du conseil des Cinq-Cents ; en cette qualité, il ne pouvait être traduit que devant la haute Cour de justice, et mis en accusation que par une résolution des deux assemblées. La mise en accusation de Drouet fut régulièrement votée le 20 messidor, et, dès le lendemain, le conseil des Cinq-Cents chargeait une commission d'examiner les questions se rattachant à la haute Cour.

Le 1ᵉʳ thermidor, le représentant Soulignac présentait son rapport au conseil (3). Ce rapport concluait au vote d'urgence de deux lois : l'une, qui décidait que les jugements de la haute Cour n'étaient pas soumis au recours devant le Tri-

---

(1) Voir, sur la conspiration de Babeuf, le discours prononcé devant la Cour d'appel d'Orléans, le 3 novembre 1854, par le procureur général Cordoën : les conjurés devaient tuer les cinq directeurs, les ministres, le général de l'intérieur et son état-major, s'emparer des salles des Anciens et des Cinq-Cents, faire main basse sur tout ce qui s'y rendrait, s'emparer des barrières, du télégraphe, du trésor, etc.
(2) Thiers, *Histoire de la Révolution*.
(3) *Moniteur* des 26 et 27 juillet 1796.

bunal de cassation ; l'autre, qui organisait la procédure et le jury.

La première de ces lois donna lieu à de vives discussions.

Les souvenirs du Tribunal révolutionnaire et de la rapidité foudroyante des exécutions par lui ordonnées étaient encore vivants dans tous les esprits. On n'avait pas oublié que c'était Danton qui, au lendemain du 10 août et au moment où l'opinion accusait les lenteurs de la haute Cour nationale, avait fait voter par l'Assemblée législative la souveraineté de ses arrêts. A la séance du 8 thermidor, le représentant Villetard demanda que « les premiers magistrats de la Républi-
» que, que la constitution faisait traduire devant la haute
» Cour, ne fussent pas privés d'une garantie assurée à tous
» les autres citoyens. » Lamarque se joignit à lui, et déclara qu'il ne voulait pas qu'aucun tribunal dans la République pût dire : « Je suis au-dessus de la loi. » — « Hé quoi ! » s'écriait-il, « un citoyen sera condamné injustement, l'ap-
» plication de la loi sera fausse ; l'accusé vous demandera
» justice en marchant au supplice, et vous lui crierez :
« Meurs ! » « Au pied de l'échafaud, il s'écriera : « Mon ju-
» gement est inique, je demande de nouveaux juges, » et
» vous lui répondrez : « Meurs ; nous n'avons pas d'autres
» juges à te donner. » Vous frémissez, citoyens ! »

Louvet, à son tour, déclarait qu'il redoutait que l'institution d'un Tribunal dont on ne pouvait revoir les jugements eût les suites funestes de celui qui avait fait couler tant de sang innocent. Il rappelait l'opinion de Lanjuinais, qui s'indignait de l'existence d'un tribunal aussi terrible, et insistait pour que le recours en cassation fût admis (1). L'Assemblée hésitante ajourne la question pour la reprendre bientôt. Un représentant obscur, Lemercier, soutient avec vivacité le système qui interdit toute voie de réformation contre les jugements de la haute Cour. Pour lui, les décisions des conseils législatifs à l'égard du prévenu déjà entendu par eux équi-

---

(1) *Moniteur* des 31 juillet et 1er août 1796.

valent à un premier jugement. — « Que ne l'envoyez-vous de
» suite à l'échafaud ? » s'écrie Tallien. Le représentant Eschassériaux déclare que le recours en cassation contre les jugements de la haute Cour est un contre-poids nécessaire au pouvoir considérable qu'elle exerce. Malgré la gravité de ces arguments, l'opinion contraire, défendue surtout par M. Pastoret, prévalut devant le Conseil. Dans les séances des 11 et 12 thermidor, il adopta le projet qui lui était présenté sur l'organisation de la haute Cour, et décida qu'aucune voie de recours ne serait ouverte contre ses jugements (1).

La seconde loi organisait la procédure et le jury. Elle ne souleva pas de difficultés sérieuses devant le conseil des Cinq-Cents, et presque immédiatement, sur les conclusions conformes du rapport de Portalis, ces deux lois furent approuvées par le conseil des Anciens (2).

Aux termes de la seconde de ces lois (art. 29), dès que le Corps législatif a, par une proclamation, convoqué la haute Cour, le président et les secrétaires du conseil des Cinq-Cents transmettent cette proclamation au Tribunal de cassation, et l'envoient également aux administrations centrales de chaque département, qui la font publier et afficher sans délai (art. 30). Immédiatement après la réception de cette proclamation, le Tribunal de cassation, en exécution des articles 269 et 270 de l'acte constitutionnel, tire au sort les juges qui doivent siéger à la haute Cour (art. 31).

La haute Cour une fois constituée, les président et secrétaires des Cinq-Cents lui adressent les actes d'accusation et les pièces qui y sont jointes, après en avoir dressé inventaire (art. 28). Dans le cas où des citoyens autres que des représentants du peuple ou des membres du Directoire sont, à raison de leur complicité, traduits devant la haute Cour, les accusateurs publics des tribunaux criminels font réunir toutes les pièces et documents quelconques relatifs aux ac-

---

(1) *Moniteur* des 2, 4, 5, 8 août 1796.
(2) 19 et 20 thermidor, an IV. *Moniteur* des 14, 15, 16 août 1796.

cusations, et les adressent à la haute Cour, ainsi que tous ceux qui peuvent leur parvenir pendant l'instruction (art. 33).

Il n'y a pas, près de la haute Cour, de commissaires du Directoire exécutif. Les fonctions qui leur sont attribuées par les lois y sont remplies par les accusateurs nationaux.

Les lois sur la composition du jury de jugement, la forme de procéder devant lui, d'instruire et de juger doivent être observées par la haute Cour en tout ce qui n'est pas contraire à la présente loi. Toutefois, la loi contient, en ce qui touche l'organisation du jury, les récusations et les témoignages, un certain nombre de dispositions spéciales :

L'article 23 décide que, dans l'instruction, les témoins pourront être entendus par l'un des juges seulement qui sera commis à cet effet par le Président de la haute Cour.

L'article 24 confère aux membres de la haute Cour le pouvoir d'adresser aux tribunaux criminels des commissions rogatoires pour recevoir les déclarations des témoins qui ne seront pas domiciliés dans l'étendue du département où elle tiendra ses séances.

Ces deux points avaient fait difficulté sous l'empire de la loi du 15 mai 1791 : la loi nouvelle les tranchait expressément.

Le haut jury se composait de seize membres titulaires (1), de quatre jurés adjoints et de quatre jurés suppléants, tous tirés au sort sur la liste générale (art. 1, 2, 3). Aussitôt que le Corps législatif a, par sa proclamation, annoncé la formation de la haute Cour, ceux des hauts jurés inscrits sur la liste qui croient avoir des excuses légitimes doivent, sur-le-champ, adresser ces excuses à la haute Cour, avec les pièces qui en prouvent la légitimité. Ces excuses sont jugées par les juges composant la haute Cour de justice. Si l'empêchement est reconnu légitime, les noms des hauts jurés ainsi excusés sont, pour cette fois, rayés de la liste (art. 4 et 5).

Après que le haut jury aura été déterminé, il n'y aura

---

(1) Au lieu de 24, dans la loi précédente.

plus pour ceux qui devront le composer aucun lieu à proposer d'excuses, si ce n'est pour impossibilité physique, telle qu'une maladie grave régulièrement constatée (art. 6).

Les hauts jurés qui seront convoqués ne peuvent se dispenser de se rendre au lieu désigné, sous peine d'un emprisonnement de trois mois qui sera prononcé par les juges composant la haute Cour.

S'il manque un ou plusieurs hauts jurés au jour indiqué, ils seront remplacés, savoir : ceux des seize membres qui composent le haut jury par les adjoints, suivant l'ordre dans lequel ceux-ci auront été nommés par la voie du sort, et les adjoints par les quatre hauts jurés suppléants (art. 7 et 8).

On se rappelle quelles difficultés avaient amenées les dispositions par trop libérales de la loi du 15 mai 1791 sur les récusations. La loi nouvelle y pourvoit. Immédiatement après le premier interrogatoire de l'accusé, le Président de la haute Cour, en présence des autres juges, remet aux accusateurs nationaux la liste générale des hauts jurés. Leurs noms sont mis dans un vase pour être tirés au sort et former le tableau tant des seize hauts jurés que des quatre adjoints et des quatre suppléants. Ce tableau, ainsi formé, est présenté à l'accusé, qui peut, dans les cinq jours et sans donner de motifs, exercer trente récusations. L'accusé ne peut plus ensuite présenter que des récusations fondées sur des causes dont la haute Cour juge la validité (art. 9, 10 et 11).

S'il y a plusieurs co-accusés, ils peuvent se concerter pour exercer les trente récusations que la loi leur permet d'exercer sans en donner de motifs. Ils peuvent aussi les exercer séparément ; mais, dans l'un et l'autre cas, la faculté de récuser sans motif ne peut s'étendre au delà de trente hauts jurés titulaires, adjoints ou suppléants, quel que soit le nombre des accusés (art. 12).

Les noms des hauts jurés récusés sont exclus du tirage au sort. Il est procédé à la formation du tableau dans les vingt-quatre heures suivantes. L'accusé ou les accusés ne sont admis à proposer que des récusations motivées contre les jurés inscrits au tableau. Un délai de cinq jours, à partir du moment où le tableau leur est présenté, leur est accordé pour proposer ces récusations. S'il en est proposé, la Cour est tenue de statuer sur leur admissibilité dans les vingt-quatre heures suivantes (art. 13 et 14).

Les accusateurs nationaux ne peuvent proposer que des récusations motivées. Ces motifs sont jugés par les juges de la haute Cour.

Les récusations proposées et le haut jury déterminé, les juges de la haute Cour convoquent les seize membres dont le haut jury doit être composé, les quatre adjoints et les quatre suppléants. Ceux-ci sont tenus de se rendre, quinze jours au plus tard après la notification du mandement des juges, dans la commune qui est désignée.

Quant aux témoins, les accusés devant la haute Cour sont tenus, dans le délai de cinq jours après leur interrogatoire, d'indiquer ceux qu'ils désirent faire entendre; ils peuvent, à cet effet, présenter requête ensemble ou séparément. Ce délai passé, ils sont forclos du droit de faire entendre aucun autre témoin pendant l'instruction; ils ne le peuvent plus faire qu'à l'époque désignée pour le débat (art. 18, 19 et 20).

Par une disposition exceptionnelle et éminemment favorable à l'accusé, l'article 26 décide que, sur chaque question, l'opinion de quatre hauts jurés suffira pour entraîner une solution en sa faveur. Nous sommes loin, on le voit, de la justice révolutionnaire. Dans le cas prévu par l'article 415 du Code de brumaire an IV, la nouvelle déclaration du jury ne peut être prise qu'aux quatre cinquièmes des voix.

Lorsque la haute Cour a terminé la mission pour laquelle elle avait été convoquée, les juges et les jurés qui la composaient sont tenus de se séparer et de quitter, dans une décade, le lieu où elle a tenu ses séances (art. 33).

Une fois qu'elle est dissoute, les accusés contumaces, autres que les représentants du peuple ou les membres du Directoire qui seraient saisis ou qui se présenteraient, seront jugés par les tribunaux criminels des départements, qui recevront à cet effet des expéditions des pièces nécessaires à l'instruction déposées aux archives.

Aussitôt après le vote de ces lois, en exécution de l'article 267 de la constitution, le Conseil des Cinq-Cents, au nom du Corps législatif, proclama la formation d'une haute Cour de justice dans la commune de Vendôme, ordonna aux juges et accusateurs nationaux de s'y réunir le 15 fructidor, aux jurés de s'y rendre dans les délais déterminés par la loi, et prescrivit d'y transférer, pour la même époque, le représentant du peuple Drouet et ses co-accusés (1). A ce moment, plusieurs prévenus de complicité dans la conspiration avaient été traduits devant le jury d'accusation du département de la Seine, qui avait ordonné leur mise en jugement. Le Tribunal criminel du département allait les juger, alors que l'un des principaux auteurs de la conspiration était déféré à la haute Cour.

Conformément aux principes d'éternelle justice qui, en pareil cas, assurent aux accusés le bénéfice de la juridiction privilégiée, une loi décida que « tous les prévenus mis en état
» d'accusation pour complicité dans un crime à raison duquel
» un représentant du peuple ou un membre du Directoire
» exécutif serait mis en accusation par le Corps législatif,
» seraient traduits devant la haute Cour de justice pour y être
» jugés conjointement avec le représentant du peuple ou
» membre du Directoire accusé du même délit (2). »

Le 16 vendémiaire an IV, la haute Cour s'installait à Vendôme, « ville calme et paisible que les passions de cette
» terrible époque avaient à peine troublée (3). » L'accusateur national, Vieillard, inaugura ses travaux par un discours écrit avec l'emphase du temps, et dans lequel il annonçait

---

(1) *Moniteur* du 17 août 1796. — *Bulletin des lois*, à sa date.
(2) *Bulletin des lois*, n° 523, à sa date.
(3) Discours du procureur général Cordoën.

que l'empire des lois, depuis si longtemps suspendu, était enfin rétabli (1).

On ne s'en fut pas douté aux mesures d'exception que prenaient les pouvoirs publics. Ils avaient fait de Vendôme une véritable place de guerre. Telle était l'émotion causée par ce procès que, dès le 24 fructidor, sur la demande du Directoire, le Corps législatif avait exclu de la commune de Vendôme tous ceux qui n'y étaient pas domiciliés avant la formation de la haute Cour (2). Et, quelques jours après, une lettre adressée de Vendôme à l'un des membres du Conseil des Anciens, ayant prêté aux accusés le projet de traîner leur procès en longueur en appelant une foule de témoins et de défenseurs, — le Directoire proposait de n'accorder que trois défenseurs officieux pour les quarante-sept accusés traduits devant la haute Cour. Nouvel exemple du trouble, disons-le, du vertige que peuvent causer les accusations politiques lorsqu'elles émanent des assemblées, qu'il faut improviser un Tribunal pour les juger et qu'elles ne ressortissent pas à une juridiction permanente, éprouvée et respectée. Le droit commun y est toujours plus ou moins violé. Il fallut qu'un représentant rappelât l'assemblée aux principes de la justice et au respect d'elle-même. « Ne vous laissez point, » s'écria-t-il, « égarer par de vaines frayeurs : combien de » de malheurs ont été la suite de dispositions extorquées » sous le prétexte du salut public (3) ! » Cette réflexion fit ajourner la proposition.

Les accusés déclinèrent la compétence de la haute Cour. Leur déclinatoire fut rejeté. Ils en appelèrent alors au Tribunal de cassation qui déclara ne pouvoir connaître des jugements de la haute Cour de justice. Enfin les débats s'ouvrirent, le 2 ventôse an V, et se poursuivirent jusqu'au

---

(1) « Vérité, Justice, divinités saintes, descendez dans ce sanctuaire qui vous est préparé ; déjà nos cœurs sont embrasés de votre feu sacré !... Que la France attentive apprenne, à cette occasion solennelle, que votre Empire, qu'elle regretta longtemps, est enfin rétabli parmi nous. »

(2) *Moniteur* du 29 fructidor (15 septembre 1796).

(3) *Moniteur* du quatrième jour complémentaire, 20 septembre 1796.

7 prairial, au milieu d'incidents divers, parfois même de protestations et de tumultes violents. Les audiences « avaient » l'aspect d'un club ou d'une émeute (1). » Elles se terminaient par le chant de la *Marseillaise*, entonnée en chœur par tous les accusés. Ce spectacle « frappait les esprits » d'étonnement et de terreur (2). » On injuriait et menaçait les juges, on leur montrait le poing. Le procès des accusés d'avril 1834 devait seul, quarante ans plus tard, présenter de semblables violences. Le président en écrivit au Directoire (3). Le Directoire en référa au Corps législatif qui, le 6 germinal, passa à l'ordre du jour en déclarant que le code pénal « donnait au Tribunal les moyens de répression. » Le langage de Babeuf fut tel que la haute Cour dut lui retirer la parole et l'exclure de l'audience.

Ces faits montrent combien la loi avait été sage en écartant la haute Cour et du lieu où siège le Corps législatif et des grandes villes sujettes aux soulèvements populaires. A Vendôme, la haute Cour put achever son œuvre, non sans difficultés, mais sans troubles. Babeuf fut condamné à mort, Darthé aux travaux forcés ainsi que cinq autres des conspirateurs ; tous les autres furent acquittés. La Cour avait appliqué les dispositions du code de Brumaire. Babeuf fut exécuté le lendemain, 5 prairial an V (24 mai 1797).

Les débats avaient duré un mois entier. « Jamais juridic-
» tion souveraine n'apporta plus de soins et de scrupules à
» l'accomplissement de sa mission. La justice reprenait
» pour la première fois ses formes régulières et son an-
» cienne dignité. » Le président avait donné l'exemple de la modération, « les accusateurs publics avaient porté d'une
» main ferme le drapeau de la société si audacieusement at-
» taquée, et tous les deux purent emporter avec un patrioti-
» que orgueil sur les bancs de la Cour de cassation le

---

(1) M. Cordoën.
(2) *Moniteur* du 25 février 1797.
(3) *Moniteur* des 18 et 26 mars 1797.

» souvenir d'un grand devoir noblement accompli (1). »

Loi du 10 vendémiaire an IV. — Nous avons vu que les lois des 19 et 20 thermidor ne s'appliquaient qu'aux directeurs et aux législateurs. Une loi du 10 vendémiaire an IV statua sur la responsabilité ministérielle. Bien que cette loi ne renvoie pas les ministres devant une haute Cour, il nous paraît impossible de n'en pas dire un mot.

Avant de se séparer, la Convention voulut organiser le Ministère en même temps que le Directoire. Thibaudeau, au nom de la commission dite des Onze, soumit à l'assemblée un projet de décret dans la séance du 23 fructidor an III (2). « La Constitution, » disait-il dans son rapport, « porte que les ministres sont responsables de l'inexécution » des lois et des arrêtés du Directoire exécutif. Quoiqu'on ne » doive plus attacher aujourd'hui à la responsabilité des mi- » nistres d'un gouvernement lui-même responsable la même » importance qu'à celle d'un monarque inviolable, nous » avons pensé néanmoins que cette responsabilité, dans un » gouvernement libre, devait s'étendre à tous les délits con- » tre la sûreté de l'Etat et contre la constitution, à tout at- » tentat à la liberté et à la propriété individuelle, à tout » emploi de fonds publics sans les formalités prescrites par » la constitution, et aux dilapidations (3). »

En conséquence, le projet qui fut adopté par l'assemblée dans la séance du 30 fructidor (4), et qui devint la loi du 10 vendémiaire, déclarait les ministres responsables :

1° De tout délit par eux commis contre la sûreté générale et la Constitution ;

2° De tout attentat à la liberté et à la propriété individuelle ;

3° De tout emploi de fonds publics sans un décret du Corps législatif et une décision du Directoire exécutif, et de

---

(1) M. de Cordoën.
(2) *Moniteur* du 26 fructidor an III (12 septembre 1795).
(3) *Moniteur* du 26 fructidor an III (12 septembre 1795).
(4) *Moniteur* du quatrième jour complémentaire, an III (20 septembre 1795)

toutes dissipations de deniers publics qu'ils auraient faites ou favorisées (art. 10).

L'article 11 déclarait au surplus que les délits des ministres, les réparations et les peines qui pourraient être prononcées contre eux, seraient déterminés dans le code pénal.

Aux termes de l'article 14, le Tribunal compétent pour connaître des poursuites n'était plus la haute Cour, mais bien le Tribunal criminel du département où siégeait le pouvoir exécutif lors du délit.

Droit d'accusation. — Au point de vue du droit d'accusation, la loi consacrait un principe absolument différent de ceux adoptés jusque-là. L'article 12 voulait, en effet, qu'aucun ministre en fonctions ou hors de fonctions ne pût, pour faits de son administration, être traduit en justice, en matière criminelle, que sur la dénonciation du Directoire exécutif. « Nous ne nous sommes point arrêtés, » disait sur ce point le rapport de Thibaudeau, « à un système que nous
» regardons comme destructeur de tout gouvernement, ce-
» lui de donner aux citoyens le droit de poursuivre un mi-
» nistre en justice. Nous avons cru que ce n'était plus aussi
» au Corps législatif qu'il fallait attribuer ce droit, mais bien
» au Directoire exécutif. La raison de cette innovation ré-
» sulte de la responsabilité du Directoire; c'est pour cela
» qu'il a le droit de choisir et de révoquer à son gré les
» ministres; il serait absurde de ne pas lui laisser celui de
» les traduire devant les tribunaux, et il serait contraire à
» la Constitution de donner au Corps législatif un moyen
» d'arrêter la marche du pouvoir exécutif en attaquant sans
» cesse les ministres. »

Action civile. — La loi contenait, en ce qui touche l'action civile, une disposition importante. « Elle avait cherché, » dit encore le rapport de Thibaudeau, « à concilier à la fois le
» respect et la considération dont les premiers agents du
» gouvernement doivent être investis avec le droit qu'ont
» les citoyens lésés par un acte d'administration d'en exiger
» la réparation. » En conséquence, aux termes de l'art. 13,

aucun ministre ne pouvait être poursuivi en dommages et intérêts pour faits de son administration, qu'autant que ces faits avaient donné lieu à un acte d'accusation intervenu sur une dénonciation du Directoire. L'action civile n'était, d'ailleurs, — l'article 15 le dit expressément, — qu'une action accessoire à l'action criminelle ; elle était soumise à la même prescription, et la durée de cette prescription était de trois années, à compter du jour du délit, à l'égard du ministre de la marine et des colonies, de deux ans à l'égard de tous les autres.

Cette loi réalisait, on le voit, des innovations considérables. C'était aux mains du Directoire que la constitution concentrait toute la responsabilité politique. De ce principe, la loi déduisait le droit exclusif, pour le Directoire, de mettre les ministres en accusation, et l'enlevait au Corps législatif, qui l'avait jusque-là exercé. Elle transportait la connaissance des délits des ministres, de la haute Cour au Tribunal criminel, et décidait formellement que l'action en dommages et intérêts ne pourrait être exercée par les parties lésées qu'accessoirement à l'action publique.

CHAPITRE VI.

LA HAUTE COUR SOUS LA CONSTITUTION DE L'AN VIII.

Le vigoureux génie qui, après les orages de la révolution, essayait de rétablir l'ordre dans l'Etat et imprimait sur la société sa main puissante, avait à un trop haut degré le sentiment de l'autorité, et tenait trop à la force et au prestige du pouvoir pour ne pas consacrer l'institution d'une haute juridiction chargée du jugement des personnages puissants et des grands coupables. La haute Cour avait sa place marquée dans la constitution du 22 frimaire an VIII.

La haute Cour semble toutefois n'y avoir qu'une compétence *ratione personæ*. Elle paraît n'être instituée que pour juger les ministres; encore n'est-ce pas de tous les actes délictueux commis par les ministres qu'elle est appelée à connaître. Pour la première fois, en effet, nous trouvons expressément écrite dans la constitution de l'an VIII la distinction fondamentale entre les délits de droit commun et les délits de fonction ou délits politiques.

Aux termes des articles 70 et 71 de l'acte constitutionnel, en ce qui touche les délits privés emportant peine afflictive ou infamante, les ministres sont considérés comme membres du conseil d'Etat et justiciables des tribunaux ordinaires. Ils sont, au contraire, responsables devant la haute Cour des délits qu'ils peuvent commettre dans l'exercice de leurs fonctions, et doivent être renvoyés devant elle dans trois cas : 1° Pour tout acte de gouvernement signé par eux et déclaré inconstitutionnel par le sénat ; 2° pour l'inexécution des lois et des règlements de l'administration publique ; 3° pour les ordres particuliers par eux donnés, si ces ordres sont contraires à la constitution, aux lois et aux règlements (art. 72).

Dans ces trois cas, le Tribunat peut dénoncer le ministre par un acte sur lequel le Corps législatif délibère après avoir entendu ou, du moins, appelé l'inculpé. Le Corps législatif peut le mettre en accusation par un décret. Le ministre ainsi accusé est jugé par une haute Cour, sans appel et sans recours en cassation.

La haute Cour est composée de juges et de jurés. Les juges sont choisis par le Tribunal de cassation et dans son sein ; les jurés sont pris dans la liste nationale, le tout suivant les formes que la loi détermine (art. 73).

La loi organique, promise par ce dernier paragraphe de l'article 73, ne fut jamais votée, et la haute cour ne paraît pas avoir fonctionné sous le Consulat. L'attentat du 3 nivôse an IX, contre la vie du premier consul, détermina la création, dans chaque département, d'un Tribunal criminel spécial qui fonctionna seul (1).

Il est à remarquer que la garantie constitutionnelle des fonctionnaires, instituée par le célèbre article 75 de la constitution de l'an VIII, ne s'appliquait pas aux ministres. Le texte les exceptait formellement. Mais il semble résulter des dispositions des articles 72 et 73, combinés avec la loi de 1790, qu'ils ne pouvaient être poursuivis en dommages et intérêts qu'après le jugement de la haute Cour.

(1) Dalloz, *Org. jud.*, n° 122.

CHAPITRE VII.

L'EMPIRE ET LA HAUTE COUR IMPÉRIALE.

L'avènement de l'Empire devait amener la mise en harmonie de la haute Cour avec les institutions nouvelles. Le sénatus-consulte organique du 28 floréal an XII (18 mai 1804) pourvut à cette nécessité. La haute Cour reçut le nom de haute Cour impériale; l'organisation et la compétence en furent complètement modifiées. Le titre 13 entier du sénatus-consulte (1) lui est consacré. C'est un code complet de la matière.

Les dispositions de ce sénatus-consulte peuvent se ramener à quatre points principaux : 1° l'organisation de la haute Cour; — 2° la compétence; — 3° l'instruction; — 4° la procédure à l'audience.

Organisation. — La haute Cour siège dans le Sénat sous la présidence de l'archichancelier de l'Empire, ou, à son défaut, d'un autre titulaire d'une grande dignité de l'Empire (art. 102-103).

Elle se compose : des princes, des titulaires des grandes dignités et des grands officiers de l'Empire; du grand juge, ministre de la justice; de soixante sénateurs, des six présidents de section du Conseil d'Etat et de vingt membres de la Cour de cassation, les sénateurs et membres de la Cour de cassation appelés par ordre d'ancienneté; en tout, y compris le président, cent un membres, sans compter les prin-

---

(1) Il contient trente-trois articles (101 à 133).

ces, les grands officiers et grands dignitaires dont le nombre est indéterminé.

Il y a, près la haute Cour, un procureur général nommé à vie par l'Empereur : il exerce le ministère public, assisté de trois tribuns nommés chaque année par le Corps législatif sur une liste de neuf candidats présentée par le Tribunat, et de trois magistrats que l'Empereur nomme aussi chaque année parmi les officiers des Cours d'appel ou de justice criminelle. Le Président de la haute Cour ne peut jamais être récusé.

Compétence. — La haute Cour a une double compétence, *ratione materiæ* et *ratione personæ*.

Ratione personæ, elle connaît : des délits personnels commis par des membres de la famille impériale, par des titulaires des grandes dignités de l'Empire, par les ministres, par les secrétaires d'Etat, par les grands officiers, les sénateurs, les conseillers d'Etat.

Ratione materiæ, elle juge :

1° Les crimes, attentats et complots contre la sûreté intérieure et extérieure de l'Etat, la personne de l'Empereur et celle de l'héritier présomptif de l'Empire ;

2° Les délits de responsabilité d'office commis par les ministres et les conseillers d'Etat chargés spécialement d'une partie d'administration publique ;

3° Les prévarications et abus de pouvoir commis soit par des capitaines généraux des colonies, des préfets coloniaux et des commandants des établissements français hors du continent, soit par des administrateurs généraux employés extraordinairement, soit par des généraux de terre ou de mer, sans préjudice, à l'égard de ceux-ci, des poursuites de la juridiction militaire ;

4° Le fait de désobéissance des généraux de terre ou de mer qui contreviennent à leurs instructions ;

5° Les concussions et dilapidations dont les préfets de l'intérieur se rendent coupables dans l'exercice de leurs fonctions ;

6° Les forfaitures ou prises à partie qui peuvent être encourues par une Cour d'appel ou par une Cour de justice criminelle, ou par des membres de la Cour de Cassation ;

7° Les dénonciations pour cause de détention arbitraire et de violation de la liberté de la presse.

Droit d'accusation. — La haute Cour ne peut agir que sur les poursuites du ministère public. S'il y a un plaignant, le ministère public est nécessairement partie jointe et poursuivante.

Quand les magistrats de sûreté ou les directeurs du jury, dans les délits dont ils poursuivent la réparation, en découvrent un qui à raison soit de la qualité des personnes, soit du titre de l'accusation, soit des circonstances de fait, est de la compétence de la haute Cour, ils doivent, dans la huitaine, renvoyer toutes les pièces de la procédure au procureur général près la haute Cour ; ils continuent néanmoins à recueillir les preuves et les traces du délit (art. 109).

Le Corps législatif peut dénoncer : 1° les ministres ou conseillers d'Etat chargés d'une partie quelconque de l'administration publique, s'ils ont donné des ordres *contraires aux constitutions et aux lois de l'Empire ;* — 2° les capitaines généraux des colonies, les préfets coloniaux, les commandants des établissements français hors du continent, les administrateurs généraux, pour prévarication et abus de pouvoir ; — les généraux de terre ou de mer, pour désobéissance à leurs instructions ; — les préfets de l'intérieur, pour dilapidation et concussion (art. 111).

Le Corps législatif dénonce pareillement les ministres ou agents de l'autorité lorsqu'il y a eu, de la part du Sénat, déclaration de fortes présomptions de détention arbitraire ou de violation de la liberté de la presse (art. 112).

La dénonciation du Corps législatif ne peut être arrêtée que sur la demande du Tribunat ou la réclamation de cinquante membres du Corps législatif qui requièrent un comité secret à l'effet de désigner dix d'entre eux pour rédiger un projet de dénonciation.

Les formes de cette dénonciation sont réglées par les articles 114, 115, 116 et 117. Elle doit être écrite. Elle peut émaner du Président et des secrétaires du Tribunat, ou de dix membres du Corps législatif. Si elle est rédigée contre un ministre ou un conseiller d'Etat chargé d'une partie de l'administration publique, elle doit leur être communiquée dans le délai d'un mois. Le ministre ou conseiller dénoncé ne comparaît point pour répondre, mais l'Empereur nomme trois conseillers d'Etat pour donner au Corps législatif des éclaircissements sur la dénonciation. Le Corps législatif la discute en comité secret et vote au scrutin sur son admission ou sur son rejet. Si la dénonciation est admise, elle doit être circonstanciée, signée par le Président et les secrétaires, et adressée par un message à l'archichancelier de l'Empire, qui la transmet au procureur général près la haute Cour. Les ministres peuvent, chacun en ce qui les concerne, dénoncer au ministère public les prévarications et abus de pouvoir commis par les fonctionnaires placés sous leurs ordres. Si la dénonciation est faite par le ministre de la justice, il ne peut prendre part aux jugements auxquels elle donne lieu (art. 118).

Dans certains cas déterminés, le procureur général est tenu de convoquer la haute Cour sous trois jours par l'intermédiaire de l'archichancelier; ces cas sont énumérés dans les articles 110, 111, 112 et 118. Ce sont ceux de dénonciation par le Corps législatif contre les ministres ou agents de l'autorité ou par les ministres contre des fonctionnaires placés sous leurs ordres.

En dehors de ces cas, quand il y a dénonciation ou plainte, le procureur général, de concert avec les tribuns et les trois magistrats officiers du Parquet examine s'il y a lieu à poursuivre. La décision lui appartient. S'il estime qu'il n'y a pas lieu à suivre, il formule des conclusions sur lesquelles la haute Cour statue par un jugement définitif. Si ses conclusions sont rejetées, le ministère public est tenu de continuer les poursuites. Dans ce cas, comme au cas où le ministère public est d'avis qu'il y a lieu de suivre, le ministère public est tenu de dresser dans la huitaine un acte d'accusation et de le communiquer au commissaire et au suppléant que l'archichancelier nomme parmi les juges de la haute Cour (art. 122-123).

Instruction. — Les fonctions de ce commissaire ou, à son défaut, du suppléant, consistent à faire l'instruction et le rapport. Il soumet l'acte d'accusation à douze commissaires de la haute Cour choisis par l'archichancelier, six parmi les sénateurs et six parmi les autres membres de la Cour. Les membres ainsi choisis ne peuvent plus concourir au jugement. Si les douze commissaires jugent qu'il y a lieu à accusation, le rapporteur rend une ordonnance conforme, décerne les mandats d'arrêt et procède à l'instruction. S'ils estiment, au contraire, qu'il n'y a pas lieu à suivre, le rapporteur en réfère à la haute Cour qui statue définitivement.

Débats et jugement. — La haute Cour ne peut juger à moins de soixante membres. L'accusé et le ministère public peuvent en récuser chacun dix sans donner de motifs. Les débats sont publics. Les accusés sont libres de choisir des défenseurs ; s'ils ne le font pas, l'archichancelier leur en donne un d'office.

L'arrêt doit être rendu à la majorité absolue des voix et prononcé publiquement.

Pénalité. — L'article 130 contient deux principes de la plus haute importance : *la haute Cour ne peut prononcer que des peines portées par le code pénal.* Innovation aussi heureuse que remarquable, car plusieurs des lois antérieures étaient muettes à cet égard et semblaient abandonner la peine à l'arbitraire des juges. La haute Cour peut d'ailleurs, lorsqu'elle acquitte, placer les accusés acquittés sous la surveillance de la haute police pour un temps qu'elle détermine (art. 131).

Action civile. — Le second principe proclamé par l'article 130, c'est que la haute Cour *est compétente pour connaître de l'action civile accessoirement à l'action publique.* « Elle

» prononce, s'il y a lieu, » dit le texte, « la condamnation
» aux dommages et intérêts civils. » C'était là encore une
innovation considérable. Sauf la loi de vendémiaire, toutes
les lois antérieures étaient muettes sur ce point et laissaient
indécise la question de savoir si l'action privée pouvait être
déférée à la haute Cour ou ne pouvait être soumise qu'aux
tribunaux ordinaires.

Ce sénatus-consulte consacrait une autre innovation plus
grave encore; il supprimait l'intervention du jury. En cela,
il portait atteinte au droit commun et au principe de l'égalité et constituait réellement une juridiction exceptionnelle. Mais il réalisait aussi de sérieuses améliorations. Il
avait, sur les lois précédentes, l'avantage d'organiser la
juridiction d'instruction en même temps que la juridiction
de jugement. Par un progrès plus sérieux encore, il qualifie
et énumère exactement les délits de fonction dont les ministres et autres fonctionnaires peuvent avoir à répondre.

C'était encore une heureuse innovation de déférer à la
haute Cour les délits personnels commis par les princes,
ministres, titulaires des hautes dignités de l'Empire dont
les lois anciennes ne parlaient pas et dont l'acte de 1799
laissait le jugement aux tribunaux ordinaires après autorisation préalable. L'un des auteurs qui ont écrit récemment
sur le Droit constitutionnel, M. Faustin Hélie, approuve hautement cette attribution ; car, dit-il, « devant les tribunaux
» ordinaires, ces grands personnages triompheraient par la
» crainte ou périraient par l'envie (1). »

On ne peut également qu'approuver l'attribution faite à la
haute Cour du jugement des forfaitures et prises à partie encourues par des cours d'appel ou de justice criminelle ou
par des membres de la Cour de cassation.

Les dispositions du sénatus-consulte ne sont pas moins
remarquables en ce qui touche le droit d'accusation et de
poursuite. Dans les constitutions précédentes, le droit de

---

(1) Faustin-Hélie, *Des Constitutions de la France*, p. 741.

poursuite appartient exclusivement à un corps politique, au Corps législatif. Le sénatus-consulte de l'an XII le divise; il appartient tantôt : 1° au Corps législatif, sur la dénonciation de cinquante membres et après délibération en comité secret ; 2° tantôt au ministre en ce qui concerne les délits des fonctionnaires placés sous ses ordres ; 3° tantôt enfin à un procureur général spécial nommé par le gouvernement et inamovible.

L'institution de ce ministère public et surtout l'inamovibilité qui lui est conférée sont dignes de la plus sérieuse attention.

C'est le procureur général qui, dans tous les cas, saisit la haute Cour. A la vérité, il est forcé de le faire toutes les fois qu'un délit lui est dénoncé par le Corps législatif ou par un ministre. Mais ce n'est plus au pouvoir politique qu'il appartient de dresser les actes d'accusation et de convoquer la haute juridiction. La plainte, une fois déposée, le pouvoir politique s'efface entièrement devant le ministère public.

Au surplus, ce sénatus-consulte, dont le plus grand défaut est une certaine complication, n'a jamais figuré que dans le bulletin des lois. La haute Cour ne fut pas une seule fois convoquée pendant la durée du premier Empire. Le décret, tristement fameux du 3 mars 1810, qui rétablissait purement et simplement les lettres de cachet, rendait cette convocation inutile (1).

Code pénal de 1810. — En 1810, un nouveau code pénal vint remplacer la législation antérieure. Dans ses articles 75 à 108, il donnait la définition d'un certain nombre de crimes et délits contre la sûreté de l'Etat, que l'article 101 (§ 2) du sénatus-consulte de floréal déférait à la haute Cour.

En résumé, le principe de la responsabilité des fonctionnaires, spécialement des ministres, réclamée par les cahiers des Etats généraux, est proclamé par la constitution de 1791

---

(1) « Considérant qu'il est un certain nombre de nos sujets détenus dans
» les prisons d'Etat, sans qu'il soit convenable ni de les traduire devant les
» tribunaux, ni de les faire mettre en liberté. »

et reproduit dans toutes celles qui la suivent. Ayant repoussé le système des deux Chambres, l'assemblée constituante confie le jugement des prévarications des fonctionnaires et des crimes d'Etat à une haute Cour. Cette haute juridiction n'est autre chose que la mise en œuvre de la souveraineté nationale ; c'est la nation seule qui peut accuser par l'intermédiaire de ses représentants ; c'est elle encore qui juge par l'organe des jurés qu'elle a élus. A peine organisée la haute Cour tend, sous l'assemblée législative, à devenir l'instrument des passions populaires et des vengeances politiques. Remplacée de fait par les Tribunaux révolutionnaires, avant d'être légalement supprimée par la convention, elle est rétablie par le directoire qui (singulière inconséquence) restreint sa compétence au jugement des directeurs et des législateurs. Sa compétence ne s'étend qu'aux délits de fonction. Ses arrêts sont souverains. La constitution de l'an VIII lui rend le jugement des délits politiques des ministres ; l'Empire enfin en change entièrement le caractère. Le jury disparaît. Tous les délits politiques ou non, commis par les hauts personnages, ressortissent à la haute Cour. Le droit d'accusation se divise ; un ministère public permanent et inamovible est institué. La haute Cour a cessé d'être une émanation directe de la nation pour devenir une institution monarchique.

Dans le livre suivant, nous examinerons ce qu'elle a été sous la monarchie constitutionnelle.

LIVRE IV

LA HAUTE COUR POLITIQUE DANS LA MONARCHIE CONSTITUTIONNELLE

CHAPITRE PREMIER.

LA HAUTE COUR ET LA PREMIÈRE RESTAURATION.

Après l'abdication de Napoléon, le sénat conservateur avait préparé un projet de constitution que le roi, comme on sait, refusa d'accepter. Ce projet, qui porte la date des 6-9 avril 1814, consacrait, en même temps que le rétablissement de la monarchie héréditaire, la division du pouvoir législatif en deux chambres, et, en même temps que l'inviolabilité royale, la responsabilité ministérielle (1).

Ces principes furent reproduits et complétés par la charte du 14 juin 1814.

L'article 33 conférait à la chambre des pairs les attributions de la haute cour pour le jugement « *des crimes de haute trahison et des attentats à la sûreté de l'Etat, qui seraient définis par la loi.* »

L'article 55 attribuait à la Chambre des députés « le droit d'accuser les ministres et de les traduire devant la Chambre des pairs, qui, seule, avait le droit de les juger. »

Enfin, l'article 56 déterminait en ces termes les faits à

---

(1) Art. 21. « Les ministres sont responsables de tout ce que les actes du Gouvernement contiendraient d'attentatoire aux lois, à la liberté publique et individuelle et aux droits des citoyens. » — Ce projet n'édictait, d'ailleurs, aucune disposition sur l'accusation et le jugement des ministres.

raison desquels les ministres pouvaient être poursuivis :
« Ils ne peuvent être accusés que pour faits *de trahison ou*
» *de concussion*. Des lois particulières spécifieront cette na-
» ture de délits et en détermineront la poursuite. »

Ces textes combinés avaient pour effet de substituer la Chambre haute à la haute Cour. *Ratione materiæ*, ils limitaient sa compétence au crime de haute trahison et aux attentats contre la sûreté de l'Etat. *Ratione personæ*, ils la restreignaient au jugement des ministres seuls. Encore les ministres n'étaient-ils plus justiciables de la haute Cour que pour faits de trahison et de concussion.

Les articles 33 et 56 annonçaient une loi organique qui devait à la fois donner la définition de ces divers crimes et organiser l'instruction et la procédure à suivre pour leur répression. La première restauration dura trop peu pour avoir le temps de la faire. Nous ne croyons pas, d'ailleurs, que la Chambre haute ait été constituée en Cour de justice depuis le retour de Louis XVIII jusqu'aux Cent jours.

CHAPITRE II.

LA HAUTE COUR ET L'ACTE ADDITIONNNEL AUX CONSTITUTIONS DE L'EMPIRE.

Bien qu'il se rattachât par son nom aux constitutions du premier Empire, l'acte additionnel maintenait, en réalité, les formes essentielles de la monarchie constitutionnelle (1). Il conserva la division du pouvoir législatif en deux Chambres, la responsabilité ministérielle, et supprima expressément la haute Cour impériale.

L'article 56 déclarait que « tous les crimes et délits attri» bués à la haute Cour impériale, et dont le jugement n'était » pas réservé, par le présent acte, à la Chambre des Pairs, » seraient portés devant les Tribunaux ordinaires. »

Compétence. — Quels étaient les crimes et délits dont le jugement était ainsi réservé à la Chambre haute ?

Aux termes des articles 40 et 41, elle était exclusivement compétente pour juger les ministres et les commandants d'armée de terre et de mer, dans le cas « *où ils avaient com-* » *promis la sûreté ou l'honneur de la nation.* » On voit combien la définition était vague !

Accusation. — A qui appartenait le droit d'accusation ? — à la Chambre des représentants ? Avant de prononcer sur la mise en accusation d'un ministre ou d'un commandant d'ar-

---

(1) C'est pour ce motif qu'après quelque hésitation, nous n'avons pas cru devoir l'étudier immédiatement après le sénatus-consulte de floréal, et en avons maintenu l'examen à sa place dans l'ordre chronologique.

mée, cette Chambre devait, sur le rapport d'une commission de soixante membres tirés au sort, décider s'il y avait lieu à examiner la proposition. Cette commission ne devait faire son rapport que dix jours, au plus tôt, après sa nomination (art. 43 et 44). Si la Chambre déclarait qu'il y avait lieu à examen, elle pouvait, mais seulement au terme d'un nouveau délai de dix jours au moins, appeler dans son sein le ministre ou commandant inculpé, et lui demander des explications. Une nouvelle commission de soixante membres, tirée au sort comme la première, faisait alors, après un troisième intervalle de dix jours, un nouveau rapport sur la mise en accusation. Enfin, cette mesure ne pouvait être prononcée que dix jours au moins après la lecture et la distribution du rapport. Pour éviter les résolutions précipitées et laisser au temps le soin de calmer les passions, la sagesse de la loi plaçait ainsi un intervalle forcé de quarante jours entre le premier examen des charges et le vote définitif de l'accusation.

L'accusation admise, la Chambre des représentants choisissait dans son sein cinq commissaires pour la poursuivre et la soutenir devant la Chambre des Pairs.

Pénalité. — Quant à la pénalité, l'article 42 portait expressément que, dans ce cas, la Chambre des Pairs « *exer-*
» *çait, soit pour caractériser le délit, soit pour infliger la*
» *peine, un pouvoir discrétionnaire.* »

Jamais autorité plus absolue, plus dangereuse n'avait été confiée à une assemblée. Le vague calculé de la définition du délit, le **droit discrétionnaire** donné au juge de le caractériser **et** de le punir, élevaient l'arbitraire à la hauteur d'**une** loi. On n'était pas allé plus loin, au moins légalement, **aux** plus mauvais jours de la Révolution. Sans doute, la procédure d'accusation organisée devant la Chambre des représentants, était sage, et nous verrons qu'elle a été empruntée ou imitée par plusieurs législations étrangères. Mais l'omnipotence conférée au Tribunal, les dispositions qui l'affranchissaient de toute loi, étaient indignes, il ne faut pas craindre de le dire, de l'homme politique qui avait inspiré et rédigé l'acte additionnel (1).

Ces dispositions, au surplus, ne reçurent jamais d'application pendant les deux mois que vécut la constitution nouvelle, bientôt emportée par la défaite de Waterloo.

(1) M. Benjamin Constant.

CHAPITRE III.

DE LA HAUTE COUR SOUS LE GOUVERNEMENT DE LA SECONDE RESTAURATION ET SOUS LE GOUVERNEMENT DE JUILLET (1815-1848).

SECTION PREMIÈRE. — *Considérations générales.*

Avec la seconde Restauration, la charte du 14 juin 1814 reprit son empire (1).

Elle attribuait, nous l'avons vu, à la Chambre haute, la connaissance des crimes de haute trahison et des attentats à la sûreté de l'Etat commis par toute personne ; à la Chambre des députés, le droit d'accuser les ministres ; à la Chambre des Pairs, celui de les juger pour faits de trahison et de concussion.

(1) Le projet d'acte constitutionnel, présenté par la Commission centrale de la Chambre des représentants, le 29 juin 1815, organisait d'une façon très complète la responsabilité ministérielle. L'article 28 déclarait les ministres responsables de tous les actes de leur ministère qui porteraient atteinte à la sûreté nationale, aux actes des constitutions, aux intérêts du trésor public, à la propriété, à la liberté des individus, à la liberté de la presse ou des cultes. Les articles 29 et 30 conféraient à la Chambre des représentants le droit de les accuser, à la Chambre des pairs celui de les juger. Les Chambres avaient les mêmes droits d'accusation et de jugement à l'égard des commandants de terre ou de mer qui compromettaient la sûreté ou l'honneur de la nation. L'article 32 maintenait à la Chambre des pairs le pouvoir discrétionnaire que lui attribuait déjà l'acte additionnel soit pour caractériser le délit, soit pour infliger la peine. Enfin l'article 33 accordait aux particuliers le droit de poursuivre les ministres et leurs agents subordonnés à raison des dommages qu'ils prétendraient avoir injustement soufferts par les actes du Ministère ou de l'administration, et attribuait la connaissance de ces actions aux tribunaux ordinaires (Sirey, 1815, 2ᵉ partie, p. 228 et suiv.). Ce projet, on le sait, ne fut pas adopté.

La charte de 1830 ne fit que reproduire la disposition de la charte de 1814 dans son article 28 ainsi conçu : « La » Chambre des pairs connaît des crimes de haute trahison » et des attentats à la sûreté de l'Etat qui seront définis par » la loi. »

L'article 47 donna à la Chambre des députés le droit d'accuser les ministres et de les traduire devant la Chambre des pairs qui, seule, avait le droit de les juger. Toutefois, ce texte ne limitait pas, comme l'article 56 de la charte de 1814, le droit d'accusation de la chambre aux seuls faits de trahison et de concussion. L'article 69 annonçait qu'il serait pourvu par une loi spéciale et dans le plus court délai possible à l'organisation de la responsabilité des ministres et autres agents du pouvoir.

Enfin les deux chartes avaient institué une juridiction spéciale pour le jugement des Pairs de France, qui « ne pou- » vaient être arrêtés que de l'autorité de la Chambre haute » et jugés que par elle en matière criminelle » (art. 34 de la charte de 1814 et 39 de la charte de 1830).

La définition des crimes de haute trahison et des attentats à la sûreté de l'Etat, successivement promise par l'article 33 de la charte de 1814 et par l'article 28 de la charte de 1830, ne fut jamais donnée. Les projets élaborés pour répondre à la promesse de l'article 69 de la Constitution de 1830, ne purent aboutir. La Chambre haute avait essayé de combler cette lacune en adoptant, le 8 mars 1816, une résolution en trente articles qui réglait les formes de sa procédure ; cette résolution n'eut pas de suite (1). Une ordonnance du 20 avril 1821 tenta d'y pourvoir. Mais la Chambre des pairs dénia au pouvoir le droit de régler cette matière par ordonnance, et, avec une ferme indépendance, déclara qu'elle ne pouvait accepter une semblable réglementation que d'une loi. Plusieurs projets furent discutés, en 1819, 1832 et 1834, en janvier 1836,

(1) Cette résolution énumérait, à l'instar du S.-C. de floréal, un certain nombre de personnes revêtues d'éminentes dignités, dont les attentats devraient seuls ressortir à la haute juridiction de la Cour.

janvier 1837, 1839. Tous échouèrent successivement (1).

Malgré une légère différence dans les textes, l'esprit des deux chartes était le même. L'une et l'autre ne faisaient qu'appliquer le système déjà proposé en 1789 par Lally-Tollendal : la division de la juridiction politique entre les deux Chambres, l'attribution du droit d'accusation à la Chambre basse, du droit de jugement à la Chambre haute.

La juridiction politique ne change pas de 1815 à 1848. La révolution de 1830 n'en a ni modifié l'organisation ni sensiblement altéré le caractère. C'est par un progrès régulier, sous l'empire des mêmes principes et d'un même esprit, que sa jurisprudence se développe et que son autorité s'affirme pendant les trente-trois années que dure la monarchie constitutionnelle. Il est donc, à tous égards, convenable de réunir en un seul chapitre l'étude de la juridiction de la Chambre haute pendant la deuxième Restauration et le Gouvernement de Juillet.

La Chambre des pairs tenait, à la fois, de la charte, des attributions législatives et des attributions judiciaires. Il était difficile que ces attributions, bien que distinctes, ne réagissent pas les unes sur les autres. Alors même qu'elle se constituait en Cour de justice, la Chambre des pairs ne pouvait guère oublier la haute situation politique et le rôle de pouvoir modérateur qui lui appartenaient dans l'Etat. Aussi se considéra-t-elle toujours et fut-elle généralement acceptée comme un Tribunal mixte, à la fois judiciaire et politique, comme « *une sorte de grand jury national* » (le mot est de M. Villemain), tenant, de sa nature et de la loi de son institution, une sorte d'omnipotence qui ne s'étendait pas seulement à l'appréciation des faits, mais à la fixation même de sa compétence, au fonctionnement de sa juridiction et jusqu'à l'application de la peine. Elle voulut demeurer, dans l'administration de la justice, et elle de-

---

(1) Dalloz (Alph.), *Compétence criminelle*, n° 713; Responsabilité, n° 273. — Cauchy, *Précédents de la C. des Pairs*, p. 535. — Jean Clos, *De la resp. des ministres*, Paris, 1886, p. 135.

meura, en effet, ce qu'elle était dans la sphère politique, un pouvoir essentiellement modérateur.

Sa haute juridiction venait à peine d'être instituée, que les procès les plus graves lui étaient déférés. Les lois promises n'avaient point été votées. Aucune règle précise ne déterminait ni les crimes et délits dont elle devait connaître, ni les formes et la procédure qu'elle devait suivre, ni les peines qu'elle devait appliquer.

Dans de semblables conditions, la Chambre des pairs n'eut à prendre conseil que d'elle-même.

Elle renfermait heureusement dans son sein des hommes considérables par les lumières et l'expérience, instruits par les plus graves événements qu'aucune génération eût encore traversés, et également éloignés des excès révolutionnaires et des violences du despotisme. « La Chambre des pairs, » disait noblement M. le chancelier Dambray, lors de sa première constitution en Cour judiciaire, « ne peut vouloir que
» la justice; elle ne peut chercher que la vérité; mais elle
» ne doit les recevoir que des mains de la loi et dans les
» formes qu'elle a si sagement établies. Si ces formes ne
» sont pas pour nous de stricte rigueur, elles sont au moins
» d'étroite convenance, et il est dans notre intention de
» conserver toutes celles qui, dans les tribunaux ordinaires,
» sont protectrices de l'innocence, tutélaires de l'honneur
» et de la vie des citoyens. »

Dans la difficile tâche de tracer elle-même les règles qui devaient fixer sa compétence, présider à l'instruction des affaires, à la direction des débats, à la délibération de l'arrêt et à l'application des peines, la Chambre des pairs s'inspira toujours d'une double pensée : suivre autant que possible les lois existantes, ne s'en écarter que « pour revenir au
» droit naturel et aux principes généraux de cette loi su-
» prême du genre humain que les hommes n'ont point
» faite (1). »

---

(1) Portalis, *Rapport sur l'affaire d'avril 1834.*

C'est l'étude de ces règles qu'il nous reste à faire brièvement.

Section II. — *De l'organisation de la Cour des Pairs.*

Lorsqu'elle siégeait comme Cour de justice, la Chambre des Pairs prenait le nom de *Cour des Pairs*. Ce fut, pour la première fois, en 1820, dans le procès de Louvel qu'elle siégea sous ce titre ; depuis, elle l'a constamment porté (1).

Bien que sa constitution en Cour de justice ne fût qu'accidentelle et temporaire, on peut dire que la Chambre des Pairs constituait une juridiction permanente, puisqu'il suffisait d'une ordonnance royale ou d'une résolution de la Chambre des députés pour la saisir. Elle n'avait donc rien du caractère d'une commission contre lequel, d'ailleurs, son indépendance eût protesté.

Il n'y a pas, dans l'organisation judiciaire de la France, de Cour de justice sans un ministère public chargé de requérir. La charte ne créait pas de ministère public près la Chambre des Pairs. Il fallut suppléer à son silence. La première ordonnance qui saisit la Cour désignait les ministres comme commissaires du roi chargés de soutenir l'accusation et la discussion. « Personne, » disait-elle dans son préambule, « ne peut vouloir que le jugement soit retardé par le
» motif qu'il n'existe pas, auprès de la Chambre des Pairs,
» un magistrat qui exerce l'office de procureur général ; la
» charte n'en a pas établi ; elle n'a pas voulu en établir,
» peut-être ne l'a-t-elle pas dû. Pour certains crimes de
» haute trahison, l'accusateur s'élèvera de la Chambre des
» députés ; pour d'autres, c'est le gouvernement lui-même
» qui doit l'être. Les ministres sont les organes naturels de
» l'accusation, et nous croyons bien plutôt remplir un de-

---

(1) Dans le procès du maréchal Ney, elle était simplement qualifiée de Chambre des Pairs (S. C. N., 5, 2, 78).

» voir qu'exercer un droit en nous acquittant devant vous
» du ministère public (1). »

Cependant, une ordonnance du lendemain 12 novembre chargea le procureur général près la Cour de Paris de l'instruction de l'affaire en laissant aux ministres nommés commissaires du roi le soin de rédiger l'acte d'accusation.

La jurisprudence, à défaut de la loi, établit, près la Cour des Pairs, un parquet organisé sur le modèle des parquets des Cours souveraines. Toutefois, ce parquet n'eut jamais une organisation permanente. L'usage était d'instituer, dans chaque affaire, par une délégation spéciale, un ou plusieurs membres chargés de remplir les fonctions du ministère public.

Lorsqu'il s'agissait d'une poursuite dirigée contre les ministres, ce n'était plus le roi qui déléguait un procureur général ; — c'était à la Chambre des députés qu'appartenait le droit de soutenir l'accusation. A cet effet, elle déléguait des commissaires (2).

On se demanda si, devant la Chambre haute, aux commissaires nommés par la Chambre des députés ne devait pas s'adjoindre un procureur général nommé par le roi. Les hésitations de la Cour furent tranchées par une observation de son président : « Si tous deux soutiennent l'accusation, » disait M. Pasquier, « quel poids énorme ce concours ne
» mettra-t-il pas dans la balance ? Comment les accusés ré-
» sisteront-ils à cette double poursuite ? Si, au contraire,
» les commissaires de la Chambre et le procureur général
» venaient à être divisés d'opinion, si le procureur général
» usait du droit qui appartient au ministère public de se
» désister d'une accusation qu'il croirait mal fondée, s'il
» parlait à la décharge lorsque les commissaires persiste-
» raient dans leur accusation, quel scandale, quel désordre

---

(1) Ordonnance du 11 novembre 1815 (S. C. N., 5, 2, 78).
(2) Dans le procès des ministres de 1830, les commissaires délégués furent MM. Bérenger, Persil et Madier de Montjau.

» ne résulterait pas de ce conflit entre deux des grands
» pouvoirs de l'Etat (1). »

Cette observation péremptoire trancha les hésitations.

La Cour des pairs reconnut d'ailleurs aux commissaires de la Chambre des députés les mêmes droits, la même liberté d'action qu'au ministère public (2).

En ce qui touche sa composition intérieure, les causes d'excuse ou d'empêchement qui pouvaient s'opposer à ce qu'un pair prît part au jugement, la Cour, dans sa jurisprudence, se rapprochait autant que possible du droit commun. Elle reconnaissait comme causes générales pouvant empêcher un pair d'être juge : 1° le défaut d'âge ; 2° le défaut d'assistance aux séances, et 3° enfin une nomination postérieure au fait soumis au jugement de la Cour.

Ce dernier principe faisait grand honneur à son indépendance et à son esprit libéral. Elle eut toujours à cœur d'éviter ce qui, de près ou de loin, pouvait rappeler les commissions judiciaires. Le nombre des pairs étant illimité et la prérogative royale pouvant s'exercer en tout temps, elle avait cherché une garantie « contre l'abus qui pourrait être
» fait de la nomination royale pour désigner des juges en vue
» d'un procès déjà né (3). »

Quant aux causes personnelles de déport, qui peuvent varier à l'infini, il était d'usage que le pair les déclarât à la Chambre du Conseil et soumît ses scrupules à l'appréciation de la Cour. La maladie, la situation d'inculpé, d'accusateur, de témoin étaient généralement admises comme causes d'excuse ou d'abstention ; toutefois, la qualité de témoin n'était pas un obstacle absolu aux fonctions de juge. A ces causes il convient d'ajouter la parenté avec l'inculpé et le

---

(1) Paroles de M. Pasquier, citées par Cauchy.

(2) Les fonctions de greffier de la Cour des pairs étaient remplies par le garde des archives de la Chambre des pairs ; les ordonnances qui saisissaient la Cour contenaient ordinairement une délégation spéciale à cet effet. — La Cour désignait elle-même ses huissiers.

(3) Cauchy, p. 81.

caractère sacerdotal à raison duquel les pairs ecclésiastiques, fidèles à l'antique tradition que nous avons fait connaître, crurent toujours devoir s'abstenir de prendre part au jugement des procès criminels pouvant entraîner la peine de mort (1).

Section III. — *De la compétence de la Cour des pairs.*

§ 1. — *De la compétence « ratione materiæ. »*

L'article 33 de la charte de 1814, reproduit par l'article 28 de la charte de 1830, portait : « La Chambre des pairs con-
» naît des crimes de haute trahison et des attentats à la
» sûreté de l'Etat qui *seront* définis par la loi. »

La charte promettait ainsi une définition des crimes qu'elle déférait à la Chambre haute. Nous l'avons dit, la loi promise ne fut jamais votée.

Où donc devait-on chercher la définition dont parlait l'article 33 ? Il fallut bien que sur cette grave question la Cour complétât la charte en l'interprétant. Elle se fonda sur l'article 68 qui maintenait les lois existantes, pour poser ce premier principe : « Que la définition des crimes prévus
» par l'article 33 ne devait pas nécessairement être cherchée
» dans des lois postérieures, mais pouvait être puisée dans
» le code pénal. »

Des attentats à la sûreté de l'Etat. — La question se posa dès la première affaire dont elle fut saisie, celle du maréchal Ney. Ce n'était point, en effet, comme pair de France, mais comme accusé de haute trahison et d'attentat contre la sûreté de l'Etat que le maréchal était renvoyé devant elle. « Le code pénal, » disait l'ordonnance qui la saisissait, « a prévu, il a défini de la manière la plus éten-
» due les crimes dont on accuse le maréchal Ney. Il est donc
» impossible de contester sous ce rapport la compétence

---

(1) Notamment aff. Ney et aff. Louvel.

» de la Chambre (1). » Implicitement consacrée par l'arrêt du 17 novembre 1815, cette doctrine le fut expressément dans l'affaire Louvel par l'arrêt du 6 juin 1820. « Attendu, » disait cet arrêt, « que le code pénal, maintenu en vigueur » par l'article 68 de la charte, range dans la classe des cri- » mes contre la sûreté de l'Etat l'attentat contre la vie ou » la personne d'un membre de la famille royale, et que, » dès lors, ce crime se trouve compris dans la disposition » de l'article 33 de la charte (2). »

Lois du 10 avril 1834 et du 9 septembre 1835. — Deux lois postérieures vinrent étendre la compétence de la Chambre haute en lui déférant de nouveaux délits.

La loi du 10 avril 1834 sur les associations portait, article 4 : les attentats contre la sûreté de l'Etat commis par les associations ci-dessus mentionnées *pourront* être déférés à la juridiction de la Chambre des pairs, conformément à l'article 28 de la charte constitutionnelle.

La loi du 9 septembre 1835 (art. 1, 2 et 5) déclarait que les délits de la presse, qualifiés d'attentats, *pourraient* être déférés à la Chambre des pairs conformément à l'article 28 de la charte (3).

La promulgation de cette dernière loi eût dû lever tous les doutes sur la compétence de la Cour des pairs pour connaître des attentats prévus par les articles 86 et 87 du code pénal. Puisqu'en effet, aux termes de l'article premier, la simple provocation à (4) commettre ces crimes constituait un attentat de la compétence de la Cour des pairs, à plus forte raison en devait-il être ainsi de ces crimes eux-mêmes et de la tentative de les commettre (5).

---

(1) Ordonnance du 11 novembre 1815 (S., C. N., 2, 78).
(2) Sirey, C. N., 6, 2, 270.
(3) C'étaient la provocation par l'un des moyens énoncés dans l'article 1er de la loi du 17 mai 1819, à l'attentat contre la vie ou la personne du roi ou des membres de la famille royale, l'attentat ayant pour but de changer la forme du gouvernement, l'offense au roi, l'attaque contre la forme ou le principe du gouvernement établi, etc...
(4) Par l'un des moyens énoncés dans l'article 1er de la loi du 17 mai 1819.
(5) Cf. Dalloz, alph., *Compétence criminelle*, n° 717.

Néanmoins, après leur promulgation, d'éminents esprits se demandèrent, au contraire, si ce n'était pas désormais dans ces lois seules que la Cour pouvait trouver la définition légale annoncée par la charte.

Sur l'observation de Portalis que ces mots : « *qui seront définis par la loi* » ne se rapportaient pas nécessairement à une loi future et se référaient souvent, dans la langue du droit, à une loi déjà existante, la Cour maintint sa jurisprudence, et, par son arrêt du 20 mai 1835, repoussa les conclusions d'incompétence déposées par la défense.

Quels étaient les attentats à la sûreté de l'Etat définis par le code pénal dont la Cour des Pairs pouvait connaître ? On était généralement d'accord qu'il fallait y comprendre les crimes visés par les articles 75 à 108, notamment l'attentat contre la vie ou la personne du roi (art. 86), l'attentat contre la vie ou la personne des membres de la famille royale (art. 87), l'attentat ayant pour but de changer l'ordre du gouvernement ou l'ordre de successibilité au trône (art. 87), etc. (1).

En ce qui touche les infractions prévues par les lois de 1834 et 1835, la compétence de la Cour des pairs était certaine.

Haute trahison. — Malgré les promesses de la charte, la haute trahison ne fut pas plus définie que l'attentat à la sûreté de l'Etat. Mais, du moins, un certain nombre d'attentats étaient qualifiés par le code pénal ou par des lois spéciales. La haute trahison n'était ni définie, ni punie par aucune disposition légale. La Cour elle-même dut le reconnaître dans son arrêt du 21 décembre 1830 qui condamna les ministres (2). Elle crut pouvoir puiser dans son double caractère de pouvoir politique et judiciaire le droit de définir le crime, de créer la peine et de l'appliquer à la fois.

---

(1) Après la réforme de 1832, des doutes s'élevèrent sur la compétence, quant au complot ayant pour objet l'un des crimes prévus par les articles 86 et 87 du code pénal.

(2) « Considérant, » dit l'arrêt, « qu'aucune loi n'a déterminé la peine de la trahison, et qu'ainsi la Cour est dans la nécessité d'y suppléer. »

Caractère facultatif de la juridiction de la Cour des pairs.
— Une seconde question non moins grave que la première se posait devant la Cour. La juridiction dont elle était investie pour le jugement des attentats à la sûreté de l'Etat ou de la haute trahison était-elle une juridiction *nécessaire* ou simplement *facultative ?* Sa compétence à cet égard était-elle exclusive, ou, au contraire, laissait-elle subsister concurremment la compétence des tribunaux de droit commun tant qu'ils n'avaient pas été dessaisis par un acte de la prérogative royale?

Dès le début de sa vie judiciaire, la Cour des pairs posa comme principe *que sa compétence en matière d'attentat et de haute trahison n'avait qu'un caractère facultatif.* « Attendu, » disait l'arrêt du 24 janvier 1821, « que l'article 33 de la
» charte, en attribuant à la Cour des pairs la connaissance
» des crimes de haute trahison et des attentats à la sûreté
» de l'Etat, n'indique pas en même temps que pour ces
» crimes même la compétence de cette Cour soit exclusive
» de toute autre (1). » Une décision analogue fut rendue dans le célèbre procès d'avril 1834. Sur ce point, la jurisprudence de la Cour fut constante.

La même question recevait de la Cour de cassation une solution analogue. Tandis qu'une ordonnance royale du 11 novembre 1815 renvoyait le maréchal Ney devant la Cour des pairs comme accusé de haute trahison et d'attentat à la sûreté de l'Etat, une autre ordonnance du 6 septembre de la même année (2) renvoyait, au contraire, devant la Cour d'assises de la Seine un sieur Chamans-Lavalette comme complice de l'attentat commis dans les mois de février et mars 1815 contre la personne du roi et les membres de la famille royale. Condamné à mort, Lavalette se pourvut en cassation et soutint que la Cour d'assises était incompétente

---

(1) Sirey, C. N., 6, 2, 364.
(2) On peut, à bon droit, s'étonnner qu'une cour d'assises eût été saisie par ordonnance royale.

pour juger une affaire de la compétence exclusive de la Cour des pairs.

La Cour, conformément aux conclusions du procureur général Mourre, rejeta le pourvoi : « Attendu, » dit l'arrêt, « que l'article 33 de la charte n'attribue pas à la Chambre » des pairs indistinctement la connaissance de tous les at- » tentats contre la sûreté de l'Etat ; qu'il restreint cette attri- » bution aux attentats contre la sûreté de l'Etat qui *seront* » définis par la loi ; qu'aucune loi n'a encore déterminé ceux » de ces attentats qui, conformément à cet article, doivent » être soumis au jugement de la Chambre des pairs ; qu'ils » demeurent donc tous encore dans le droit commun et que » la Cour était compétente pour statuer sur l'accusation (1). »

La doctrine de ce premier arrêt déniait, on le voit, à la Cour des pairs le droit qu'elle s'attribuait, au contraire, de connaître, en vertu de la charte, des attentats définis par le code pénal : il était la contradiction flagrante de l'ordonnance royale qui avait traduit le maréchal Ney devant la Chambre haute. Quelques années plus tard, dans un arrêt vraiment magistral, la Cour de cassation, en même temps qu'elle le proclamait solennellement, définit avec exactitude le caractère facultatif de la juridiction de la Cour des pairs :

« Il appartient aux Cours d'assises, » dit cet arrêt, « en » vertu de l'universalité de leur juridiction sur tous les faits » qualifiés crimes, de connaître des crimes de haute trahison » et d'attentat à la sûreté de l'Etat dont elles n'ont pas été » dessaisies par un acte supérieur et constitutionnel décla- » ratif quant aux faits dont il s'agit de la compétence de la » Chambre des pairs (2). »

Désormais les deux juridictions étaient d'accord, et, dans la séance du 19 décembre 1834, M. Portalis pouvait résumer ainsi le caractère et l'esprit de cette double jurisprudence :

« L'intérêt de l'Etat n'exige pas que la Cour des pairs soit

---

(1) Cass., 14 décembre 1815 S., 1816, 1, 32.
(2) Cass., 8 décembre 1820, aff. Planzeau. S., Collection nouvelle, 6, 1, 342. *Journal du Palais*, t. 16, p. 224.

» saisie de tous les faits qualifiés attentats, et c'est sans
» doute pour cela que l'article 28 de la charte n'a pas dé-
» pouillé la juridiction ordinaire de la connaissance de ces
» crimes, mais qu'il a seulement réservé à une juridiction
» plus élevée le droit de juger *selon que la nécessité le com-*
» *manderait* ceux qui ont un caractère particulier de gravité
» et d'importance. Quand ces circonstances se présentent,
« le roi saisit la Chambre et la constitue en Cour de justice ;
» *la Cour apprécie les circonstances de temps et de lieu,*
» *l'importance des faits et des personnes, et décide si elle doit*
» *demeurer saisie ou si elle doit se dessaisir et renvoyer aux*
» *tribunaux ordinaires.* Telle est la jurisprudence de la Cour
» des pairs, et c'est aussi en ce sens que la Cour de cassa-
» tion a jugé que les tribunaux ordinaires n'étaient pas in-
» compétents pour juger les crimes d'attentat dont la Cour
» des pairs n'était pas saisie (1). »

Il est donc certain que la justice de droit commun pouvait et devait connaître des attentats à la sûreté de l'Etat tant que la prérogative royale ne l'en avait pas dessaisie pour en saisir la Chambre haute (2).

Mais, ainsi qu'on a pu le remarquer dans les paroles de M. Portalis, la Cour ne se considérait pas comme définitivement saisie, même par l'ordonnance royale qui lui déférait un fait délictueux. Elle se reconnaissait, *dans tous les cas*, le droit de statuer sur sa propre compétence, croyant, à cet égard, « remplir un devoir qui lui était imposé (3). » A raison de son double caractère à la fois politique et judiciaire, elle estima qu'elle ne devait demeurer saisie d'une poursuite qu'autant que l'intérêt de l'Etat le commandait. Elle chercha et crut trouver dans la gravité plus ou moins grande des faits le critérium à l'aide duquel elle devait re-

---

(1) Cauchy, *Précédents de la Cour des Pairs*, p. 160.
(2) Il ne pouvait évidemment en être de même de la haute trahison, puisqu'elle n'était qualifiée et punie par aucune disposition légale soit antérieure, soit postérieure à la charte.
(3) Paroles de M. le comte Germain. Séance du 24 janvier 1821.

tenir l'affaire ou s'en dessaisir. L'arrêt du 14 janvier 1821 posa ce principe auquel la Cour demeura constamment fidèle : « *Attendu qu'il appartient à la Cour des pairs d'appré-*
» *cier si les crimes qui lui sont déférés rentrent, par leur gra-*
» *vité et leur importance, dans la classe de ceux dont le juge-*
» *ment lui est spécialement réservé* (1). »

La Cour appliqua ce principe alors même qu'elle était saisie, non plus en vertu de l'article 28 de la charte et du code pénal, mais en vertu des lois de 1834 et de 1835.

Le texte de ces lois portait, en effet, que les attentats qu'elles visaient *pouvaient* être déférés à la Cour des pairs. Le mot *pouvaient* indiquait bien que cette juridiction était facultative pour le pouvoir. Au surplus, l'exposé lui-même, présenté aux Chambres par le garde des sceaux, avait pris soin d'en définir le caractère : « Ce que la loi a entendu, » disait cet exposé, « en réservant au gouvernement le pou-
» voir de saisir la Chambre des pairs, c'est de l'autori-
» ser dans de grandes circonstances, lorsque le crime serait
» grave et qu'il émanerait de quelque puissante entreprise
» ou de hauts personnages, à s'adresser à ce Tribunal
» élevé. L'étendue des effets du crime, la nécessité d'y
» mettre un terme, un grand et salutaire exemple à donner,
» voilà ce qui peut porter un ministère à se soustraire, dans
» quelques cas rares, au jury, pour s'adresser à la Chambre
» des pairs. » — La Cour des pairs admit que, dans ce cas même, l'usage que faisait le pouvoir de la faculté qu'il avait de la saisir ne lui enlevait pas à elle-même le droit d'examiner à son tour « et, en toute liberté de conscience, s'il était
» dans les convenances politiques, comme dans les règles
» judiciaires, qu'elle restât saisie (2). »

En définitive, la compétence de la Cour des pairs, *ratione materiæ*, sauf en ce qui concerne la haute trahison, dont

---

(1) Cauchy, p. 165 et 166.
(2) Paroles de M. Mérilhou. Arrêt de compétence du 28 juin 1838 (aff. Laity). Cauchy, p. 183.

elle seule évidemment pouvait connaître, était facultative à un double titre :

1° Le pouvoir exécutif avait la faculté, non l'obligation de la lui déférer ;

2° Alors même qu'une ordonnance royale la lui déférait, la Cour avait le droit de s'en dessaisir, et elle usait, à cet égard, d'un pouvoir discrétionnaire.

§ 2. — *De la compétence de la Cour des pairs « ratione personæ. »*

Si la compétence conférée à la Cour des pairs *ratione materiæ* était simplement *facultative*, à l'inverse, la compétence qu'elle tenait de la charte, à raison de la qualité des personnes, était *nécessaire*.

La Cour des pairs était exclusivement compétente :

1° Pour juger les ministres accusés par la Chambre des députés (art. 33, charte de 1814 ; art. 28, charte de 1830) ;

2° Elle seule pouvait autoriser l'arrestation et procéder au jugement d'un pair de France (art. 34, charte de 1814 ; art. 29, charte de 1830).

Mais, dans ces deux cas même, qu'elle fût saisie d'une plainte contre un pair ou d'une accusation formelle contre un ministre, elle se réservait toujours le droit de statuer sur sa compétence, d'examiner la gravité des faits, d'étudier l'état des esprits, et de ne retenir l'affaire qu'autant que l'intérêt supérieur de l'Etat lui paraissait l'exiger.

D'ailleurs, dans les affaires même où sa juridiction était exclusive, certaines circonstances pouvaient se présenter qui rendissent douteuse la légitimité de sa compétence. Les affaires de Montalembert et de Kergorlay en offrirent deux mémorables exemples (1). Cette raison seule suffisait pour obliger la Cour à examiner avec une scrupuleuse attention si elle était, à bon droit, saisie. « A défaut d'une loi spéciale » sur la compétence de la Cour, » disait, à la séance du

---

(1) **Sirey,** 30, 2, 382.

15 novembre 1830, M. Pasquier, « il lui importe de veiller
» sans cesse à ce que cette juridiction soit restreinte dans
» ses véritables limites, et d'empêcher que jamais sa consti-
» tution ne puisse ressembler en rien à celle d'un Tribunal
» extraordinaire, formé par le gouvernement à sa volonté
» et suivant son intérêt. »

Le texte de la charte portait qu'aucun pair « ne pouvait
» être arrêté que de l'autorité de la Chambre et jugé que
» par elle *en matière criminelle*. »

Une première conséquence découlait de ce principe : les princes du sang n'étaient évidemment justiciables que de la Cour des pairs, puisque, aux termes de la charte (1), ils étaient pairs par droit de naissance.

La jurisprudence de la Cour admit que le droit de n'être jugé que par la Chambre haute « était attaché à la qualité de » pair, du moment que cette qualité était acquise, » alors même que le pair, à raison de son âge, n'avait pas encore été admis à prendre séance à la Chambre (2), et qu'il subsistait tant que cette qualité n'était pas irrémissiblement perdue, alors même, par exemple, que le pair inculpé avait encouru la déchéance pour refus de serment, si le délit qui lui était imputé était antérieur à ce refus (3).

Au surplus, cette juridiction s'étendait à tous les faits délictueux, qu'ils eussent le caractère de crime ou celui de simple délit (4).

Qu'eût-il fallu décider, s'il se fût agi d'une simple contravention ? Les contraventions de police rentraient-elles dans ces mots de la charte : « en matière criminelle ? » La Cour des pairs, à notre connaissance du moins, n'eut pas l'occasion de se prononcer sur ce point ; mais, dans un arrêt du 25 mai 1833, la Cour de cassation décida que l'article 29 de la charte distinguait, à l'égard des pairs de France, entre le

---

(1) Charte de 1830 (art. 26).
(2) Affaire du 19 septembre 1831 ; de Montalembert. Cauchy, p. 8.
(3) Arrêt du 22 novembre 1830 ; de Kergorlay, S. 32, 2, 382.
(4) Affaire Montalembert.

jugement et l'arrestation ; que ses termes étaient généraux quant à l'arrestation, et qu'il en résultait qu'aucun pair ne pouvait être arrêté que de l'autorité de la Chambre ; mais que cet article, quant au jugement, était limité aux matières criminelles ; que ces mots : « matière criminelle, » ne présentaient pas un sens absolu ; que leur acception devait être déterminée et limitée par l'esprit de la disposition à laquelle ils s'appliquaient, et que les infractions de simple police ne pourraient être régies par l'article précité sans une extension évidente de la juridiction exceptionnelle qui l'avait fondée (1).

Cette interprétation a soulevé de justes critiques. Nous pensons, avec la majorité des interprètes, que ces mots : « en matière criminelle, » avaient été insérés dans la charte par opposition aux matières civiles, et qu'ils comprenaient, dans leur généralité, même les simples contraventions de police.

Flagrant délit. — En décidant (art. 29) qu'aucun pair ne peut être arrêté que de l'autorité de la Chambre, la charte avait-elle entendu dire que, même en cas de flagrant délit, l'arrestation ne pourrait avoir lieu sans l'autorisation de la haute assemblée ?

Cette question divisait les interprètes (2). Elle se posa pratiquement dans une affaire tristement célèbre, celle du duc de Praslin. Après l'assassinat de la duchesse, on n'osa pas d'abord arrêter le duc, malgré les graves soupçons qui pesaient sur lui, et l'on se contenta de le garder à vue dans son appartement. Toutefois, dès qu'eut été rendue l'ordonnance qui convoquait la Cour des pairs, le chancelier, président de la Cour et « juge d'instruction-né dans tout procès cri- » minel contre un pair (3), » décerna contre le duc un

---

(1) Sirey, 1833, 1, 481, aff. Villegontier.
(2) V., Pour le droit d'arrestation, Carnot, sur l'article 1er du code d'instruction criminelle, n° 18. — Boitard, *Leçons sur le C. P.*, n° 57. — Le Sellyer, t. III, n° 791. — Foucart, t. I, p. 65. — En sens contraire, Rauter, t. II, n° 659. — Berriat, *Comm. de la charte*, p. 210.
(3) Paroles de M. Portalis.

mandat de dépôt. Cette mesure fut violemment attaquée. Le président en revendiqua hautement la responsabilité et déclara qu'elle lui avait paru « commandée par l'intérêt de la » pairie autant que par tous les principes de la matière; » qu'on ne pouvait étendre l'article 29 au delà de la mesure » qu'indique la raison; que le flagrant délit donne aux ma- » gistrats des droits qu'ils n'ont pas en d'autres circonstan- » ces. » — M. Portalis vint à son tour l'appuyer de sa haute autorité : il rappela que le droit conféré aux pairs par l'article 29 de la Charte était moins un privilège personnel qu'une garantie politique édictée dans l'intérêt de tous et qui ne pouvait porter atteinte aux règles les plus certaines du droit commun ; que toute autre interprétation serait, non seulement destructive de la sécurité publique, mais formellement contraire à l'article 121 du code d'instruction criminelle, qui excepte expressément le flagrant délit du cas où une arrestation opérée sans les autorisations prescrites par les lois de l'Etat peut constituer une forfaiture. — Ces raisons obtinrent l'approbation presque unanime de la Cour. Nous n'hésitons pas, à notre tour, à leur donner notre assentiment. Elles sont décisives.

Il est d'ailleurs évident que le décès du pair poursuivi devant la Cour éteignait, à son égard, l'action publique. Mais, en pareil cas, que fallait-il décider vis-à-vis du complice, simple particulier, compris dans la même poursuite ? Après la mort du duc de Praslin, la Cour des pairs, en constatant vis-à-vis de lui l'extinction de l'action publique, se dessaisissait à l'égard de la demoiselle Debury, sa complice. — Elle motivait ce dessaisissement uniquement sur l'état de l'instruction. Il semble qu'il fût également commandé par les principes du droit criminel, puisque la circonstance qui seule pouvait entraîner la complice devant la juridiction exceptionnelle n'existait plus (1).

(1) Arrêt du 30 août 1847 (S., 47, 2, 517).

§ 3. — *De la compétence à raison de la connexité.*

Qu'elle fût saisie à raison de la qualité des personnes ou à raison de la nature des faits, la Cour des pairs admettait que sa compétence devait embrasser les crimes et délits connexes à ceux qui lui étaient déférés : les complices des accusés qui, à raison de leur qualité, ressortissaient à sa haute juridiction, comme les faits qui se rattachaient étroitement aux attentats dont elle devait spécialement connaître.

Quelquefois cette jonction résultait de l'ordonnance même qui saisissait la Cour et dont les termes étendaient sa compétence « à tous ceux qui seraient arrêtés comme auteurs, » fauteurs ou complices des crimes qu'elle visait. »

Tantôt elle résultait de la marche même de l'instruction dont le développement nécessitait de nouvelles arrestations; tantôt enfin d'un arrêt d'évocation par lequel la Cour des pairs dessaisissait les tribunaux de droit commun de procédures commencées, à raison de faits se rattachant par un lien étroit à ceux dont elle était elle-même saisie. Le procès d'avril 1834 offrit de nombreux exemples de jonction et d'évocation, et le président de la Cour en justifiait ainsi l'opportunité : « L'intérêt des inculpés est ici d'accord avec
» celui de la justice ; ils ne sauraient trouver nulle part plus
» de garanties que dans un tribunal aussi haut placé, dont
» l'action uniforme imprimera à toutes les procédures com-
» mencées en tant de lieux différents une marche régulière
» et pourra recueillir, dans l'ensemble de l'instruction, tous
» les documents nécessaires à l'appréciation des intentions
» et des actes (1). »

La Cour se reconnaissant le droit de statuer sur sa compétence, il en résultait évidemment qu'elle pouvait, malgré l'ordonnance qui la saisissait, se dessaisir soit complètement par un arrêt d'incompétence, soit partiellement par un arrêt

---

(1) Paroles de M. Pasquier, citées par M. Cauchy, p. 214.

de disjonction. Dans ce dernier cas, toutefois, la Cour ne croyait pas pouvoir saisir une autre juridiction et se bornait, par une formule générale, à renvoyer devant qui de droit.

Qu'y avait-il à faire, lorsque dans le fait qui lui était déféré la Cour ne reconnaissait pas les caractères de l'attentat ressortissant à sa juridiction, mais découvrait au contraire les caractères d'un crime de droit commun? La déclaration de non-lieu qu'elle rendait, en ce qui concerne l'attentat, faisait-elle obstacle à la poursuite du délit commun devant les tribunaux ordinaires? Il était évident que la Cour ne pouvait le juger elle-même; elle n'était point, en effet, comme les Cours d'assises, investie de la plénitude de juridiction, qui leur permet de retenir et de juger tout délit dont elles constatent l'existence; elle n'était juge que de certaines personnes. Toutefois, le non-lieu rendu sur l'attentat ne pouvait anéantir toute action publique. Mais la Cour ne se croyait pas le droit de prendre elle-même, pour ainsi dire, l'initiative des poursuites et d'adresser une sorte d'injonction au ministère public. Aussi ne croyait-elle, en pareil cas, devoir insérer aucune réserve dans ses arrêts (1).

C'était à la Cour des pairs seule qu'il appartenait de déterminer et de déclarer les faits qui, à raison de leur connexité avec ceux dont elle était déjà saisie, devaient rentrer dans le cercle de sa juridiction. — Et l'ordonnance royale qui déférait à la Chambre haute la connaissance d'un attentat ne laissait pas moins subsister la compétence de la justice ordinaire pour juger les crimes et délits connexes dont elle se trouvait déjà saisie tant que la procédure relative à ces crimes ou délits n'était pas évoquée par la Cour des pairs.

Il résultait du même principe qu'une ordonnance royale pouvait seule saisir la Cour des pairs; qu'aucune juridiction n'avait ce droit, fût-ce pour connexité.

En 1835, certains troubles ayant eu lieu à Poitiers, la Cour

---

(1) Voir l'arrêt rendu, en 1834, dans l'affaire de Crépu, rédacteur du *Précurseur*.

de Poitiers en avait évoqué la connaissance et, après instruction, la Chambre d'accusation, se fondant sur la connexité de ces troubles avec ceux de Paris et de Lyon, dont la Chambre des pairs, constituée en Cour de justice, était saisie, renvoya les prévenus devant la Cour des pairs. Sur le pourvoi formé contre cet arrêt, la Cour suprême en prononça la cassation, par ce double motif qu'il « appartient aux
» Cours d'assises, en vertu de l'universalité de leur juridic-
» tion, de connaître des crimes de haute trahison et d'atten-
» tat à la sûreté de l'Etat dont elles n'auraient pas été
» légalement dessaisies; — que, d'un autre côté, il appar-
» tient à la Cour des pairs seule de déclarer les faits qui, à
» raison de leur connexité avec ceux dont elle est régulière-
» ment saisie, doivent entrer dans le cercle de sa juridic-
» tion (1). »

S'agissait-il, au contraire, des complices d'un inculpé renvoyé devant elle à raison de sa qualité? A cet égard, la Cour des pairs s'était approprié ce principe du droit criminel « que l'indivisibilité du délit entraîne l'indivisibilité de » la poursuite (2). »

Lorsque l'inculpation comprenait à la fois un pair de France et d'autres inculpés qui n'étaient pas naturellement justiciables de la Cour, la jurisprudence faisait une distinction. S'il n'y avait pas entre les faits imputés au pair et ceux imputés à ses coinculpés une connexité nécessaire, la Cour, lorsqu'elle reconnaissait que les imputations dirigées contre le pair n'étaient pas fondées, déclarait qu'il n'y avait lieu à suivre en ce qui le concernait et se bornait à renvoyer les autres devant les juges qui devaient en connaître. Si, au contraire, la connexité était tellement étroite que la déclaration de non-lieu à l'égard du principal inculpé dût nécessairement entraîner une déclaration identique à l'égard des autres, la cour étendait à tous les inculpés le bénéfice de cette décla-

---

(1) Cass., 8 novembre 1834; S., 35, 1, 233, aff. Avril et autres.
(2) Arrêt de Kergorlay, de Brian et de Genoude; — arrêt de Montalembert, 19 septembre 1831. — Aff. Teste, 17 juillet 1847 (S. 47, 2, 514).

ration ; elle n'eut pu, en effet, se borner à les renvoyer devant les juges qui devaient en connaître sans s'exposer à voir ses décisions indirectement revisées et peut-être contredites par la sentence d'un Tribunal inférieur. Et elle se montra toujours jalouse d'assurer la souveraineté absolue de ses arrêts (1).

Section IV.

§ 1. — *Du droit d'accusation devant la Chambre des pairs et de la manière de la saisir.*

Plusieurs distinctions sont ici nécessaires. Le mode de saisir la Chambre haute était, en effet, différent, suivant qu'il s'agissait de lui déférer une accusation contre un ministre, un attentat ou un fait de haute trahison, ou enfin un délit commis par l'un de ses propres membres.

1° *De l'accusation des ministres.* — C'était à la Chambre des députés que la charte conférait le droit d'accuser les ministres et de les traduire devant la Chambre des pairs.

Quel était le caractère de ce droit d'accusation ? N'était-ce qu'un simple droit de dénonciation et de plainte ? La charte réduisait-elle la Chambre des députés « au rôle subalterne » de partie plaignante ? » ou, au contraire, était-ce un droit d'accusation véritable autorisant la Chambre à exercer tous les pouvoirs appartenant aux juges d'instruction et aux Chambres du Conseil ?

Cette grave question fut l'objet d'un vif débat dans la séance du 18 août 1830. M. Persil, M. Villemain déniaient à la Chambre élective le droit de procéder à une véritable instruction judiciaire. Pour eux, le droit d'accusation dont elle était investie avait un caractère exclusivement politique. Il devait se borner à traduire les ministres devant la seule

---

(1) Affaire Saint-Morrys, 31 janvier 1818. — Aff. des marchés de Bayonne, 2 août 1826.

autorité judiciaire compétente pour les juger et à provoquer la Chambre haute à faire, à cet effet, tous les actes d'instruction nécessaires. Le rapporteur, M. Bérenger, soutenait, au contraire, que le droit d'accuser les ministres serait vain si la Chambre n'avait celui de faire tous les actes propres à établir ou à justifier l'accusation. « Recueillir les preuves, » disait-il, « compulser les dépôts publics, entendre les témoins » et les mander devant elle ; conséquemment, lancer des » mandats de comparution ou d'amener, voilà le droit de » la Chambre. Il en est un autre qui n'est pas moins incontes- » table et qui est surtout dans l'intérêt de la juste défense, » c'est celui d'interroger les prévenus ; car nul de vous, » Messieurs, ne voudrait concourir à une mise en accusa- » tion, si préalablement il n'avait entendu par lui ou par » ses délégués celui qui en doit être l'objet. De là dérive » pour la Chambre le droit de faire usage contre les préve- » nus des divers mandats par lesquels nos lois ont assuré » l'action de la justice. »

Ce fut M. Dupin qui emporta la solution : « L'accusation » et le jugement, » dit-il, « sont deux choses distinctes qui » appartiennent, l'accusation à la Chambre des députés, le » jugement à la Chambre des pairs ; mais personne ne con- » testera que l'une comme l'autre exige qu'on ne se décide » qu'en connaissance de cause. Si celui qui peut condamner » ou absoudre ne doit le faire qu'après s'être parfaitement » éclairé, celui qui est chargé seulement d'accuser n'en est » pas moins obligé de procéder à des recherches et à des » enquêtes pour mettre sa conscience en sûreté. »

Plus libérale que l'Assemblée constituante de 1789, la Chambre des députés de 1830 ne se reconnut pas le droit d'accuser sans entendre ; à une imposante majorité, elle donna raison à son rapporteur et se reconnut les devoirs comme les droits d'une véritable Chambre des mises en acusation, voulant « unir la religieuse observation des formes » de la justice aux vues élevées de la politique. »

Sans se transformer en une véritable juridiction, elle voulut du moins emprunter aux Cours de justice leurs formes tutélaires. Elle vota au scrutin non seulement sur l'ensemble de la résolution, mais séparément sur chacune des questions posées à l'égard de chaque inculpé, et crut devoir, à l'égard de chacun d'eux, articuler et qualifier, d'après les définitions empruntées au code pénal, les faits qu'elle leur imputait.

Lorsqu'il s'agissait du jugement des ministres, ce n'était pas par ordonnance royale que la Chambre des pairs était constituée en Cour de justice. En accusant les ministres, la Chambre des députés exerçait un droit propre, « *inhérent à sa nature* (1), » qu'elle tenait de la charte. La Cour des pairs se considérait comme valablement saisie par le message de la Chambre des députés qui lui transmettait la résolution d'accusation. Ce point fut formellement résolu dans le procès des ministres de 1830. Un pair (2) ayant émis des doutes sur la légitimité de cette procédure, M. de Pontécoulant répondit que la maxime *Toute justice émane du roi* n'était pas, dans ce cas, applicable; que la Chambre tenait son droit de la même source d'où découlait le droit de justice royale : de la charte. — La vraie raison était que la charte conférait à la Chambre des députés, non au roi, le droit d'accuser les ministres. Le président, M. Pasquier, le fit remarquer : « Les » ministres, nommés par le roi, » dit-il, « seront-ils accusés » par lui ? N'est-il pas facile de prévoir que sa volonté ne » consentirait pas à concourir à cet acte de justice, et alors, » s'il se refusait d'accuser, les deux Chambres se verraient » privées de l'un des droits constitutionnels, de l'une de » leurs plus utiles prérogatives légales (3). »

La Chambre haute se reconnaissait donc, dans ce cas, et avec raison, le droit de se constituer elle-même en cour de justice (4). Elle fixait la date de sa constitution par un arrêt

---

(1) Rapport de M. Bérenger à la Chambre.
(2) M. d'Haubersart.
(3) Sirey, 31, 2, 8.
(4) La convocation royale n'eût été indispensable que si la Chambre des Pairs n'eût pas été en session. Et encore ?

d'ajournement que son président communiquait au roi, et dont elle donnait connaissance à la Chambre des députés par un message. Au surplus, la résolution de la Chambre des députés ne mettait point obstacle à ce que la Cour des pairs procédât à un supplément d'information, à ce qu'elle statuât elle-même sur sa compétence, de même qu'elle ne pouvait dépouiller les accusés du droit de la contester par un déclinatoire formel.

Nous verrons cette question se reproduire devant la haute Cour organisée par la constitution de 1848, qui la résolut également dans un sens favorable à la liberté de la défense (1).

Le droit d'accuser les ministres pour faits relatifs à leurs fonctions, que la Chambre des députés tenait de la charte, était-il un droit exclusif? L'article 47 disait : La Chambre des députés a le droit d'accuser les ministres devant la Chambre des pairs, qui, *seule*, a le droit de les juger. — Elle disait bien que la Chambre des pairs avait *seule* le droit de juger ; elle ne disait pas que la Chambre des députés avait *seule* le droit d'accuser. Fallait-il en conclure que le droit d'accusation de la Chambre des députés n'était pas exclusif de la prérogative royale? Le 5 mai 1847, une ordonnance royale avait convoqué la Cour des pairs pour procéder au jugement du général Cubières, pair de France, prévenu des délits prévus par les articles 179 et 405 du code pénal. Et le 7 mai, M. Delangle, nommé procureur général près la Cour, avait requis une instruction contre le général, « et, par voie » de connexité, contre tous autres auteurs ou complices des » mêmes crimes et délits. » Cette instruction ayant bientôt révélé les plus graves présomptions de corruption vis-à-vis de M. Teste, ancien ministre des travaux publics, à raison de faits par lui accomplis dans l'exercice de ses fonctions, la Cour, par un arrêt du 26 juin, se déclara compétente au regard de Teste, par ce motif que « l'indivisibilité du délit

---

(1) Cauchy, p. 616.

» entraîne l'indivisibilité de la poursuite contre tous les in-
» culpés de faits connexes (1). » Et non seulement la Cour des pairs affirma ainsi sa compétence, mais elle procéda à la mise en accusation et au jugement, sans qu'aucune autorisation de poursuite eût été obtenue de la Chambre des députés.

C'est à tort, suivant nous, qu'on tire de cette décision la conséquence qu'une ordonnance royale pouvait traduire un ministre devant la Cour des pairs, sans accusation préalable de la Chambre des députés (2). C'est au moins en exagérer la portée, car l'ordonnance royale visait exclusivement le général Cubières, et c'est uniquement dans la connexité que la Cour des pairs paraît avoir trouvé, au regard de Teste, le principe de son droit. Cet arrêt n'en est pas moins remarquable. Il faut tout au moins en conclure que la garantie accordée aux ministres par l'article 47 ne constituait pas une exception préjudicielle comme la garantie accordée aux fonctionnaires par l'article 75 de la constitution de l'an VIII. Nous doutons que cette décision fût une exacte interprétation de la charte.

Une ordonnance royale eût-elle pu traduire directement un ministre devant la Cour des pairs ? En le faisant, elle n'eut pas violé le texte de l'article 47 ; mais, à nos yeux, elle en eut violé l'esprit, et nous croyons qu'aucun ministre ne devait être traduit devant la Chambre haute, s'il n'était accusé par la Chambre des députés.

§ 2. — *De l'accusation en matière d'attentats à la sûreté de l'Etat et de haute trahison.*

S'agissait-il au contraire du jugement d'un attentat à la sûreté de l'Etat ou d'un fait de haute trahison commis par tout autre que par un ministre ? La Chambre des pairs ne pouvait être saisie que par une ordonnance royale.

---

(1) S., 47, 2, 513.
(2) Voy. la note de Sirey, *loc. cit.*

Cette ordonnance, contresignée par un ministre, ordinairement par le garde des sceaux, était remise au président de la Chambre des pairs en séance publique, s'il s'agissait d'une affaire criminelle, ou lui était simplement transmise lorsqu'il s'agissait d'une affaire correctionnelle, ou quand la Chambre n'était pas en session. Elle contenait fréquemment quelques dispositions relatives à la procédure. C'est ainsi que la première ordonnance qui convoqua la Cour, le 12 novembre 1815, déclarait applicables aux procédures à instruire et à juger par la Cour des pairs les formes principales admises par le code d'instruction criminelle pour les Cours spéciales.

§ 3. — *De l'accusation des pairs de France.*

S'agissait-il enfin du jugement d'un pair de France ? La Charte déclarait qu'aucun pair ne pouvait être poursuivi que de l'autorité de la Chambre et jugé que par elle en matière criminelle. Dans ce cas, appartenait-il à la Chambre haute de se saisir elle-même et de prendre l'initiative des poursuites ? Nous le croyons. En fait, la Cour des pairs paraît avoir été généralement saisie par ordonnance royale.

La Cour des pairs pouvait-elle être saisie par la plainte d'un simple particulier ? L'action privée ne pouvait évidemment lui déférer ni un attentat ou un crime de haute trahison, ni une accusation contre un ministre. Mais ne pouvait-elle la saisir d'un délit ou d'un crime commis par un de ses membres ? En 1818, la Cour fut saisie d'une plainte dirigée par Mme veuve de Saint-Morrys contre M. le duc de Gramont, pair de France ; — en 1819, de la plainte d'un sieur Selves contre le baron Séguier. Dans ces deux circonstances, la plainte paraît lui avoir été transmise par une ordonnance royale.

En présence du texte de la Constitution, qui attribuait à la Chambre haute, à l'égard de ses propres membres, un pouvoir discrétionnaire, on pouvait se demander si une plainte transmise directement et sans intermédiaire à son président ne devait pas suffire pour mettre en mouvement la juridiction ? La procédure suivie était au moins plus conforme aux principes et au véritable esprit de la Charte.

Section V.

§ 1. — *De l'instruction devant la Cour des pairs.*

La Charte, en posant seulement le principe de la juridiction de la Cour des pairs, n'avait pas plus organisé la juridiction d'instruction que la juridiction de jugement. La Cour reconnut la nécessité de pourvoir dans chaque affaire aux nécessités de l'instruction par une délégation spéciale.

Il résultait de là, à la différence de ce qui se passe pour les tribunaux ordinaires, qu'aucune instruction n'avait lieu devant la Cour des pairs, si elle n'avait été ordonnée par arrêt.

Après la réception de l'ordonnance qui saisissait la Cour, le procureur général avait l'habitude de requérir qu'il lui plût faire procéder à une instruction ou poursuivre l'instruction déjà commencée et, dans ce cas, ordonner l'apport au greffe de la procédure déjà faite ainsi que des pièces à conviction. Quand la Cour faisait droit à ces conclusions, suivant un usage invariable, elle confiait à son président le soin de procéder à l'instruction, sauf à lui à commettre tels pairs qu'il lui plairait désigner pour l'assister et le suppléer en cas d'empêchement. Le nombre des pairs instructeurs variait naturellement avec l'importance de l'affaire. Ils pouvaient user de tous les droits conférés par l'article 236 du code d'instruction criminelle aux magistrats chargés par la Chambre des mises en accusation de procéder à une instruction. En fait, après communication de la procédure au ministère public, si un supplément d'information paraissait nécessaire, le président, sur les conclusions du procureur général, s'arrogeait le droit d'y procéder sans délégation nouvelle.

Chambre des mises en liberté. — Pour assurer la mise en liberté des inculpés incarcérés, dont l'instruction viendrait à démontrer l'innocence, et éviter les retards qu'eût forcément entraînés, surtout en dehors des sessions, la réunion de la Cour, la Chambre des pairs, sur l'initiative du chancelier Dambray, institua, le 26 août 1820, « dans le triple intérêt » de la vérité, de l'innocence et de la justice, » un conseil qui prit le nom de *Conseil des mises en liberté*, et qui devait remplir à l'égard des accusés les fonctions de Chambre du conseil. Il était composé de douze membres nommés au scrutin de liste et ne pouvait délibérer qu'au nombre de sept membres au moins ; toutefois, le président de la Cour et le pair chargés du rapport y avaient également voix délibérative. Ses fonctions étaient strictement limitées à l'exécution de l'article 128 du code d'instruction criminelle. Toutefois, il ne pouvait prononcer l'élargissement d'un prévenu qu'à l'unanimité des voix et sur les réquisitions expresses et conformes du procureur général.

La procédure terminée, rapport en était fait par l'un des pairs à la Cour, en présence du ministère public. Le procureur général déposait son réquisitoire et se retirait. La Cour statuait en Chambre du Conseil après avoir pris connaissance des pièces de la procédure.

Elle pouvait ordonner un supplément d'information par un nouvel arrêt ; mais il fallait que cette mesure fût formellement sollicitée soit par le ministère public, soit par un ou plusieurs pairs.

C'était au moment de prononcer sur la mise en accusation que la Cour statuait sur sa compétence. Dans l'usage, la discussion de cette question suivait immédiatement le rapport de la procédure présenté par l'un des commissaires et précédait l'examen de toute autre difficulté.

Au surplus, cette première décision sur la *compétence* prise par la Cour avait, en quelque sorte, le caractère d'une décision d'ordre intérieur et ne faisait nul obstacle à ce que les accusés déclinassent sa compétence dans un déclinatoire régulier sur lequel la Chambre statuait alors par arrêt contradictoire.

En déclarant le non-lieu, la Cour ne se bornait pas toujours à déclarer qu'il n'y avait pas charges suffisantes d'avoir commis l'attentat qui lui était spécialement déféré : elle se reconnaissait le droit de dire qu'il ne résultait de l'instruction aucune trace de crime, délit ou contravention prévus par la loi.

L'arrêt de renvoi précisait le fait et citait l'article de loi qui le qualifiait. Il emportait ordonnance de prise de corps, fixait le jour où s'ouvriraient les débats ou ordonnait qu'ils s'ouvriraient au jour ultérieurement fixé par le président. Le procureur général dressait ensuite l'acte d'accusation.

Section VI.

§ 1. — *Des débats devant la Cour des pairs.*

Les débats avaient lieu dans la forme ordinaire des débats de Cour d'assises.

Ils étaient publics. L'accusé y comparaissait libre assisté de son défenseur. S'il n'en avait pas choisi, le président lui en désignait un d'office. Toutefois, dans plusieurs circonstances, la Cour crut devoir refuser aux accusés le droit de choisir leurs défenseurs en dehors des avoués des divers tribunaux et des membres de tous les barreaux de France. La Cour suivait, en un mot, toutes les formalités prescrites par le code d'instruction criminelle, à l'exception de celles qui, comme le résumé du président, paraissaient sans objet ou que l'absence du jury rendait impraticables.

Des récusations devant la Cour des pairs. — Ainsi, pour les récusations, il résultait de l'organisation même de la Cour des pairs que les accusés ne pouvaient exercer devant elle de récusations non motivées. Ils ne pouvaient proposer que des récusations fondées sur des motifs soumis à son appréciation. — Dans le procès d'avril 1835, un accusé pré-

tendit récuser les cent trente deux pairs qui avaient signé l'arrêt de mise en accusation. Par un arrêt du 10 décembre 1835, la Cour décida justement « que la cause de récu-
» sation portée au n° 8 de l'art. 378 du code de procédure
» civile, inconciliable avec l'organisation de la Cour des
» pairs, ne pouvait lui être applicable. »

De la présence des accusés à l'audience. — On sait que ce fut l'attitude d'une partie des accusés dans le procès d'avril qui motiva la présentation et le vote de la loi du 9 septembre 1835. Cette loi (1) donnait aux tribunaux le droit de juger, même en leur absence, les prévenus ou accusés qui refusaient de comparaître devant eux et de faire retirer de l'audience ceux qui, par leur violence, rendaient impossible la continuation des débats. Mais, en l'absence de toute législation sur ce point au moment du procès, la Cour eut à trancher les questions les plus délicates et les plus graves. Elle le fit avec autant de modération que de fermeté « en présence de l'émeute la plus violente qui ait jamais
» profané le sanctuaire de la justice (2). » Par leurs clameurs, par un tumulte prolongé qui rappelait les violences du procès Babeuf, les accusés, malgré des avertissements répétés, empêchaient la lecture de l'arrêt et de l'acte d'accusation.

La Cour, après avoir constaté de leur part, « la résolution
» prise d'arrêter, par la violence, le cours de la justice (3), » ordonna de les faire retirer de l'audience. Ils n'y furent ramenés que pour entendre la déposition des témoins et pour présenter leurs moyens de défense. Le procureur général donna en leur absence lecture de son réquisitoire, mais ce réquisitoire écrit leur fut ensuite régulièrement notifié.

(1) Articles 8, 9, 10 et 11.
(2) Paroles de M. Cauchy.
(3) Arrêt du 9 mai 1835.

Section VII.

§ 1. — *De la délibération sur la culpabilité et de l'application de la peine.*

Bien que la Cour des pairs cumulât à la fois au criminel les fonctions du juge et celles du jury, elle délibérait, toujours séparément, sur la déclaration de culpabilité et sur l'application de la peine ; au surplus et à raison du pouvoir discrétionnaire qu'elle s'attribuait, elle ne se croyait liée ni par les termes de l'acte d'accusation, ni par ceux du réquisitoire définitif, soit quant au nombre des questions, soit quant à la manière de les poser.

Les circonstances atténuantes ne faisaient pas l'objet d'une délibération distincte : une telle délibération eût été, en effet, inutile en présence du pouvoir discrétionnaire que la Cour s'attribuait de modérer les peines. — Il en était de même de la récidive qui ne pouvait entraîner forcément une modification de la peine et n'était qu'un des éléments pouvant servir à l'appréciation de la culpabilité.

Ce pouvoir modérateur ne s'était pas établi sans difficulté. Il a eu trop d'importance et présente un caractère trop spécial pour que nous n'insistions pas quelques instants sur les principes d'où la Cour crut pouvoir le déduire et sur les circonstances qui en amenèrent la consécration.

Les peines portées par le code pénal étaient-elles obligatoires pour la Cour? ou, au contraire, à raison de son caractère moitié politique, moitié judiciaire, la Cour était-elle affranchie de l'obligation de s'y conformer exactement? Cette grave question se posa dès la première affaire dont elle fut saisie, le procès du maréchal Ney.

« La Chambre des pairs, constituée en Cour de justice, » disait le comte de Richebourg, dans la séance du 4 décembre 1815, « ne doit pas être astreinte à se conformer aux » dispositions du code pénal ; elle doit se considérer *comme*

» *un grand jury d'équité politique, une Cour suprême*
» *d'équité investie par la nature des choses autant que par*
» *son institution même d'un pouvoir discrétionnaire, qui lui*
» *permet d'avoir égard à toutes les circonstances atténuantes.* »

Cette opinion ne réunit qu'une minorité et cependant, dans cette affaire même, la Cour se crut le droit de substituer à la peine de mort appliquée suivant le code pénal la peine de mort appliquée suivant le code militaire.

Mais il arriva que, dans l'affaire du 19 août 1820, la majorité des ⅚ nécessaire pour appliquer à l'accusé Laverderie la peine du bannissement portée par la loi, ne put être atteinte. L'arrêt devait alors adopter l'avis le plus doux, et cet avis proposait une peine de dix années d'emprisonnement, qui n'était pas édictée par le code pénal. « La Cour des
» pairs, » disait M. Dambray, « n'avait point à craindre
» l'annulation de son arrêt par un autre tribunal, mais lui
» convenait-il de se prévaloir de son élévation pour échapper
» à toutes les règles ? Ne devait-elle pas plutôt, de la hauteur
» où elle était placée, donner aux autres Cours l'exemple de
» la soumission aux lois ? » Ces considérations déterminèrent la Cour à revenir sur sa décision première et à réduire l'emprisonnement à la durée de cinq années, c'est-à-dire aux limites légales. Toutefois, elle essaya de justifier sa décision en constatant expressément dans l'arrêt l'existence de circonstances atténuantes.

Elle fit bientôt un pas de plus dans le jugement de la conspiration militaire de 1820.

Qu'on nous permette de reproduire ici une page de la vie du duc de Clermont-Tonnerre, par M. Rousset : « Au
» mois de mai 1821, trente-quatre prévenus comparaissaient
» devant la Cour... Lorsqu'on en vint à l'application de
» la peine, un dissentiment grave se produisit : les uns
» soutenaient que, la pénalité étant déterminée par la loi,
» les juges n'avaient pas le droit d'y rien changer, tandis
» que, suivant l'opinion contraire, la Cour étant souveraine
» et son arrêt irréformable, elle pouvait arbitrer les peines,

» sans être tenue de se conformer, en ce point, aux pres-
» criptions du code. M. de Clermont-Tonnerre était des pre-
» miers; son principal argument contre ses adversaires,
» après le reproche de désobéir à la loi, était l'usurpation
» du droit de grâce exclusivement attribué à la couronne.
» Mais le chancelier ne fut pas de cet avis. M. Portalis pro-
» posa aux opposants de ne voter qu'avec réserves. Les mi-
» nistres, le duc de Richelieu, M. de Serre, M. de Villèle se
» rallièrent à son expédient, et ce fut ce *mezzo termine* qui
» l'emporta. La même difficulté reparut au mois de novem-
» bre, à l'occasion d'un contumax impliqué dans la même
» affaire et tombé, depuis le premier procès, entre les mains
» de la police. M. Portalis, alors sous-secrétaire d'État au
» ministère de la justice, était revenu entièrement à l'opi-
» nion de ceux qui ne reconnaissaient pas aux juges le droit
» d'arbitrer la peine. Ils furent battus encore une fois, mais
» ils voulurent faire une protestation qui demeurât et s'au-
» toriser du nom de M. Portalis lui-même. Mais comment
» obtenir la signature d'un homme si timoré? On en porta
» le défi à M. de Clermont-Tonnerre, qui l'accepta. Après
» avoir rédigé une formule de protestation, il la soumit au
» sous-secrétaire d'État, en le priant de la corriger, parce
» que, étant militaire et non magistrat, il ne lui avait sans
» doute pas donné la forme la plus convenable. M. Portalis
» se défendit, puis céda. Quand on lut la pièce amendée de
» sa main, on lui fit tant de remerciements de sa précieuse
» collaboration qu'il lui fut impossible de refuser son seing.
» Cinquante-deux pairs, qui s'étaient volontairement abstenus
» d'assister au prononcé du jugement, adhérèrent par écrit à la
» protestation. M. de Clermont-Tonnerre souhaitait davantage:
» il aurait voulu que le roi cassât l'arrêt comme attentatoire
» à sa prérogative. Il écrivit sur cette grave question au duc
» d'Angoulême; mais le roi laissa faire, et l'omnipotence de la
» Cour des pairs passa dès lors en force de chose jugée (1). »

(1) *Le duc de Clermont-Tonnerre*, par M. Rousset, p. 280.

Cette fois, la majorité nécessaire pour appliquer la peine du bannissement prononcée par la loi n'avait pu être réunie, et la Cour avait prononcé la peine de cinq années de détention. Aucune raison de fait, aucune circonstance atténuante ne justifiait cette substitution d'une peine à une autre. Malgré la protestation des cinquante-deux pairs et leur retraite en masse, une majorité suffisante pour la validité de l'arrêt se rencontra encore.

A partir de cette époque, le pouvoir de modérer arbitrairement les peines ne fut plus contesté dans le sein de la Cour.

Toutefois, quand la loi de 1832 eut réformé le Code pénal, un scrupule s'éleva. Un éminent magistrat, M. Laplagne-Barris, se demanda si depuis la promulgation de la loi qui forçait le juge à poser la question des circonstances atténuantes et, dans le cas où il les reconnaissait, à abaisser la peine d'un ou de plusieurs degrés, la Cour des pairs pouvait encore invoquer les raisons qu'elle avait auparavant de revendiquer un pouvoir discrétionnaire absolu en matière de pénalité. « Ce pouvoir, » disait-il, « ne saurait lui appartenir
» qu'à titre de corps politique ou à titre de juge : comme
» corps politique, la Chambre des pairs est appelée à parti-
» ciper du pouvoir législatif, mais elle ne peut se mettre au-
» dessus des lois. Plus la position qu'elle occupe est élevée,
» plus elle doit s'abstenir de faire ce que la loi ne permet
» pas. Comme Cour de justice, ses devoirs sont encore plus
» nettement tracés : *Il n'y a de véritable liberté et de véritable
» justice que là où le juge se regarde comme esclave de la
» loi* (1). »

M. Mérilhou soutint, au contraire, que le droit de la Cour des pairs n'avait rien de commun avec la faculté donnée aux tribunaux ordinaires par le nouvel article 463 du code pénal. « C'est comme pouvoir politique, » disait-il, « que
» cette Cour souveraine s'est attribué le droit de choisir les

---

(1) Cité par M. Cauchy, p. 533.

» peines qu'il lui convient d'appliquer à chaque fait. On a
» souvent répété que c'est la Chambre des pairs qui, en ma-
» tière criminelle, remplit à la fois les fonctions de Cour
» d'assises et de jury. L'essence de son caractère politique
» ne l'abandonne pas, en effet, dans l'exercice de ses attri-
» butions judiciaires; et, sans s'arrêter à une simple appré-
» ciation matérielle des circonstances atténuantes qui serait
» au-dessous de sa dignité, elle se détermine quant à l'ap-
» plication de la peine par de plus hautes considérations ti-
» rées tout à la fois de l'intérêt public et de la position des
» accusés traduits à sa barre. Qui pourrait nier que la Cour
» des pairs, en déclarant sa compétence, ne fasse un acte
» politique en même temps que judiciaire? C'est par des
» motifs analogues qu'elle se détermine lorsqu'il s'agit d'ap-
» pliquer la peine. Elle envisage quel est l'intérêt général de
» la société, quel sera le résultat le plus avantageux à l'or-
» dre public. »

Enfin, M. Portalis vint, à son tour, apporter à la même opinion l'appui de sa haute autorité.

« La Cour, » disait-il, « a fondé son droit en appliquant
» une peine moindre que celle qui était portée par la loi,
» mais ce droit n'est pas un pur arbitraire; dans l'état ac-
» tuel de la législation, les peines ne sauraient être à la dis-
» crétion du juge; et si la Cour des pairs peut tempérer la
» rigueur des lois pénales, il faut, pour la déterminer à user
» de pareils tempéraments, que des circonstances atténuan-
» tes lui aient apparu dans les faits soumis à son jugement.
» Il est vrai que des précédents la dispensent d'énoncer dans
» ses arrêts qu'il existe des circonstances atténuantes; il est
» vrai encore qu'elle doit jouir, à cet égard, d'une plus
» grande latitude que le jury et qu'elle peut chercher des
» raisons de modérer la peine non seulement dans le résul-
» tat des débats *mais aussi, en dehors de la cause, dans la*
» *situation générale du pays*. Car, en même temps qu'elle
» exerce des fonctions judiciaires, elle ne peut perdre entiè-
» rement son caractère de pouvoir politique. Toutefois ces

» deux caractères, bien que réunis ensemble, ne doivent ja-
» mais se confondre. La Cour des pairs repoussera toujours
» comme une injure la qualification de tribunal politique.
» Qu'est-ce, en effet, qu'un tribunal politique, si ce n'est ce-
» lui qui se détermine non par des preuves mais par des
» considérations occultes ou par une mystérieuse raison
» d'Etat? La Cour des pairs n'a rien de commun avec les
» commissaires ou les inquisiteurs d'Etat ; sa conscience est
» son seul guide, et soit qu'elle prononce sur sa compé-
» tence, soit qu'elle statue sur l'application de la peine, elle
» se détermine non par des raisons de complaisance envers
» le pouvoir, mais par des raisons de justice et d'équité (1). »

L'esprit politique l'emporta sur l'esprit judiciaire, et même, depuis la réforme de 1832, la Cour continua d'affirmer son pouvoir arbitraire en matière de pénalité. Elle le légitima, d'ailleurs, par l'usage qu'elle en fit. Elle n'en usa jamais que pour modérer la peine. Aussi le projet de loi sur la procédure de la Cour des pairs, préparé en 1836 par les plus éminents esprits, proposait de donner à ce pouvoir modérateur, né de la pratique et des faits, la sanction légale. Aux termes de l'article 140 de ce projet, la Cour des pairs ne pouvait jamais prononcer contre un accusé une peine plus forte que celle portée par la loi ; elle pouvait toujours prononcer une peine moindre.

D'ailleurs, bien qu'elle ne se crût pas tenue, pour modérer la peine, de demeurer dans les limites fixées par l'art. 463 du code pénal, et qu'elle se reconnût, suivant l'expression du chancelier Pasquier, « le droit de parcourir l'échelle en-
» tière de la pénalité, » la Cour n'usa jamais de son pouvoir modérateur que pour substituer une peine à une autre sans aller jamais jusqu'à changer la nature et la durée des peines que le code pénal a définies.

Par une conséquence naturelle de son pouvoir discrétionnaire en matière de pénalité, la Cour pouvait évidemment

---

(1) M. Cauchy, p. 536.

reconnaître des circonstances atténuantes, même dans les cas où la loi déclarait l'article 463 inapplicable, et prononcer une peine inférieure au minimum légal. C'est ce qu'elle fit dans l'affaire de Kergorlay, pour le délit prévu par l'article 4 de la loi du 25 mars 1822 (1).

Au surplus, elle appliquait les peines avec toutes leurs conséquences, telles, par exemple, que la dégradation civique.

Dans les cas où l'exigeait la loi, elle délibérait sur le renvoi de l'accusé sous la surveillance de la haute police, et en fixait la durée ainsi que celle de la contrainte par corps.

Enfin elle prononçait, conformément à l'article 368 du code d'instruction criminelle, la condamnation aux frais, en distinguant ceux qui devaient être supportés par le condamné, de ceux qui restaient à la charge de l'Etat (2).

§ 2. — *Du jugement.*

En l'absence de toute loi, la Cour avait dû régler suivant sa conscience les diverses questions relatives au jugement. La première ordonnance qui l'avait saisie le 11 novembre 1815 portait : « Les opinions seront prises suivant les formes usitées dans les tribunaux. » La Cour demeura constamment fidèle à ce principe; le vote avait toujours lieu à l'appel nominal, à haute voix, sur chaque chef distinct d'accusation relatif à chacun des prévenus, et en évitant avec soin toute complexité.

Quant à la fixation de la majorité, la Cour avait adopté les règles suivantes :

1° Pour la mise en prévention, une seule voix, parmi les douze membres chargés d'instruire, suffisait pour retenir l'inculpé en état de mandat de dépôt ;

2° L'arrêt statuant sur la mise en accusation était rendu à la majorité absolue des voix ;

---

(1) 24 novembre 1830 (S. 30, 2, 382).
(2) V. notamment l'arrêt rendu dans l'affaire Teste.

3° Il en était de même de l'arrêt rendu sur la compétence et des divers arrêts sur les incidents soulevés au cours du procès ;

4° Au contraire, dans l'arrêt définitif prononçant sur la culpabilité, la condamnation ne pouvait être prononcée qu'à la majorité des cinq huitièmes. — Cette disposition, si éminemment favorable à l'accusé, avait été empruntée à l'article 582 du code d'instruction criminelle, relatif aux Cours spéciales (1).

5° La majorité des cinq huitièmes exigée pour la déclaration de culpabilité l'était également pour les votes relatifs à l'application de la peine (2).

L'arrêt était toujours rendu publiquement. Il le fut quelquefois en l'absence de l'accusé.

§ 3. — *Des contumaces.*

Lorsque, dans une affaire, il se rencontrait à la fois des accusés présents et des accusés contumaces, si la contumace était régulièrement instruite, la Cour procédait par un seul arrêt au jugement des uns et des autres. Si l'accusé contumax était arrêté au cours du procès, son arrestation ne suspendait pas le jugement de ses coaccusés (3).

Mais comment devait-on procéder, lorsque l'accusé se représentait ou était arrêté à une date postérieure à la condamnation et qu'il y avait lieu de purger la contumace ?

Dans le droit commun, la représentation ou l'arrestation du condamné par contumace fait tomber la procédure dont il a été l'objet depuis l'ordonnance de prise de corps jusques et

---

(1) Un arrêt de forme du 4 décembre 1815 avait appliqué cette disposition au procès du maréchal Ney.

(2) Toutefois, l'usage constant de la Cour des Pairs était, dans le recensement des suffrages, de ne compter que pour une voix en cas d'opinion conforme, celle des pères et fils, — des frères, — des oncles et neveux, — des beaux-pères et gendres, — des beaux-frères, — et, si trois pairs se trouvaient aux degrés de parenté ou d'alliance ci-dessus indiqués, leurs trois voix, en cas d'opinion conforme, ne comptaient que pour deux.

(3) 16 juillet 1821 (conspiration du 19 août 1820). — Sirey, C. N., 6, 2, 449.

y compris l'arrêt de condamnation, et, aux termes de l'article 476, il doit être procédé à son égard dans la forme ordinaire.

La nature même de la juridiction de la Cour des pairs avait, en cette matière, nécessité une double dérogation au droit commun. La jurisprudence de la Cour ne considérait pas le jugement du contumax comme une affaire nouvelle, et la Cour se regardait comme en étant régulièrement saisie, sans ordonnance royale, par une simple convocation de son président (1).

A un second point de vue, la jurisprudence de la Cour des pairs admettait que les pairs nommés depuis l'arrêt de contumace ne devaient pas participer au jugement contradictoire (2).

§ 4. — *Du jugement des affaires correctionnelles.*

Le jugement des affaires correctionnelles ne différait par aucune forme essentielle de celui des affaires criminelles. Toutefois, l'affaire pouvait être directement portée à l'audience sans instruction ni arrêt d'accusation, par un simple arrêt d'ajournement rendu sur les conclusions du procureur général.

Ce mode de saisir la Cour ne faisait point d'ailleurs obstacle à ce qu'elle statuât sur sa compétence, et, dans ce cas, elle ne manquait jamais, à l'ouverture des débats, de mettre le prévenu en demeure de la contester.

§ 5. — *Du caractère des décisions de la Cour des pairs.*

Quel était le caractère des décisions rendues par la Cour des pairs ?

Nous avons vu que les jugements de la haute Cour natio-

---

(1) Affaire Maziau, 16 juillet 1821. Affaire Delente, 7 juin 1836. Cauchy, p. 580.
(2) Affaire Delente.

nale n'étaient sujets à aucune voie de recours, pas même au pourvoi devant le Tribunal de cassation. C'était Danton qui, au lendemain du 10 août et pour accélérer le mouvement de la justice révolutionnaire, avait obtenu cette décision de l'Assemblée législative. On ne pouvait contester qu'à raison du caractère unique et exceptionnel du Tribunal, de sa haute situation dans l'Etat, la décision qui attribuait une autorité souveraine à ses arrêts ne reposât sur de graves motifs. A plus forte raison en devait-il être ainsi des décisions de la Cour des pairs, juridiction *sui generis* à la fois judiciaire et politique, dont le caractère semblait par cela même exclure toute intervention d'un autre Tribunal. Ce fut ainsi que la Cour comprit sa mission. Pour elle, ainsi qu'on l'a dit, « ce que la conscience des pairs de France sié-
» geant en Cour de justice avait prononcé devait être chose
» jugée pour tout le monde (1). » Elle veilla toujours avec un soin jaloux à conserver ce caractère à ses arrêts.

Section VIII.

§ 1. — *De l'action civile devant la Cour des pairs.*

L'intervention des parties civiles était-elle recevable devant la Cour des pairs ? Cette question se posa dans le procès des ministres de 1830. Un nombre considérable de personnes lésées par les événements de Juillet demandaient à intervenir pour réclamer des dommages-intérêts. La Cour, dans son arrêt du 18 septembre 1830, déclara leur intervention non recevable : « Considérant, » disait l'arrêt, « que dans le
» procès porté devant elle par la résolution de la Chambre
» des députés, la Cour des pairs, à raison de la nature de
» l'action et des formes dans lesquelles cette action est pour-
» suivie, ne se trouve pas constituée de manière à statuer
» sur des intérêts civils (2). »

---

(1) Cauchy, *Précédents de la Cour des Pairs*, p. 18.
(2) S., 31, 2, 17.

Dans son rapport devant la Chambre haute, M. de Bastard essayait de justifier cette dérogation à l'article 3 du code d'instruction criminelle par un triple argument. Il faisait remarquer, d'abord, que le droit d'intervention ne peut être là où le droit d'action n'existe pas. Or, si la partie lésée peut saisir le Tribunal correctionnel ou le juge d'instruction, la juridiction de la Cour des pairs à l'égard des ministres ne pouvait être mise en mouvement que par la Chambre des députés, arbitre suprême du droit d'action. — Il ajoutait qu'une telle action entraverait la haute et solennelle justice que la Cour des pairs devait au pays ; — et, enfin, que la Chambre haute n'était apte à juger les questions de cette nature « ni par le nombre de ses membres, ni par leurs habi-
» tudes parlementaires, ni par la forme accoutumée de ses
» discussions. »

Le premier de ces motifs n'avait de valeur qu'en ce qui touche les accusations dirigées contre les ministres. Les deux autres avaient une portée générale, et, bien que l'arrêt du 18 septembre 1830 n'ait statué qu'à l'égard d'une poursuite dirigée contre les ministres, nous ne doutons pas que la Cour des pairs n'eût également rejeté toute intervention qui se fût produite dans un procès d'une autre nature.

Quelle était donc la situation faite par cette jurisprudence à la partie privée vis-à-vis des ministres ? Avait-elle quelques moyens d'obtenir d'eux la réparation civile du tort qu'ils avaient pu lui causer par un acte de leurs fonctions ?

Cette question avait été soumise, en 1829, à la Cour de Paris, dans une espèce intéressante. Les sieurs Fabien et Bissette reprochaient au garde des sceaux, M. de Peyronnet, de leur avoir causé un tort considérable et prolongé arbitrairement leur détention par le retard qu'il avait mis à transmettre un dossier criminel à la Cour de cassation. Le ministère public rappela les diverses lois de la Révolution dont nous avons parlé, qui ne permettaient aux particuliers d'agir contre les ministres par action en dommages-intérêts qu'autant qu'il était intervenu contre eux un acte d'accusation

ou une décision de la haute Cour. Conformément à ses conclusions, la Cour, sous la présidence de M. le premier président Séguier, déclara l'action non recevable. « Considérant, » disait l'arrêt, « que la loi du 24 août 1790, en établissant
» comme un principe fondamental de notre droit public la
» division et l'indépendance des pouvoirs judiciaire et ad-
» ministratif, a fait défense aux tribunaux de connaître des
» actes d'administration de quelque espèce qu'ils soient ;
» considérant que la charte constitutionnelle ne contient au-
» cune dérogation à ce principe, et qu'en l'absence de lois
» particulières sur la responsabilité des ministres, l'autorité
» judiciaire ne peut être saisie d'aucune action dirigée contre
» eux à raison de leurs fonctions ; que la demande formée
» contre le comte de Peyronnet repose sur un fait relatif à
» ses fonctions de ministre (1). »

D'un autre côté, il est certain, ainsi que nous l'avons vu, que l'article 75 de la constitution de l'an VIII ne concernait pas les ministres, et qu'il n'était pas même possible d'obtenir du Conseil d'Etat l'autorisation de les poursuivre.

Il faut donc conclure que l'action civile ne pouvait être intentée contre eux devant les tribunaux ordinaires, pour faits relatifs à leurs fonctions, qu'après la condamnation prononcée contre eux par la Cour des pairs, et à raison même des faits qui avaient motivé cette condamnation.

Quant aux pairs de France, la charte ne contenait, en ce qui les concerne, aucune dérogation au droit commun.

Section IX.

Telles furent les règles principales auxquelles la Chambre des pairs, dans l'exercice de sa haute juridiction, demeura constamment fidèle pendant trente-deux années. Il ne faut pas hésiter à le dire, si on les étudie et qu'on les juge à la lumière des principes, abstraction faite des hommes qui les

---

(1) S., 29, 2, 185.

appliquèrent et des sages tempéraments qui y furent apportés, elles étaient éminemment critiquables. Des délits non spécifiés, des peines non définies, l'omnipotence de la Chambre créant à la fois le crime, la procédure et la peine, qu'est-ce autre chose que l'arbitraire pur ? — et qu'y a-t-il de pire que l'arbitraire en matière de justice ! Toutefois, il ne nous coûte pas de le reconnaître : si les institutions sont quelquefois meilleures que les hommes, les hommes furent cette fois meilleurs que les institutions. Trop faible à ses débuts contre les entraînements de l'opinion, la Cour des pairs sut plus tard les dominer avec une impartialité ferme et haute.

Elle eut à exercer sa justice dans des circonstances graves, on peut même dire redoutables. Ce fut au milieu des passions politiques les plus ardentes qu'elle jugea le maréchal Ney, l'assassin du duc de Berry, la conspiration de la rue Cadet. Ce fut en face de l'émeute grondant à ses portes qu'elle eut à prononcer sur le sort des ministres de Charles X et des accusés d'avril 1834. Notre étude ne serait pas complète si nous ne disions quelques mots de ces grands procès.

La défection du maréchal Ney avait déchaîné l'opinion royaliste. Le plus impartial des historiens de la Restauration dépeint ainsi l'état des esprits à cette heure douloureuse de notre histoire : « Le langage des salons était impitoyable : les
» femmes les plus douces, transformées en véritables furies,
» exprimaient sans ménagement, sans scrupules, l'impatience
» sanguinaire dont elles étaient animées... Il régnait une
» sorte de terreur morale dont il est difficile de se faire une
» idée exacte quand on n'a pas vécu dans ces temps malheu-
» reux (1). »

Ni le gouvernement ni la Chambre des pairs ne surent s'affranchir suffisamment de cette pression de l'opinion qui entraînait les esprits les plus généreux. Le Conseil de guerre auquel le maréchal avait été déféré s'était déclaré incompétent. L'émotion des salons royalistes fut au comble, envahit

---

(1) De Vielcastel, *Histoire de la Restauration*, t. IV, p. 271, 305.

la Chambre des députés et gagna jusqu'au président lui-même, M. Lainé. M. Lainé remit aussitôt aux ministres une note dans laquelle il leur conseillait d'agir avec hardiesse et énergie, et de placer la Chambre des pairs dans la nécessité de juger promptement. « Jamais, » disait-il, « la Cour des
» pairs n'osera repousser un jugement que tout lui défère ;
» si elle le faisait, elle serait responsable, devant Dieu et
» devant les hommes, des malheurs que causeraient de vai-
» nes évasions. » Le ministère n'hésita pas. Dès le lendemain (1), le duc de Richelieu se présentait devant la Chambre des pairs et y prononçait ces sinistres paroles : « Nous
» accusons devant vous le maréchal Ney de haute trahison
» et d'attentat contre la sûreté de l'Etat. Nous osons dire que
» la Chambre des pairs doit au monde une éclatante répa-
» ration. Les ministres du roi sont obligés de vous dire que
» cette décision du Conseil de guerre devient un triomphe
» pour les factieux. Il importe que leur joie soit courte.
» Nous vous conjurons donc et, au nom du roi, nous vous
» requérons de procéder immédiatement au jugement du
» maréchal Ney. Ce n'est pas, Messieurs, seulement au nom
» du roi que nous remplissons cet office : c'est au nom de
» la France depuis longtemps indignée et maintenant stupé-
» faite ; c'est même au nom de l'Europe que nous venons
» vous conjurer et vous requérir à la fois de juger le maré-
» chal Ney. »

L'excès de ce langage, « un des plus tristes monuments
» des passions emportées à cette époque, » indigna la Chambre elle-même. L'effet en fut tel que, le lendemain, le duc de Richelieu se vit contraint de modifier les termes de l'ordonnance royale qui saisissait la Cour. Pour laisser aux passions le temps de se calmer, les conseils de l'accusé, MM. Berryer père et fils et Dupin, demandèrent qu'il fût sursis au jugement jusqu'à ce qu'une loi eût réglé les attributions de la Chambre comme Cour de justice et que l'instruc-

---

(1) 11 novembre 1815.

tion faite devant le Conseil de guerre fût recommencée devant la Cour. Ces deux demandes furent repoussées. On ne voulait pas seulement une justice implacable : on la voulait prompte. Alors, dans un dernier effort pour sauver leur illustre client, les défenseurs eurent la pensée d'invoquer la capitulation de Paris, dont les termes semblaient promettre une sorte d'amnistie. La question était au moins discutable. Cependant la Chambre refusa au maréchal jusqu'au droit de la discuter. L'accusé en appela à l'Europe et à la postérité. En vain M. Lanjuinais s'efforça-t-il d'obtenir une simple condamnation à la déportation. Déclaré coupable de haute trahison par cent cinquante-neuf voix contre une (1), le maréchal fut condamné à mort par cent trente-neuf voix contre dix-sept. Les sept pairs ecclésiastiques s'étaient abstenus.

L'assassinat du duc de Berry (13 février 1820) ne troubla pas moins l'opinion que ne l'avait fait la trahison du maréchal Ney. Les ultra-royalistes voulaient voir dans Louvel, au lieu d'un fanatique isolé, le chef d'un vaste complot. De tous les points de la France affluaient des adresses d'une violence frénétique. Le premier président Séguier, au nom de la Cour de Paris, osait demander au roi « qu'on rendît » aux magistrats ces moyens dont l'utilité n'était point en» core oubliée. » Ce fut dans ces circonstances que, le 15 février, la Chambre des pairs se forma en Cour de justice (2). Rien ne fut négligé pour découvrir toute la vérité. L'instruction dura trois mois, entendit plus de douze cents témoins, et, à la suite de cette scrupuleuse enquête, un rapport de M. de Bastard mit hors de doute l'absence de toute complicité. Les royalistes, qui voulaient, à toute force, trouver dans l'attentat de Louvel l'œuvre d'un parti, attaquèrent le rapporteur avec la dernière violence. Il fallut traduire la *Quotidienne* devant le jury. Mais la Cour sut cette fois résister aux pas-

---

(1) Cette voix unique était, on le sait, celle du duc de Broglie.
(2) Le chancelier s'adjoignit, pour instruire le procès, MM. Séguier et de Bastard, premiers présidents de Paris et de Lyon.

sions qui l'assiégeaient. Louvel seul fut mis en accusation, jugé et condamné à mort. Les adversaires de la pairie eux-mêmes n'hésitèrent pas à reconnaître que, dans cette circonstance, « elle avait rendu un bel arrêt (1). »

Le procès de Louvel était à peine terminé, que la Chambre des pairs avait à se constituer de nouveau en Cour de justice pour juger les membres de la conspiration de la rue Cadet. Les conjurés préparaient un vaste soulèvement des troupes. Ils furent arrêtés le 19 août 1820, veille de la date fixée pour l'exécution de leurs projets; et, dès le 21, une ordonnance royale convoquait la Cour des pairs. L'affaire était grave ; les accusés étaient nombreux. Cette fois encore, les ultra-royalistes prétendaient voir dans cette conspiration l'œuvre des membres de la gauche. Une véritable lutte s'établit à la Cour des pairs entre ceux qui, comme M. Ravez, voulaient étendre l'action de la justice, et ceux qui, comme MM. Molé et de Semonville, cherchaient au contraire à la restreindre. La commission d'enquête refusa d'arrêter plusieurs députés et officiers généraux qu'on voulait compromettre dans la poursuite. Le ministère public réclama alors un supplément d'information. Cent une voix contre cinquante et une repoussèrent sa demande. M. Ravez se démit de ses fonctions et fut remplacé par M. de Peyronnet. Contrairement aux conclusions du ministère public, un grand nombre d'inculpés furent mis hors de cause : vingt-neuf seulement, dont cinq étaient coutumaces, furent définitivement retenus par l'accusation. Cette décision, qui refusait d'étendre les poursuites à des personnages considérables par leur rang ou leur rôle dans la politique, irrita vivement l'opinion royaliste. La Cour fut insultée par la presse et dut faire comparaître à sa barre, pour offense envers elle, les rédacteurs du *Drapeau-Blanc* (22 février 1821). Le 16 juillet, elle rendit son arrêt : il prononçait la peine de mort contre trois des contumaces ; tous les autres accusés étaient condamnés

---

(1) Le mot est de M. Crémieux.

à la prison ou acquittés (1). Jamais, malgré les excitations du dehors, le chancelier ne s'était départi d'une dignité calme et d'une équité bienveillante, et, sans se laisser troubler ni par les applaudissements des uns ni par les menaces des autres, la Cour avait fait preuve de modération et d'impartialité.

Elle ne montra pas moins d'indépendance dans l'affaire des marchés de Bayonne. Les traités onéreux conclus par l'administration militaire avec le sieur Ouvrard au moment de l'entrée des troupes en Espagne avaient vivement ému l'opinion. Dans ce qui n'était qu'inexpérience, imprévoyance et inhabileté, elle croyait voir la corruption, et voulait pénétrer, comme on disait alors, « le mystère des marchés. » La Cour de Paris avait évoqué l'affaire, mais bientôt, rencontrant parmi les personnages incriminés deux pairs de France, les généraux Guilleminot et Bordesoulle, elle s'était déclarée incompétente. Le 11 février 1826, la Cour des pairs fut saisie. Après une instruction de trois mois (2), M. Portalis déposait son rapport qui établissait clairement l'innocence des deux généraux inculpés. Mais à la Chambre des pairs même une partie de l'opinion prétendait faire remonter la responsabilité plus haut et, au besoin, jusqu'au duc d'Angoulême. Un supplément d'instruction fut réclamé. La Cour, aux applaudissements des libéraux, n'hésita pas à l'accorder, en proclamant que « l'irresponsabilité royale ne pouvait se » communiquer à personne, pas même à l'héritier du trône. » Le 21 juillet, un nouveau rapport de M. Portalis écarta les soupçons qu'on avait essayé de faire peser sur de hauts personnages. Certains membres voulaient néanmoins les mettre en accusation pour que la publicité des débats fît mieux ressortir leur innocence. La majorité s'y refusa justement, et un

---

(1) L'un des chefs du complot, le colonel Maziau, ne put être jugé qu'à la session suivante. Ce fut à l'occasion de son procès et au moment de l'application de la peine que se produisit la protestation des cinquante-deux pairs dont nous avons parlé.

(2) Le 22 mai.

arrêt du 3 août mit tous les prévenus hors de cause. Ouvrard seul et cinq de ses complices furent renvoyés en police correctionnelle et condamnés pour tentative de corruption (1).

La Révolution de Juillet (2) devait soumettre à la Chambre haute des procès plus considérables encore et des questions plus redoutables.

Au lendemain de 1830, la Chambre des députés avait, conformément à la charte, formulé contre les ministres signataires des ordonnances une accusation de haute trahison (3). La Chambre des pairs, régulièrement saisie, se constitua en Cour de justice le 1er octobre. L'instruction, confiée au président Pasquier, assisté de MM. Séguier, de Pontécoulant et de Bastard, fut complète et consciencieuse. M. de Bastard en consigna les résultats dans un rapport déposé le 29 novembre. La Chambre des députés avait cru trouver dans les faits prévus par les articles 91, 109, 110, 123 et 125 du code pénal les conditions qui constituent le crime de trahison. Mais le mot de trahison n'existe pas dans le code pénal. La charte de 1814, sous l'empire de laquelle les actes incriminés avaient été accomplis, donnait bien à la Chambre des députés le droit d'accuser les ministres et à la Chambre des Pairs le droit de les juger pour trahison. Mais elle avait renvoyé la définition de la trahison à une loi future qui n'avait pas été faite. La conséquence de cette situation légale semblait devoir être l'impunité des accusés. Le rapport de la commission fut réduit à invoquer « la » nécessité, qui proroge tous les pouvoirs et qui est la plus

---

(1) De Vielcastel, *Histoire de la Restauration*, t. XV, p. 43, 562 et suiv.

(2) Déjà le 14 juin 1828, M. Labbey de Pompières avait déposé une proposition d'accusation contre les membres du ministère Villèle, pour trahison et concussion. Cette proposition fut prise en considération et renvoyée à l'examen d'une commission de neuf membres. Ne trouvant aucune règle tracée, la commission décida d'agir conformément au droit commun ; mais elle ne put obtenir communication des documents nécessaires pour instruire, et la proposition fut indéfiniment ajournée. (Vaulabelle, *Hist. de la Restauration*, t. VII, p. 440 et suiv.)

(3) Elle avait nommé MM. Bérenger, Persil et Madier de Monjau, commissaires pour soutenir l'accusation.

» impérieuse et la plus irréfragable des lois. » Il ajoutait :
« C'est à la Chambre des députés qui accuse et à la Cour
» des pairs qui juge à suppléer à l'absence d'une définition
» légale appliquée au crime de trahison ; les actes d'un tel
» procès ne sont pas seulement judiciaires, ils participent
» nécessairement du caractère législatif, et, en effet, la
» puissance qui, en cette matière, règle la procédure, qualifie
» les faits, détermine la peine, en même temps qu'elle statue
» sur ces choses en principe, fait aussitôt et presque simul-
» tanément l'application du principe, crée la loi et en use à
» l'instant même pour prononcer le jugement. » C'était revenir aux plus détestables sophismes judiciaires.

Les débats s'ouvrirent le 15 décembre. Ce procès soulevait dans Paris une agitation menaçante ; il fallut fortifier le petit Luxembourg pour y transférer les accusés (1). Pendant que la Cour délibérait avec calme, l'émeute grondait au dehors, la foule assiégeait les portes du palais, des cris de mort étaient poussés sous les fenêtres. C'était un véritable duel entre l'ordre et l'anarchie (2). Le 20, la Cour dut lever la séance ; cependant, les débats purent être repris le 21. Pour mettre les accusés à l'abri des fureurs de la populace, le gouvernement jugea nécessaire de les faire reconduire à Vincennes, et ce fut en leur absence qu'à dix heures du soir fut prononcé l'arrêt qui les condamnait à la détention perpétuelle.

Plus graves encore furent les violences populaires au milieu desquelles la Cour eut à juger les accusés d'avril. En avril 1834, deux insurrections formidables avaient ensanglanté Lyon et Paris. Elles n'étaient que l'exécution d'un vaste attentat qui embrassait la France entière. L'instruction avait duré douze mois, arrêté deux mille individus, suivi les ramifications du complot à Saint-Etienne, Grenoble, Marseille, Châlon-sur-Saône, Clermont-Ferrand, Epinal, Luné-

---

(1) Les familles des accusés eurent la pensée de demander que la Cour se réunît hors de Paris.
(2) De Nouvion, *Histoire du règne de Louis-Philippe*.

ville, etc. La Cour des pairs seule avait paru pouvoir juger cet immense procès qu'on a appelé « le procès monstre. » La commission d'instruction déclarait la prévention établie à l'égard de quatre cent quarante inculpés. Le procureur général, M. Martin du Nord, proposait d'en mettre en accusation trois cent dix-huit. La Cour des Pairs, plutôt préoccupée de mettre en relief la gravité du complot et d'en punir les chefs que d'atteindre tous les acteurs secondaires, ne retint dans son arrêt de mise en accusation que cent soixante quatre accusés.

Le parti auquel ceux-ci appartenaient avait réclamé pour eux une amnistie générale. Devant l'arrêt de la Cour des pairs, il résolut de tout faire pour rendre le procès impossible, d'élever une série d'obstacles insurmontables à l'action de la justice, et engagea contre elle une lutte qui, par ses proportions, n'a sans doute pas d'égale dans l'histoire judiciaire.

Pendant qu'à l'intérieur des prisons les accusés étaient en rébellion constante contre leurs gardiens, les journaux les représentaient comme victimes des traitements les plus odieux, et rien n'était épargné pour séduire ou effrayer les témoins et intimider les juges. Chaque jour, la presse vomissait contre la Cour des pairs l'outrage et la menace. Deux comités dits de défense s'organisaient, et choisissaient, parmi les notabilités du parti, des hommes qui, sous le titre apparent de défenseurs des accusés, devaient, en réalité, se faire les accusateurs des juges, du gouvernement et de la société (1).

Le chancelier Pasquier, président de la Cour des pairs, fit alors connaître aux accusés qu'en vertu des pouvoirs qu'il tenait de l'article 295 du code d'instruction criminelle, il ne recevrait pour défenseurs que des avocats en titre, mais qu'il les autorisait à choisir dans tous les barreaux de France.

---

(1) On comptait parmi eux MM. Barbès, Bastide, Blanqui, Carrel, Cormenin, Flocon, Lamennais, Ledru-Rollin, Pierre Leroux, Raspail, etc...

Il nomma ensuite des avocats d'office à ceux qui n'en avaient pas désigné.

Les accusés protestèrent et refusèrent toute communication avec leurs défenseurs. Une ordonnance royale assimila la Cour des pairs à la Cour d'assises et déclara que les avocats désignés d'office devraient présenter la défense de leurs clients même contre la volonté de ceux-ci. Les accusés en appelèrent au barreau. Le Conseil de l'ordre des avocats donna aux défenseurs d'office l'ordre de s'abstenir. La Cour de Paris annula cette délibération pour excès de pouvoir. Mais, finalement, le président Pasquier crut devoir laisser aux défenseurs d'office la liberté d'agir suivant leur conscience.

Les débats devaient commencer le 5 mai. La veille, une émeute éclatait aux environs des portes Saint-Denis et Saint-Martin : il fallait la réprimer par la force et opérer trois cents arrestations.

L'audience s'ouvrit enfin. Cent vingt et un accusés étaient présents. Ils commencèrent par réclamer des défenseurs de leur choix et refusèrent d'accepter le débat tant qu'ils ne les auraient pas obtenus. La Cour répondit à leurs conclusions que le président avait fait un usage légitime de son pouvoir discrétionnaire. Immédiatement la presse, les défenseurs eux-mêmes traitèrent cette décision « d'abominable iniquité. »

Le lendemain, à l'ouverture de l'audience, les accusés se lèvent en masse ; ils protestent bruyamment contre l'arrêt rendu la veille, refusent d'entendre la lecture de l'arrêt de renvoi et de l'acte d'accusation. On veut les faire asseoir, ils persistent à rester debout. Leurs clameurs rendent toute lecture, toute délibération impossibles, et par l'organe de l'un d'entre eux, M. Baude, ils déclarent qu'ils ne se présenteront plus devant la Cour s'ils n'y sont contraints par la force.

Aucune loi ne permettait alors d'exclure un accusé de l'audience et de poursuivre régulièrement les débats en son absence. Cependant, devant la force des choses, le procureur général se décida à requérir qu'on expulsât de l'audience tout accusé qui troublerait l'ordre.

« Il serait impossible, » dit un historien, « de donner une
» idée de l'aspect que présentait à la fin de ce réquisitoire
» la salle du jugement. Les accusés debout, la figure enflam-
» mée, le geste menaçant, éclatant en imprécations et en cris
» de fureur ; les gardes municipaux employant inutilement
» la force pour les obliger à s'asseoir ; les juges inquiets et
» plus affligés encore qu'indignés ; le public agité, penché
» sur les tribunes pour suivre les péripéties de cette indé-
» cente comédie... Il n'y avait plus à reculer ; il fallait
» ou reconnaître que la justice était vaincue, ou recourir aux
» moyens devenus nécessaires pour assurer son triomphe (1). »

La Cour se résigna à suppléer aux lacunes de la loi. Après deux jours de délibération, elle rendit un arrêt par lequel, « considérant que la société serait sans protection si, en
» faisant rébellion à la loi, les accusés pouvaient, par un
» tumulte permanent, forcer à ajourner indéfiniment le juge-
» ment de l'affaire, » elle ordonnait que les accusés qui troubleraient l'ordre seraient expulsés de l'audience, sauf à y être ramenés ensemble ou séparément pour y assister aux témoignages et présenter leurs moyens de défense.

Cet arrêt rendu, la lecture de l'acte d'accusation fut encore une fois reprise. Mais les mêmes violences se renouvelèrent, et il fallut ordonner l'expulsion des accusés. Vingt-neuf demandèrent presque immédiatement à rentrer ; de ce nombre six encore dûrent être exclus quelques jours après, et vingt-trois seulement acceptèrent définitivement les débats. La presse flétrissait ceux qui s'étaient soumis, exaltait ceux qui persévéraient dans la rébellion. Une déclaration des défenseurs, au nombre de cent dix, ne craignait pas de leur dire : « Vous vous êtes montrés dignes de la cause sainte à
» laquelle vous avez dévoué votre liberté et votre vie.....
» Persévérez, citoyens ; l'infamie du juge fait la gloire de

---

(1) De Nouvion, *Histoire du règne de Louis-Philippe*, t. III, p. 477.

» l'accusé. » Sous le coup de l'outrage, la Chambre des pairs décide que les signataires de cette lettre seront traduits à sa barre. Parmi eux se trouvent deux députés, MM. de Cormenin et Audry de Puiraveau. Une demande d'autorisation de poursuites est adressée à la Chambre des députés. La Chambre autorise la poursuite contre M. Audry de Puiraveau seul (1), et la Cour des Pairs prononce contre neuf des signataires de la lettre des condamnations d'ailleurs modérées.

A la suite de ces faits, le procès s'acheva, mais non sans incidents ni violences. La Cour ayant prononcé la disjonction entre les différentes catégories d'accusés, la plupart de ceux-ci refusèrent de venir à l'audience, même pour présenter leurs moyens de défense. La douceur comme la force furent également impuissantes à vaincre leur obstination. La Cour, non sans hésitation, dut faire un pas de plus dans la voie législative : par un second arrêt, elle déclara que si les accusés sommés de comparaître devant elle pour préparer leurs moyens de défense refusaient d'obéir, et « si leur résistance » était de nouveau portée aux extrémités de violence et de » rébellion dont ils avaient déjà donné le scandale, il en » serait dressé procès-verbal pour, ledit procès-verbal rap- » pelé, être passé outre au jugement. » Enfin, après neuf mois de cette lutte incessante, les diverses catégories d'accusés furent successivement jugées. Cent six condamnations furent prononcées, les plus sévères à la déportation (2) (23 janvier 1836).

Dans ce grand procès où, suivant l'expression de M. Guizot, « les accusés se portaient accusateurs des juges, des lois, » du gouvernement tout entier, refusaient de leur reconnaître » aucun droit, se taisaient quand on les interrogeait, voci-

---

(1) En réalité, les signatures de MM. de Cormenin et Audry de Puiraveau avaient été apposées sans leur assentiment; mais M. Audry de Puiraveau n'osa pas formellement désavouer la sienne.
(2) Quelques jours auparavant, vingt-huit accusés, parmi lesquels les principaux chefs du complot, s'étaient évadés de Sainte-Pélagie.

» feraient quand on leur ordonnait de se taire, opposaient
» leur violence personnelle à la force publique, maudissaient,
» injuriaient, menaçaient, prédisaient leur victoire et leur
» vengeance prochaines et se donnaient toute licence pour
» prolonger et enflammer le procès dans l'espoir d'en faire
» sortir de nouveau la guerre civile (1), » la Cour fit preuve
à la fois d'une rare fermeté et d'une prudente modération.
Si, s'armant du droit qu'elle se reconnaissait de mêler la
législation à la justice, elle crut pouvoir combler, en
matière de procédure, les lacunes de la loi, elle le fit,
du moins avec sagesse, en conciliant justement les droits
de la société et ceux des accusés. Ses décisions passèrent
dans les lois de septembre 1835 et n'ont pas cessé depuis
de fournir aux magistrats une arme trop souvent nécessaire
contre les obstinations de la défense et les violences de certains accusés.

Le procès d'avril était à peine terminé que la Chambre des pairs était de nouveau convoquée en Cour de justice pour juger l'attentat de Fieschi. Ce crime atroce avait exaspéré l'opinion, et il avait fallu protéger par la force armée la prison de Sainte-Pélagie. L'instruction et les débats permirent de croire que les accusés avaient agi sous l'inspiration du parti républicain, mais n'établirent aucune complicité formelle. La Cour condamna Fieschi à la peine des parricides, Morey et Pepin à la peine de mort, Boireau à vingt ans de travaux forcés.

Nous ne parlerions pas du procès du prince Napoléon qui se poursuivit « au milieu d'une indifférence glaciale (2), » si l'accusé n'avait cherché dans le caractère politique du tribunal une cause de récusation contre ses juges. Fait prisonnier après l'attentat de Boulogne (6 août 1840), avec cinquante-trois de ses complices, le prince avait été déféré à la Cour des pairs. L'instruction fut courte, et, le 28 septembre,

---

(1) M. Guizot, *Mémoires*, t. III, p. 298.
(2) *Mémoires* de M. de Falloux.

il comparaissait avec ses coaccusés devant la Chambre haute. « Je représente devant vous, » dit-il, « un principe, une » cause, une défaite... Représentant d'une cause politique, » je ne puis admettre comme juge de mes volontés et de » mes actes une juridiction politique. Vos formes n'abusent » personne : dans la lutte qui s'ouvre, il n'y a qu'un vain- » queur et un vaincu. Si vous êtes les hommes du vain- » queur, je n'ai pas de justice à attendre de vous et je ne » veux pas de votre générosité. » Un pareil langage n'était pas de nature à arrêter une juridiction régulière. Sur les réquisitions du procureur général Franck Carré et après une éloquente plaidoirie de Berryer, un arrêt condamna le prince à la détention perpétuelle dans une forteresse du royaume et quatorze de ses complices à des peines qui variaient de la déportation à deux années d'emprisonnement.

Nous n'insisterons pas sur ces attentats à la personne royale que l'audace des assassins multiplia sous le règne de Louis-Philippe et qui mirent si souvent en mouvement la juridiction de la Chambre haute : Alibaud (25 juin 1836) ; Darmés (15 octobre 1840) ; Lecomte (16 avril 1846).

Mais, indépendamment de ces crimes vulgaires, la Cour des Pairs eut encore et trop souvent à exercer la juridiction que la charte lui attribuait sur ses propres membres. Elle eut à juger : en 1830, le comte de Kergorlay pour refus de serment publiquement motivé en termes outrageants à l'égard du roi ; en 1832, pour ouverture sans autorisation d'une école libre, M. de Montalembert qui entraîna devant elle, à raison de sa qualité, l'abbé Lacordaire et M. de Coux ; en 1847, M. Teste, pair de France, président de la Cour de cassation, ancien ministre, convaincu d'avoir reçu une somme considérable pour la concession d'une mine (1). Elle allait encore juger un de ses membres, le duc de Praslin, qui venait

---

(1) M. Teste et le général Cubières, enveloppés dans la poursuite comme complices, furent condamnés à la dégradation civique et à la prison.

d'assassiner sa femme, quand le duc se fit justice lui-même dans sa prison (1).

Quelle appréciation convient-il, en définitive, de porter sur la justice de la Cour des pairs ? « Je ne crois pas, » dit M. Guizot, « que les annales du monde civilisé offrent un plus
» grand exemple de la justice rendue avec une indépendance
» et une sérénité imperturbables, au milieu des plus violents
» orages de la politique. C'est la gloire de la Cour des pairs
» d'avoir, sous des régimes divers, constamment offert ce
» beau spectacle : entre ses mains, la balance de la justice
» n'a pas fléchi, quels que fussent autour d'elle le déchaîne-
» ment des passions politiques et l'ébranlement de l'Etat (2). »

Sans protester contre ce jugement, il nous paraît nécessaire d'y apporter quelques réserves. Il est difficile d'oublier la violence des passions qui envoyèrent à la mort l'infortuné maréchal Ney, l'émotion des salons royalistes envahissant la Cour, les juges s'ingéniant à arracher des mains de l'accusé les armes qui peuvent le sauver, étouffant la liberté de sa défense, et, quand Berryer se lève pour invoquer l'article 12 de la capitulation de Paris, lui fermant la bouche.

Si un tel exemple est une exception dans l'histoire judiciaire de la Cour des pairs, il est trop éclatant et trop douloureux pour qu'on l'oublie et qu'on n'y relève pas le vice inhérent à toute assemblée érigée en tribunal politique (3). Sans doute, la Cour se montra tout autrement calme et équitable dans le procès des ministres de 1830, malgré les cris qui montaient de la rue, les passions qui frémissaient autour de son prétoire. Mais est-ce vraiment de la justice que condamner un accusé pour un crime que n'a encore défini ni puni aucune loi ? Est-ce vraiment un tribunal que celui qui, pour punir, est forcé de créer à la fois la qualification

---

(1) En 1846, M. Odilon Barrot déposa une demande de mise en accusation du ministère que présidait M. Guizot : mais cette demande ne fut pas admise par la Chambre.
(2) Guizot, *Mémoires*, t. II, p. 150.
(3) Voir, sur le procès du maréchal Ney, M. Duvergier de Hauranne, *Histoire du Gouvernement parlementaire*, t. III, p. 298 et suiv.

du crime et la peine qui le frappe? Dans le procès d'avril lui-même, le caractère politique du tribunal ne fut-il pour rien dans les violences des accusés et le déchaînement de l'esprit de parti? C'est encore sur le caractère politique de la juridiction que nous voyons le prince Napoléon s'appuyer pour la récuser. C'est que, par la force des choses, le juge politique est toujours suspect. Si, d'ailleurs, pour emprunter encore une parole de M. Guizot, la Cour des pairs fut la seule juridiction « capable de toujours placer l'équité à côté de la loi, » la loi n'est-elle pas, après tout, plus efficacement, plus sûrement tutélaire de la liberté que l'équité toujours arbitraire des hommes? N'est-ce pas dans l'application éclairée d'une loi raisonnable qu'il convient de chercher la meilleure garantie de toute justice humaine?

Nous aurons à revenir sur ces divers points dans la conclusion de ce travail.

LIVRE V

DE LA HAUTE COUR POLITIQUE DEPUIS LA RÉVOLUTION DE FÉVRIER JUSQU'A NOS JOURS (1848-1888)

CHAPITRE PREMIER.

DE LA HAUTE COUR POLITIQUE SOUS LA CONSTITUTION DU 4 NOVEMBRE 1848.

Section première.

La constitution du 4 novembre 1848 supprima la division du pouvoir législatif en deux chambres, pour instituer une assemblée unique. Le système qui consiste à attribuer le droit d'accusation à la Chambre populaire, le droit de jugement à la Chambre haute, était impraticable. La constitution revint à l'institution d'une haute Cour spéciale (1).

Dans son article 68, elle maintenait le principe de la responsabilité des ministres et édictait une responsabilité plus haute encore, celle du Président de la République lui-même.

(1) A côté de cette haute Cour, qui ne pouvait être saisie que suivant certaines formes et dans certains cas déterminés, et dont l'existence ne portait aucune atteinte à la compétence générale des juridictions de droit commun, le projet présenté à l'assemblée proposait l'établissement d'une seconde juridiction conférée au conseil d'Etat. C'était une sorte de juridiction disciplinaire s'appliquant exclusivement aux ministres, ne concernant que les faits qui ne constituaient ni crime, ni délit politique, et n'entraînaient aucune réparation civile. Elle ne pouvait prononcer d'autre peine que l'interdiction des fonctions publiques pour une période ne dépassant pas cinq années. Cette décision ne pouvait être rendue qu'à la majorité des deux tiers des voix. Le principe de cette juridiction fut repoussé par l'Assemblée nationale.

Section II. — *De l'organisation de la haute Cour.*

Comme la haute Cour de 1791, la haute Cour de 1848 se composait de juges et de jurés.

Juges. — Chaque année, dans les quinze premiers jours de novembre, la Cour de cassation nommait parmi ses membres, au scrutin secret et à la majorité absolue, les juges de la haute Cour au nombre de cinq et deux suppléants. Les juges appelés à siéger choisissaient parmi eux leur président.

L'Assemblée nationale, en cas d'accusation du président ou des ministres, désignait les magistrats chargés de remplir près de la haute Cour les fonctions du ministère public. Dans tous les autres cas, ils étaient désignés par le Président de la République.

Les jurés, au nombre de trente-six et quatre suppléants, étaient pris parmi les membres des Conseils généraux. Toutefois, les représentants du peuple n'en pouvaient faire partie (art. 92).

Siège de la Cour. — Dans tous les cas, sauf dans le cas de l'article 68, où ce droit était exercé par la haute Cour elle-même, c'était à l'Assemblée nationale qu'il appartenait de désigner la ville où la haute Cour tiendrait ses séances.

Jury. — Quand un décret de l'Assemblée nationale avait ordonné la formation de la haute Cour, ou, dans le cas prévu par l'article 68, sur la réquisition du président ou de l'un des juges, le président de la Cour d'appel, et, à défaut de Cour d'appel, le président du Tribunal de première instance du chef-lieu judiciaire du département tirait au sort, en audience publique, le nom d'un membre du Conseil général (art. 93).

Au jour indiqué pour le jugement, s'il y avait moins de soixante jurés présents, ce nombre était complété par des jurés supplémentaires tirés au sort par le président de la haute Cour, parmi les membres du Conseil général du département où siégeait la Cour (art. 94).

Les jurés qui ne produisaient pas d'excuses valables étaient passibles d'une amende de 1,000 à 10,000 fr. et de la privation des droits civiques (art. 95).

Section III. — *De la compétence de la haute Cour.*

La constitution attribuait à la haute Cour une triple compétence.

Aux termes de l'article 91, elle jugeait : 1° les accusations portées par l'Assemblée nationale contre le Président de la République, et la généralité du texte semblait comprendre tous les crimes et délits commis par le Président qu'il plairait à l'Assemblée de déférer à la haute Cour ; 2° les accusations portées par l'Assemblée nationale contre les ministres, à raison seulement, bien que le texte ne le dit pas, des crimes et délits politiques commis par eux dans leurs fonctions ; 3° toute personne prévenue de crimes, attentats ou complots contre la sûreté intérieure ou extérieure de l'Etat que l'Assemblée aurait renvoyée devant elle (1).

Quel était le caractère de cette triple compétence ?

Les derniers mots de l'article 91 indiquaient clairement qu'en matière d'attentats ou de complots contre la sûreté de l'Etat, la juridiction de la haute Cour était simplement facultative. Elle n'excluait pas la compétence des tribunaux de droit commun. Ce principe, déjà admis pour la juridiction de la Cour des pairs, fut de nouveau consacré par la jurisprudence en ce qui concerne la haute Cour.

Au contraire, à l'égard du Président de la République, la juridiction de la haute Cour était une juridiction forcée. L'article 100 portait en termes exprès : « Le Président de la » République n'est justiciable que de la haute Cour de jus- » tice. »

---

(1) Le projet primitif proposait de déférer également à la juridiction de la haute Cour les membres de l'Assemblée nationale ; mais cette disposition n'avait pas été adoptée.

Bien que la constitution ne le dit pas expressément, la haute Cour était également, en matière criminelle, et, à raison de faits commis dans l'exercice de leurs fonctions, la seule juridiction compétente pour juger les ministres. Seulement, l'Assemblée nationale et le Président de la République pouvaient, dans tous les cas, déférer l'examen des actes de tous fonctionnaires autres que le Président, par suite, ceux des ministres, au Conseil d'Etat, qui les appréciait dans un rapport rendu public (art. 99). C'était une sorte de juridiction disciplinaire. Et, comme nous le verrons plus tard, dans tous les cas de responsabilité, l'assemblée pouvait, à son gré, pour les réparations civiles, renvoyer les ministres soit devant la haute Cour, soit devant les tribunaux ordinaires.

Section IV. — *Du droit d'accusation devant la haute Cour et comment elle pouvait être saisie.*

§ 1. — *De l'accusation du Président de la République.*

En principe, le Président de la République ne pouvait être traduit devant la haute Cour que « sur l'accusation portée par l'Assemblée nationale et pour crimes et délits qui seraient déterminés par la loi. » Telle était la disposition expresse de l'article 100.

Toutefois, dans son article 68, la constitution prévoyait la haute trahison du Président de la République, et, pour la première fois, elle donnait, à l'égard du chef de l'Etat, la définition de ce crime : « Toute mesure, » disait l'article 68, « par laquelle le Président de la République dissout l'Assemblée nationale, la proroge ou met obstacle à l'exercice de son mandat est un crime de haute trahison. »

Ce crime, en même temps qu'il entraînait la déchéance du Président, le devoir pour les citoyens de lui refuser obéissance, la translation à l'Assemblée du pouvoir exécutif, saisissait *ipso facto* la haute Cour. Les juges qui la composaient étaient tenus de se réunir immédiatement, à peine de forfaiture : ils convoquaient les jurés dans le lieu qu'ils désignaient pour procéder au jugement du Président et de ses complices, et nommaient eux-mêmes les magistrats chargés de remplir les fonctions du ministère public (art. 68).

L'article 100 promettait une loi qui devait déterminer les autres cas de responsabilité du Président et régler les formes et conditions de la poursuite. Cette loi était en préparation au Conseil d'Etat, lorsque survinrent les événements de décembre 1851.

§ 2. — *De l'accusation des ministres.*

C'était à l'Assemblée nationale qu'appartenait exclusivement le droit d'accuser les ministres, et, si elle avait eu à exercer ce droit, elle n'eût pu certainement mieux faire que de se conformer à la procédure qu'avait suivie à cet égard la Chambre des députés de 1830.

§ 3. — *De l'accusation en matière d'attentats.*

C'était également à l'Assemblée nationale, et à elle seule, qu'il appartenait de dessaisir la justice ordinaire des attentats ou complots contre la sûreté extérieure ou intérieure de l'Etat, pour les déférer à la haute Cour. Un décret du pouvoir exécutif n'eût pas suffi pour saisir la haute juridiction : il fallait une loi. La constitution n'avait voulu confier qu'à l'Assemblée nationale, aux représentants mêmes de la nation, le soin d'apprécier les circonstances politiques qui pouvaient, dans l'intérêt de l'Etat et pour l'efficacité de l'exemple, commander le renvoi de certains crimes devant la haute Cour.

Il est à remarquer qu'à la différence de la charte, la loi ne précisait pas même d'une façon générale les faits qui pouvaient motiver le renvoi des ministres devant la haute Cour. Elle ne prononçait pas notamment le mot de haute trahison et, au contraire, lorsqu'il s'agissait du Président de la République, la constitution avait soin de prévoir ce crime et de le qualifier. Cette différence dans les textes n'était point involontaire, et il était permis d'en conclure que les ministres ne pouvaient plus être accusés de haute trahison comme ils avaient pu l'être en 1830. Nulle part, en effet, la haute trahison n'était définie, et, à la différence de la Chambre des pairs, la haute Cour était une institution exclusivement judiciaire : elle n'avait pas, comme la Chambre haute de la monarchie constitutionnelle, le pouvoir de créer un crime qui n'était jusque-là prévu par aucune loi, de déterminer la peine et de l'appliquer à la fois. Conformément au grand principe de droit public écrit pour la première fois dans la constitution de 1791 et reproduit par l'article 4 du code pénal, elle ne se crut jamais le droit d'appliquer à un crime une peine qui n'était pas prononcée par la loi avant qu'il fût commis.

Section V. — *De l'instruction devant la haute Cour.*

La constitution contenait une grave lacune : elle était absolument muette sur l'instruction. En réalité, la haute Cour, telle qu'elle l'avait organisée, n'était instituée que pour le jugement (1). En attendant la loi d'organisation et de procédure annoncée, et qui, d'ailleurs, ne fut pas plus votée que tant de lois déjà préparées inutilement sur le même objet par les gouvernements antérieurs, la constitution semblait laisser dans le droit commun tout ce qui concernait l'instruction, la prévention et l'accusation. Aussi, sous l'empire de la constitution de 1848, la haute Cour ne fut-elle jamais saisie qu'après que l'instruction avait été achevée par la justice ordinaire, et, une fois au moins, elle le fut après que l'arrêt de renvoi était déjà rendu. Il semble qu'il eût été impossible de lui confier, comme autrefois à la Cour des pairs, le soin d'instruire elle-même les affaires. La haute Cour, en

---

(1) Ce point fut formellement reconnu dans la discussion par le ministre de la justice, M. Odilon-Barrot, et par M. Bonjean (*Moniteur* des 21 et 23 janvier 1849).

effet, nous l'avons dit déjà, avec son caractère exclusivement judiciaire, ne pouvait, comme la Cour des pairs, se mettre au-dessus des lois, sortir des attributions légales dans lesquelles son action était circonscrite, et se donner à elle-même un organe que lui avait refusé la constitution.

SECTION VI. — *De la procédure devant la haute Cour.*

La haute Cour fut convoquée avant qu'une loi organique eût déterminé la procédure qu'elle devait suivre. Lorsqu'on demanda à l'Assemblée de renvoyer devant elle les auteurs de l'attentat du 15 mai, M. Jules Favre soutint que le défaut d'organisation de la procédure rendait ce renvoi impossible, et un député, M. Durand, demanda, par un amendement, que l'Assemblée déterminât, dans le délai de huit jours, les formes à suivre devant la haute Cour. Le ministre de la justice, M. Odilon-Barrot, déclara qu'une telle mesure lui semblait au moins inutile; « que le code d'in-
» struction criminelle était là et qu'il était parfaitement
» applicable (1). » L'Assemblée repoussa, en conséquence, l'amendement de M. Durand. C'était implicitement reconnaître que le code d'instruction criminelle devait servir de règle dans les procès portés devant la haute juridiction.

La haute Cour s'y conforma toujours scrupuleusement.

Devant elle, aux termes de l'article 96 de la constitution, le droit de récusation était exercé par l'accusé et le ministère public, comme en matière ordinaire.

Toutefois, par une exception au droit commun éminemment favorable à l'accusé, la déclaration affirmative du jury, quant à la culpabilité, ne pouvait être rendue qu'à la majorité des deux tiers des voix (art. 97).

SECTION VII. — *Des peines appliquées par la haute Cour.*

Quant aux pénalités, dans les arrêts qu'elle eut à rendre,

---

(1) Séance du 22 janvier 1849. *Moniteur* du 23.

la haute Cour n'appliqua jamais que les peines prévues par le code pénal. — Elle eût été sans doute fort embarassée, si elle avait eu à juger le Président de la République pour crime de haute trahison ; car si la haute trahison était définie par la constitution, aucune loi n'édictait la peine qui lui était applicable.

On sait que, cependant, la haute Cour tenta, mais inutilement, de se réunir, après le coup d'Etat du 2 décembre 1851.

SECTION VIII. — *De l'action civile devant la haute Cour.*

Aux termes de l'article 98 de la constitution, dans tous les cas de responsabilité des ministres, l'Assemblée pouvait, suivant les circonstances, renvoyer le ministre inculpé soit devant la haute Cour, soit devant les tribunaux ordinaires, pour les réparations civiles. Bien que ce texte soit assez équivoque, la discussion, la comparaison des textes préparés par la commission, et finalement adoptés, ne permettent pas de douter qu'il ne donnât à l'Assemblée le droit de porter à son choix l'action civile devant la haute Cour ou devant la justice de droit commun. Ainsi, elle pouvait renvoyer à la haute Cour une action en dommages-intérêts, alors même qu'elle ne la saisissait pas d'un délit ou d'un crime : elle pouvait, sans s'adresser à la haute Cour, renvoyer l'action en responsabilité, dirigée contre le ministre, devant les tribunaux ordinaires. Disposition étrange et, sans nul doute, insuffisamment mesurée ! On comprend qu'une Assemblée politique saisisse une haute Cour de la connaissance d'un crime d'Etat : on ne comprend pas qu'une simple action en réparation civile suffise à mettre en mouvement une haute et exceptionnelle juridiction.

L'action civile dirigée contre un ministre, lorsqu'elle n'était pas déférée par l'Assemblée elle-même à une juridiction quelconque, conformément à l'article 98, demeurait soumise aux règles que nous avons précédemment exposées sous l'empire de la monarchie constitutionnelle. Les principes n'avaient pas changé.

L'intervention des parties civiles était-elle recevable devant la haute Cour ? Cette haute juridiction était-elle compétente pour statuer sur les réparations civiles accessoirement à l'action publique ? Nous ne sachions pas qu'en fait la question se soit posée ; mais, évidemment, les raisons au moyen desquelles la Chambre des pairs avait cru pouvoir se refuser à connaître des intérêts privés n'existaient plus ; et, malgré le silence de la constitution, rien, dans l'organisation de la haute Cour ni dans l'esprit de son institution, ne s'opposait à l'application du principe général écrit dans l'article 3 du code d'instruction criminelle.

SECTION IX. — *Du caractère des décisions de la haute Cour.*

La constitution maintenait aux décisions de la haute Cour ce caractère d'absolue souveraineté que la loi de 1791 avait conféré aux jugements de la haute Cour nationale, et que la Cour des pairs reconnaissait à ses arrêts. L'article 91 portait expressément que la haute Cour jugeait sans appel ni recours en cassation. Dans la discussion qui précéda le renvoi devant cette haute juridiction des auteurs de l'attentat du 15 mai, divers orateurs, M. Crémieux en particulier, firent ressortir le péril que présentait pour la liberté une décision irréformable, et s'en autorisèrent pour montrer combien le renvoi d'un accusé devant la haute Cour était chose grave (1), combien, par suite, il devait être rare ; mais personne n'osa contester le caractère souverain aux décisions d'un Tribunal qui était l'expression la plus haute de la justice du pays.

SECTION X.

La haute Cour, instituée par la constitution républicaine,

(1) Séances des 20 et 21 janvier 1849.

ne fut pas saisie de moins graves affaires que la pairie de la monarchie constitutionnelle. Le 7 mars 1849, elle était convoquée à Bourges pour juger l'attentat du 15 mai 1848 : quelques mois après, elle se réunissait à Versailles pour juger celui du 13 juin 1849. Dans ces deux grands procès, presque égaux par leur importance au procès d'avril 1835, s'agitèrent de nombreuses questions dont quelques-unes méritent de retenir un instant l'attention.

Une première et grave difficulté qui s'éleva avant même la réunion de la haute Cour, fut celle de savoir si le renvoi devant elle pouvait être légalement prononcé après qu'un arrêt de mise en accusation rendu par la justice de droit commun avait renvoyé les prévenus devant la Cour d'assises, que cet arrêt, non attaqué par le ministère public, était passé en force de chose jugée et que, par conséquent, le bénéfice en était acquis aux prévenus.

Pour faciliter l'intelligence de cette question et de la solution qui lui fut donnée, il convient de rappeler brièvement certains faits.

A la suite de l'attentat du 15 mai et des fatales journées de juin, une commission d'enquête avait été chargée par l'assemblée d'en rechercher les causes et, en même temps, une instruction judiciaire avait été commencée par la Cour de Paris. Un arrêt de la Chambre d'accusation et de la Chambre correctionnelle de cette Cour, régulièrement réunies en vertu de l'article 3 du décret du 6 juillet 1810, avait, à la date du 16 janvier 1849, renvoyé devant la Cour d'assises de la Seine vingt personnes accusées d'avoir commis un attentat ayant pour but de détruire ou de changer la forme du gouvernement, et d'exciter à la guerre civile en armant ou en portant les citoyens à s'armer les uns contre les autres.

Dès le lendemain, M. Odilon Barrot, ministre de la justice, présentait à l'assemblée un projet de décret portant renvoi des accusés devant la haute Cour. La discussion fut vive. On cria à la violation de la chose jugée. Néanmoins, l'assemblée adopta la loi suivante : « Les auteurs et complices de

» l'attentat du 15 mai, mis en accusation par l'arrêt de la
» Cour d'appel de Paris du 16 janvier, sont renvoyés devant
» la haute Cour de Justice. La haute Cour se réunira à
» Bourges dans les quarante jours qui suivront la promulga-
» tion de la présente loi (1). »

Deux des accusés, Raspail et Quentin, se pourvurent en cassation. Leur pourvoi visait à la fois l'arrêt du 16 janvier et, indirectement au moins, le décret-loi de l'Assemblée nationale. Comme premier moyen, il soutenait que le bénéfice de l'arrêt du 16 janvier était acquis aux accusés, au même titre que l'eût été un arrêt de non lieu, et qu'aucune puissance, même constituante, n'avait plus le droit de leur en enlever le bénéfice; que, par suite, en dessaisissant la Cour d'assises de la Seine et renvoyant les accusés devant la haute Cour, l'assemblée avait rendu, non pas un décret, mais un arrêt, usurpé les fonctions judiciaires et commis un monstrueux abus de pouvoir. Si l'article 91 de la constitution réservait à l'assemblée le droit, non pas d'ordonner, mais d'autoriser le renvoi devant la haute Cour, il ne lui conférait pas le droit d'annuler une décision judiciaire, de régler elle-même des compétences : son décret ne pouvait être qu'un décret d'autorisation, non un arrêt de renvoi et de qualification. Le pourvoi devait donc être déclaré recevable.

Au fond, il ajoutait que la haute Cour était incompétente pour connaître du procès, et qu'en renvoyant devant une juridiction, instituée le 4 novembre, des accusés d'un fait commis le 15 mai précédent, l'assemblée avait violé la règle de justice éternelle qui ne permet pas de donner aux lois un effet rétroactif : à ce titre, son décret devait tomber sous la censure de la Cour suprême.

M. l'avocat général Sévin reconnut que le décret de l'Assemblée nationale ne pouvait faire obstacle à la recevabilité du pourvoi contre l'arrêt du 16 janvier, mais contre cet arrêt

(1) *Moniteur* des 18, 19, 21, 23 janvier 1849.

seulement. Il fit remarquer que dans l'article 91 de la constitution, il fallait distinguer le paragraphe 1*er* du paragraphe 2 ; si, dans le premier, l'assemblée accusait elle-même, dans le second, elle se bornait à renvoyer devant la haute Cour, ce qui supposait une accusation et une instruction antérieures ; la haute Cour, en effet, n'était instituée que pour le jugement, ce qui laissait l'instruction et l'accusation dans le domaine du droit commun ; dans l'affaire actuelle, le décret de l'assemblée n'avait saisi la haute Cour qu'après l'instruction terminée et l'arrêt de renvoi prononcé. Il n'avait fait qu'une chose : substituer la haute Cour à la Cour d'assises. C'était l'arrêt de la Cour de Paris qui servait de base au décret. Puisque cet arrêt subsistait, il pouvait, comme tout autre, être attaqué par les voies légales. L'assemblée, statuant comme corps politique, avait tranché une question de juridiction : elle n'avait pas dérogé aux règles du droit commun, elle n'avait pu vouloir s'appuyer que sur un arrêt régulier et légal.

Mais si le pourvoi était recevable, il le déclarait mal fondé. Le pourvoi, en effet, attaquait, comme entaché de rétroactivité, le décret du 22 janvier ; or, il n'y avait pas de pourvoi possible contre un pareil acte. « Comment, en effet, » concevoir un pourvoi devant un corps judiciaire contre » une décision souveraine du pouvoir législatif ? » Il n'y avait donc de pourvoi possible que contre l'arrêt de la Cour de Paris ; et cet arrêt, qui saisissait la Cour d'assises et non la haute Cour, était irréprochable. Toutefois, les accusés conservaient le droit de faire valoir devant la haute Cour l'illégalité du décret et tous les moyens d'incompétence qu'ils croiraient devoir invoquer.

Conformément à ces conclusions, la Cour suprême, sous la présidence de M. Laplagne-Barris, se reconnut le droit de statuer sur le pourvoi et le rejeta au fond. « Attendu, » disait l'arrêt, « qu'en ce qui touche l'incompétence de la » haute Cour, les griefs des demandeurs portent directement » sur le décret de l'Assemblée nationale du 22 janvier ; que

» ce décret ne peut être déféré à la Cour de cassation, dont
» l'autorité ne s'étend que sur les arrêts et jugements émanant du pouvoir judiciaire (1). »

A la suite de cet arrêt, la haute Cour fut convoquée à Bourges pour le 7 mars.

Dès l'ouverture des débats, les accusés reprirent leurs conclusions d'incompétence. Une première question se posa : Ces conclusions étaient-elles recevables ? Le procureur général, M. Baroche, en soutint énergiquement l'irrecevabilité. Pour lui, le décret de l'Assemblée nationale, rendu en exécution de l'article 91 de la constitution, était un acte souverain qui ne permettait plus à la haute Cour de juger sa compétence. La haute Cour n'était plus, en effet, comme la Cour des pairs, une Cour à la fois judiciaire et politique, investie d'un pouvoir discrétionnaire et pouvant à son gré retenir les affaires ou s'en dessaisir. De même que la Cour d'assises ne peut se déclarer incompétente quand elle est saisie par un arrêt de renvoi passé en force de chose jugée, de même la haute Cour ne pouvait proclamer son incompétence quand une fois elle avait été saisie par un décret de l'Assemblée nationale. Quel pouvait être, en effet, le résultat d'une semblable déclaration ? Devant quelle juridiction pourrait-on porter le règlement de juges ?

Malgré la gravité de ces arguments, la haute Cour admit la recevabilité du déclinatoire : « Le décret, » disait-elle,
« émanant d'un corps dont les attributions sont distinctes
» du pouvoir judiciaire, ne saurait mettre obstacle à ce que
» la juridiction par lui saisie examine et apprécie, en dehors
» des considérations d'ordre politique qui ont motivé le renvoi, et sauf l'autorité acquise à des décisions antérieures
» passées en force de chose jugée, *les exceptions juridiques*
» *faisant partie intégrante de la défense des accusés. Un tel*
» *examen se lie au droit inaliénable qu'a tout tribunal de*
» *juger sa propre compétence* (2). »

(1) Arrêt du 17 février 1849. S., 49, 2, 225.
(2) Arrêt du 8 mars 1849. S., 49, 2, 240.

Mais si le déclinatoire était recevable, était-il fondé? Là se représenta, pour y être à fond débattue, la grave question de savoir si le principe de la non rétroactivité des lois s'applique aux lois de procédure et de compétence. La haute Cour, instituée par la constitution du 4 novembre, pouvait-elle connaître d'attentats commis à une date antérieure?

Cette question avait été l'objet de vifs débats dans l'Assemblée nationale elle-même. Dans la discussion de la constitution, un député, M. Deville, avait demandé qu'une disposition expresse déclarât que la haute Cour n'était compétente que pour les attentats et complots commis depuis la promulgation de la constitution. M. Dupin fit remarquer que si un fait ne peut être légalement poursuivi qu'autant qu'une loi l'a préalablement déclaré crime ou délit, et s'il ne peut être puni que d'une peine portée par la loi avant qu'il ait été commis, les juridictions n'ont pas d'époque, « et qu'à l'instant même où une juridiction est créée, elle » se saisit de la connaissance de tous les crimes et délits » qui lui sont attribués par la loi, sans distinguer entre les » faits antérieurs ou postérieurs à son établissement (1). » Ces raisons avaient déterminé l'assemblée à repousser la proposition de M. Deville.

Cette question, qu'on pouvait croire définitivement tranchée, se reproduisit cependant à l'occasion de la demande de renvoi devant la haute Cour des accusés de l'attentat du 15 mai. Il ne manqua pas d'esprits pour soutenir que les lois, en matière criminelle, ne peuvent jamais avoir d'effet rétroactif, et que le renvoi des accusés devant une haute Cour, créée postérieurement à l'attentat, était une violation des règles d'éternelle justice. Mais l'assemblée persistant dans son opinion première, ne s'arrêta pas à ces objections et ordonna le renvoi.

C'était dans ces conditions que la question se présentait devant la haute Cour. La solution qu'elle reçut de l'autorité

---

(1) *Moniteur* du 4 novembre 1848, p. 3081 et 3082.

judiciaire ne différa pas de celle que lui avait donnée une assemblée politique. Dans un arrêt magistral, rédigé par M. Bérenger, la haute Cour se reconnut compétente pour connaître d'un crime commis à une date antérieure à sa propre constitution : « Attendu, » disait l'arrêt, « que si en
» vertu du principe d'éternelle justice consacré par les arti-
» cles 2 du code civil et 4 du code pénal, les lois répressi-
» ves ne s'appliquent qu'aux faits postérieurs à leur promul-
» gation, il en est autrement des lois de procédure et de
» compétence qui, du moment qu'elles ont force d'exécu-
» tion, régissent indistinctement les procès nés et à naître...
» Que la juridiction n'est qu'un mode d'exercice de la puis-
» sance publique ; que le législateur étant toujours le maître
» de modifier cet exercice, suivant le besoin des temps,
» restreindre aux procès non encore existants l'effet des
» changements qu'il y apporte ce serait entraver dans sa
» sphère d'action la souveraineté nationale qu'il représente,
» consacrer l'inégalité là où un principe commun appelle
» une application commune, reconnaître des droits acquis
» contre les juridictions qui sont d'ordre public (1). »

La haute Cour, dans ses sessions de Bourges et de Versailles, eut à trancher un certain nombre de questions relatives à la composition du haut jury. La première et la plus grave était celle de savoir si les membres des conseils généraux élus avant la constitution de 1848, qui instituait la haute Cour, avaient néanmoins capacité pour remplir les fonctions de hauts jurés. La défense soutenait que le mandat qu'ils avaient reçu des électeurs était nécessairement limité aux attributions qui leur étaient alors dévolues par les lois, et ne pouvait s'étendre à une attribution judiciaire que nul alors ne songeait à leur conférer et dont les conseils généraux n'avaient été investis que par une loi postérieure.

(1) Arrêt du 8 mars 1849. S., 49, 2, 240. Cette décision était d'ailleurs conforme à la solution déjà adoptée par la Cour suprême, conformément aux conclusions de M. Dupin en matière d'état de siège, le 12 octobre 1848 (S., 48, 1, 641).

M. Baroche opposa aux conclusions de la défense l'article 113 de la constitution, aux termes duquel « toutes les autorités » constituées devaient demeurer en exercice jusqu'à la pro- » mulgation des lois organiques qui les concernaient. » Successivement soumise à la haute Cour séant à Bourges et à la haute Cour siégeant à Versailles, la question reçut dans les deux cas une solution identique. Les deux arrêts décidèrent que l'article 91 de la constitution n'avait fait dépendre le concours des hauts jurés au jugement des attentats par eux prévus, que de leur qualité de membres de conseils généraux, sans distinguer entre ceux qui seraient actuellement investis de cette qualité et ceux qui la tiendraient d'une élection nouvelle (1).

Un haut juré pouvait-il être excusé par le motif qu'il avait déjà, dans l'année, siégé comme juré dans une Cour d'assises ? Le 7 mars 1849, un juré invoqua cette excuse devant la haute Cour de Bourges. Il se fondait sur l'article 21 de la loi du 7 août 1848, aux termes duquel nul ne pouvait être obligé de remplir les fonctions de juré plus d'une fois en trois ans. Cette excuse fut rejetée par ce motif que la haute Cour était une juridiction tout à fait distincte de la Cour d'assises et à laquelle, dès lors, les règles relatives au jury ordinaire ne s'appliquaient pas (2).

Le 10 octobre 1849, devant la Cour de Versailles, plusieurs hauts jurés firent observer qu'aux termes de l'article 92 de la constitution, les représentants du peuple ne pouvaient faire partie du jury appelé à siéger près de la haute Cour, et qu'ils étaient membres de l'Assemblée nationale au moment où avait été rendu le décret-loi qui déférait les accusés à la haute Cour. La Cour décida que bien qu'ils eussent depuis cette époque cessé d'être représentants du peuple, l'incompatibilité prévue par la constitution entre ces deux fonctions

---

(1) **Haute Cour de Bourges**, 8 mars 1849. S., 49, 2, 240. — Haute Cour de Versailles, 13 octobre 1849. S., 49, 2, 728.

(2) Haute Cour de Bourges, 7 mars 1849. S., 49, 2, 236.

subsistait, et ordonna que leurs noms seraient extraits de l'urne (1).

La haute Cour, siégeant à Versailles, décida qu'elle avait le droit de connaître du délit de compte rendu infidèle et de mauvaise foi de ses audiences, et que l'article 23 de la constitution, qui déférait au jury tous les délits de presse, n'avait pas enlevé aux Cours et Tribunaux la compétence spéciale que leur attribuait l'article 16 de la loi du 25 mars 1822 (2). « Attendu, » disait l'arrêt en terminant, « qu'en
» ce qui concerne une attribution, complément nécessaire de
» l'autorité du juge, nul Tribunal n'a, au même degré que
» la haute Cour, compétence essentielle et juridiction forcée ;
» qu'elle a été investie d'un pouvoir qui a eu pour mesure
» l'importance des garanties attachées à son institution ; que
» le dommage social occasionné par la violation impunie des
» intérêts commis à la garde de la justice serait aggravé par
» l'alternative où se verrait le corps qui en est l'expression
» la plus élevée, de souffrir en silence cette violation, ou
» de se reposer du soin de la réprimer sur une juridiction
» placée au-dessous et en dehors de sa sphère d'action par
» la loi constitutionnelle du pays (3). »

Enfin, la même haute Cour fut appelée à rendre un important arrêt en ce qui concerne la liberté de la défense. M. Michel de Bourges ayant, par des conclusions formelles prises au nom des accusés, demandé à plaider que toute violation de la constitution donnait aux citoyens le droit à l'insurrection, la Cour décida « que si le droit de libre
» défense est de l'essence de la justice, ce droit sacré ne
» peut dégénérer en agression contre les principes in-
» violables qui sont le fondement de toute société (4). »

---

(1) Haute Cour de Versailles, 10 octobre 1849. S., 49, 2, 721.
(2) Voir, dans le même sens, cassation, 11 mai 1833. S., 33, 1, 357. — En sens contraire, Douai, 4 décembre 1849. S., 49, 2, 751.
(3) Haute Cour de Versailles, 26 octobre 1849. S., 49, 2, 739.
(4) Haute Cour de Versailles, 10 novembre 1849. S., 49, 2, 748.

Section XI.

Quel jugement porter sur la haute Cour organisée par la constitution de 1848?

On pouvait lui reprocher d'être incomplète, de n'être organisée que pour le jugement et non pour l'instruction. Mais, il faut le reconnaître, elle offrait aux accusés les garanties les plus hautes. Elle procédait uniquement de l'élection et du sort. Des magistrats élus et choisissant eux-mêmes leur président, le tout parmi les membres inamovibles de la Cour suprême, des jurés désignés par le sort parmi les élus du pays, où pouvait-on trouver plus de garanties de lumières et d'indépendance ? « C'était, » pour rappeler le mot de M. Odilon-Barrot, « la société française tout entière convoquée à ces assises nationales où la nation, par ses délégués, juge le crime dirigé contre la nation entière. C'était une grande Cour d'assises nationale dans laquelle toutes les garanties avaient été étendues et fortifiées (1). »

La création, l'organisation de cette haute juridiction n'avaient rencontré d'objection dans aucun parti. Tous en reconnaissaient les lumières et l'indépendance, et s'inclinaient devant « sa majesté (2). » —.Nous ne sachions pas que, dans les grands procès qui lui ont été soumis, la haute Cour soit restée au-dessous de sa tâche et ait démenti la confiance qu'on avait mise dans sa justice. Vis-à-vis des auteurs des attentats du 15 mai 1848 et du 13 juin 1849, le jury se montra à la fois modéré et ferme, et la Cour fit preuve d'indépendance en maintenant les droits de la défense, de dignité dans la répression de ses écarts, et d'une juste appréciation des responsabilités dans l'application de la peine. A Bourges, les auteurs de l'attentat du 15 mai furent reconnus coupables d'avoir excité à la guerre civile,

---

(1) Odilon-Barrot, discours du 22 janvier 1849. *Moniteur* du 23.
(2) Le mot est de Jules **Favre**. Même séance.

et tenté de renverser le gouvernement légal du pays : toutefois, le jury accorda à plusieurs d'entre eux, notamment à Blanqui et à Sobrier, le bénéfice des circonstances atténuantes. Commencé le 7 mars 1849, le procès se termina le 3 avril par la condamnation d'Albert et de Barbès à la déportation, de Blanqui, Sobrier, Raspail, Flotte et Quentin à la détention. La peine de la déportation fut appliquée à tous les accusés contumaces, au nombre desquels se trouvaient Louis Blanc et Caussidière.

A Versailles, les fauteurs de l'émeute du 13 juin 1849, parmi lesquels figuraient une trentaine de représentants du peuple, furent, après un mois des débats les plus animés, convaincus de complot ayant pour objet d'exciter à la guerre civile, de détruire ou changer la forme du gouvernement : dix-sept furent, ainsi que tous les contumaces, condamnés à la peine de la déportation; trois à la détention seulement, par suite de l'admission de circonstances atténuantes (1).

Dans ces deux grands procès, les questions les plus hautes sur la liberté de la défense, les principes de la compétence et la rétroactivité des lois avaient été soumises à la Cour et résolues par elle avec autant de raison que d'autorité.

---

(1) Onze accusés avaient été déclarés non coupables par le jury et acquittés.

CHAPITRE II.

DE LA HAUTE COUR SOUS LA CONSTITUTION DES 14-22 JAN-- VIER 1852.

SECTION PREMIÈRE.

La constitution de 1852 était une réaction contre celles qui l'avaient précédée. Elle s'inspirait d'un esprit nouveau. Si elle conservait deux Chambres, elle leur enlevait cette initiative et cette influence sur la marche des affaires publiques qui constituent, à proprement parler, le gouvernement parlementaire. Si elle laissait subsister la responsabilité individuelle de chacun des ministres, elle supprimait la responsabilité collective et politique du ministère pour la transporter au chef de l'Etat lui-même.

En modifiant le rôle des deux Chambres, elle crut devoir leur enlever toute attribution judiciaire.

Le préambule de la constitution de 1852 motivait ainsi cette mesure :

« Le Sénat ne sera pas, comme la Chambre des pairs,
» transformé en Cour de justice : il conservera son caractère
» de modérateur suprême ; car la défaveur atteint toujours
» les corps politiques, lorsque le sanctuaire des législateurs
» devient un tribunal criminel. L'impartialité du juge est
» trop souvent mise en doute, et il perd de son prestige de-
» vant l'opinion, qui va quelquefois jusqu'à l'accuser d'être
» l'instrument de la passion ou de la haine. Une haute Cour

» de justice, choisie dans la haute magistrature, ayant pour
» jurés des membres des Conseils généraux de toute la
» France, réprimera seule les attentats contre le chef de
» l'Etat et la sûreté publique. »

L'article 54 de la constitution posa le principe de la haute Cour en ces termes : « Une haute Cour de justice juge, sans
» appel ni recours en cassation, toutes personnes qui auront
» été renvoyées devant elle comme prévenues de crimes,
» attentats, ou complots contre l'empereur et contre la sûreté
» intérieure ou extérieure de l'Etat. Elle ne peut être saisie
» qu'en vertu d'un décret impérial. »

L'article 55 renvoyait à un sénatus-consulte l'organisation de la haute Cour.

Deux sénatus-consultes vinrent remplir cette promesse :

Le premier, en date du 10 juillet 1852, organisa la haute Cour et régla la procédure qu'elle devait suivre ;

Le second, en date du 4 juin 1858, compléta les dispositions de la constitution en ce qui concernait sa compétence.

Profitant des leçons du passé, ces deux sénatus-consultes s'appliquèrent à combler les lacunes révélées par l'expérience, à inscrire dans la loi les principes que la jurisprudence, à défaut de toute définition légale, avait dû fixer pour assurer le cours de la haute justice. Ils firent de la haute Cour une juridiction complète, pourvue de tous les organes nécessaires à son fonctionnement, d'une Chambre d'instruction, aussi bien que d'une Chambre de jugement, ayant une compétence définie et une procédure déterminée.

SECTION II. — *Organisation de la haute Cour.*

Aux termes du sénatus-consulte du 10 juillet 1852, la haute Cour se compose d'une Chambre d'accusation, d'une Chambre de jugement et d'un haut jury (art. 1er).

Chambres d'accusation et de jugement. — Les deux Chambres sont formées de juges pris parmi les membres de la Cour de cassation. Chaque Chambre se compose de cinq juges et de deux suppléants. Ces juges et suppléants sont nommés chaque année, dans la première quinzaine de novembre, par l'empereur. En cas de vacance par démission ou décès de l'un des juges, il est pourvu à son remplacement ; mais le magistrat ainsi nommé ne demeure en fonctions que jusqu'au terme fixé pour l'expiration des pouvoirs de son prédécesseur. Le décret qui nomme les juges ne désigne pas le président : le président n'est désigné que par le décret qui saisit la haute Cour, parmi les membres de la Chambre qu'il doit présider. C'est également par le décret qui saisit la haute Cour que sont nommés, pour chaque affaire, le procureur général et les autres magistrats du ministère public (art. 2, 3, 4 et 5).

La loi substitue ainsi, pour le choix des juges, la nomination par le chef de l'Etat à la désignation par la voie du sort. Elle enlève à la haute Cour le caractère d'un tribunal permanent pour ne lui attribuer qu'une durée annuelle. Toutefois, bien que les Chambres de la haute Cour ne soient instituées que pour une année, elles demeurent saisies au delà de ce terme de la connaissance des affaires qui leur ont été précédemment déférées (art. 3).

Le président de chaque Chambre désigne un greffier qui prête serment (art. 6).

Haut jury. — Le second élément qui concourt à la formation de la haute Cour est le haut jury. Il se compose de trente-six jurés titulaires et de quatre jurés suppléants pris, comme sous l'empire de la constitution de 1848, parmi les membres des conseils généraux des départements (art. 1 et 3).

Dans les dix jours qui suivent le décret de convocation, le président de la Cour d'appel ou, à défaut de Cour d'appel, le président du tribunal de première instance du chef-lieu judiciaire du département tire au sort, en audience publique, le nom de l'un des membres du Conseil général (art. 15).

Les incompatibilités, incapacités et excuses résultant des

lois du jury ordinaire sont applicables aux jurés près la haute Cour. L'article 16 déclare en outre les fonctions de haut juré incompatibles avec celles de ministre, sénateur, député, membre du Conseil d'Etat.

Au jour indiqué pour le jugement, s'il y avait moins de soixante jurés présents, ce nombre était complété par des jurés supplémentaires tirés au sort par le président de la haute Cour parmi les membres du Conseil général du département où elle siégeait. — Le membre du Conseil général qui depuis moins de deux années avait rempli les fonctions de haut juré, ne pouvait faire partie du haut jury. — Le haut juré absent, sans excuses valables, pouvait être condamné à une amende de 1,000 à 10,000 francs et à la privation de ses droits politiques pendant un an au moins et cinq ans au plus.

Siège de la haute Cour. — C'était au décret impérial qui convoquait la Chambre de jugement qu'il appartenait de fixer le lieu où elle devait tenir ses séances, ainsi que le jour de l'ouverture des débats (S.-C. de 1852, art. 14).

Section III. — *De la compétence de la haute Cour.*

La compétence de la haute Cour était fixée par l'article 54 de la constitution et par le sénatus-consulte du 4 juin 1858.

Elle avait un double caractère : elle était déterminée, tantôt par la nature du délit, *ratione materiæ*, tantôt par la qualité de la personne ou par la fonction qu'elle remplissait, *ratione personæ* ou *dignitatis*.

§ 1er. — *De la compétence à raison de la nature du délit.*

La compétence de la haute Cour *ratione materiæ* résultait de l'article 54 de la constitution. Aux termes de cet article la haute Cour connaissait des attentats ou complots contre l'empereur, contre la sûreté intérieure ou extérieure de l'Etat, toutes les fois qu'elle en était saisie par un décret impérial.

Les termes de la constitution, comme ceux de l'article 10 du sénatus-consulte du 10 juillet 1852, montraient clairement que cette compétence *ratione delicti* était purement facultative. Il appartenait à l'empereur, comme autrefois à la Chambre des pairs, d'apprécier si l'intérêt de l'Etat commandait de dessaisir les tribunaux de droit commun pour saisir la haute juridiction. Quand on ne la dessaisissait pas, la justice ordinaire suivait son cours. En fait, les divers attentats dirigés contre l'empereur (1) furent simplement déférés à la Cour d'assises.

Au contraire, la compétence attribuée à la haute Cour *ratione dignitatis* était une compétence forcée. Si l'empereur ne saisissait pas la haute Cour par un décret, la justice ordinaire ne pouvait se mettre en mouvement et le fait délictueux demeurait impuni.

§ 2. — *De la compétence à raison de la personne ou de la fonction.*

A ce second point de vue, la compétence de la haute Cour avait été fixée par le sénatus-consulte du 4 juin 1858.

L'article 1ᵉʳ attribuait à la haute Cour la connaissance des crimes et délits commis : 1° par des princes de la famille impériale ou de la famille de l'empereur ; — par des ministres, par de grands officiers de la couronne, par des grands croix de la Légion d'honneur, des ambassadeurs, des sénateurs et des conseillers d'Etat (2). Toutefois, lorsque les personnes ci-dessus dénommées étaient poursuivies pour faits relatifs au service militaire, elles demeuraient justiciables des conseils de guerre : exception commandée par les nécessités de la discipline.

L'article 6 consacrait le principe qui veut qu'aucun membre d'un corps politique ne soit poursuivi sans l'autorisation du corps auquel il appartient. Aux termes de cet article,

---

(1) Notamment l'attentat d'Orsini.
(2) Cette compétence ne s'étendait ni aux ministres plénipotentiaires, ni aux députés. Les amendements présentés dans ce sens furent repoussés.

aucun sénateur ne pouvait être poursuivi ni arrêté pour crime, délit ou contravention entraînant la peine de l'emprisonnement, sans l'autorisation préalable du Sénat.

Toutefois, une double exception était apportée au principe.

Par les raisons de discipline que nous indiquions tout à l'heure, l'autorisation du Sénat n'était pas exigée lorsque le sénateur était poursuivi pour faits relatifs au service militaire.

Elle n'était pas non plus exigée lorsqu'il s'agissait d'un crime flagrant (1). Les souvenirs de l'affaire Praslin, encore présents à tous les esprits, avaient dicté cette exception nécessaire. Dans ce cas, le sénateur inculpé pouvait donc être arrêté; mais le ministre de la justice devait transmettre immédiatement le procès-verbal au Sénat, qui statuait sur la demande d'autorisation de poursuites (art. 6).

Par une heureuse innovation empruntée sans doute à certaines législations étrangères, l'article 5 déclarait que les dignitaires ou hauts fonctionnaires désignés dans l'article 1er, contre lesquels il aurait été décerné un mandat de dépôt, un mandat d'arrêt ou une ordonnance de prise de corps, seraient provisoirement suspendus de leurs fonctions.

Il n'est pas d'ailleurs douteux que les règles de connexité que nous avons exposées en parlant de la jurisprudence de la Cour des pairs, et qui ne sont qu'une conséquence rigoureuse des principes du droit criminel, fussent encore applicables.

SECTION IV. — *Du droit d'accusation devant la haute Cour, et comment la haute Cour était saisie.*

Comment la haute Cour était-elle saisie? Elle pouvait l'être de deux manières : le cas le plus fréquent devait être un arrêt de renvoi de sa Chambre d'accusation.

---

(1) Il n'en eût pas été de même du délit flagrant; il n'eût pas rendu possible l'arrestation. Un amendement, présenté en ce sens, fut repoussé.

Toutefois, l'article 13 de la constitution conférait au Sénat le droit d'accuser les ministres. La constitution transportait ainsi ce droit de la Chambre populaire à la Chambre haute, dans une sphère plus calme, moins soumise à l'influence des préjugés et des passions. Ce droit n'était pas un simple droit de plainte, mais un droit d'accusation véritable. Si le Sénat croyait devoir mettre un ministre en accusation, sa décision tenait lieu d'arrêt de renvoi : la Chambre d'accusation n'avait pas à statuer, et l'empereur était tenu de rendre immédiatement le décret convoquant la Chambre de jugement. Telle était la disposition formelle de l'article 3 du sénatus-consulte du 4 juin 1858.

SECTION V. — *De l'Instruction.*

Si un officier du parquet recueille des indices sur l'existence de l'un des crimes prévus par l'art. 54 de la constitution, il doit, dans le plus bref délai, sans d'ailleurs interrompre l'instruction, transmettre copie des procès-verbaux et des pièces au ministre de la justice (art. 8).

De même, si une Chambre d'accusation est appelée à statuer sur une affaire qui soit de la compétence de la haute Cour, le procureur général doit requérir le sursis et le renvoi des pièces au ministre de la justice. La Cour est tenue d'ordonner ce sursis, même d'office (art. 9). Dans ce cas, les pièces doivent être immédiatement transmises au ministre. L'empereur a un délai de quinze jours pour saisir la haute Cour. S'il ne le fait pas dans ce délai, les pièces sont renvoyées au procureur général et la Cour d'appel statue conformément au code d'instruction criminelle (art. 10).

Comme le fait remarquer M. Faustin Hélie (1), la procédure, organisée par ces articles, constitue une sorte de mise en demeure adressée au pouvoir d'opter entre les deux juridictions. La justice ordinaire conserve ses droits, elle n'in-

---

(1) *Traité de l'Inst. crim.*, t. VI, p. 728.

terrompt pas sa marche, elle poursuit ses recherches tout en avertissant le garde des Sceaux. Seule, la Chambre d'accusation est astreinte à un sursis de quinzaine, passé lequel la justice ordinaire reprend tous ses droits, si elle n'est pas dessaisie.

Aux termes de l'article 10 : « La haute Cour peut toujours » être saisie tant qu'il n'a pas été statué par la Cour. » C'est là une disposition nouvelle et remarquable. Il en résulte évidemment que la haute Cour ne pourrait plus être saisie si la Chambre d'accusation de la Cour d'appel avait statué, déclaré par exemple qu'il n'y a lieu à suivre ou saisi une autre juridiction. C'était une satisfaction donnée aux vives critiques qu'avait soulevées la loi du 22 janvier 1849, qui renvoyait les auteurs de l'attentat du 15 mai devant la haute Cour après qu'un arrêt définitif de la Cour de Paris les avait déférés à la Cour d'assises. Et, il faut bien le reconnaître, ces critiques n'étaient pas sans fondement. Sans doute, en statuant sur le pourvoi porté devant elle, la Cour suprême avait eu raison de dire que l'acte politique qui saisissait la haute Cour échappait à sa censure. Mais cet acte lui-même ne constituait-il pas une violation flagrante de la chose jugée? C'était avec raison que l'article 10 du sénatus-consulte coupait court à ces abus, et, revenant aux vrais principes, décidait que le renvoi prononcé par la Chambre d'accusation constituait une attribution de juridiction définitive, qui ne permettait plus à l'Empereur de dessaisir la juridiction de droit commun.

Dès qu'un décret de l'Empereur avait saisi la haute Cour de la connaissance d'une affaire, la Chambre des mises en accusation de cette Cour entrait immédiatement en fonctions (art. 11).

Sa juridiction s'étendait sur tout le territoire de l'empire. Elle procédait conformément aux dispositions du code d'instruction criminelle et avait, par conséquent, tous les droits de la Chambre d'accusation ordinaire. Si le fait ne constituait pas un crime de la compétence de la haute Cour, elle ordonnait le renvoi devant le juge compétent qu'elle désignait. Si, au contraire, elle prononçait le renvoi devant la Chambre de jugement, un décret de l'Empereur convoquait cette Chambre

L'article 13 posait un principe important : « Les arrêts de » la Chambre d'accusation sont attributifs de juridiction et ne » sont susceptibles d'aucun recours. » C'était encore là une réforme digne d'attention. L'attribution de juridiction était, dans tous les cas, définitive. S'il arrivait que, par erreur, par fausse interprétation de la loi, la Chambre d'accusation eût saisi une juridiction incompétente, l'attribution n'en était pas moins irréformable et le tribunal tenu de juger : cas remarquable et sans doute unique en jurisprudence, qui semble une conséquence de la place occupée par la haute Cour dans l'ordre des juridictions. Il résultait également de ce principe que la question de compétence ne pouvait plus se poser devant la Chambre de jugement de la haute Cour. Elle ne pouvait être débattue que devant la Chambre d'accusation qui la jugeait souverainement. Désormais, les difficulés de compétence si ardemment soulevées en 1849, devant la haute Cour de Bourges, ne pouvaient se reproduire.

SECTION VI. — *Jugement, pénalité, procédure.*

Pour la procédure, le jugement, l'instruction à l'audience, la haute Cour suivait les dispositions, règles et délais prescrits par le code d'instruction criminelle, en tout ce qui n'était pas contraire à la Constitution et aux sénatus-consultes. Le droit de récusation était exercé par le ministère public et par l'accusé dans la forme ordinaire (S. c. de 1852, art. 17 et 21).

Toutefois l'article 22 admettait une importante modification au droit commun. Pour la déclaration portant que l'accusé est coupable, pour la déclaration portant qu'il existe en faveur de l'accusé reconnu coupable des circonstances atténuantes, la majorité simple ne suffisait pas. Ces deux déclarations ne pouvaient être rendues qu'à la majorité de plus de vingt voix.

Enfin la disposition finale de l'article 22 disait expressément : « Les peines seront prononcées conformément aux
» dispositions du Code pénal » et le sénatus-consulte du 4 juin 1858 crut devoir répéter à son tour dans son article 4 :
« Lorsque l'accusé ou le prévenu a été reconnu coupable,
» la haute Cour applique la peine prononcée par la loi. »

Cette double disposition inspirée par les souvenirs de la Cour des pairs déniait à la haute Cour tout pouvoir arbitraire ; elle en faisait une véritable Cour de justice, rigoureusement astreinte à se renfermer dans les limites légales. C'était là encore une réforme aussi importante qu'heureuse. Dans le beau rapport qu'il présenta au Sénat en 1858, à l'appui du projet de sénatus-consulte, M. Barthe la justifiait ainsi : « La Cour des pairs exerçait en matière de pénalité
» une atténuation sans limite... Cet arbitraire, commandé
» par la politique et l'humanité, par la nature du tribunal
» et la qualité des justiciables, paraissait contraire aux véri-
» tables principes ; en matière de pénalité, la même peine
» doit frapper les coupables sans distinction aucune (1). »

SECTION VII. — *Du jugement des contumaces.*

La haute Cour n'est pas une juridiction permanente ; elle a même ce caractère particulier que sa convocation dépend de la volonté libre et spontanée du souverain ou des Chambres, suivant les régimes. Qu'en résultera-t-il au point de vue de la contumace? Dans les cas ordinaires, si le contumace se constitue prisonnier dans les cinq ans qui suivent l'arrêt de condamnation, cet arrêt, aux termes de l'art. 476, est anéanti de plein droit, et il est procédé, dans la forme ordinaire, à un nouveau jugement de l'affaire. Tout dépend du condamné : il peut, à volonté, faire tomber

---

(1) Sirey, *Lois annotées*, 1858, p. 169 et suiv.

le jugement qui l'a frappé ; il trouve, en effet, dans l'organisation judiciaire des juges permanents, et, dans la loi, une prescription impérative qui oblige le ministère public à le faire comparaître immédiatement devant eux. Il n'en saurait être évidemment ainsi quand la condamnation par contumace émane d'une haute Cour. L'arrestation ou la comparution volontaire du condamné ne saurait plus avoir pour effet de saisir, en quelque sorte *ipso jure*, une juridiction dont la convocation dépend du pouvoir discrétionnaire du gouvernement ou d'une assemblée politique. La constitution du condamné pourrait donc avoir dans ce cas, pour conséquence légale, une détention préventive indéfinie, perpétuelle même. Ces réflexions suffisent à démontrer que l'article 476 est inapplicable à cette hypothèse, et c'est ce qu'en effet a jugé la cour de Colmar dans une intéressante affaire, le 27 avril 1858 (1), par une interprétation à la fois très juridique, suivant nous, et très humaine de la loi. Pour faire tomber, dans ce cas, les conséquences pécuniaires de l'arrêt, notamment la condamnation solidaire aux dépens, il suffit que le condamné se soit mis à la disposition de l'autorité judiciaire, ait sollicité la convocation de la haute Cour et demandé à purger sa contumace, en offrant formellement de se constituer prisonnier, alors même qu'il n'a pas été fait droit à sa demande et que la haute Cour n'a pas été réunie.

Section VIII. — *Du jugement des délits par la haute Cour.*

Toute la procédure que nous venons d'exposer s'appliquait uniquement aux crimes. Si l'une des personnes énumérées dans l'article premier du sénatus-consulte du 4 juin 1858 était poursuivie à raison d'un simple délit, il était procédé conformément au décret du 10 juillet 1852 (2),

---

(1) S., 58, 2, 677. — Kœnig.
(2) C'est à tort, suivant nous, que M. Batbie (*Traité de Droit public*, t. III, n° 375) pense que, dans ce cas, l'affaire devait être portée directement à l'audience ; car l'article 2 du S.-C. du 4 juin 1858, renvoie précisément aux articles du S.-C. de 1852, qui prévoient une instruction.

mais, dans ce cas, la Chambre de jugement statuait sans l'assistance du jury et elle devait s'adjoindre le premier président, les trois présidents de Chambre de la Cour de cassation, ou, à leur défaut, les magistrats qui remplissaient ces fonctions. La présidence appartenait au premier président. Cette disposition n'avait pas été admise sans difficultés. Elle avait pour but de corriger les périls que laissait redouter le choix, par l'empereur, des cinq magistrats primitivement appelés à juger : « Par cela seul, » disait-on, « que ces juges
» auront été choisis lorsque peut-être la demande en pour-
» suite était déjà prévue sans être formulée, ne pourrait-on
» pas craindre que la politique ne se montrât pas étrangère
» à ces choix et voulût chercher des tendances soit à la
» sévérité, soit à l'indulgence... Ne vaudrait-il pas mieux
» s'adresser à une juridiction fixe et déjà constituée ? »

Quelle devait être cette juridiction ? On écartait les Cours d'appel, « parce que les procès qui intéressent essentielle-
» ment l'état exigent un tribunal unique plus souverain et
» plus compétent. » Mais on proposait de confier le jugement des délits commis par de grands personnages à l'une des chambres de la Cour de cassation, par exemple, à la chambre civile.

Le sénat craignit d'altérer, par une attribution nouvelle, le caractère de la Cour de cassation qui vit étrangère aux faits, dans la sphère du droit pur : crainte chimérique à nos yeux, vu la rareté de semblables procès. Il crut, du moins, devoir adjoindre aux cinq magistrats élus par le chef de l'Etat, le premier président et les trois présidents de Chambre de la Cour de cassation.

A coup sûr un pareil tribunal présentait de hautes garanties. M. Reverchon trouve même ces garanties surabondantes (1). Nous aurions préféré cependant le choix de l'une des chambres de la Cour suprême et surtout la désignation par le sort des cinq magistrats laissés à la nomination du chef de l'Etat.

---

(1) Reverchon, *De la haute Cour*, p. 17. Paris, 1870.

Section IX. — *De l'action civile.*

La haute Cour n'étant, dans le système de la constitution de 1852, qu'une Cour d'assises d'un ordre plus élevé, pouvait évidemment, comme la Cour d'assises de droit commun, statuer sur les réparations civiles, même en cas d'acquittement. L'application de ce principe fut faite en 1870 par la haute Cour convoquée à Blois pour juger le prince Pierre Bonaparte accusé de meurtre sur la personne de Victor Noir (1).

Section X. — *Suppression de la haute Cour.*

Un décret du gouvernement de la défense nationale du 4 novembre 1870, promulgué le 13, abolit purement et simplement la haute Cour de justice (2).

Elle n'avait été convoquée qu'une seule fois, à Blois, pour juger l'un des membres de la famille de l'Empereur, le prince Pierre Bonaparte accusé de meurtre. Le prince fut acquitté.

A part le jugement qu'on peut porter sur la constitution de 1852, l'organisation qu'elle avait donnée à la haute Cour présentait de sérieux progrès sur celles qui l'avaient précédée. Sans doute elle n'échappait pas à la critique. La désignation des juges laissée au chef de l'Etat, leur renouvellement annuel étaient de nature à laisser suspecter leur indépendance et à nuire à leur autorité. Mais elle maintenait à la haute Cour ce caractère de grandes assises nationales que lui donnait déjà la constitution de 1848 et qui ne faisait que grandir pour les accusés les garanties du droit commun. L'institution d'une Chambre d'accusation, le respect de la chose jugée imposé par l'article 10 au pouvoir politique, l'obligation pour la Cour de se conformer scrupuleu-

---

(1) 27 mars 1870. S., 71, 2, 180.
(2) Sirey, *Lois annotées*, 1870, 6, 523.

sement aux dispositions du code pénal et de ne prononcer que des peines par lui édictées, étaient autant d'innovations excellentes dictées par l'esprit libéral et par une exacte intelligence des vrais principes de la justice.

CHAPITRE III.

DE LA HAUTE COUR DE JUSTICE SOUS LA CONSTITUTION DE 1875.

Section première.

Par les lois constitutionnelles votées en 1875, l'Assemblée nationale voulut assurer au pays les bienfaits d'un gouvernement libre et « donner à la République les garanties de » la monarchie constitutionnelle (1). » Elle rétablit la responsabilité collective et politique du Ministère : elle restitua aux deux Chambres les prérogatives dont elles jouissent dans le gouverment parlementaire. Elle leur rendit également les attributions judiciaires que les constitutions de 1848 et de 1852 leur avaient enlevées.

Aux termes de la loi du 25 février 1875 sur l'organisation des pouvoirs publics, le pouvoir législatif s'exerce par deux assemblées, la Chambre des députés et le Sénat (art. 1er).

Les ministres sont solidairement responsables devant les Chambres de la politique générale du gouvernement et individuellement de leurs actes personnels (art. 6).

Le Président de la République n'est responsable que dans le cas de haute trahison (art. 6).

L'article 9 de la loi des 24-28 février 1875, relative à l'organisation du Sénat, porte ce qui suit : « Le Sénat peut » être constitué en Cour de justice pour juger soit le Président de la République, soit les ministres, et pour con-

(1) M. Laboulaye.

» naître des attentats commis contre la sûreté de l'Etat. »

Cet article, qui faisait partie du contre-projet présenté par M. Wallon, paraît avoir été adopté sans discussion.

La loi du 16 juillet 1875, sur les rapports des pouvoirs publics, est venue compléter cette organisation dans son article 12 ainsi conçu : « Le Président de la République ne
» peut être mis en accusation que par la Chambre des dé-
» putés et ne peut être jugé que par le Sénat. »

« Les ministres peuvent être mis en accusation par la
» Chambre des députés pour crimes commis dans l'exercice
» de leurs fonctions. En ce cas, ils sont jugés par le Sénat.

» Le Sénat peut être constitué en Cour de justice par un
» décret du Président de la République rendu en Conseil des
» ministres pour juger toute personne prévenue d'attentat
» commis contre la sûreté de l'Etat.

» Si l'instruction est commencée par la justice ordinaire,
» le décret de convocation du Sénat peut être rendu jusqu'à
» l'arrêt de renvoi.

» Une loi déterminera le mode de procéder pour l'accu-
» sation, l'instruction et le jugement. »

Tel est le texte de la loi constitutionnelle qui nous régit aujourd'hui. Elle se rattache à la tradition parlementaire qui, dans un corps législatif divisé en deux Chambres, attribue le droit d'accusation des hauts fonctionnaires à la Chambre basse, le droit de jugement à la Chambre haute.

Dans son rapport sur les lois constitutionnelles (1), M. Lefèvre-Pontalis justifiait ainsi cette disposition : « La com-
» mission a cru devoir réserver au Sénat certaines attribu-
» tions judiciaires. Il lui a semblé qu'aucune juridiction ne
» pouvait donner plus de garanties, soit d'impartialité, soit
» de fermeté, pour juger constitutionnellement ou péna-
» lement le Président de la République et les ministres vis-
» à-vis desquels un jury ou un Tribunal pourrait paraître
» suspect, soit de parti pris, soit de complaisance. Les dé-

(1) *Moniteur* de l'année 1875, p. 8584.

» positaires de la puissance publique ne sont pas seuls jus-
» ticiables du Sénat ; nous lui attribuons la connaissance et
» le jugement des attentats commis contre la sûreté de l'Etat,
» préférablement à une haute Cour de justice ; non seule-
» ment afin d'épargner à l'assemblée les difficultés d'une loi
» nouvelle, mais encore en prévision des difficultés de la
» réunion d'une haute Cour de justice pour le choix et le
» déplacement des jurés des départements. Le Sénat, tel
» qu'il est constitué, tiendra lieu utilement de cette juridic-
» tion. Les grands procès politiques, qui ont été jugés par la
» Chambre des pairs avec autant de fermeté que d'indépen-
» dance, sont des traditions que le Sénat saura au besoin
» continuer ; il gagnera à cette compétence, qui en fait le
» gardien de la paix publique, une autorité agrandie et un
» prestige rehaussé. »

De son côté, dans l'exposé des motifs de la loi sur les rapports publics présenté à l'assemblée nationale, M. Dufaure, ministre de la justice s'exprimait ainsi : « La loi du 25 février
» sur l'organisation du Sénat a déclaré dans son article 9 que
» le Sénat peut-être constitué en Cour de justice pour juger
» soit le Président de la République, soit les ministres, et
» pour connaître des attentats commis contre la sûreté de
» l'Etat. Il nous a paru nécessaire d'ajouter que les poursui-
» tes contre le Président et les ministres doivent être exer-
» cées par la Chambre des députés et que les accusations
» pour attentats à la sûreté de l'Etat ne pourront plus être
» portées devant le Sénat, lorsque la juridiction ordinaire
» aura été saisie par un arrêt de renvoi. Quant aux formes
» à suivre pour l'instruction et le jugement, le Sénat les rè-
» glera lui-même comme l'avait fait avec tant de mesure et
» de fermeté la Chambre des pairs de 1830, ou elles seront
» prescrites par une loi spéciale (1). »

Tel est le commentaire officiel des textes.

Examinons les diverses conséquences qui en découlent

---

(1) Sirey, *Lois annotées*, 1875, p. 730.

quant à la compétence du Sénat constitué en Cour de justice, au droit d'accusation, à l'instruction, à la procédure et à l'application de la peine.

Section II. — *De la constitution du Sénat en Cour de justice.*

Il n'y a pas, nous l'avons vu, de Cour de justice sans ministère public; or, les lois constitutionnelles de 1875 ne contiennent aucune indication quant à la désignation des fonctionnaires qui doivent en remplir les fonctions devant la Chambre haute. Si des procès politiques venaient à être déférés au Sénat, il faudrait de toute nécessité suppléer à cette lacune.

En nous inspirant des précédents, nous pensons qu'il appartiendrait à la Chambre des députés de choisir dans son sein les commissaires chargés de suivre et de soutenir devant le Sénat l'accusation contre le Président de la République.

Nous pensons qu'elle aurait le même droit dans une accusation dirigée contre les ministres.

Au contraire, en matière d'attentats, c'est évidemment au Président de la République, qui seul peut saisir le Sénat par un décret, qu'il appartiendrait de désigner par ce même décret le procureur-général et les autres membres du ministère public chargés de soutenir l'accusation devant la Chambre haute.

Section III. — *Du siège du Sénat constitué en Cour de justice.*

La loi du 22 juillet 1879, qui a ramené à Paris le siège du pouvoir exécutif et des deux Chambres, dans le dernier paragraphe de son article 3 laisse au Sénat, pour le cas où il serait appelé à se constituer en Cour de justice, le soin de « désigner la ville et le local où il entend tenir ses séances (1). »

---

(1) Loi du 22 juillet 1879, art. 3. — Sirey, *Lois annotées*, 1880, p. 481.

La loi a voulu ainsi permettre au Sénat, s'il venait à être appelé à juger un procès politique de nature à surexciter les passions populaires, de transporter hors de Paris le siège de ses délibérations pour en mieux assurer la sécurité et la liberté. Il est d'ailleurs le seul juge de l'opportunité d'une semblable mesure.

Section IV. — *De la compétence du Sénat constitué en Cour de justice.*

La loi constitutionnelle attribue au Sénat constitué en Cour de justice une triple compétence :

1° C'est à lui qu'il appartient de juger le Président de la République (art. 6, loi du 25 février 1875; art. 12, loi du 16 juillet 1875); et il semble résulter de la généralité du texte que sa compétence s'étend à tous les crimes et délits à raison desquels la Chambre des députés croirait devoir mettre le président en accusation.

L'article 6 de la loi du 25 février 1875 déclare expressément que le Président de la République est responsable en cas de haute trahison. Il n'est pas douteux qu'il puisse être, dans ce cas, poursuivi. Mais la loi constitutionnelle, à la différence de la constitution de 1848, ne donne pas la définition de la haute trahison. Qu'en faut-il conclure? La loi constitutionnelle de 1875 ne pouvait évidemment reproduire la définition de l'article 68 de la constitution de 1848 qui faisait résulter la haute trahison de tout obstacle apporté par le président à l'exercice de la souveraineté de l'Assemblée. La souveraineté nationale ne réside plus en effet dans une assemblée unique. Il paraît donc certain qu'il n'existe aujourd'hui aucune définition légale de la haute trahison commise par le Président de la République. Qu'arriverait-il si un crime de cette nature était déféré au Sénat? La redoutable question qu'a autrefois soulevée la poursuite des ministres de Charles X se reproduirait évidemment. Comment le Sénat pourrait-il la résoudre?

Pour les formes à suivre, l'instruction et le jugement, le rapport de M. Lefèvre-Pontalis et l'exposé des motifs de M. Dufaure invitent expressément le Sénat à les régler lui-même en attendant qu'une loi nouvelle les ait prescrites. Il n'est donc pas douteux que le législateur de 1875 ait voulu revenir, à cet égard, aux errements de la Cour des pairs ; mais a-t-il voulu également attribuer au Sénat le droit exorbitant que s'était arrogé la Cour des pairs de définir le crime et d'arbitrer la peine ? Le Sénat devrait-il aujourd'hui, pourrait-il, au cas où il serait saisi d'une poursuite de haute trahison contre le Président de la République, déterminer à la fois les caractères constitutifs de l'infraction et la peine qui devrait lui être appliquée ?

Questions redoutables ! car, refuser au Sénat un pareil droit, c'est laisser la haute trahison du chef de l'État impunie. Le lui attribuer, c'est évidemment violer les principes les plus certains de la législation pénale.

Peut-être si une semblable poursuite se produisait, le Sénat se croirait-il autorisé par les précédents à s'attribuer les pouvoirs de l'ancienne Cour des pairs. Mais nous sommes trop hostiles à cette confusion du pouvoir législatif et du pouvoir judiciaire pour lui en reconnaître le droit. A moins donc de trouver dans quelques-uns des crimes et délits punis par le Code pénal les éléments de la haute trahison, nous estimons que le Sénat n'aurait aucun moyen de la punir. La haute trahison n'a pas aujourd'hui de définition légale dans nos lois. C'est là une lacune qu'il appartiendrait au législateur de combler, mais à laquelle le juge, si haut placé qu'il soit, n'a pas le droit de suppléer.

M. Pascal Duprat l'avait bien compris, et, au mois de janvier 1878 (1), il avait déposé dans ce but un projet de loi. « La constitution, » disait l'exposé des motifs (2), « s'est bor-
» née à poser le principe dans une formule générale ; il reste

---

(1) Dépôt à la séance du 19 janvier.
(2) *Journal officiel* de 1879, p. 1023.

» au législateur, c'est-à-dire à vous, Messieurs, à en régler
» l'application par des dispositions particulières. Quels sont
» les crimes et délits qui peuvent et doivent donner lieu à
» une accusation contre le Président de la République?
» Quelles doivent être les formes et les conditions de la
» poursuite? Enfin quelles seront les peines en cas de con-
» damnation? »

La Chambre sembla reconnaître, avec l'auteur du projet, que cette lacune existait réellement, en prenant la proposition en considération dans la séance du 5 juin 1879 (1).

Ce projet autorisait la poursuite du Président de la République dans trois cas : 1° Pour haute trahison ; 2° pour tout crime qui, d'après la loi commune, entraîne une peine afflictive ou infamante ou simplement infamante ; 3° pour les délits de droit commun. Les articles 2 et 3 définissaient la haute trahison : « Il y a crime de haute trahison de la part
» du Président de la République, lorsque, par une mesure
» quelconque, il met obstacle à l'exercice du pouvoir légis-
» latif dans les limites de la constitution, notamment s'il
» dirige contre les Chambres ou contre l'une d'elles la force
» publique ou un attroupement quelconque; si, en cas
» d'attaque, il ne prend pas les mesures nécessaires pour les
» protéger, ou s'il paralyse les mesures qu'elles ont elles-
» mêmes ordonnées pour leur défense (art. 2) ; s'il se rend
» coupable de crimes envers la sûreté de l'Etat; s'il entre-
» prend une guerre sans le consentement préalable du pou-
» voir législatif; s'il introduit ou laisse introduire, sans le
» consentement des Chambres des troupes étrangères sur
» le territoire de la République; s'il se rend coupable d'ac-
» tes ou de manœuvres ayant pour objet de suspendre ou
» de renverser la constitution. » Les peines étaient, pour la haute trahison, la déportation en cas de condamnation pure et simple, la détention ou le bannissement s'il y avait admission de circonstances atténuantes; pour les crimes et

---

(1) *Journal officiel*, 1879, p. 5242 et 4773.

délits prévus par la loi commune, les peines de droit commun.

La poursuite n'était ordonnée que si elle était décidée par la moitié plus un des membres composant l'assemblée. Dans ce cas, la Chambre des députés nommait à la majorité absolue les magistrats chargés de remplir les fonctions du ministère public devant le Sénat. Le Président accusé cessait immédiatement ses fonctions et, en attendant l'arrêt définitif, le pouvoir était remis au Conseil des ministres. Dans le cas où le ministère lui-même était compris dans l'accusation, l'assemblée nationale nommait un président intérimaire : « organiser la responsabilité présidentielle, » disait le rapport de M. Durand, « c'est donner satisfaction à un prin-
» cipe de justice et de raison, c'est plus encore, c'est appli-
» quer et développer une règle inscrite dans notre constitu-
» tion (art. 9 et 12 de la loi du 24 février 1875 ; art. 6
» de la loi du 25 février). La proposition se présente donc
» comme l'exécution d'une volonté formelle du législa-
» teur (1). » Mais cette proposition n'a jamais été convertie en loi, et, en réalité, si le Président de la République peut être aujourd'hui poursuivi devant le Sénat pour haute trahison, il semble qu'il ne puisse être condamné, alors que ce crime n'est qualifié ni puni par aucune loi. Il convient, d'ailleurs, de remarquer que, au cas d'accusation du président de la République, la juridiction du Sénat est une juridiction forcée. L'article 12 des lois constitutionnelles déclare expressément que le Président « ne peut être jugé que par le Sénat. »

2° Le Sénat est également juge des attentats contre la sûreté de l'Etat. Il *peut*, dit la loi, être constitué en cour de justice pour les juger. Ce texte montre que sa juridiction, dans ce cas, est simplement facultative. Le Sénat ne peut connaître des attentats à la sûreté de l'Etat qu'autant qu'il en est saisi par un décret du président de la République, et ce décret doit être rendu en conseil des ministres. La loi

---

(1) *Journal officiel*, 1879, p. 5022.

veut que le Gouvernement tout entier apprécie, sous sa responsabilité, la gravité des faits qui motivent la convocation de la chambre haute.

Le Sénat n'a plus aujourd'hui compétence pour juger les attentats commis contre la personne du chef de l'Etat. L'attentat contre le président de République est désormais de la compétence exclusive de la Cour d'assises.

De même, tout en déclarant que les membres de l'une ou de l'autre chambre ne peuvent, pendant la durée de la session, et sauf le cas de flagrant délit, être poursuivis ou arrêtés en matière criminelle ou correctionnelle qu'avec l'autorisation de la chambre dont ils font partie, la loi constitutionnelle de 1875 n'institue aucune juridiction exceptionnelle, même pour le jugement des sénateurs. Le Sénat n'est donc plus aujourd'hui juge de ses propres membres, qui demeurent justiciables des tribunaux ordinaires.

3° Enfin le Sénat est compétent pour juger les ministres mis en accusation par la chambre des députés. Dans ce cas encore la juridiction du Sénat est une juridiction forcée. « Lui seul, » dit le texte de la constitution, « peut juger les » ministres pour les crimes commis dans l'exercice de leurs » fonctions. »

Mais quels sont ces crimes ? On voit combien la définition est vague. Nous ne retrouvons pas ici l'indication précise que plusieurs constitutions avaient donnée des crimes qui peuvent entraîner la responsabilité pénale des ministres.

Est-ce donc uniquement le code pénal qui régit la responsabilité des ministres, ou, en dehors des crimes et délits qu'il prévoit, existe-t-il encore d'autres faits qui peuvent motiver leur poursuite et leur condamnation ?

Cette grave question fut posée devant les chambres à l'occasion de la proposition de poursuite déposée par un certain nombre de députés contre les ministères des 17 mai et 23 novembre 1877.

A la suite des événements du 16 mai, la chambre avait décidé que la conduite des ministres serait soumise à une

enquête, et nommé, pour y procéder, une commission « in-
» vestie des pouvoirs les plus étendus qui appartiennent aux
» commissions d'enquête parlementaires (1). »

Le 9 mars 1879, M. Brisson déposa son rapport au nom de la commission (2). Ce rapport relevait contre les ministres un double chef de responsabilité.

A un premier point de vue, il les accusait d'avoir violé les lois constitutionnelles et un certain nombre de dispositions légales.

« D'après votre commission, » disait le rapporteur, « la
» définition la moins étendue qui puisse être donnée de la
» responsabilité particulière établie contre les ministres par
» l'article 12 de la loi du 16 juillet 1875, c'est qu'ils com-
» mettent un crime toutes les fois qu'en qualité d'agents de
» la puissance exécutive, ils commettent une violation de
» la loi. D'ailleurs, ainsi que nous l'avons déjà fait remar-
» quer, toutes les mesures contraires aux lois ou contre
» l'exécution des lois, prises par le ministère du 17 mai,
» sont le résultat d'une coalition entre dépositaires de
» l'autorité publique, telle que la prévoit et la punit le code
» pénal. »

En conséquence il relevait contre eux des présomptions graves :

« D'avoir, par une politique ouvertement inconstitution-
» nelle, remis en question l'existence de la République, et
» jeté ainsi le pays dans une perturbation profonde ;

» D'avoir suspendu l'empire de la constitution et des lois,
» de les avoir formellement violées ;

» D'avoir fait un abus criminel du pouvoir qui leur était
» confié, et ce, dans le dessein de fausser les élections, et
» de priver les citoyens du libre exercice de leurs droits
» civiques ;

» D'être intervenu dans les élections par la violence, la

---

(1) Séance du 15 novembre 1877. Voy. *Journal officiel* de 1877, p. 7356, 7378, 7448 et 7452.

(2) *Journal officiel*, 1879, p. 1845. Séance du 9 mars.

» promesse et la menace, par dons, faveurs, distribution de
» fonctions, décorations, grades ou places, par des destitu-
» tions de fonctionnaires, des manœuvres de toute sorte,
» des proclamations, des ordres, des circulaires, des instruc-
» tions données aux agents du pouvoir, et par de fausses
» nouvelles;

» D'avoir attenté à la liberté de la presse;

» D'avoir ordonné divers actes attentatoires soit à la con-
» stitution, soit à la liberté individuelle, soit aux droits civi-
» ques des citoyens;

» D'avoir, par voies de fait ou menaces, empêché les
» citoyens d'exercer leurs droits civiques;

» D'avoir, à cet effet, concerté un plan pour être exécuté
» sur tout le territoire;

» D'avoir concerté des mesures contraires aux lois et contre
» l'exécution des lois;

» D'avoir, dans l'intérêt de leurs desseins coupables, tra-
» fiqué des fonctions publiques ou des faveurs, ainsi que de
» tous les attributs et privilèges du pouvoir;

» D'avoir agréé des promesses pour conférer ou retirer des
» fonctions publiques;

» D'avoir promis ou donné lesdites fonctions pour obtenir
» tantôt qu'un candidat se présente, tantôt qu'il se retire;

» D'avoir fait remise à des particuliers, pour les corrompre
» dans un intérêt électoral, de taxes légitimement dues à
» l'Etat;

» D'avoir tenté d'influencer et influencé, par des moyens
» coupables, les magistrats chargés de mettre en mouve-
» ment l'action publique ou de rendre la justice;

» D'avoir tantôt pressé, tantôt suspendu, tantôt empêché
» l'exécution des lois pénales, suivant les opinions politiques
» des coupables, des prévenus ou des condamnés;

» D'avoir détourné ou fait détourner des pièces et docu-
» ments appartenant aux administrations publiques;

» D'avoir fait enlever des papiers dans des dépôts publics;

» Crimes commis dans l'exercice de leurs fonctions, prévus

» et punis par l'article 12 de la loi du 16 juillet 1875, et
» par les articles 109, 110, 114, 115, 123, 124, 130, 173,
» 179, 254 et 255 du code pénal. »

A un second point de vue, le rapport relevait contre les ministres l'accusation de trahison : « Il est, en outre, incon-
» testable en principe, ajoutait-il, que la responsabilité d'un
» ministère se trouve encourue toutes les fois qu'il fait, même
» en dehors des qualifications de la loi pénale, un abus cri-
» minel du pouvoir qui lui est confié. Un ministre trahit
» l'Etat, » dit Benjamin Constant, « toutes les fois qu'il
» exerce au détriment de l'Etat son autorité légale. Telle a
» toujours été la base principale des accusations pour crimes
» de trahison. »

Et, en conséquence, le rapport déclarait qu'il y avait, en outre, contre les ministres des 17 mai et 23 novembre 1877, présomptions graves d'avoir commis le crime de trahison.

Mais, immédiatement, le besoin de trouver à l'accusation une base légale conduisait le rapporteur à des conséquences que ne semblaient pas comporter les prémisses. Il s'empressait de déclarer que les ministres s'étaient rendus coupables de trahison en commettant un double crime prévu et puni par la loi : 1° en formant un complot ayant pour but soit de changer, soit de détruire la forme du gouvernement, ledit complot suivi d'actes commis ou consommés pour en préparer l'exécution ; 2° en prenant des mesures contraires aux lois ou à l'exécution des lois, par suite d'un concert pratiqué entre les dépositaires de l'autorité publique ; — crimes prévus et punis par les articles 89 et 124 du code pénal.

En réalité, la commission se refusait à voir une trahison punissable dans d'autres faits que ceux prévus et punis par le droit commun.

En définitive, elle proposait à la Chambre, conformément à l'article 12, § 2 de la loi constitutionnelle du 16 juillet 1875, de mettre les ministres en accusation devant le Sénat, pour crimes commis dans l'exercice de leurs fonctions, et de nommer trois commissaires pour suivre et soutenir l'accusation devant la Chambre haute (1).

Ce rapport fut discuté dans la séance du 13 mars ; les résolutions de la commission furent vivement attaquées par MM. de Baudry-d'Asson, Léon Renault et Cazeaux, et combattues, au nom du gouvernement, par MM. Waddington, président du Conseil, et Lepère, ministre de l'intérieur. Elles furent, au contraire, défendues par MM. Brisson, Floquet et Madier de Montjau. Le rapporteur, M. Brisson, s'attacha tout particulièrement à distinguer nettement la responsabilité pénale des ministres de leur responsabilité politique, et à établir que, dans le premier cas, la Chambre jouait le rôle d'une compagnie judiciaire ou d'un grand jury national ; il insistait sur ce point, que le Code pénal n'était pas seulement applicable aux simples citoyens, mais aux détenteurs mêmes du pouvoir, que les ministres avaient conspiré et commis le crime de complot devant le Code pénal, et, devant une assemblée politique, celui de trahison. Il concluait, en vertu des articles 109 à 115 du C. P., à ce qu'on chargeât le Sénat de se former en corps de justice, d'instruire et de juger.

Ce fut uniquement au point de vue politique que la plupart des autres orateurs se placèrent pour défendre ou attaquer le projet. « Ne touchez pas, » dit M. Léon Renault, « à
» ce qu'il y a de plus délicat au monde, la justice appliquée
» aux choses politiques. Le propre de tous les procès politi-
» ques, c'est que les passions sont bien difficiles à écarter
» de la décision des juges. Quand on pourra dire, avec quel-
» que apparence de raison, que vous avez choisi l'heure pour
» poursuivre, attendu la modification du tribunal pour accu-
» ser, vous serez bien près de voir s'élever contre vous les
» reproches qu'a mérités, dans l'histoire, le régime des com-
» missions appliqué aux choses politiques. Rappelez-vous
» cette grande parole qui a été prononcée dans un débat po-

---

(1) Séance du 8 mars 1879. *Journal officiel* de 1879, p. 1845 et suiv.

» litique solennel, souvenez-vous de cette grande parole de
» M⁹ de Sèze, en face d'une assemblée politique qui allait
» juger un roi : « Je cherche ici des juges, et je ne vois par-
» tout que des accusateurs... » Est-ce qu'un procès politique
» a d'ailleurs jamais rien empêché? Le procès des ministres
» de Charles X a-t-il empêché le crime du 2 décembre? »

A la suite de cette discussion, les conclusions de la commission d'enquête, tendant à la mise en accusation, furent repoussées par 317 voix contre 159.

Ce vote avait à peine eu lieu, qu'un député, M. Rameau, proposait, par un ordre du jour motivé, « de livrer au juge-
» ment de la conscience nationale qui les avait déjà solen-
» nellement réprouvés, les desseins et les actes criminels
» des ministres des 17 mai et 23 novembre, et d'inviter le
» ministre de l'intérieur à faire afficher cette résolution dans
» toutes les communes de France. » En vain M. Boysset fit-il observer à la chambre qu'elle avait épuisé sa compétence, qu'elle venait de statuer comme jury national, et d'écarter l'accusation, que tout était donc fini, et que, cependant, la résolution qu'on lui proposait de voter était un véritable jugement, et un jugement contre des absents. Malgré ces raisons péremptoires, l'ordre du jour proposé par M. Rameau fut adopté par 217 voix contre 135. Nouvel et triste exemple des entraînements auxquels les assemblées peuvent se laisser emporter en matière de justice politique (1).

Que faut-il donc conclure au point de vue de la question qui nous occupe? Le texte de la constitution semble laisser à la chambre des députés, en ce qui touche l'accusation des ministres, un pouvoir discrétionnaire. Si une semblable poursuite venait à être portée devant lui, le Sénat croirait, sans doute, pouvoir user du droit que s'attribuait la Cour des Pairs de statuer dans tous les cas sur sa propre compétence, et de ne retenir la connaissance des accusations qu'autant

(1) Séance du 13 mars 1879, *Journal officiel*, 1879, p. 2039 à 3041.

que la gravité des faits et l'intérêt supérieur de l'Etat lui paraîtraient le commander.

Mais quelles accusations pourrait-il retenir, et quelles peines pourrait-il prononcer? Doit-on lui reconnaître, comme à la Cour des Pairs, un caractère à la fois politique et judiciaire, et en faire découler, comme on l'avait fait autrefois pour la haute assemblée de la monarchie constitutionnelle, le droit exorbitant de définir au besoin le délit, d'arbitrer et de créer au besoin la peine?

Nous croyons, après mûr examen, qu'il est impossible d'aller jusque là. Les législateurs de 1875 ont bien, sans doute, promis une loi spéciale, mais cette loi doit uniquement déterminer le mode de procéder pour l'accusation, l'instruction et le jugement. Elle doit rester étrangère au principe même, comme à l'étendue de la responsabilité. La constitution de 1875, n'ayant ni spécifié les cas où les ministres peuvent être poursuivis, ni déterminé les peines qui doivent leur être appliquées, il faut, ce semble, en conclure qu'elle a voulu laisser ces deux points sous l'empire du droit commun. Nous pensons donc, en définitive, avec un auteur qui a traité récemment ces questions avec autant de science que de justesse d'esprit, qu'aujourd'hui « c'est le
» code pénal uniquement qui régit la responsabilité des mi-
» nistres, et devra être invoqué, soit contre eux en ce sens
» qu'ils pourront être poursuivis et condamnés pour tous les
» délits prévus par le Code, et aux peines qu'il prononce ;
» soit en leur faveur, en ce sens que la juridiction compé-
» tente, le Sénat, ne pourra les condamner que dans les cas
» définis et aux peines édictées par le Code. Les chambres
» n'ont nullement un pouvoir discrétionnaire pour accuser
» et juger les ministres, pouvoir que la constitution leur
» aurait sans aucun doute attribué formellement, si elle
» avait voulu qu'elles en fussent investies (1). »

Ainsi donc, toutes les fois que, dans l'exercice de leurs

---

(1) M. Jean Clos, *Essai sur la responsabilité des ministres*, p. 134.

fonctions, les ministres se seront rendus coupables d'un crime ou d'un délit défini et puni par le code pénal, ils pourront être accusés par la chambre des députés et jugés par le Sénat, mais ils ne pourront l'être que dans ce cas.

C'est ainsi, au surplus, que le pouvoir parlementaire lui-même semble avoir interprété la constitution en prenant en considération la proposition de M. Pascal Duprat. Le rapport de M. Durand déclarait que cette proposition « répondait à
» un vœu, et même à une prescription du législateur (1). »

Elle rangeait sous trois chefs principaux, haute trahison, concussion, prévarication, les infractions que peuvent commettre les ministres, et visait un certain nombre d'actes qui ne tombent certainement sous aucun article du code pénal, tel que le fait d'entreprendre la guerre sans autorisation du Parlement, d'opposer au Parlement des obstacles paralysant son action, de laisser entrer sur le sol national des troupes étrangères, de tenter, par des manœuvres, d'obtenir des votes dans les chambres, d'influer sur la hausse ou la baisse des fonds publics, de dépasser les crédits législatifs. Ces faits, aujourd'hui, doivent certainement demeurer impunis. Est-ce à dire que, dans une législation parfaite, ils ne dussent tomber sous le coup de la loi? Nous ne le croyons pas, et nous aurons à revenir sur ce point dans la conclusion de ce travail. Mais nous pensons que, dans l'état actuel de nos lois, on ne saurait, en dehors des cas prévus par le code pénal, accorder à la juridiction chargée de juger les ministres un pouvoir discrétionnaire pour caractériser le délit et déterminer la peine. C'est un des principes les plus élémentaires du droit pénal, que nul ne peut être puni, si ce n'est pour des cas antérieurement définis et prévus par la loi. Rien ne peut suppléer à la garantie de ces définitions légales.

« Et quoi ! » s'écrie M. Jean Clos, « on écarterait ce prin-
» cipe en ce qui concerne les ministres, comme s'ils n'étaient

---

(1) *Journal officiel*, 1879, p. 5242.

» pas des citoyens, et, à ce titre, n'avaient pas droit aux
» garanties d'une bonne justice, comme si, en acceptant ces
» fonctions, ils se mettaient hors la loi ! Et c'est justement
» à des hommes que leur position même expose aux
» plus vives attaques de l'esprit de parti, à encourir des
» condamnations dictées par les passions politiques, que l'on
» refuse cette protection jugée indispensable pour les
» citoyens (1) ! »

Nous ne croyons pas qu'il y ait rien à répondre à cette argumentation péremptoire et à ces éloquentes paroles. Aujourd'hui, la responsabilité politique d'une part, la responsabilité civile de l'autre, peuvent seules atteindre tout fait coupable commis par les ministres en dehors de ceux qui tombent sous l'application du code pénal.

Que faut-il entendre par le mot crime? Doit-il être pris à la lettre ou dans un sens large, et s'étend-il aux délits de fonction commis par les ministres? Nous inclinons à croire, avec M. Faustin Hélie (2), que la juridiction du Sénat s'étend à toutes les infractions commises par les ministres dans l'exercice de leurs fonctions.

Quant aux crimes et délits commis par eux en dehors de leurs fonctions, il semble qu'ils ressortissent uniquement aujourd'hui aux tribunaux ordinaires; il nous paraît certain que les deux sénatusconsultes de 1852 et de 1858 sont abrogés comme la constitution même dont ils n'étaient qu'une application, et qu'il n'existe plus de juridiction exceptionnelle pour juger les infractions de droit commun commises par les ministres.

Section V. — *Du droit d'accusation devant le Sénat, et comment il peut être saisi.*

Le droit de saisir le Sénat d'une accusation contre le pré-

---

(1) **Jean Clos**, p. 146.
(2) *Constitutions de la France.*

sident de la République appartient exclusivement à la chambre des députés.

Malgré la différence des textes, nous pensons que c'est à elle seule également qu'il appartient d'accuser les ministres pour crimes commis dans l'exercice de leurs fonctions.

Et, dans ces deux cas, en l'absence de toute règlementation légale, la chambre des députés ne pourrait mieux faire que de s'approprier les règles suivies dans le procès des ministres par la chambre de 1830.

S'agit-il, au contraire, d'un attentat contre la sûreté de l'Etat, c'est au président de la République seul, par décret rendu en conseil des ministres, qu'il appartient de saisir le Sénat. Si l'instruction a été commencée par la justice ordinaire, le décret du président de la République ne peut la dessaisir qu'autant que l'arrêt de renvoi n'est pas encore rendu. Comme la constitution de 1852, la constitution de 1875 impose justement au pouvoir le respect de la chose jugée : quand le bénéfice d'un arrêt est définitivement acquis à un prévenu, la raison d'Etat ne peut le lui enlever et lui donner le Sénat pour juge.

Section VI. — *Instruction, Procédure, Jugement, Pénalité.*

La loi organique promise par le dernier paragraphe de l'article 12 de loi constitutionnelle du 16 juillet 1875, qui doit déterminer le mode de procéder pour l'accusation, l'instruction et le jugement n'a point encore été votée.

En matière d'attentat, le Sénat peut être saisi d'une instruction terminée. Mais il peut l'être aussi d'une information non encore achevée, et dans tous les cas, il peut se faire qu'il éprouve le besoin de procéder à un supplément d'instruction. Nous ne doutons pas qu'il en ait le droit. M. Dufaure l'a dit : en attendant le vote de la loi spéciale qui est promise, « le Sénat fixera lui-même les règles à suivre pour » l'instruction et le jugement, comme l'avait fait la chambre » des Pairs de 1830. » Si donc, le sénat était, avant le vote de cette loi appelé à se former en Cour de justice, il ne pourrait mieux faire que de se référer à la jurisprudence de la Cour des Pairs, et aux règles généralement si sages, adoptées par la chambre haute de la Monarchie constitutionnelle sur l'instruction, la compétence, la procédure à l'audience et le jugement.

Section VII. — *Caractère des décisions du Sénat.*

La constitution ne dit rien du caractère des décisions judiciaires, que le Sénat pourrait être appelé à rendre; mais il est évident pour nous que ces décisions, en raison même de la nature du tribunal, auraient le caractère d'absolue souveraineté qu'avaient les arrêts de la Cour des Pairs et ne seraient susceptibles d'aucun recours.

Au surplus, la loi française ne contient à l'égard des ministres, ou, en général, de toute personne condamnée par la haute Cour de justice, aucune disposition exceptionnelle en ce qui touche le droit de grâce.

Section VIII. — *De l'action civile devant le Sénat.*

L'action en dommages-intérêts, à raison d'un fait qui est de la compétence du Sénat, pourrait-elle être poursuivie devant lui ? — Le Sénat se déclarerait sans doute incompétent, comme l'avait fait la cour des Pairs. Les raisons sont les mêmes.

M. Faustin Hélie (1) pense que l'action privée ne peut être intentée devant un autre juge que le Sénat. Autrement les tribunaux ordinaires jugeraient indirectement les crimes dont la chambre haute seule peut connaître. Nous pensons, quant à nous, qu'en ce qui concerne les ministres, les principes, consacrés par l'arrêt de la Cour de Paris du 2 mars 1829,

---

(1) *Les Constitutions de la France.*

subsistent dans toute leur force ; — et ces principes couvrent de plus haut, le président de la République.

Quant aux attentats déférés au sénat, la raison invoquée par M. Hélie a évidemment sa valeur. Si, comme nous le pensons, le sénat se déclarait incompétent pour connaître de l'action privée accessoirement à l'action publique, nous croyons que, pour saisir de l'action en dommages-intérêts les tribunaux de droit commun, il faudrait attendre que le sénat eût statué sur l'accusation portée devant lui.

Section IX.

Pour notre part, nous n'hésitons pas à préférer le système d'une haute Cour à celui qui confie à une assemblée législative le jugement des procès politiques. Nous redoutons l'arbitraire même aux mains des sages. Nous ne pouvons donc qu'appeler de tous nos vœux la loi promise, qui doit régler « la forme de l'accusation, de l'instruction et du jugement. »

Cette loi ne se fera sans doute plus longtemps attendre. Le 23 avril 1888, M. Morellet, sénateur de l'Ain, en son nom et au nom d'un grand nombre de ses collègues, a déposé une proposition tendant à la nomination d'une commission chargée de préparer un projet de loi sur la procédure à suivre, dans le cas où le Sénat serait constitué en cour de justice. « La loi prévue par l'article 12 de la loi
» constitutionnelle, disait l'exposé des motifs, n'a point été
» rendue. L'absence de cette loi n'empêcherait assurément
» pas le Sénat d'exercer ses attributions judiciaires : il ferait
» comme d'autres assemblées ont fait avant lui, qui ont jugé
» sans qu'une loi d'instruction criminelle parlementaire leur
» eût tracé les formes et garanties à observer : il s'inspire-
» rait, pour ces formes et garanties, des principes généraux
» du droit. On conviendra cependant que la loi spéciale pro-
» mise par la constitution serait préférable (1). »

---

(1) *Journal officiel* du 21 juillet 1888 ; annexe, n° 290, p. 278.

Ce projet, pris en considération dans la séance du 28 mai (1), a été voté d'urgence et sans discussion, le 15 juin. Toutefois, la formule primitive de la proposition a été élargie et le texte adopté par le sénat ne s'applique pas seulement à la chambre haute mais à la chambre des députés elle-même et d'une façon générale, « à la procédure à suivre » quand les chambres ont à exercer leurs fonctions judiciai- » res (2). »

La commission chargée d'élaborer le projet de loi a été nommée le 19 juin (3).

Quant à nous, nous souhaiterions surtout qu'une loi vînt donner la définition et la peine de la haute trahison, qualifier les crimes qui peuvent entraîner la responsabilité des ministres, et que de si redoutables questions, de si graves intérêts, ne fussent pas abandonnés au pouvoir discrétionnaire d'une assemblée. Si difficile que soit une pareille tâche, elle n'est pas impossible à remplir, et elle a été accomplie dans d'autres pays. Une loi, même imparfaite, vaudrait mieux que l'omnipotence du tribunal, que la confusion du législateur et du juge.

---

(1) *Journal officiel* du 29 mai, p. 2216, et du 30 mai, partie suppl., p. 745.
(2) *Journal officiel*, 16 juin, partie suppl., p. 942.
(3) Elle se compose de MM. Goutay, Griffe, de Marcère, Mazeau, Jules Simon, Lecherbonnier, J. Cazot, Demôle et Morellet.

LIVRE VI

LÉGISLATION COMPARÉE
DE LA HAUTE COUR DANS LES LÉGISLATIONS ÉTRANGÈRES

CHAPITRE PREMIER.

CONSIDÉRATIONS GÉNÉRALES.

En cette matière, une exposition de la législation étrangère et une étude de droit comparé ne laissent pas de présenter des difficultés sérieuses. Ces difficultés naissent de l'abondance même des documents. Les principes de la Révolution française n'ont pas fait seulement le tour de l'Europe, mais le tour du monde. La responsabilité pénale des ministres et des hauts fonctionnaires a été partout organisée. Plusieurs pays avaient même précédé la France dans cette voie. Partout, depuis les terres classiques de la liberté comme l'Angleterre et les Etats-Unis, et les grands empires de l'Europe comme l'Autriche et l'Allemagne, jusqu'aux plus petits Etats, aux plus modestes principautés des deux mondes, la liberté a cherché à prendre ses garanties contre les dépositaires du pouvoir.

Une simple nomenclature des divers systèmes adoptés à l'étranger présenterait peu d'intérêt et donnerait peu de lumière. Il n'est pas difficile, d'ailleurs, de discerner, dans les constitutions des différents peuples, plusieurs grands principes qui, avec des modifications et des combinaisons diverses, se reproduisent plus ou moins dans les lois.

C'est ainsi que certains pays ont cru trouver dans le Parlement le juge naturel des crimes et délits politiques et confient le droit d'accusation à la chambre basse, le jugement à la chambre haute. Mais ici même, il faut admettre des sous-divisions, et chez différents peuples, la chambre haute ne peut juger sans l'adjonction d'un certain nombre de magistrats empruntés aux tribunaux ordinaires ou désignés par le chef de l'Etat dans des catégories déterminées.

D'autres pays, au contraire, ont confié le jugement des crimes et délits politiques à une véritable Cour de justice. Mais ici encore, combien de nuances ? Cette haute Cour est tantôt une institution spéciale, tantôt la Cour suprême du pays érigée accidentellement en tribunal politique ; tantôt cette même Cour jugeant avec l'adjonction d'un certain nombre de membres des chambres ou de juges désignés par le chef de l'Etat, etc...

Nous diviserons donc cette étude en plusieurs groupes :

Le premier comprendra l'étude des constitutions où le Parlement est juge des crimes et délits politiques, où le droit d'accusation appartient à la chambre basse, le droit de jugement à la chambre haute.

Dans le second, nous étudierons les constitutions dans lesquelles le jugement des crimes et délits politiques est purement et simplement confié à la Cour suprême du pays, quel que soit d'ailleurs l'accusateur.

Le troisième sera consacré aux Cours spéciales distinctes à la fois du Parlement et de la juridiction supérieure de droit commun.

Dans un quatrième, nous rapprocherons les divers systèmes qui présentent un caractère mixte, et dans lesquels le Parlement et la justice de droit commun concourent, avec des combinaisons diverses, à former la juridiction supérieure chargée de juger les ministres, les hauts fonctionnaires et les crimes d'Etat.

Enfin, nous croyons devoir réserver pour un dernier chapitre l'étude du système particulier consacré par la constitution des Etats-Unis et par celles qui l'ont reproduite ou imitée.

CHAPITRE II.

CONSTITUTIONS D'APRÈS LESQUELLES LA JURIDICTION POLITIQUE APPARTIENT EXCLUSIVEMENT AU PARLEMENT.

SECTION PREMIÈRE. — *Grande-Bretagne.*

PREMIÈRE PARTIE : *Droit ancien.*

§ 1er.

Si les cadres de ce travail le permettaient, l'histoire de la justice politique de l'Angleterre n'exigerait pas moins de développements que celle de la France. Au point de vue qui nous occupe, que de leçons de choses n'aurions-nous pas à recueillir dans ce pays où la liberté politique est déjà ancienne, et où l'arme judiciaire, passant tour à tour du roi au Parlement et du Parlement au roi, d'Yorck à Lancastre, des tories aux whigs, a, plus que chez aucun peuple, servi d'instrument aux détestables vengeances et aux sanglantes représailles des partis! Malgré la grande Charte, malgré leur respect proverbial pour la liberté individuelle, les Anglais n'ont pas connu moins que nous les caprices de la volonté royale, les commissions judiciaires, et la lèse-majesté, sous le nom de haute trahison.

Les institutions de l'Angleterre et celles de la France se développent parallèlement et avec de grandes analogies jusqu'au treizième siècle. Les assemblées des Saxons rappellent les assemblées des Francs, et la Cour du roi d'Angleterre a une composition, des attributions presque identiques à celles de la Cour du roi de France. Toutes les affaires où le roi est directement intéressé, toutes les infractions qu'on appelle *félonies* parce qu'elles sont dirigées contre la couronne, la lèse-majesté spécialement, sont de sa compétence (1). C'est elle qui, sous Richard Cœur-de-Lion, appliquant pour la première fois la responsabilité ministérielle, condamne le chancelier Guillaume de Longchamps (1191). C'est elle qui, sous Edouard II, juge le duc de Lancastre accusé de trahison (1322).

En Angleterre comme en France, le roi se fait parfois directement justicier. Le meurtre de Thomas Becket n'est-il pas, en réalité, l'exécution d'un ordre royal? Edouard IV fait mettre à mort sans jugement le prince de Galles. Le protecteur Glocester fait exécuter Hastings, sans aucune décision judiciaire, et c'est sur l'ordre direct de Marie Tudor que l'infortunée Jane Grey monte sur l'échafaud (2).

Quant à la commission judiciaire, elle n'a pas joué dans l'histoire d'Angleterre un rôle moindre que dans l'histoire de France. Il suffit de rappeler la chambre étoilée (3) qu'un statut de Henri VII établit sous prétexte de restaurer la juridiction criminelle du roi. C'était la commission par excellence, et elle fut l'instrument principal de la tyrannie des Tudor. Devant cette « chambre ardente » il n'y avait plus ni loi ni justice. Une ordonnance de Henri VIII légalisa ses procédés arbitraires et, sous ce règne, elle s'ingéra de punir tout acte qui intéressait de près ou de loin le gouvernement. Ce n'était pas une « Cour de loi, » dit un auteur, mais une « Cour d'Etat. » Heureusement, elle ne jugeait pas les grands crimes politiques, et n'avait pas le droit de prononcer la

---

(1) Glanville, I, 2, 14.
(2) « Pour Jane Grey et Dudley, » dit Lingard, « Marie signa un ordre » d'exécution dans le délai de trois jours » (*Histoire d'Angleterre*, traduction Rojoux, t. II, p. 396).
(3) Nous ne parlons pas des tribunaux qui jugeaient en matière religieuse, et spécialement de la *haute-commission*.

peine de mort. Cette commission aussi « puissante qu'infâme, » suivant le mot de Macaulay, ne fût abolie que le 5 juillet 1641.

N'est-ce pas une commission judiciaire que la haute Cour instituée par Elisabeth pour juger Marie Stuart et où siégeaient, à côté des plus grands personnages de l'Angleterre, les plus ardents persécuteurs et le propre geôlier de l'accusée ?

Enfin ce fut encore un tribunal extraordinaire qui jugea l'infortuné Charles Ier. Les communes l'avaient renvoyé comme tyran, traître, meurtrier et ennemi public de la nation devant cent cinquante commissaires qui comprenaient six pairs, trois grands juges, six aldermen de Londres et presque tous les hommes considérables du parti indépendant dans Londres, l'armée et la cité. Les lords protestèrent : « la Chambre des lords, » dit Macaulay « rejeta, à l'unanimité, » le projet de mise en accusation du roi : elle fut abolie. » Aucune Cour de justice ne voulut prendre sur elle de ju» ger la source de toute justice. Un tribunal révolutionnaire » fut créé (1). » — « Les communes avaient décidé, dit » Lingard, que le peuple est la source de toute autorité lé» gitime, et que les communes étant choisies par le peuple » et le représentant, possèdent l'autorité suprême (2). »

La convention devait, cent cinquante ans plus tard, reproduire le même sophisme. Pour toute défense, le roi se contenta de refuser de répondre à un tribunal dont il ne pouvait reconnaître l'autorité (3).

La haute trahison tient, dans l'histoire d'Angleterre, la place que la lèse-majesté occupe dans la nôtre. De bonne heure, les communes, pour éviter des poursuites ridicules et des condamnations iniques, en réclamèrent la définition. Edouard III se décida à la donner en 1531. Aux

---

(1) Macaulay, *Histoire d'Angleterre*, t. I, p. 95.
(2) Lingard, *Histoire d'Angleterre*, t. III, p. 403.
(3) Les chefs royalistes Holland, Hamilton, etc., comparurent également devant une commission nommée par les communes.

termes du statut d'Edouard, constituaient seuls la haute trahison : le complot contre la vie du roi, le viol de la reine ou de la fille ainée du roi, le soulèvement à main armée, l'alliance avec les ennemis du royaume, la contrefaçon du grand sceau, la fausse monnaie, l'assassinat du grand chancelier, des grands officiers de la couronne et des juges royaux. Malheureusement, cette loi qu'on a appelée « l'un des piliers de la libre constitution de l'Angleterre, » fut souvent violée par les successeurs d'Edouard. Richard II promulgua un statut conçu en termes tels que personne ne pouvait être certain de ne pas encourir les peines les plus graves par la moindre de ses actions ou de ses paroles. Le premier Parlement réuni sous Henri IV annula le statut de Richard et décida qu'à l'avenir aucun crime de haute trahison ne serait plus jugé que conformément au statut d'Edouard III (1399). Sous Henri VIII, la haute trahison fut démesurément étendue par la servilité du Parlement.

Le juge de la haute trahison c'était, dit Blakstone, la Cour et les Pairs. On pouvait, dans ce cas, associer aux Pairs les grands officiers de la couronne. L'accusateur formulait son accusation sous le nom d'appel et demandait à en faire la preuve. L'accusé n'avait pas communication de l'acte d'accusation. Il ne lui était pas permis de faire entendre des témoins sous la foi du serment ni de se faire assister d'un conseil. La condamnation entraînait la peine du gibet, la confiscation des biens et la corruption du sang : les enfants nés après la condamnation et avant la grâce ne pouvaient hériter.

Les lois de haute trahison donnèrent lieu entre les communes et les lords à des luttes fréquentes. Sous Edouard VI, après la mort de Somerset, les lords demandaient qu'on revînt à la sévérité des anciennes lois. Les communes s'y opposèrent. Sous Guillaume III en 1691, les communes votèrent un bill accordant aux accusés de haute trahison la connaissance préalable de l'acte d'accusation, l'assistance d'un conseil et la faculté de faire entendre des témoins sous la foi du serment. Les lords mirent pour condition à son adoption qu'en dehors des sessions, aucun Pair ne fut plus jugé par la cour du haut sénéchal, mais par la Pairie tout entière. Les communes repoussèrent cette disposition. Successivement repris dans les sessions de 1692, 1694 et 1696, le bill fut enfin voté dans cette dernière année et mis en activité à partir du 25 mars 1696. Parkins fût le dernier anglais jugé d'après l'ancienne procédure.

Sous la rose rouge et la rose blanche, la haute trahison avait été l'instrument principal de ces massacres judiciaires qui suivaient les massacres du champ de bataille. A la longue, l'expérience des représailles politiques avait amené une interprétation plus modérée et plus raisonnable de la loi. Il n'était que temps. L'auteur de l'histoire constitutionnelle de l'Angleterre, Hallam, n'a pas craint de dire : « Dans » les procès de haute trahison, nos Cours de justice diffé- » raient peu de vraies cavernes d'assassins. »

§ 2.

Mais ce qui distingue spécialement la justice politique de l'Angleterre, c'est la juridiction du Parlement. Cette juridiction remonte aux Plantagenet. En Angleterre comme chez la plupart des peuples, la responsabilité pénale des Ministres a précédé leur responsabilité politique. Le cabinet solidaire et responsable ne date que des Stuart, et, à cette époque, il y avait longtemps que les Communes d'Angleterre avaient réclamé et obtenu le droit d'accuser les Ministres pour crimes politiques proprement dits, c'est-à-dire pour violation de la constitution, « crimes souvent difficiles à définir, » dit M. Glasson, « surtout sous l'empire d'une constitution qui » n'est pas consacrée par un texte précis (1). »

Un rapide coup d'œil sur l'histoire d'Angleterre nous montrera les origines et le développement de cette juridiction.

---

(1) Glasson, *Histoire des institutions de l'Angleterre*, t. V, p. 241 et suiv.

En Angleterre, comme en France, c'est au treizième siècle que les institutions judiciaires et politiques se dessinent et prennent leur véritable caractère. La Cour du roi d'Angleterre, comme celle du roi de France, se composait des Pairs du royaume et des Barons qu'il convenait au roi d'y appeler. En Angleterre comme en France, c'est de la Cour du roi que sort le Parlement. Mais si les mots sont les mêmes, les choses sont bien différentes. Tandis qu'en France ce sont les légistes qui éliminent peu à peu l'élément aristocratique, en Angleterre c'est l'élément aristocratique qui élimine peu à peu l'élément officiel. Les Pairs d'Angleterre deviennent, par leur naissance, conseillers héréditaires de la couronne, et tandis que le Parlement sorti de la Cour du roi de France n'est en réalité qu'une Cour judiciaire, en Angleterre, le *parliamentum* (1), qui succède à la *curia magna*, est à la fois une Cour de justice, le Conseil souverain de la couronne, et, avant tout, une assemblée politique.

Le roi Jean a promulgué la grande charte (29 juin 1215), « ce pivot des libertés civiles et politiques de l'Angleterre » dont l'esprit pénètre encore aujourd'hui toute l'Angleterre » contemporaine (2). » Henri III la confirme par les statuts d'Oxford (1258); et, sous Edouard Ier (1272-1307), cesse définitivement le pouvoir purement personnel du roi. La grande charte a déterminé les droits de l'individu : elle prohibe expressément les emprisonnements et les spoliations arbitraires, et veut que personne ne puisse être condamné si ce n'est par le jugement régulier de ses pairs et suivant la loi de son pays (*nisi per legale judicium parium suorum et legem terrae*). En même temps, elle assure aux grands le droit de participer aux conseils du roi et à la direction du royaume. Leur assemblée, nous l'avons vu, prend le nom de Parlement. Aux barons viennent bientôt s'y joindre les chevaliers et les simples bourgeois. C'est sous Henri III que

---

(1) Ce mot est employé, pour la première fois, sous Henri III, en 1248.
(2) Boutmy.

s'opère pour la première fois ce fait considérable de la participation des communes au Parlement. Désormais elles n'oublient pas leur avantage et obligent la royauté à les convoquer toutes les fois qu'elle veut réclamer des subsides.

Tout d'abord, les lords et les communes siègent ensemble, puis, tantôt ensemble, tantôt séparément. Ce fut sous Edouard III que s'opéra définitivement la séparation du Parlement en deux Chambres et que les sessions devinrent périodiques et annuelles.

C'est également à cette date que se fonde la juridiction politique des chambres anglaises.

Dès cette époque, la juridiction du Parlement peut s'exercer dans trois cas qu'il faut soigneusement distinguer :

1° La Chambre des lords revendique et exerce une juridiction exceptionnelle *ratione personae* sur ses propres membres.

2° Les Communes intentent sous le nom *d'impeachment*, des accusations solennelles devant la Chambre des lords.

3° Les deux chambres réunies peuvent voter des bills dits *d'attainder*.

§ 3. — *De la juridiction de la chambre des Lords sur ses propres membres.*

Lorsque le Parlement était en session, c'était la chambre des Lords tout entière qui jugeait le pair accusé, mais la tradition voulait qu'en dehors des sessions du Parlement le juge des pairs fût le haut sénéchal (High-Steward). Il y avait une grande différence entre les deux juridictions. Dans la chambre haute, tout pair avait voix délibérative sur le fait et le droit; dans la cour du Sénéchal, le grand sénéchal nommé par le roi était seul juge du droit, et pour le jugement du fait, il désignait à son gré un certain nombre de pairs, en nombre indéterminé. Il n'y avait pas de récusation possible. « Un tel tribunal, » dit M. Glasson, « offrait peu de » garanties, surtout quand le Sénéchal était un Jeffries (1). »

---

(1) Macaulay compare le tribunal de Jeffries à « l'antre d'une bête fauve. »

« La poursuite, » dit de son côté, Macaulay, « était organisée
» de manière à ne laisser aucune chance d'impartialité à un
» accusé politique (1). » En 1572, l'infortuné Norfolk, accusé
d'avoir voulu épouser Marie Stuart, fut condamné à mort par
le haut Sénéchal Shrewsbury et par vingt-six pairs que les
ministres avaient choisis : « L'histoire de ce procès, » dit
Lingard, « montre combien il était difficile, avec la juris-
» prudence de cet âge, qu'un accusé poursuivi par la cou-
» ronne échappât à la condamnation (2). » Essex, le favori
d'Elisabeth, fut jugé dans les mêmes formes (1601). Sous
Jacques II on profita souvent de l'absence du Parlement
pour mettre les Pairs en jugement. Cette juridiction se
rendit plus d'une fois coupable de véritables dénis de justice. Sous Guillaume d'Orange, le duc de Mohun, pair d'Angleterre, fut poursuivi devant la chambre des lords pour
avoir assassiné l'acteur Montford. Le crime était prouvé jusqu'à l'évidence. Néanmoins les lords acquittèrent l'accusé
sous prétexte que la victime n'était qu'un simple histrion.
Cette décision inique fit dire que les grands pouvaient impunément verser le sang.

La juridiction des lords se maintint après la révolution
de 1688 et s'affermit pendant le dix-huitième siècle.

§ 4. — *De l'impeachment.*

L'impeachment, nous l'avons dit, est une accusation solennelle portée par les communes devant la Chambre des
lords. A la différence de *l'attainder* dont nous parlerons
tout à l'heure, *l'impeachment* doit s'appliquer toujours à
une violation des principes reconnus du droit, bien que ce
puisse être en dehors des cas spécialement prévus par la loi.

Les Communes furent humbles d'abord. Sous les Plantagenet, leurs doléances se produisaient sous forme de péti-

---

(1) Macaulay, *Histoire d'Angleterre*, trad. Peyronnet, t. II, p. 28.
(2) Lingard, t. II, p. 537.

tions. Le roi en tenait le compte qu'il voulait. Elles luttèrent longtemps pour partager le pouvoir judiciaire des lords et, peu à peu, elles y parvinrent. Au début, on voit les communes et les lords juger ensemble le procès de lord Arundel (1327), celui du comte de Lamarche (1355), celui de Guillaume de Septoans (1367); mais sous Edouard III, les deux Chambres se séparent et c'est aussi sous ce règne que se place le premier précédent en matière d'*impeachment*. Le 27 avril 1376, les communes accusent lord Latimer, ministre dirigeant, lord Nevil, membre du conseil privé et quatre négociants, Lyons, Ellis, Peachey et Bury, fermiers des douanes et autres monopoles. L'accusation n'était encore libellée que sous la forme d'une pétition au roi. Du mot pétition (*impetere*) est venu le mot d'*impeachment* donné depuis aux accusations formulées par les communes. La pétition signalait, à la charge des inculpés, des prêts usuraires faits au roi, et l'acquisition à vil prix de mauvaises créances sur la couronne qu'ils se faisaient payer intégralement. Eloquemment soutenue par Pierre de La Mare, elle fut accueillie par le roi; les personnes qu'elle désignait furent mises en jugement et condamnées (1).

Sous Richard II, le 24 octobre 1386, les communes accusent le chancelier Michel de la Pole, comte de Suffolk, d'avoir obtenu du roi des donations contraires à son serment, frustré la couronne de droits légitimes, apposé le grand sceau à des chartes et pardons illégaux (2). Il n'y avait pas encore alors de règles fixes pour la procédure. L'instruction du procès de Suffolk fut aussi irrégulière que la sentence fut inique. Le roi et les lords le condamnèrent pour cette raison que les libéralités qu'il avait reçues du roi n'étaient pas entérinées, et Lingard affirme que le fait était matériellement faux.

La couronne n'accepta pas, sans lutte, cette prétention des

---

(1) Lingard, *Histoire d'Angleterre*, traduction Rojoux, t. IV, p. 161.
(2) Lingard, t. IV, p. 322.

communes. En août 1388, les ministres du roi réunirent à Northampton les douze juges et leur demandèrent une consultation sur les actes du dernier Parlement. Les douze juges déclarèrent ces actes illégaux, décidèrent que les ministres du roi ne pouvaient être mis en accusation sans le consentement de la couronne et que la condamnation de Suffolk était inique. Dans cette lutte contre le Parlement, le roi et ses ministres s'appuyaient sur le maire de Londres, Bamber. Les chefs du parti parlementaire accusent Bamber et les favoris du roi, par voie d'appel, pour haute trahison. Leur acte d'accusation contenant trente-neuf articles est déposé devant la Cour des Pairs. Les juristes le déclarent contraire au droit, mais la Cour passe outre et, pour atteindre les contumaces, un bill d'*attainder* est décerné contre eux. Bamber seul était présent : il demanda à prendre un conseil, puis à combattre en champ clos : Les deux demandes furent repoussées. Les pairs, « représentant une faction passionnée plutôt que » l'impartiable justice, » semblaient vouloir se mettre au-dessus de toutes les lois.

On procéda plus régulièrement en apparence contre les prétendus complices des anciens favoris, notamment contre les juges qui avaient signé la consultation déclarant illégaux les actes du dernier Parlement. Le 2 mars 1388, les communes présentèrent leur *impeachment*, et nommèrent des députés qui soutinrent l'accusation devant les Pairs. Les accusés allaient être condamnés à mort pour *conspiracy*, quand les Pairs ecclésiastiques, qui s'étaient abstenus, rentrèrent et supplièrent leurs collègues de ne prononcer que le bannissement. Leur prière fut exaucée. Deux jurisconsultes seulement, Blake et Uske, qui, l'un, comme procureur général, l'autre, comme solicitor général, avaient commencé des poursuites contre des membres de l'ancien Parlement pour avoir attenté aux prérogatives de la couronne, furent condamnés au supplice des traîtres. Les communes allèrent jusqu'à accuser l'évêque de Chichester pour n'avoir pas révélé les trames anti-parlementaires des anciens Ministres, et jusqu'aux officiers fidèles de la maison de Richard II que le « *Parlement impitoyable* » condamna à la peine capitale.

C'était l'oppression brutale du parti vaincu par le parti vainqueur. Mais, dans ces luttes, la juridiction parlementaire s'était fondée. Bien que, à cette époque, la procédure ne fut pas encore parfaitement fixée, le droit d'accusation des communes était reconnu, le droit de jugement des Pairs établi : sans doute quelques irrégularités se produisirent encore. Sous Henri VI, Mortimer, accusé de haute trahison, fut jugé par le Parlement tout entier. Les communes continuèrent à revendiquer leur part du droit de jugement. En 1399, elles firent inscrire sur les registres du Parlement une protestation contre le droit exclusif des lords. Mais ce fut sans succès. Pourtant ce ne fut guère que sous Jacques I*er* (1), et à l'occasion du procès de Middlesex, que le droit des lords cessa d'être mis en question et, d'après M. Glasson, on discutait encore au dix-septième siècle pour savoir si l'autorité judiciaire du Parlement résidait dans les deux Chambres conjointement avec le roi ou dans la Chambre haute seule. De nos jours même, de nouvelles tentatives ont été faites, mais sans plus de succès, par les communes, pour enlever ce pouvoir à la Chambre des lords.

Le dix-septième siècle présente la lutte et finalement le triomphe de la liberté politique sur la monarchie absolue. L'*impeachment* y devient, de plus en plus, aux mains des communes, une arme de parti. C'est ainsi qu'en 1626, et dans le procès de Buckingham, elles posent en principe que la simple rumeur publique peut autoriser à mettre un ministre en jugement ; — en 1678 et dans le procès de Danby, elles établissent en règle que les ministres sont responsables non seulement de la légalité, mais de l'*utilité* de leurs actes ! absurde et dangereuse exagération, qui montre une fois de plus à quels excès se laisse emporter la justice confiée aux assemblées politiques !

(1) 1603 à 1625.

Jusqu'à Guillaume III, toute accusation portée devant les lords par voie d'*impeachment* prenait fin par la clôture du Parlement, et il était généralement admis que l'intervention royale pouvait arrêter l'accusation portée par les communes. A partir de cette époque, l'action des communes devint complètement indépendante de la couronne, et ne prit plus fin avec le Parlement.

Ce fut par voie d'*impeachment* qu'en 1788 les communes traduisirent devant la Chambre haute, sous l'accusation de haute trahison, le gouverneur des Indes, Warren Hastings, qu'on a appelé le moderne Verrès : procès célèbre à plus d'un titre, où les accusateurs des communes étaient les trois plus grands orateurs de l'Angleterre, Burke, Fox et Sheridan ; où la lecture de l'acte d'*impeachment* dura deux jours entiers, et qui, après sept années de procédures et de débats, se termina, en 1795, par l'acquittement de l'accusé.

§ 5. — *De l'attainder.*

La troisième forme et la plus terrible de la juridiction parlementaire était le bill d'*attainder* (1). Le bill d'*attainder* est l'œuvre, non de la Chambre haute, mais du Parlement tout entier. C'est une loi-jugement, relative à un cas spécial, infligeant à celui auquel elle s'applique toutes les conséquences d'un arrêt criminel, et entraînant les peines attachées au crime de haute trahison.

Par l'*attainder*, le Parlement peut, avec un pouvoir discrétionnaire, infliger des peines selon son bon plaisir, soit conformément, soit contrairement au droit commun ; frapper des actes qu'aucune loi ne punit, et sa décision souveraine échappe au contrôle de toute autre autorité.

C'est au règne d'Edouard IV (1) qu'il faut faire remonter le droit obtenu par les communes de rendre avec les lords des sentences capitales sous cette forme. Ce fut à l'occasion du

---

(1) *Attinctura.*

procès de Clarence, frère du roi, que ce droit leur fut, pour la première fois, reconnu. Elle poussèrent la passion jusqu'à supplier Edouard d'exécuter la sentence rendue contre son frère. Pour trouver un exemple d'un pareil fait, il faudrait, dit un historien, remonter jusqu'à Tibère.

De Henri VIII à Elisabeth, la royauté est redevenue une monarchie absolue. L'*attainder* est en grande faveur et devient l'instrument habituel des vengeances politiques. Ce ne sont pas seulement Empson et Dudley, les misérables instruments de la rapacité de Henri VII, dont on se débarrasse par ce moyen. Combien d'illustres, d'innocentes victimes succombent sous le coup de cette procédure « foudroyante » (2). A la vérité, Anne de Boleyn subit une apparence de jugement où toutes les formes sont violées ; mais ce sont des bills d'*attainder* qui frappent Elisabeth Barton, Fischer, Thomas Morus, la vénérable comtesse de Salisbury, Catherine Howard. Pour Catherine Howard, ce fut le bill même qui inventa et définit le crime qu'elle était accusée d'avoir commis. C'est encore un bill d'*attainder* que Somerset fait rendre contre son frère Seymour et dont il arrache la ratification à la faiblesse d'Edouard VI (1549). La plupart du temps, les accusés n'étaient pas même entendus. C'étaient de vrais meurtres judiciaires ou plutôt législatifs !

Arme du despotisme contre la liberté, sous les Tudor, l'*attainder* devient, sous les Stuart, l'arme du Parlement contre la couronne.

C'est sous un bill d'*attainder* que succombe Strafford, l'infortuné ministre de Charles Ier (1641). Pym avait proposé aux communes de le mettre en jugement comme criminel de haute trahison. Traduit devant la Chambre des lords, Strafford discuta seul, pendant dix-sept jours, contre treize accusateurs qui se relevaient tour à tour. Il avait prouvé l'inanité de la plupart des griefs relevés contre lui, et la Cham-

---

(1) 1461-1481.
(2) Le mot est de Lingard.

bre des lords allait l'acquitter lorsque les communes recoururent à un bill d'*attainder* que la Chambre haute n'osa pas rejeter (1). Strafford protesta avec éloquence contre cette procédure (2) : « Mieux vaudrait, mylords » dit-il, « vivre
» sans aucune loi, sous le pouvoir arbitraire d'un maître,
» qu'en avoir une qui inflige des châtiments pour des faits
» antérieurs à sa promulgation et qui nous frappe par des
» clauses forgées contre nous au moment même où nous
» sommes poursuivis. Il y a maintenant beaucoup d'années
» que les faits de trahison ont été définis dans le texte de
» nos lois ; n'éveillons pas, en fouillant dans des statuts
» plus anciens, des lions endormis ou oubliés durant des
» siècles. Ce serait pour moi le comble de l'affliction d'avoir
» servi par mes péchés, mais non par ma trahison, à intro-
» duire un précédent si fatal aux lois et aux libertés de ma
» patrie ! »

Ce sont encore des bills d'*attainder* qui frappent, en 1645, l'archevêque Laud, vieillard de quatre-vingts ans, immolé sans être entendu, au mépris de toutes les lois ; Monrose (1650), Monmouth (1685), et combien d'autres ! En 1689, on voit les deux Chambres du Parlement de Dublin dresser une liste de proscription, sur laquelle elles inscrivent les noms de milliers d'Anglo-protestants. Cet acte, connu dans l'histoire sous le nom de *grand acte d'attainder*, n'était rien de moins, suivent la juste expression d'un historien « que la proscrip-
» tion d'un peuple par un autre (3). »

Fenwick, l'un des auteurs de la conspiration jacobite, paraît être le dernier accusé qui ait été mis à mort par voie d'*attainder*. Le bill dirigé contre lui donna lieu, dans les deux Chambres, à de longues et éloquentes discussions. L'opposition le combattit avec la dernière énergie. Elle lui

---

(1) Une clause de ce bill, introduite pour rassurer les pairs, portait que les juges ne pourraient regarder comme trahison que ce qu'ils auraient considéré comme tel si le bill n'eût point existé.
(2) Et aussi contre ce qu'il nommait : la trahison cumulative.
(3) De Bonnechose, *Histoire d'Angleterre*, t. IV, p. 20.

reprochait justement de briser la ligne de démarcation qui sépare les fonctions du législateur de celles du juge. « Cet » homme, disait elle, peut être un mauvais anglais, et, ce- » pendant, sa cause peut être celle de tous les bons Anglais. » L'année dernière, nous passâmes un acte pour régler la » procédure des tribunaux ordinaires, au cas de haute tra- » hison ; nous passâmes cet acte, parce que nous crûmes que, » dans ces tribunaux, la vie d'un citoyen ennemi du gouver- » nement n'était pas alors suffisamment assurée et, pour- » tant, elle l'était beaucoup plus qu'elle ne le sera si cette » Chambre s'arroge les fonctions de Cour de justice suprême » en matière politique... Il est arrivé plus d'une fois qu'un » acte d'*attainder* passé dans un accès de servilisme ou d'ani- » mosité, a été, quand la fortune a changé, ou que la pas- » sion s'est refroidie, rappelé et solennellement flétri comme » une injustice... C'est ainsi que, de nos jours, le bill qui » a condamné Strafford a été annulé sans qu'une seule voix » se soit élevée contre cette mesure réparatrice (1). » L'histoire de la Chambre des Pairs, dit Macaulay, n'offre pas d'exemple de débats aussi prolongés et aussi vifs. Le bill fut, en définitive, voté et sanctionné par le roi; Fenwick fut exécuté (1690) ; mais la discussion avait porté à la procédure de l'*attainder* un coup décisif. Aucune condamnation capitale n'a été, depuis, prononcée sous cette forme. Deux ministres de la reine Anne, Bolingbroke et Osmond, accusés de haute trahison (1714), virent bien leur tête menacée par un bill d'*attainder*, mais leur exil volontaire rendit l'exécution de ce bill impossible.

DEUXIÈME PARTIE : *Droit actuel.*

L'Angleterre n'a pas, on le sait, de constitution écrite. Tout y est régi par la coutume. En définitive, les attribu-

---

(1) Macaulay, *Histoire de Guillaume III*, trad. Amédée Pichot, t. III, p. 401 et suiv.

tions judiciaires des deux Chambres du Parlement sont aujourd'hui les suivantes :

§ 1er. — *Juridiction des Chambres.*

A un premier point de vue, les Chambres anglaises sont juges de leurs propres membres. Hors le cas de flagrant délit, aucun membre des deux Chambres ne peut être arrêté sans le consentement de la Chambre dont il fait partie. S'il est arrêté pour trahison, félonie ou infraction à la paix publique, il doit en être donné avis à la Chambre qui déclare si elle veut user de son privilège. Les deux Chambres sont Cours de justice pour tout ce qui touche à leurs priviléges. Elles jugent leurs propres causes, à l'exclusion de tous tribunaux, suivant la coutume.

§ 2. — *Juridiction spéciale de la Chambre des Lords.*

La Chambre des lords, formée en cour de justice, a compétence pour juger en premier et dernier ressort les crimes et félonies des pairs du royaume, de leurs épouses, des pairesses par naissance, de la reine-épouse (*queen consort*), du mari de la reine régnante (*Prince consort.*) Elle a exercé sa juridiction à une époque encore récente en faisant, en 1815, arrêter lord Cockrane accusé de conspiration.

Si le Parlement est assemblé au moment où il s'agit de les juger, le lord high-steward préside l'assemblée (1).

On ne distingue pas le fait et le droit. Les décisions sont rendues à la majorité. Chaque pair vote sur son honneur. On a longtemps discuté pour savoir si les évêques, membres de la Chambre des lords, peuvent y siéger comme juges. Le concile de Tolède interdit aux clercs de prononcer des sentences capitales. On répondait que les évêques pou-

---

(1) Autrefois, les fonctions du *lord high steward* étaient héréditaires ou du moins à vie; aujourd'hui il est nommé pour chaque affaire.

vaient siéger, sauf à ne pas prononcer cette peine. En fait, depuis longtemps, ils se retirent en réservant leur droit de séance.

Si, au moment de la poursuite, le Parlement n'est pas réuni, les pairs et pairesses, accusés de trahison ou de félonie, sont encore aujourd'hui jugés par la Cour du high-steward (haut sénéchal). Mais le sénéchal ne peut prononcer qu'après qu'un jury de vingt-trois pairs au moins a statué sur le fait à la simple majorité. Autrefois toute personne pouvait être appelée à ce jury. Depuis un statut de Guillaume III, il doit être composé de Pairs temporels.

§ 3. — *Impeachment.*

La Chambre des communes peut aussi, sous forme d'*impeachment*, intenter une accusation solennelle devant la Chambre des lords constituée en Cour de justice. L'histoire nous a montré que ce droit a été reconnu aux communes « comme garantie de la sécurité du royaume, de ses libertés » et de ses droits. » L'*impeachment* peut être décrété pour violation des droits constitutionnels, malversation ou autres crimes analogues contre l'Etat, ou même, d'une façon générale, pour mauvaise administration des affaires publiques, ce qui est singulièrement vague et dangereux. Ce ne sont pas seulement les ministres mais tous les hauts fonctionnaires de l'Etat qui peuvent être déférés à la Cour suprême par voie d'*impeachment*. — On a discuté pour savoir si un membre de la Chambre des communes (*Commoner*) pouvait être traduit pour félonie devant la Chambre haute, tout Anglais devant, d'après la grande charte, être jugé par ses pairs. Mais l'affirmative a été consacrée par la doctrine et la pratique. Le 8 février 1848, une accusation de *high crimes and misdemeanours* fut proposée contre lord Palmerston, qui, bien que Pair d'Irlande, siégeait à la Chambre des communes. Lord Palmerston ne déclina pas la compétence de la Cour. En tout cas il ne saurait être douteux qu'un *commoner* puisse être traduit devant les lords pour *misdemeanour*, la grande charte n'accordant le jugement par les Pairs que pour *félonie*.

Quelle est, en matière d'*impeachment*, la procédure suivie? L'*impeachment* peut être introduit de deux manières : ou par une motion préparatoire demandant communication des pièces, ou immédiatement par une motion tendant à la mise en accusation. Cette motion n'autorise pas la Chambre à procéder à une véritable instruction judiciaire et à entendre des témoins sous la foi du serment. Si la Chambre accepte cette proposition, l'auteur se rend à la barre de la Chambre haute et y accuse la personne qu'on veut incriminer au nom de la Chambre basse et de toutes les communes du royaume. Il prend en même temps l'engagement que cette Chambre justifiera les divers chefs d'accusation ou articles de la plainte. Ces articles sont rédigés par un comité de la Chambre des communes et forment un véritable acte d'accusation. La Cour est présidée par le lord high-steward. Tout pair est juge assesseur. Les évêques ne peuvent participer au vote lorsqu'il pourrait entraîner une peine capitale. Si l'accusé est pair, il est arrêté sur l'ordre de la Chambre haute; s'il est *commoner*, il est livré au sergent d'armes. L'accusé répond à la Chambre haute, article par article. Pour suivre la procédure devant la Chambre haute, les communes nomment des procureurs spéciaux (*managers*) (1).

Les *managers* plaident devant la Chambre haute, assignent les témoins et apportent les preuves. L'audience commence par le plaidoyer du *manager* et se continue par l'administration de la preuve pour chaque chef d'accusation. Puis les avocats de l'accusé ont la parole et font entendre les témoins à décharge. Les *managers* répliquent et ont ainsi la parole les derniers, anomalie qui forme une exception dans le droit public moderne et que ne sauraient justifier la raison d'Etat et la protection de la souveraineté nationale.

(1) Voir, sur ces divers points, l'ouvrage si complet de M. Glasson.

Le *high-steward* recueille ensuite les voix des pairs en commençant par le plus jeune. Chaque pair vote sur son honneur. Si le vote est favorable à l'accusé, il est acquitté. Si l'accusé est reconnu coupable en tout ou en partie, la sentence n'est rendue que sur le renouvellement de la motion par la Chambre des communes. Le dernier *impeachment* a été celui dirigé, au commencement de ce siècle, contre lord Melville.

Dans l'usage, l'accusation une fois intentée survit à la Chambre dont elle émane et se transmet à celle qui lui succède.

Il paraît aujourd'hui certain que le pardon royal ne peut arrêter l'accusation portée par les communes.

Le pouvoir royal a-t-il du moins le droit de faire grâce au condamné frappé sur cette accusation? Les auteurs ne semblent pas parfaitement d'accord à cet égard. L'opinion le plus généralement admise est que le roi conserve son droit de grâce, mais ne peut l'exercer qu'avec l'assentiment du Parlement.

§ 4. — *Attainder*.

Enfin le Parlement tout entier peut, encore aujourd'hui, rendre un bill d'*attainder*.

L'histoire nous a montré quelle peut être la puissance terrible d'une pareille arme aux mains des partis. De même la haute trahison reste soumise au statut d'Édouard III, sauf quelques légères modifications.

§ 5. — *Conclusion*.

On le voit, en matière de justice politique, la France n'a rien à envier à l'Angleterre. Si en Angleterre la liberté politique et la responsabilité ministérielle se sont établies bien plus tôt qu'en France, elles n'ont pas empêché l'arbitraire, la violence et les plus détestables passions de souiller trop souvent le sanctuaire de la justice. A ce point de vue, l'histoire de l'Angleterre est plus sanglante encore que celle de la France. La justice, ou du moins ce qui en porte le nom, y est plus souvent encore que chez nous l'instrument de la vengeance des partis. Les leçons qu'elle nous donne font ressortir davantage encore la nécessité d'élever autant que possible les tribunaux au-dessus des passions. Dans la constitution purement traditionnelle de l'Angleterre, les armes terribles qui ont souvent ensanglanté son histoire existent encore. L'*attainder* n'a jamais été aboli par aucune loi; le progrès des mœurs, seul, en empêche désormais l'application. C'est un de ces lions endormis dont parlait l'infortuné Strafford ; plaise à Dieu que quelque terrible crise ne vienne pas un jour le réveiller.

Loin de fournir des arguments aux partisans de la juridiction parlementaire, l'histoire d'Angleterre en fournit donc bien plutôt à ses adversaires. C'est en vain que Montesquieu (1) et Blakstone (2) l'approuvent : l'expérience la condamne. « Il faut, » dit Blakstone, « se plaçant au point de
» vue purement anglais, que la noblesse juge pour assurer
» justice à l'accusé, et, de même que le peuple accuse pour
» assurer justice à l'intérêt public (3). » Malheureusement ni les communes, ni les Pairs n'ont su se tenir suffisamment à l'abri des entraînements des partis et des factions politiques.

C'est un anglais, Hallam, qui a porté sur cette juridiction le jugement le plus élevé et le plus sûr. Après avoir combattu l'opinion d'Edouard Coke qui ne reconnaît aucune limite à la juridiction parlementaire, Hallam ajoute : « la loi
» parlementaire ne peut justifier dans aucun cas l'usurpa-
» tion d'un pouvoir souverain et indéfini, surtout dans les
» procédures judiciaires où les formes et l'essence de la jus-

---

(1) *Esprit des lois*, liv. IX, chap. VI.
(2) T. IV, p. 19.
(3) T. VI, p. 101.

» tice sont inséparables (1). » C'est qu'en effet il y a des garanties de droit naturel qu'aucune juridiction n'a le droit d'enlever à un accusé ; et nous ne voyons rien à reprendre à ce jugement.

Section II. — *Portugal* (1826).

La législation portugaise, dans la matière qui nous occupe, se fait remarquer par la netteté de ses dispositions. Elle est tout entière contenue dans la charte constitutionnelle du 29 avril 1826 à laquelle, sur ce point, ni l'acte additionnel du 5 juillet 1852, ni la loi organique de la Pairie du 3 mai 1878 n'ont rien changé (2).

Le Portugal, comme l'Espagne, a deux chambres; une Chambre des députés et une Chambre des Pairs.

Il est dans les attributions *exclusives* de la Chambre des Pairs : 1° de connaître de tous les délits commis par les membres de la famille royale, les ministres d'Etat, les conseillers d'Etat, les Pairs, et des délits commis par les députés dans le cours de la session; 2° de statuer sur la responsabilité des secrétaires d'Etat et conseillers d'Etat (art. 41).

Il est dans les attributions exclusives de la Chambre des députés de décréter la mise en accusation des ministres d'Etat et des conseillers d'Etat (art. 37).

Dans le jugement des crimes dont l'accusation n'appartient pas à la chambre des députés, l'accusation est portée par le procureur de la couronne (art. 42.)

Aucun pair ou député ne peut, tant que durent ses pouvoirs, être arrêté sans autorisation de la Chambre à laquelle il appartient, sauf en cas de crimes flagrants entraînant la peine capitale (art. 27).

Le Pair, mis en accusation pour crime, est suspendu de ses fonctions (loi du 3 mai 1878, art. 3).

---

(1) Hallam, *L'Europe au moyen âge*, t. III, p. 204.
(2) V. Dareste. Les Constitutions modernes, t. II, p. 20.

Une loi du 15 février 1849 trace les règles que doit observer la Chambre des Pairs quand elle se constitue en cour de justice (1).

Il résulte évidemment du rapprochement de ces divers textes que la juridiction de la Cour des Pairs s'étend à tous les délits commis par les princes, ministres et hauts fonctionnaires, aussi bien aux délits de droit commun qu'aux délits de fonction.

Mais, pour les délits de droit commun, c'est au ministère public, au procureur de la couronne qu'il appartient d'intenter et de poursuivre l'accusation.

Le droit exclusif d'accusation, conféré à la Chambre des députés par l'article 37, s'applique uniquement aux délits de fonction commis par des ministres et des conseillers d'Etat, et, dans ce cas, ce doit être à elle de soutenir l'accusation devant la Chambre des Pairs; et elle doit le faire comme en France, par des commissaires élus dans son sein.

Pour quels délits la Chambre des députés peut-elle accuser les ministres d'Etat? L'article 103 répond à cette question : Les ministres sont responsables : 1° pour trahison; 2° pour corruption, subornation ou concussion; 3° pour abus de pouvoir; 4° pour défaut d'observation de la loi; 5° pour toute entreprise contre la liberté, la sécurité ou la propriété des citoyens; 6° pour toute dissipation des deniers publics; un ordre écrit ou verbal du roi ne saurait les affranchir de cette responsabilité (art. 105).

Sans doute plusieurs des définitions contenues dans cet article sont vagues et élastiques. Elles n'en constituent pas moins une tentative remarquable faite par le législateur pour soustraire la Chambre haute à l'arbitraire auquel le silence de la constitution condamne la pairie d'Angleterre et le sénat de France. Une loi particulière promise par l'article 104 devait, au surplus, spécifier la nature de ces délits.

---

(1) Elle doit, au moins, se composer de dix-sept pairs présidés par le président de la Chambre.

Mais cette loi n'a pas encore été faite. Au mois de décembre 1887, la Chambre des pairs a été constituée en Cour de justice pour juger un député à raison de voies de fait commises sur un officier. Elle a prononcé l'acquittement du prévenu (1).

Section III. — *Brésil.*

La constitution du Portugal, que nous venons d'analyser, n'est au point de vue de la responsabilité et du jugement des fonctionnaires, que la reproduction de la constitution du Brésil qui l'avait précédée de deux années (25 mars 1824).

En ce qui touche les attributions judiciaires des deux Chambres, les droits du ministère public, les délits qui peuvent motiver la mise en jugement des ministres, les dispositions des deux constitutions sont identiques.

Une loi du 15 octobre 1827 a d'ailleurs spécifié plus particulièrement la nature des délits qui peuvent motiver des poursuites contre les ministres ainsi que les formes à observer par la Chambre des députés pour la mise en accusation et la procédure à suivre par le Sénat lorsqu'il se constitue en Cour de justice (2).

Au surplus, la constitution déclare expressément que les ministres ne sont pas affranchis de la responsabilité par un ordre verbal ou écrit de l'empereur (3).

Section IV. — *Italie* (1848).

L'Italie est, après l'Angleterre, l'une des grandes nations

---

(1) *Moniteur* du 21 décembre 1887.
(2) Nous n'avons pu nous procurer le texte de cette loi.
(3) Dans une notice sur la constitution brésilienne insérée dans l'*Annuaire de législation comparée* de 1876, p. 485, M. de Montluc cite le Tribunal suprême de justice comme jugeant les crimes et délits commis par les ministres. Nous pensons qu'il y a là une erreur. Aux termes de l'art. 164 de la constitution, le tribunal suprême juge seulement les délits et fautes de ses propres membres, des membres des cours, des membres du corps diplomatique et des présidents de province.

de l'Europe où la juridiction politique appartient au Parlement.

Le statut constitutionnel du royaume de Sardaigne, promulgué par le roi Charles-Albert le 4 mars 1848, forme encore aujourd'hui la constitution du royaume d'Italie.

Il proclame, dans son article 67, la responsabilité des ministres. Un décret du 26 février 1878 avait chargé une commission d'élaborer un projet de loi sur cette matière. Ce projet n'a pas abouti.

Toutefois la constitution (art. 47) donne à la Chambre des députés le droit d'accuser les ministres et de les traduire devant la haute Cour de justice.

Cette haute Cour de justice n'est autre que le Sénat (art. 36). Le Sénat peut être constitué en Cour de justice par un décret du roi, dans deux cas.

1° Pour juger les ministres accusés par la Chambre des députés;

2° Pour juger les crimes de haute trahison et d'attentat à la sûreté de l'Etat.

On peut remarquer que la constitution exige un décret du roi pour constituer le Sénat en Cour de justice, même quand il est saisi d'une accusation contre les ministres intentée par la Chambre des députés. Il en était autrement en France sous la monarchie constitutionnelle (1).

Le texte de l'article 36 semble impératif. Il ne dit pas que le Sénat peut être constitué en Cour de justice. Faut-il en conclure qu'il a seul compétence pour juger la trahison et les attentats à la sûreté de l'Etat? Ce serait sans doute tirer du texte une conséquence excessive.

L'article 36 prend soin d'ajouter que le Sénat, lorsqu'il siège comme Cour de justice, n'est pas un corps politique et ne peut s'occuper que des affaires pour lesquelles il a été convoqué, à peine de nullité. Le Sénat italien est seul com-

---

(1) Toutefois, nous pensons que, dans ce cas, le roi ne peut se refuser à constituer le sénat en cour de justice. C'est une question de forme.

pétent pour juger les délits imputés à ses membres; aucun sénateur ne peut être arrêté que sur son ordre. Toutefois le flagrant délit est formellement excepté (art. 37).

Ce fut en vertu de cet article 37 du statut constitutionnel qu'après la défaite navale de Lissa le Sénat italien crut devoir mettre en accusation l'amiral Persano qui était l'un de ses membres. Violemment surexcitée par le désastre de la flotte, l'opinion publique accusait l'amiral d'impéritie, de lâcheté et de trahison. Le Sénat évoqua l'affaire, ordonna l'arrestation de l'amiral et sa mise au secret. Puis il nomma une commission qui procéda à une longue et minutieuse enquête. Conformément aux conclusions de cette commission, le Sénat décréta la mise en accusation de l'amiral : l'accusation de lâcheté fut écartée à une faible majorité. Le ministère public abandonna lui-même celle de haute trahison ; mais les deux accusations de désobéissance et d'incapacité ou négligence furent admises, la première par soixante-trois voix contre quarante-huit, la seconde par cent seize voix contre quinze. Le secret fut levé et l'amiral remis en liberté provisoire. Les débats publics commencèrent le 1er avril et durèrent quinze jours. L'amiral se défendit lui-même et rejeta la défaite sur le mauvais équiqement de la flotte et la désobéissance de ses officiers. Le 15 avril 1868, un arrêt, rendu à une imposante majorité, le déclara coupable de désobéissance, de négligence et incapacité et le condamna à la destitution de sa fonction, à la perte de son grade et au payement des frais du procès : arrêt politique qui punissait des fautes plutôt que des délits, appliquait des peines à des faits qu'aucune loi n'avait placés au rang des crimes. Par suite, il ne saurait échapper au reproche que méritent toutes les condamnations fondées sur l'unique raison d'Etat, mais il faut bien le dire, il paraît avoir été, en Italie, ratifié par la conscience publique, et trouvé plutôt indulgent que rigoureux (1).

---

(1) *Annuaire encyclopédique* (1866-1867), p. 986 et suiv.

Le 19 avril 1887, le Sénat italien s'est de nouveau constitué en Haute Cour de justice, pour juger le sénateur Passavini, ancien préfet, prévenu d'offenses aux bonnes mœurs. Le huis clos a été ordonné et le prévenu condamné à la peine de sept mois de prison, 300 francs d'amende et à la déchéance de sa dignité de sénateur. Quelques jours après, un autre sénateur était également traduit devant le Sénat pour escroquerie (1).

Section V. — *Espagne* (1876).

La constitution espagnole du 30 juin 1876 est dans la pure tradition parlementaire. Elle proclame l'inviolabilité du roi et la responsabilité des ministres. Aucun ordre du roi ne peut être mis à exécution s'il n'a été contresigné par un ministre qui, par cela même, en assume la responsabilité (art. 48 et 49).

Les Cortès ont pour mission « de rendre effective la responsabilité des ministres. »

L'accusation appartient à la Chambre des députés, le jugement au Sénat (art. 45) ; mais cette juridiction est spéciale aux ministres.

C'est le tribunal suprême, siégeant à Madrid, qui connaît, en premier et dernier ressort, des délits de fonction commis par les cardinaux, archevêques et évêques, les conseillers d'Etat, membres du tribunal des comptes, gouverneurs de province, ambassadeurs, etc., par les magistrats du tribunal suprême et leurs auxiliaires, par les magistrats des Cours territoriales ou criminelles.

C'est encore le même tribunal qui connaît, en premier et dernier ressort, mais toutes chambres réunies, des délits commis : 1° par les princes de la famille royale ; 2° des délits de fonction commis par les ministres de la couronne *quand ils ne doivent pas être jugés par le sénat* ; 3° par les présidents de la Chambre des députés et du sénat ; 4° par le pré-

---

(1) *Moniteur* des 21, 23 et 26 avril 1888.

sident, les présidents de chambre et le fiscal du tribunal suprême ; 5° par les magistrats du tribunal suprême ou des cours territoriales ou criminelles, lorsque la poursuite a lieu pour actes judiciaires et qu'elle s'applique à tous les membres de ces cours (1), ou au moins à la majorité d'entre eux.

Section VI. — *Mexique* (1876).

La constitution mexicaine modifiée par la loi du 6 novembre 1874 (art. 103), établit la responsabilité des sénateurs, des députés, des membres de la Cour suprême de justice et des secrétaires d'Etat ou ministres.

Cette responsabilité est double. Elle s'applique, à la fois, aux délits de droit commun qu'ils commettent pendant la durée de leurs fonctions, et aux délits, fautes ou omissions commis dans l'exercice de ces mêmes fonctions.

Les gouverneurs des Etats sont également responsables, *pour infractions à la constitution et aux lois fédérales.*

Enfin le Président de la République l'est également ; mais, pendant la durée de ses fonctions, il ne peut être accusé que : 1° pour crime de trahison envers la patrie ; 2° pour violation expresse de la constitution ; 3° pour attaques à la liberté électorale ; 4° pour délits graves de droit commun.

Il faut distinguer, pour ces divers fonctionnaires, entre les délits de droit commun et les délits de fonction.

S'agit-il d'un délit de droit commun? La chambre des représentants, érigée en grand jury, déclarera, à la majorité absolue, s'il y a lieu ou non de suivre contre l'accusé. L'accusation est publique ; la chambre doit la renvoyer à la commission du grand jury : c'est cette commission qui fait l'instruction, et dépose ensuite un rapport tendant à la culpabilité ou à la non culpabilité de l'accusé. Si la question de responsabilité se trouve liée à un délit de droit commun, la commission doit demander le renvoi devant la justice ordinaire.

---

(1) Loi de 1870, art. 281 à 284. Demombynes, t. I, p. 481 *bis.*

Si la déclaration de la chambre est négative, il n'y a lieu à aucune mesure ultérieure. Si elle est affirmative, l'accusé demeure, par ce seul fait, déchargé de son emploi et soumis à l'action des tribunaux communs. Quant aux délits de fonction, la chambre des députés en connaît *comme jury d'accusation*, et le sénat, *comme jury de jugement*. Le jury d'accusation a pour mission de déclarer si l'accusé est ou n'est pas coupable. S'il y a déclaration de non culpabilité, le fonctionnaire continue à exercer sa fonction. Dans le cas contraire, il est immédiatement déchargé de cette fonction et mis à la disposition du sénat. Le sénat, érigé en jury de jugement, et après avoir entendu l'accusé et l'accusateur *s'il y en a un*, applique, à la majorité absolue, la peine édictée par la loi (art. 105).

Le sénat statue sans recours.

Si la condamnation pour responsabilité est prononcée à raison d'un délit de fonction, le condamné ne peut être gracié.

L'action en responsabilité pour délit de fonction se prescrit par le laps d'une année à partir de l'expiration des fonctions.

On retrouve dans ce système l'attribution de l'accusation à la chambre populaire et du jugement à la chambre haute. Mais la distinction entre les délits de droit commun et les délits de fonction, l'accusation déférée pour tous les deux à la chambre basse, le jugement des premiers laissé aux tribunaux de droit commun tandis que celui des seconds est déféré au sénat, donnent à cette combinaison une certaine originalité ingénieuse et digne d'attention.

SECTION VII. — *Hongrie* (1848).

On peut compter encore la Hongrie parmi les pays où la juridiction politique appartient au Parlement.

La loi de 1848, sur la responsabilité ministérielle, contient quelques dispositions particulières et intéressantes.

Chacun des membres du ministère est responsable des actes de toute espèce auxquels il procède dans l'exercice de ses fonctions (art. 4) et des ordres qu'il signe.

La chambre basse a le droit de mettre les ministres en accusation à la majorité absolue des voix (art. 33).

Cette mise en accusation peut être prononcée :

1° Pour tout acte ou ordre exécuté ou rendu par eux en leur qualité officielle, qui porte atteinte à l'indépendance du pays, aux garanties de la constitution, aux dispositions des lois existantes, à la liberté individuelle ou à l'inviolabilité de la propriété.

2° Pour le détournement ou l'emploi inconstitutionnel des fonds ou autres valeurs à eux confiés.

3° Pour la négligence dont ils se rendraient coupables dans l'exécution des lois ou dans le maintien de la paix et de la sûreté publique, lorsque les moyens d'exécution mis à leur disposition par la loi étaient suffisants.

Le tribunal compétent pour statuer sur l'accusation est un tribunal élu au scrutin secret par la chambre haute parmi ses membres. Il sera élu en tout trente-six membres dont douze peuvent être récusés par les commissaires chargés de poursuivre l'accusation au nom de la chambre basse, et douze par les accusés. Le tribunal ainsi constitué et composé de douze membres juge le procès. La procédure doit être publique, la peine proportionnée à l'infraction, ce qui semble laisser aux juges un pouvoir discrétionnaire (34).

Le droit de grâce ne peut s'exercer en faveur des ministres condamnés qu'en cas d'amnistie générale (35).

Au surplus et pour tous les délits commis en dehors de l'exercice de leurs fonctions, les ministres restent soumis à la loi commune (36).

C'est encore, dans ce système, la chambre haute qui juge; seulement, au lieu de juger en assemblée générale, elle juge par des membres délégués, ce qui permet, dans une certaine mesure l'exercice du droit de récusation.

En 1878, une proposition de mise en accusation a été formulée contre le ministère hongrois. On lui reprochait d'avoir prorogé illégalement le Reichstag et d'avoir envoyé des troupes en pays ennemi sans le consentement du pouvoir législatif. Une seconde proposition de mise en accusation des ministres, fondée sur le même motif d'envoi illégal de troupes en pays ennemi, fut encore soumise à la Chambre des députés, au mois de mai 1885. Ni l'une ni l'autre de ces propositions n'ont abouti.

Section VIII. — *Etat libre d'Orange* (1879) (1).

Certaines petites principautés confient aussi à leur Parlement la juridiction politique.

La constitution de l'Etat libre d'Orange, du 8 mai 1879, donne au conseil national (Volksraad) le droit de juger le Président de l'Etat et les fonctionnaires publics pour haute trahison, corruption et autres crimes graves.

Section IX. — *Hambourg* (1879) (2).

La Constitution du 13 octobre 1879 de la ville libre de Hambourg (art 53) déclare les membres du sénat qui exerce le pouvoir exécutif, et les membres des services administratifs, constitutionnellement responsables devant la *Bourgeoisie* ou chambre populaire de toute violation de la constitution ou des lois notoirement en vigueur et renvoie à une loi organique le soin de déterminer l'étendue de cette responsabilité.

(1) Dareste, t. II, p. 598.
(2) *Id., ibid.,* t. I, p. 296.

CHAPITRE III.

CONSTITUTIONS D'APRÈS LESQUELLES LA JURIDICTION POLITIQUE APPARTIENT EXCLUSIVEMENT A LA COUR SUPRÊME DE DROIT COMMUN.

SECTION PREMIÈRE. — *Belgique* (1831) (1).

La constitution belge du 7 février 1831 a doté le pays de la responsabilité ministérielle et du régime constitutionnel. L'article 94 reproduisant à peu près textuellement l'article 54 de la charte de 1830, déclare qu'il « ne pourra être créé de
» commissions et de tribunaux extraordinaires à quelque
» titre et sous quelque dénomination que ce puisse être. »

La Constitution attribue à la Chambre des représentants le droit d'accuser les ministres et, à la Cour de cassation, le droit de les juger. L'article 90 est ainsi conçu : « La Chambre des
» représentants a le droit d'accuser les ministres et de les
» traduire devant la Cour de cassation, qui seule a le droit
» de les juger, chambres réunies, sauf ce qui sera statué
» par la loi quant à l'exercice de l'action civile par la partie
» lésée et aux crimes et délits que des ministres auraient
» commis hors l'exercice de leurs fonctions ; — une loi dé-
» terminera les cas de responsabilité, les peines à infliger
» aux ministres et le mode de procéder contre eux, soit sur
» l'accusation admise par la Chambre des représentants, soit
» sur la poursuite des parties lésées. »

---

(1) Dareste, I, p. 58 et suiv. Demombynes, *Les Constitutions européennes*, I, p. 240 et suiv.

L'article 91 ajoute que le roi ne peut faire grâce aux ministres condamnés par la Cour de cassation que sur la demande de l'une des deux Chambres.

La loi organique promise par l'article 90 n'a jamais été faite. Il serait donc difficile, sinon impossible, d'appliquer sur ce point la constitution, puisque la Cour de cassation aurait besoin de créer à la fois la procédure à suivre, la qualification du crime et la peine à appliquer.

Il semble toutefois résulter du texte de la constitution que l'action civile des parties lésées et les crimes et délits commis par les ministres en dehors de leurs fonctions restent soumis au droit commun.

Ce système diffère essentiellement de ceux qui ont été tour à tour adoptés et pratiqués en France. Il attribue l'accusation au pouvoir politique, le jugement à la Cour suprême du pays. L'action part de l'assemblée qui émane le plus directement de la volonté populaire ; elle aboutit à la justice de droit commun dans son expression la plus haute. Ce système présente évidemment de grands avantages : il assure par le droit d'accusation l'exercice de la souveraineté nationale ; il offre aux accusés de sérieuses garanties, en confiant le jugement à une juridiction permanente qui ne peut être instituée ni modifiée pour les besoins de la cause, et qui se compose des magistrats les plus éclairés et les plus indépendants du pays.

Le plus grand reproche qu'on puisse lui adresser n'est pas tant de conférer à la Cour suprême une juridiction de fait et des attributions de justice politique qui en pourraient dénaturer le caractère (une telle objection nous toucherait peu, car l'exercice d'une semblable juridiction sera toujours rare), c'est bien plutôt de refuser aux accusés le bénéfice du droit commun, du jugement par jurés que la constitution assure en toute matière criminelle et pour tous délits politiques (art. 98), et de constituer véritablement un tribunal d'exception.

Il convient d'ailleurs de remarquer que les membres de la

Cour de cassation sont nommés sur une liste de candidats présentés par le Sénat en même temps que par la Cour elle-même, et qu'ainsi le pouvoir politique exerce une influence, au moins indirecte, sur la composition du tribunal.

Section II. — *Pays-Bas* (1).

La loi fondamentale des Pays-Bas promulguée en 1815, successivement modifiée en 1840 et en 1848, proclame (art. 53) l'inviolabilité royale et la responsabilité ministérielle.

Aux termes de l'article 73, cette responsabilité devait être réglée par une loi. Elle l'a été en effet par la loi du 22 avril 1855 et par l'article 389 du nouveau code pénal du 3 mars 1881.

C'est la Cour suprême du royaume (*hooge raad*) qui est juge des ministres et des hauts fonctionnaires poursuivis pour faits de charges. Elle se compose d'un président, d'un vice-président et de douze conseillers nommés à vie par le roi sur une liste de cinq candidats pour chaque place vacante présentée par la seconde Chambre (art. 158). Le président est choisi par le roi, parmi les membres de la Cour. C'est à lui qu'il appartient de nommer directement le Procureur général et les avocats généraux.

Les personnes justiciables de la haute Cour *pour faits de charge* sont les membres des Etats généraux, les chefs des départements ministériels, les gouverneurs généraux ou les hauts fonctionnaires revêtus sous un autre titre des mêmes pouvoirs aux colonies, les membres du Conseil d'Etat et les commissaires du roi dans les provinces, les grands officiers du roi, les membres de la famille royale, les ambassadeurs, les membres de la Cour des comptes, du Conseil des mon-

---

(1) Dareste, I, p. 77 et suiv. Demombynes, I, p. 289, 290, 292. *Annuaire de législation comparée*, année 1874, p. 374 et suiv.; année 1876, p. 649 et suiv.

naies, de la haute Cour militaire et des Cours de province (art. 159).

Une loi devait déterminer les autres fonctionnaires et membres des collèges supérieurs qui seraient également justiciables de la haute Cour (art. 160); mais cette loi n'a pas été faite.

A qui appartient le droit d'accusation devant la haute Cour? Par une disposition remarquable, la constitution (art. 159) l'attribue également à la seconde Chambre et au roi. Le pouvoir exécutif est mis à cet égard au même rang que le pouvoir législatif.

La haute Cour statue en premier et dernier ressort : ses arrêts sont souverains.

La loi sur l'organisation judiciaire du 10 novembre 1874 contient une disposition tout à fait digne d'attention. Cette loi a déclaré révocables tous les membres du ministère public qui jusque-là étaient nommés à vie; mais, par une exception remarquable, seul le Procureur général près la haute Cour est resté inamovible, conformément à l'article 163 de la constitution, à raison du droit qui lui appartient de poursuivre les ministres au nom du roi (1).

On a voulu ainsi, autant que possible, soustraire la poursuite exercée par le pouvoir exécutif aux influences politiques, et en assurer l'impartialité et l'indépendance (2).

---

(1) *Annuaire de législation comparée*, année 1876, p. 649.
(2) En 1873, une loi votée par l'une des Chambres avait modifié l'organisation de la haute Cour. Aux termes de cette loi, les membres de la haute Cour étaient choisis par le roi sur une liste de candidats dressée par la seconde Chambre. La Cour soumettait elle-même une liste de candidats à la Chambre qui, toutefois, n'était point tenue de s'y conformer. L'inamovibilité du procureur général était maintenue. La Cour connaissait des crimes et délits commis dans l'exercice de leurs fonctions par les ministres et principaux fonctionnaires. En ce qui concerne les ministres, elle était compétente pour statuer sur toute demande de la partie lésée au-dessous de 300 florins. Ses arrêts étaient sujets à revision; ils étaient alors déférés à la même Cour composée d'autres juges. Cette loi, adoptée par l'une des Chambres, fut rejetée par l'autre.

Section III. — *Allemagne* (1877) (1).

Le code d'organisation judiciaire de l'empire d'Allemagne du 27 janvier 1877 (titre IX, art. 125 à 141) a confié au tribunal fédéral, au tribunal d'empire (*reichsgericht*), le soin de juger comme haute Cour, en premier et dernier ressort, les crimes de trahison contre l'empire et l'empereur (2).

Ce tribunal fédéral n'est autre que la Cour suprême du pays. Le code d'organisation judiciaire réservait à une loi le soin d'en fixer le siège, que le projet voulait laisser au choix de l'empereur. Une loi du 11 avril 1877 l'a, malgré les efforts de M. de Bismarck, fixé à Leipzig. Le gouvernement prussien insistait fortement en faveur de Berlin, mais la majorité des Etats s'est prononcée pour Leipzig : elle a pensé que, loin de la capitale, la justice serait mieux soustraite à l'influence des passions politiques, plus complètement à l'abri des soupçons et des ingérences du pouvoir.

Le tribunal fédéral se compose d'un président, de vices-présidents et de conseillers nommés par l'empereur sur la présentation du Conseil fédéral. Il est divisé en Chambres ou Sénats (*Senaten*) composés chacun de sept conseillers au moins. Comme haute Cour de justice, il a, à la fois, un pouvoir d'instruction et un pouvoir de jugement. L'instruction est faite par un conseiller que le président désigne. Le premier Sénat criminel remplit le rôle de Chambre de mise en accusation. Le deuxième et le troisième Sénat réunis procèdent au jugement.

Ce jugement est rendu sans assistance de jurés : il est en dernier ressort.

Le parquet du tribunal fédéral se compose d'un Procureur général (*Oberreichsanwalt*) assisté d'un ou de plusieurs pro-

---

(1) Dareste, t. I, p. 131 et suiv. Demombynes, t. II, p. 841.
(2) *Annuaire de législation comparée*, année 1878, p. 82.

cureurs fédéraux (*reichsanwalte*). Ils sont nommés par l'empereur (1).

Les débats sont publics; non seulement la liberté de la défense y est largement assurée, mais la défense y est obligatoire, et un défenseur d'office est nommé à l'accusé qui n'en a pas choisi (2).

Par une disposition remarquable de la loi allemande, le tribunal fédéral a le devoir strict d'examiner avant tout s'il y a lieu de passer immédiatement aux débats qui précèdent le jugement, ou d'ordonner une instruction préalable. Cette procédure, non admise devant certains autres tribunaux d'Allemagne, est de rigueur devant le tribunal fédéral (3).

Par une disposition non moins favorable à l'accusé et plus respectueuse encore de ses droits, le jugement par défaut ou par contumace est interdit.

Le Tribunal fédéral a déjà jugé de nombreux procès. C'est lui qui, en 1874, a prononcé contre M. d'Arnim, l'adversaire de M. de Bismarck, pour haute trahison et outrages, la peine de cinq années de réclusion. C'est devant lui qu'ont comparu, les 15, 16, 17, 18 et 22 décembre 1884, sous la présidence de M. Drenchman, les accusés du crime dit du *Niederwald*, qui avaient attenté à la vie de l'empereur d'Allemagne, du prince impérial, du roi de Saxe et des autres princes allemands, à l'occasion de l'inauguration, au Niederwald, du monument de la Germania (4).

Plusieurs autres procès lui ont été soumis depuis : il nous suffira de rappeler la poursuite dirigée contre M. Kœklin et quatre autres habitants de l'Alsace-Lorraine, pour affiliation, en France, à la ligue des patriotes ; la condamnation prononcée contre le sieur Cabannes, le nommé Dietz, la femme Dietz et le sieur Appels, pour haute trahison (20 décem-

---

(1) *Bulletin de législation comparée*, 1876, p. 138 à 141. Article de M. Dubarle.
(2) *Bulletin de législation comparée*, 1879, p. 400 et suiv.
(3) Voir le *Code d'organisation judiciaire* du 27 janvier 1877, art. 196.
(4) *Gazette des tribunaux* des 19, 21, 22 et 23 décembre 1884.

bre 1887) (1). Enfin, au moment où s'imprime ce livre, le Tribunal fédéral informe sur la poursuite dirigée contre le docteur Geffcken, à raison de la publication des mémoires de l'empereur Frédéric.

La constitution fédérale de l'empire ne renferme aucune disposition relative au droit d'accusation des ministres.

Section IV. — *Prusse* (1850) (2).

Aux termes de la constitution prussienne de 1850, revisée en 1857, les ministres peuvent être accusés, par une Chambre, des crimes de violation de la constitution, de corruption ou de trahison. Le Tribunal suprême du royaume doit statuer, en chambres réunies, sur la validité de cette accusation. Une loi spéciale doit déterminer ultérieurement les cas de responsabilité, la procédure et les peines (art. 61).

L'article 95, modifié par la loi du 21 mai 1852, ajoute : une loi préalablement votée par les deux Chambres peut autoriser la création d'une Cour spéciale et lui déférer les crimes de haute trahison ou autres crimes déterminés contre la sûreté intérieure et extérieure de l'Etat.

La loi organique promise par l'article 61 n'a point été votée, et nous ne croyons pas non plus qu'une Cour spéciale ait été organisée en exécution de l'article 95. Mais cette organisation a beaucoup perdu de son interêt depuis la constitution de l'empire d'Allemagne et la création du tribunal fédéral.

Section V. — *Suisse* (1874) (3).

§ 1er.

Aux termes de la constitution fédérale du 29 mai 1874,

---

(1) *Moniteur* du 21 décembre 1887.
(2) Dareste, t. I, p. 161 et suiv.
(3) Dareste, I, p. 439 et suiv. Demombynes, II, p. 342 et suiv. *Annuaire de législation comparée*, année 1875, p. 489 et suiv.

c'est le tribunal fédéral qui, avec l'assistance du jury, statue :
1° sur les faits de haute trahison envers la confédération, de révolte ou de violence contre les autorités fédérales ; 2° sur les crimes et délits politiques qui sont la cause ou la suite de troubles par lesquels une intervention fédérale armée est occasionnée ; 3° sur les faits relevés à la charge de fonctionnaires nommés par une autorité fédérale quand cette autorité en saisit le tribunal fédéral ; 4° sur les réclamations pour violation de droits constitutionnels des citoyens (art. 112).

La loi fédérale du 27 juin 1874 sur l'organisation judiciaire fédérale (art. 32) a confirmé cette compétence.

Le tribunal fédéral siège à Lausanne.

Il se compose de neuf membres titulaires et de neuf suppléants nommés par l'assemblée fédérale parmi les citoyens éligibles au Conseil national.

Les membres du tribunal sont nommés pour six ans ; — les président et vice-président pour deux ans. — Il y a incompatibilité entre les fonctions de membre du tribunal fédéral et toute autre fonction. — Ses décisions ne peuvent être prises qu'avec le concours de sept membres au moins. Le droit de récusation par les parties est limité à deux cas seulement où l'impartialité du juge peut être douteuse. Les délibérations sont publiques. Dans le cas qui nous occupe, le tribunal est assisté d'un jury qui statue sur les faits. Voici, au surplus, comment est organisé, en matière pénale, le tribunal fédéral. Il se divise en une Chambre d'accusation, une Chambre criminelle et un tribunal de cassation. La Chambre d'accusation a sous sa direction et surveillance deux juges d'instruction.

La Chambre criminelle et douze jurés, élus dans les cantons par le peuple et tirés au sort dans la liste de l'arrondissement, composent les assises fédérales. Les listes des jurés sont renouvelées tous les six ans ; cinquante-quatre jurés tirés au sort forment la liste spéciale. Le Procureur général et l'accusé peuvent en récuser chacun vingt. Ces récusations sont faites verbalement ou par écrit dans les quinze jours de la notification de la liste spéciale ; les quatorze qui restent sont convoqués. S'il y a moins de quarante récusations, la Chambre criminelle désigne par le sort les quatorze jurés qui doivent siéger ; deux ne siègent que comme suppléants.

A la Chambre criminelle appartient le droit de désigner, dans chaque cas, le lieu où les assises doivent se réunir. C'est en général l'arrondissement d'assise où le crime a été commis ; mais il peut être fait exception à cette règle *dans l'intérêt d'une justice impartiale et de la sûreté publique.*

Aux termes de l'article 113 de la constitution, le tribunal fédéral ne peut appliquer que les lois votées par l'assemblée fédérale.

M. Demombynes cite (1) une loi du 9 décembre 1851 comme ayant déterminé la responsabilité du président de la confédération et des membres du Conseil fédéral, ainsi que des autres fonctionnaires nommés par l'assemblée fédérale ; aux termes de cette loi, l'assemblée fédérale aurait seule le droit de les décréter d'accusation. Toute proposition d'accusation devrait être adoptée par les deux Chambres (Conseil national et Conseil des Etats). Si l'une des Chambres la repousse, elle est définitivement abandonnée. Si les deux Chambres l'adoptent, l'assemblée fédérale, Chambres réunies, nomme un Procureur général chargé de la soutenir devant le tribunal fédéral (2).

§ 2. — *Soleure.*

Le canton de Soleure a une haute Cour de justice spéciale (*obergericht*) composée de sept juges et de trois suppléants (3) (constitution du 12 décembre 1875) qui sont nommés par le conseil cantonal. La Constitution déclare tous les fonctionnaires responsables des conséquences de leurs fautes.

---

(1) T. II, p. 342.
(2) N'ayant pu nous procurer le texte même de cette loi, nous ne donnons ces indications que sous réserves.
(3) *Annuaire* 1876, p. 775.

§ 3. — *Genève* (1).

D'après la Constitution (art. 93), le Conseil d'Etat est responsable de ses actes. La responsabilité collective est encourue pour faits de trahison, violation de la Constitution, emploi illégal de la force armée, concussion et abus d'autorité envers les particuliers.

Ses membres sont, en outre, individuellement responsables des actes de fonction accomplis par eux ou sur leurs ordres. La poursuite peut être intentée par un des membres du grand Conseil, par le procureur général ou par la partie lésée. Si elle a pour objet la responsabilité collective, elle a lieu devant la Cour de justice assistée d'un grand jury (36 jurés). Si elle n'a pour objet qu'une responsabilité individuelle, elle a lieu devant le jury ordinaire (2).

Section VI. — *Roumanie* (1866) (3).

La Constitution du 30 juin 1866 a établi en Roumanie le régime constitutionnel et la responsabilité des ministres.

Aux termes de l'article 101, chacune des deux assemblées et le souverain ont le droit de mettre les ministres en accusation et de les traduire devant la Cour de cassation qui, seule, a le droit de les juger, chambres réunies. La mise en accusation ne peut être prononcée qu'à la majorité des deux tiers des membres présents. L'accusation dirigée par la représentation nationale est soutenue par elle-même; l'accusation dirigée par le prince est soutenue par le ministère public.

La Constitution promettait une loi prochaine pour déterminer les cas de responsabilité, les peines à appliquer, la procédure à suivre pour régler l'exercice de l'action civile

---

(1) Dareste, t. I, p. 537. Demombynes, t. II, p. 410.
(2) Loi du 7 novembre 1849.
(3) Dareste, t. II, p. 263 et suiv. Demombynes, t. I, p. 684. *Annuaire de législation comparée*, année 1879-1880, p. 761.

par la partie lésée et la répression des crimes et délits commis par les ministres en dehors de l'exercice de leurs fonctions.

Jusqu'à la loi organique, la haute Cour de cassation et de justice avait pouvoir pour caractériser le délit et pour déterminer la peine.

La loi promise a été votée le 2 mai 1879. C'est, à notre connaissance, la loi la plus récente qui ait statué sur la responsabilité ministérielle (1).

Pénalité. — L'article 1er commence par déclarer toutes les dispositions pénales de droit commun, concernant des infractions commises par des fonctionnaires publics dans l'exercice de leurs fonctions ou par des particuliers, applicables également aux ministres.

Puis, indépendamment de ces cas, la loi (art. 2) édicte les peines de la détention et de l'interdiction légale, et, en outre, l'incapacité d'occuper aucune fonction publique pendant trois ans au moins et au maximum pour la vie, contre certains délits de fonction commis par les ministres. Ces délits sont :

1° Le fait d'avoir signé ou contresigné des décrets ou pris des dispositions contraires à un texte de la Constitution ;

2° Le fait d'avoir, par fraude ou violence, attenté au libre et sincère exercice du droit électoral des citoyens, même quand ces procédés auraient été ultérieurement ratifiés par les Chambres.

L'article 9 applique l'incapacité d'occuper aucune fonction publique pour trois ans au moins, et, au maximum, pour la vie : 1° au ministre qui signe ou contresigne des décrets, ou prend des dispositions contraires à une loi existante ; 2° ou qui, de mauvaise foi, et, au préjudice des intérêts publics, *a induit en erreur la représentation nationale sur la situation des affaires de l'Etat*.

On sent combien cette dernière disposition est élastique.

---

(1) *Annuaire de législation comparée*, année 1879-1880, p. 761 et suiv.

La responsabilité court du jour de la prestation de serment au jour où les fonctions ont cessé, en fait. Elle peut être collective, suivant les cas. Doit être regardé comme complice, le fonctionnaire qui a exécuté *des ordres dont l'illégalité était évidente*.

Les circonstances atténuantes sont applicables (art. 5 à 8).

Responsabilité civile. — Le ministre qui, de mauvaise foi, a causé un dommage à l'Etat, et l'a exposé à payer des dommages-intérêts à des particuliers, sera civilement responsable, et sera jugé conformément au droit commun ; mais la poursuite ne pourra avoir lieu qu'autant qu'elle aura été autorisée par les Corps législatifs (art. 4).

Procédure. — Quant à la procédure, plusieurs distinctions sont nécessaires :

1° S'agit-il de simples contraventions ? elles seront jugées par les tribunaux ordinaires, sans qu'il y ait besoin d'aucune autorisation (art. 12) ;

2° S'agit-il de crimes et délits commis par le ministre en dehors de l'exercice de ses fonctions ? ils demeurent encore dans la compétence des tribunaux ordinaires ; mais, dans ce cas, la poursuite et l'instruction ne peuvent avoir lieu qu'autant qu'elles ont été autorisées par la Chambre, si le ministre est député, ou par le Sénat, s'il est sénateur, ou, si le ministre n'est pas représentant du peuple, par l'un des deux Corps législatifs au choix du demandeur (art. 10).

Par une disposition remarquable, en dehors même de toute plainte, la Chambre ou le Sénat peuvent toujours, d'office, renvoyer le ministre inculpé d'un crime ou délit de cette nature devant les tribunaux ordinaires (art. 11).

Pour ces diverses autorisations de poursuites, la majorité des 2/3 des voix est nécessaire (art. 9 à 12) ;

3° S'agit-il enfin d'infractions commises par les ministres dans l'exercice de leurs fonctions, elles sont justiciables de la haute Cour de cassation, et les ministres ne peuvent être mis en jugement que par les Corps législatifs, ensemble ou isolément, ou par le Prince (art. 14).

La proposition de poursuite, faite par écrit, et signée de vingt députés ou de dix sénateurs, précise les infractions imputées ; le président doit la mettre à l'ordre du jour dans les cinq jours du dépôt ; immédiatement, si le délit est flagrant. La Chambre entend le ministre, s'il est présent, et décide si elle passe à l'ordre du jour ou renvoie à une commission d'information préalable. Pour ce renvoi, la majorité simple suffit (art. 15).

S'il y a crime flagrant, l'arrestation préventive peut être votée à la majorité des 2/3 des voix (art. 16).

La commission d'information se compose de sept membres élus au scrutin secret ; elle procède à une information préalable, entend le ministre s'il le demande, et doit déposer son rapport dans un délai de dix jours qui peut être prolongé (art. 17). Les signataires de la proposition n'en peuvent faire partie, mais ils peuvent assister à ses délibérations. Le rapport, aussitôt déposé, est communiqué au ministre, et, cinq jours après, le Corps législatif vote sur la mise en jugement. Elle ne peut être votée qu'à la majorité des 2/3 des voix. Le ministre peut présenter sa défense oralement ou par écrit (art. 18). S'il y a plusieurs ministres poursuivis, l'autorisation doit être votée séparément pour chacun d'eux (art. 19). Si le Corps législatif vote la mise en jugement, il nomme immédiatement un comité d'instruction qui ne peut être composé de moins de sept membres (art. 22). Il notifie la mise en jugement à l'autre Corps législatif, au prince et à la Cour de cassation (art. 21). Le ministre mis en jugement est suspendu de toute fonction publique, même de son mandat de sénateur ou de député (art. 20).

Le comité d'instruction élit son président, ses secrétaires, fait son règlement : il continue ses fonctions, malgré toute prorogation ou dissolution des Chambres ; en cas de dissolution, il devient de droit comité d'accusation, et, dans ce cas, il ne doit pas soumettre le résultat de son travail à la nouvelle Chambre, mais saisir directement la Cour de cassation (art. 30). Il a tous les droits et prérogatives que les lois attribuent au juge d'instruction et au Président de Cour d'assises. Les fonctionnaires qui déposent devant lui sont relevés du secret professionnel; il peut déléguer au juge d'instruction ordinaire l'instruction contre les complices des ministres. Il doit déposer son rapport dans le cours de la session où la mise en jugement a été votée, à moins de retard approuvé (art. 34).

Si ses conclusions sont favorables à l'accusation, elle est maintenue de plein droit, sans discussion. Si elles sont favorables à l'accusé, elles sont discutées et ne peuvent être votées qu'à la majorité des deux tiers des voix. — Tant que l'affaire n'est pas jugée, la Chambre qui a voté la mise en jugement peut arrêter les poursuites à la même majorité. Après une dissolution, une Chambre nouvelle ne le peut que sur la proposition du comité d'instruction.

La mission du comité d'instruction terminée, le Corps législatif élit un comité d'accusation destiné à soutenir l'accusation devant la Cour suprême.

Le ministre et ce comité ont droit de prendre communication de toutes les pièces qui doivent servir à l'accusation et à la défense.

Jugement. — La haute Cour de cassation juge toutes sections réunies. Les membres doivent toujours être en nombre pair. Les complices sont jugés simultanément avec les ministres. La Cour règle elle-même sa procédure, mais elle est tenue pour cela de se conformer aux dispositions du code de procédure pénale qui ne sont pas contraires à la présente loi. L'égalité de voix vaut acquittement (art. 35 à 38).

Action civile. — L'article 37 règle l'exercice de l'action civile. Toute personne, même l'Etat, peut se porter partie civile devant la Cour de cassation jusqu'à la fin du procès. L'arrêt une fois prononcé, l'action civile rentre dans la compétence des tribunaux ordinaires.

Prescription. — Pour les contraventions, délits ou crimes de droit commun, de même que pour l'action civile, il n'est en rien dérogé au droit commun en ce qui concerne la prescription.

Quant aux délits spéciaux prévus par la loi de 1879, ils se prescrivent par cinq ans à partir du jour où le ministre a cessé en fait ses fonctions.

Grâce. — Une disposition constitutionnelle ne permet au roi de remettre ou de réduire la peine appliquée aux ministres par la haute Cour, que sur la demande de l'assemblée qui l'a mis en accusation.

Il faut remarquer dans cette loi la distinction profonde qu'elle établit entre les délits spéciaux et les délits de droit commun, le partage du droit d'accusation entre chacune des deux Chambres et le prince, la faculté accordée aux deux Chambres de traduire les ministres, pour crimes ou délits de droit commun, devant les tribunaux ordinaires, ainsi que la sage réglementation donnée à l'exercice de l'action civile.

Section VII. — *Pérou* (1).

Une des organisations les plus curieuses est celle qu'a instituée la constitution péruvienne.

Aux termes des articles 35 et 42 de cette constitution, c'est la Cour suprême qui connaît des procès criminels intentés contre le Président de la République, les ministres, les conseillers d'Etat, les membres des Chambres.

Elle connaît également des actions en responsabilité dirigées contre le Président de la République pour délits de fonction.

Cette Cour se compose de sept membres ou vocales et d'un fiscal ou Procureur qui doivent être Péruviens de naissance, citoyens, âgés de quarante ans révolus, avoir été pendant huit ans au moins conseillers ou fiscales d'une Cour supérieure, ou avoir exercé pendant vingt ans la profession d'avocat.

---

(1) Dareste, II, p. 518. — *Bulletin de la société de législation comparée* année 1877, p. 296.

Ce qu'il y a de vraiment original dans la constitution péruvienne, c'est que les membres de la Cour suprême sont à leur tour justiciables d'un tribunal spécial appelé tribunal suprême de responsabilité judiciaire, composé de sept juges ou vocales, de trois adjoints et d'un fiscal, tous élus par le congrès. Pour y être élu il faut avoir quarante ans, le titre d'avocat, un revenu de 3,000 piastres, avoir été sénateur, député, ministre, membre d'un tribunal, doyen des avocats, ou avoir rempli honorablement pendant dix ans une fonction publique. Ce tribunal est renouvelé tous les quatre ans.

A leur tour, les membres du tribunal suprême de responsabilité judiciaire peuvent, en vertu des articles 64 et 107 de la constitution, être mis en jugement. La Chambre des députés remplit alors à leur égard le rôle de jury d'accusation, le Sénat celui de jury de jugement (1).

Ces institutions du Pérou présentent un caractère tout spécial. La responsabilité des fonctionnaires y est véritablement hiérarchisée ; chaque fonctionnaire, même le plus élevé, y a son juge dans une institution supérieure ou parallèle.

Section VIII. — *Bolivie* (1878) (2).

La nouvelle constitution de la Bolivie, promulguée le 15 février 1878, présente, au point de vue qui nous occupe, quelques dispositions intéressantes.

Elle proclame (art. 93) la responsabilité du Président de la République et celle des ministres pour délits commis dans l'exercice de leurs fonctions. Le droit de les accuser devant le Sénat appartient à la Chambre des députés. Cette Chambre peut également renvoyer devant le Sénat le vice-président de la République, les ministres d'Etat, les ministres de la Cour suprême et les agents diplomatiques (art. 60).

Le Sénat entend ces accusations, mais son rôle se borne à

---

(1) Loi du 28 septembre 1868, sur la responsabilité des fonctionnaires, chap. III.

(2) *Annuaire de législation comparée*, année 1879, p. 764 et suiv.

dire s'il y a lieu ou non à l'accusation proposée. Il peut arrêter la poursuite ; mais s'il se prononce pour l'accusation, il suspend l'accusé de son emploi et le met à la disposition de la Cour suprême pour qu'elle le juge conformément aux lois (art. 64).

Toutefois, en ce qui concerne les ministres de la Cour suprême, le Sénat les juge définitivement, que l'accusation vienne de la Chambre des députés, d'une plainte ou dénonciation privée (art. 64).

La Cour suprême se compose de sept membres ou vocaux, élus par la Chambre des députés sur une liste de trois candidats, présentée par le Sénat pour chaque siège.

L'ordre verbal ou écrit du Président de la République ne met pas les ministres à l'abri de leur responsabilité (art. 99).

Par une disposition remarquable, la constitution déclare qu'à raison des délits privés qu'ils commettent, les ministres peuvent être traduits directement, par la partie lésée, devant la Cour suprême, pour y être jugés conformément aux lois.

Au surplus, les attaques contre les droits et garanties constitutionnels commis par d'autres personnes restent soumis à la juridiction ordinaire.

Cette organisation, particulière à la Bolivie, est intéressante ; la Chambre basse y remplit le rôle de partie plaignante, de ministère public ; la Chambre haute fait fonction de Chambre ou de jury d'accusation, et enfin la Cour suprême procède au jugement.

CHAPITRE IV.

CONSTITUTIONS D'APRÈS LESQUELLES LA JURIDICTION POLITIQUE APPARTIENT A UNE HAUTE COUR SPÉCIALE.

SECTION PREMIÈRE. — *Suède* (1809) (1).

Au point de vue qui nous occupe, la Suède présente une organisation toute particulière, et une double institution qui n'a d'analogue chez aucun autre peuple.

Le Parlement ou diète nomme une commission dite *Commission de constitution*, composée de quarante-huit membres élus, pour moitié, par chacune des deux chambres. Cette commission est spécialement chargée de la surveillance des ministres, des conseillers d'Etat, du tribunal suprême et autres hauts fonctionnaires. Elle a le droit de requérir la communication des procès-verbaux du conseil d'Etat et, exceptionnellement, des pièces relatives aux affaires ministérielles et aux commandements militaires. Elle élit un procureur général dit *procureur général de la Diète*, et un suppléant. Ce procureur général doit être un jurisconsulte de science éprouvée et d'intégrité particulière (art. 96 de la constitution).

Lorsqu'il résulte des pièces dont elle a obtenu communication qu'un membre du conseil d'Etat ou qu'un fonctionnaire qui a conseillé le roi dans une affaire de commandement militaire a *évidemment agi contre la loi fondamentale*

---

(1) Dareste, t. II, p. 95 et suiv. Demombynes, t. I, p. 93 et suiv. *Constitution de la Suède*, art. 27 et 87 à 109.

ou contre le Code en vigueur, ou qu'il a conseillé une infraction à ces lois, ou qu'il l'a causée et favorisée en cachant à dessein quelques éclaircissements, ou qu'il a négligé de refuser son contreseing à la résolution du roi, elle doit enjoindre au procureur général de la Diète de poursuivre le coupable devant le *riksrätt* ou Cour du royaume. Elle peut également faire traduire par le procureur général devant le même tribunal les membres de la Cour suprême qui se seraient rendus coupables de crimes (art. 106).

Cette Cour se compose du président de la Cour d'appel de Stockholm qui la préside ; des présidents des hautes administrations du royaume, des quatre membres les plus anciens du tribunal suprême, s'il s'agit de juger un ministre ou conseiller d'Etat, ou de quatre des plus anciens ministres ou conseillers d'Etat, s'il s'agit de juger un membre du tribunal suprême ; du général en chef du corps d'armée de Stockholm, de l'amiral commandant la flotte à Stockholm, des deux plus anciens conseillers de la Cour de Stockholm, du plus ancien conseiller de chaque haute administration (1).

C'est au président de la haute Cour, sur la réquisition du procureur général, qu'il appartient, sous les peines portées par la loi, de convoquer la haute Cour, de faire citer les accusés, et d'engager la procédure dans les formes légales (art. 102).

L'arrêt de la Cour doit être conforme aux lois : il est rendu à l'audience publique, il est souverain.

Le roi conserve le droit de faire grâce, mais cette grâce ne peut jamais s'étendre jusqu'à la réintégration du condamné dans le service de l'Etat.

---

(1) Cette commission peut également obtenir du roi, par l'intermédiaire de la Diète, la destitution des membres du Conseil d'Etat, qui, en donnant leur avis sur les mesures à prendre pour le bien de la chose publique, n'auraient pas soutenu les véritables intérêts du royaume ; des rapporteurs qui n'auraient pas rempli leur devoir avec impartialité, zèle, habileté et activité, et des membres du Tribunal suprême indiqués comme ayant perdu la confiance de la Diète, bien qu'aucun crime ou faute ne soit établi contre eux.

A côté du Procureur général de la Diète existe un chancelier de justice nommé par le Roi, qui a des fonctions analogues. Ce chancelier doit être un jurisconsulte habile et impartial, ayant exercé des fonctions judiciaires. Ses attributions consistent à faire exercer, par les procureurs placés sous ses ordres, des poursuites au nom du roi, dans les affaires qui touchent à la sûreté générale et aux droits de la couronne, à surveiller l'administration de la justice, à réprimer les fautes commises par les juges et fonctionnaires. Il a, comme le procureur général, droit d'accusation devant la haute Cour.

Dans ce système, on le voit, le pouvoir exécutif et le pouvoir parlementaire surveillent, chacun en ce qui les concerne, et par un agent spécial, l'ensemble de l'administration et les actes des divers fonctionnaires.

Section II. — *Bavière* (1818) (1).

La constitution du 19 mai 1818 qui régit encore la Bavière, dans l'article 4 du titre X, déclare « les ministres et tous les » fonctionnaires de l'Etat responsables de l'observation » exacte de la constitution. »

Aux termes de l'article 5, les Etats ont le droit d'adresser au roi, dans une proposition commune, des plaintes contre les ministres et autres autorités de l'Etat, pour violation de la constitution. Le roi y portera aussitôt remède, ou, en cas de doute, fera examiner et décider l'affaire, suivant sa nature, par le conseil d'Etat ou la Cour suprême de justice.

Aux termes de l'article 6, si les Etats se voient forcés de porter une accusation formelle contre un fonctionnaire supérieur de l'Etat, *pour violation préméditée de la constitution*, on devra préciser avec soin les chefs d'accusation et les faire examiner, dans chaque chambre, par un comité spécial. Si les deux chambres sont d'accord dans leurs résolu-

---

(1) Dareste, t. I, p. 180 et suiv. Demombynes, t. II, p. 560 et suiv. — *Bulletin de législation comparée*, année 1872, p. 53.

tions sur l'accusation, elles les transmettent au roi dans la forme voulue, et avec les documents nécessaires.

Ces textes semblaient s'en remettre à la sagesse du roi, et lui laisser un pouvoir discrétionnaire. Deux lois postérieures du 4 juin 1848, et du 30 mars 1850, ont organisé la responsabilité ministérielle et créé une haute Cour de justice (*Staatsgerichtshof*).

Aux termes de ces lois, les ministres sont responsables ; mais, pour les mettre en accusation, il faut une résolution adoptée par les deux chambres. Ils sont jugés par la Cour de justice d'Etat. Cette Cour se compose du président et de six membres du tribunal suprême de Munich, et de douze jurés. Ce que la loi présente de remarquable, c'est le mode de nomination des jurés. Chaque Diète de cercle (il y en a huit) désigne, au scrutin et à la majorité absolue, cinquante jurés sur la liste des notables qui sert à dresser la liste du jury ordinaire ; sur ces quatre cents jurés, le tribunal suprême de Munich tire au sort, pour chaque affaire, quarante noms ; et, enfin, les douze jurés de jugement sont eux-mêmes désignés par le sort parmi ces quarante.

Ce système, qui se rapproche beaucoup de celui adopté par la constitution française du 4 novembre 1848, nous paraît tout particulièrement propre à assurer aux accusés les garanties d'une bonne justice. On peut même se demander si le mode d'élection des jurés adopté en Bavière n'est pas préférable au système qui les choisit parmi les conseillers généraux.

SECTION III. — *Autriche-Hongrie* (1867) (1).

La loi fondamentale du 21 décembre 1867 (2), concernant les affaires communes à tous les pays de la monarchie autrichienne, porte, article 16 : « Le droit de mettre en accusa-

---

(1) Dareste, t. I, p. 328 et suiv. Demombynes, t. II, p. 167 et suiv.
(2) *Annuaire de législation comparée*, 1875, p. 256.

» tion le ministère commun appartient aux délégations. S'il
» y a violation d'une loi constitutionnelle en vigueur pour
» les affaires communes, chaque délégation peut faire une
» proposition qui sera communiquée à l'autre délégation,
» pour la mise en accusation du ministère commun ou
» de l'un de ses membres. La mise en accusation est vala-
» blement déclarée, si elle est résolue séparément par cha-
» que délégation ou dans une séance plénière des deux dé-
» légations. »

Art. 17 : « Chaque délégation propose, parmi les citoyens
» indépendants et jurisconsultes des deux parties de l'Em-
» pire qu'elle représente (lesquels toutefois ne doivent pas
» être pris dans son sein), vingt-quatre juges, dont douze
» peuvent être récusés par l'autre délégation. L'accusé, ou,
» s'il y en a plusieurs, les accusés tous ensemble ont éga-
» lement le droit d'en récuser douze parmi ceux qui sont
» proposés, de telle sorte cependant qu'un nombre égal soit
» récusé parmi ceux que présentent l'une et l'autre déléga-
» tion. Les juges conservés forment le tribunal pour juger
» le procès. »

Ce tribunal est une sorte de haut jury, mais qui se suffit à lui-même et statue à la fois sur le fait et sur le droit.

Art. 18 : « Une loi spéciale sur la responsabilité du mi-
» nistère donnera les règles de détail sur l'accusation, la
» procédure et le jugement. »

Loi du 25 juillet 1867 (1). — Pour l'Autriche, le principe posé dans la Constitution a été appliqué par la loi organique du 25 juillet 1867, sur la responsabilité des ministres pour les royaumes et pays représentés au Reichsrath.

Cas de responsabilité. — Les ministres sont déclarés responsables des actes ou omissions qui leur sont imputables dans le cercle des attributions attachées à leurs fonctions, lorsqu'il en résultera de *dessein prémédité*, ou par suite d'une *négligence grave*, une violation de la constitution des pays

---

(1) *Annuaire de législation comparée*, 1875, p. 249 et suiv.

et royaumes représentés au Reichsrath, des constitutions provinciales ou d'une autre loi (art. 2).

Ainsi, la volonté calculée ou la négligence grave, entraînant la violation de la loi, peuvent donner ouverture à la responsabilité ministérielle.

Cette responsabilité s'applique particulièrement (art. 3) :

1° A tous les actes du gouvernement accomplis par les ministres, pendant la durée de leurs fonctions, et plus spécialement à ceux qui sont intervenus sur leur proposition, à ceux qu'ils ont contresignés, et aux ordonnances rendues par l'empereur sous leur contreseing ;

2° Aux mesures et aux ordres émanant d'eux-mêmes dans les affaires de leur compétence ; à l'assistance qu'ils auraient intentionnellement donnée à la prévarication commise par un autre ministre.

La loi (art. 4) assimile aux ministres, quant à la responsabilité, les fonctionnaires chargés de la direction indépendante d'un ministère.

Délits de droit commun. — Il importe essentiellement de distinguer entre les infractions de droit commun et les infractions ayant un caractère professionnel, ou, si l'on veut, politique. En règle générale, la poursuite dirigée contre un ministre, pour infractions de droit commun punies par le code pénal, est de la compétence des tribunaux ordinaires.

Haute Cour. — S'il s'agit, au contraire, de délits de fonction, l'accusation doit être poursuivie devant la haute Cour (*Staatsgerichthof*) (art. 16).

Procédure d'accusation. — Comment cette haute Cour peut-elle être saisie ?

Le droit de mise en accusation appartient à chacune des deux chambres du Reichsrath. Toute proposition de mise en accusation d'un ministre doit être formulée par écrit et signée de vingt membres à la chambre des seigneurs et de quarante membres à la chambre des députés.

Elle doit préciser exactement les faits sur lesquels elle s'appuie et l'acte illégal qui fait l'objet de l'accusation.

Ce fait sera, en général, un acte de fonction, un acte politique. Ce pourra être exceptionnellement un fait tombant sous l'application de la loi pénale commune, si le fait est connexe aux fonctions publiques du ministre inculpé; dans ce cas, il peut servir de base à l'accusation des chambres, et la haute Cour deviendra alors seule compétente pour le juger. Si, au moment où l'accusation est décrétée, une instruction était pendante devant une juridiction de droit commun, cette juridiction devrait immédiatement se dessaisir et renvoyer la procédure devant la haute Cour (art. 8).

Quand le président de l'une des Chambres est saisi d'une proposition de poursuite contre un ministre, il doit mettre cette proposition à l'ordre du jour dans la huitaine de sa présentation : le débat porte uniquement sur la question de savoir si on passera à l'ordre du jour ou si on renverra la proposition à l'examen d'une commission (art. 9). Cette commission fait une instruction préliminaire; elle peut, pour s'éclairer, entendre des témoins, des experts, et le ministre lui-même contre lequel la proposition est dirigée. Le ministre peut également lui communiquer un mémoire justificatif et tous les documents servant à sa défense (art. 10).

Le ministre peut se présenter et donner des explications dans la discussion à laquelle donne lieu le rapport de la commission.

La mise en accusation ne peut être prononcée qu'à la majorité des deux tiers des voix (art. 11).

La résolution de la Chambre est portée à la connaissance de l'empereur par une adresse; le ministre décrété d'accusation est immédiatement suspendu de ses fonctions (art. 12). Le président de la Chambre qui a décrété l'accusation transmet le décret d'accusation au président de la haute Cour, en l'invitant à convoquer à Vienne les membres de cette Cour. Néanmoins, jusqu'à l'ouverture des débats devant la haute Cour, la Chambre de laquelle l'accusation émane conserve le droit de s'en désister par une nouvelle résolution prise, comme la première, aux deux tiers des voix.

La poursuite, une fois décrétée, ne peut être entravée ni par l'ajournement ou la clôture du Reichsrath, ni même par la dissolution de la Chambre des députés.

Composition et organisation de la haute Cour. — Comment est formée la haute Cour? Elle se compose de vingt-quatre membres, élus moitié par chacune des deux Chambres du Reichsrath, pour une durée de six années. Ce doivent être des citoyens indépendants, versés dans la connaissance des lois, n'appartenant ni à l'une ni à l'autre Chambre. La loi n'impose aucune autre limite à la liberté du choix qu'elle confie au Parlement.

Instruction devant la haute Cour. — Une fois saisie par l'une des Chambres d'une accusation contre un ministre, la haute Cour doit commencer par informer sur cette accusation. A cet effet, elle choisit dans son sein, pour l'instruction du procès, un juge d'instruction qui a toutes les attributions qui appartiennent à ce juge en matière ordinaire : il peut ou entendre, sous la foi du serment, des témoins et des experts, ou déléguer le tribunal pour les entendre; et, chose remarquable, pour cette enquête la loi délie les fonctionnaires du secret qui leur est imposé par leur fonction.

L'instruction ne peut durer plus de six mois.

Débats. — Quand le juge d'instruction estime que la procédure est terminée, le président doit faire publier le jour de l'ouverture des débats et le notifier à l'accusateur et à l'accusé.

L'accusé a le droit de se choisir un ou plusieurs défenseurs.

L'accusé et le représentant de l'accusation peuvent récuser chacun six membres de la haute Cour sans donner de motifs. S'il y a plusieurs accusés, ils doivent se concerter, et ne peuvent exercer ensemble que six récusations. Dans tous les cas, les élus de chaque Chambre doivent demeurer en nombre égal. Le président peut être récusé, mais non écarté par le tirage au sort ; dans le premier cas, les juges appelés à juger choisissent parmi eux leur président.

La Cour de jugement est constituée quand il y a douze membres non récusés.

La sentence n'est valablement rendue qu'autant que dix juges au moins ont assisté sans interruption à tous les débats.

Les débats sont publics et oraux ; le scrutin secret ; les juges ne sont liés par aucune preuve légale. — Le président vote sur toutes les questions.

Jugement. — La sentence doit déclarer si l'accusé est coupable ou non coupable. La déclaration de culpabilité ne peut avoir lieu qu'à la majorité des deux tiers des voix. — Toutefois, cette déclaration ne peut être assimilée à celle d'un jury : c'est un jugement véritable qui doit indiquer les faits tenus pour prouvés, et les qualifier au point de vue de la criminalité (art. 21).

La haute Cour doit, au surplus, observer toutes les règles du code d'instruction criminelle.

Si elle reconnaît, à la charge de l'accusé, une infraction punie par la loi pénale commune, la haute Cour doit appliquer les dispositions de cette loi. — La condamnation entraîne, dans tous les cas, comme conséquence légale, l'exclusion du condamné des Conseils de la couronne. — Suivant le caractère des circonstances aggravantes, elle peut aussi entraîner pour le condamné l'exclusion du service de l'Etat et la perte temporaire des droits politiques.

Action civile. — La haute Cour connaît aussi des réparations civiles, à la charge du condamné, quand le montant peut en être fixé avec certitude, ainsi que la personne de l'ayant droit. — Dans le cas contraire, le jugement peut statuer sur le principe de l'obligation, et le quantum est réservé à la juridiction ordinaire (art. 24). — Au surplus, tout ministre peut être poursuivi devant les tribunaux ordinaires, pour la réparation d'un dommage résultant d'un acte de sa fonction, soit au préjudice de l'Etat, soit au préjudice d'un particulier, lorsque cet acte aura été déclaré illégal par la haute Cour. — Cette action ne pourra être écartée qu'autant et aussi longtemps que l'acte, cause du dommage, fera l'objet d'une poursuite exercée contre l'auteur, en qualité de ministre.

Caractère souverain. — Aucun recours n'est admis contre la décision de la haute Cour.

Prescription. — La poursuite devant la haute Cour cesse d'être recevable quand la question n'a pas été soulevée dans la session qui a suivi immédiatement l'accomplissement de l'acte illégal, ou s'il s'agit d'un acte porté à la commission du Reichsrath à l'occasion de l'apurement de la gestion financière dans la session même où le compte aura été soumis à son examen.

Le droit de poursuite privée se prescrit conformément au droit civil : toutefois, dans ce cas, la prescription est interrompue par l'introduction de la poursuite exercée contre le ministre en cette qualité.

L'accusé ne peut donner sa démission avant la fin du procès; la cessation antérieure de ses fonctions n'est pas un obstacle à la poursuite (art. 30).

Grâce. — L'empereur ne peut user du droit de grâce envers le ministre condamné que sur la proposition de la chambre de laquelle sera émanée l'accusation.

Section IV. — *Turquie* (1876) (1).

On ne s'attend guère à trouver la responsabilité ministérielle organisée en Turquie.

Cependant, la constitution du 23 décembre 1876, qui dotait la Turquie, partiellement au moins, du régime constitutionnel, réglait la mise en accusation et le jugement des ministres (2).

---

(1) Dareste, t. II, p. 338 et suiv.
(2) Elle ne paraît pas avoir été appliquée.

Cette constitution (art. 30) déclare les ministres responsables des actes de leur gestion.

C'est à la chambre des députés qu'il appartient de porter plainte contre eux ; mais elle n'a pas un droit formel d'accusation.

Si plusieurs membres de la chambre des députés veulent porter plainte contre un ministre, la demande contenant la plainte est remise au président qui, dans les trois jours, la renvoie au bureau chargé, d'après le règlement intérieur, d'examiner la plainte, et de décider si elle doit être soumise aux délibérations de la chambre. Le bureau décide, à la majorité, après avoir recueilli des renseignements et les explications du ministre en cause.

S'il est d'avis de soumettre la plainte à la chambre, le rapport constatant cette décision est lu en séance publique, et la chambre, après avoir entendu les explications du ministre, vote, à la majorité des deux tiers des voix, sur les conclusions du rapport.

Si elle les adopte, une adresse demandant la mise en accusation du ministre en cause est transmise au grand vizir, qui la soumet à la sanction du sultan.

Mais c'est au sultan seul qu'appartient le droit d'accusation, et le renvoi du ministre devant la haute Cour ne peut être ordonné que par un iradeh impérial.

Les articles 92 à 95 organisent la haute cour.

Cette haute Cour se compose de 30 membres : 10 sénateurs, 10 conseillers d'Etat, 10 membres pris parmi les présidents et juges de la Cour de cassation et de la Cour d'appel, tous désignés par le sort.

Elle est convoquée, quand il y a lieu, par iradeh impérial, et se réunit à l'hôtel du sénat.

Elle a pour attributions de juger : 1° les ministres; 2° les membres de la Cour de cassation ; 3° toutes personnes accusées de crimes de lèse-majesté ou d'attentats contre la sûreté de l'Etat.

Elle se compose d'une chambre d'accusation et d'une

chambre de jugement. La chambre d'accusation est formée de 9 membres tirés au sort : 3 sénateurs, 3 conseillers d'Etat, 3 membres des Cours. Le renvoi devant la chambre de jugement est ordonné par la chambre d'accusation à la majorité des deux tiers des voix. Les membres de la chambre d'accusation ne peuvent prendre part au jugement. La chambre de jugement est formée de 21 membres : 7 sénateurs, 7 conseillers d'Etat, 7 membres des Cours. Elle juge à la majorité des deux tiers des voix, et conformément aux lois, les procès qui lui sont renvoyés par la chambre d'accusation. Ces jugements ne sont susceptibles ni d'appel ni de recours en cassation (art. 92 à 95).

Cette organisation est à la fois simple et remarquable. Elle a été inspirée par une connaissance sérieuse et une intelligence éclairée des besoins de la justice. Malheureusement la guerre avec la Russie, survenue presque immédiatement après la promulgation de la Constitution, a mis fin à cet essai de gouvernement constitutionnel, et les lois promulguées en décembre 1876 n'ont pas été réellement appliquées.

Section V. — *Grèce* (1864-1877) (1).

La Grèce est un des pays les plus avancés dans la pratique des institutions libres. Elle est aussi un de ceux où la responsabilité des ministres et la juridiction chargée de les juger ont reçu l'organisation la plus récente et la plus complète.

La constitution de 1864, dans son article 29, posait le principe de la responsabilité ministérielle. L'article 60 donne à l'unique chambre législative (la constitution a supprimé le sénat) le droit d'accuser les ministres et de les traduire devant une Cour spéciale.

Organisation. — Aux termes du même article, cette Cour

---

(1) Dareste, t. II, p. 231 et suiv. Demombynes, t. I, p. 805 et suiv. *Annuaire de législation comparée*, année 1876-1877, p. 656 et suiv.

est présidée par le président de l'aréopage (Cour de cassation). Elle se compose de douze membres tirés au sort, en séance publique, par le président de la chambre des députés, sur une liste formée de tous les membres de la Cour de cassation, des présidents et juges des Cours d'appel, *nommés avant la mise en accusation des ministres.*

Dans l'intervalle entre la promulgation de la constitution et celle de la loi organique annoncée, la Cour devait régler elle-même le mode de procéder en pareille matière, et aux termes de l'article 81, la chambre des députés ne pouvait accuser, et la Cour spéciale juger les ministres qu'à raison des faits suivants : 1° crime de lèse-majesté; 2° malversation de la fortune publique; 3° perception illégale d'impôts; 4° toute violation de la constitution et des lois commise dans l'exercice de leurs fonctions.

Loi du 22 décembre 1876. — La loi sur la responsabilité des ministres (1) devait être promulguée et votée pendant la première session législative qui suivrait la promulgation de la Constitution. Cette loi, néanmoins, se fit longtemps attendre. Mais, au cours de la crise constitutionnelle de 1875, la chambre des députés se trouva dans la nécessité de mettre en accusation d'abord deux ministres, puis un ministère tout entier, pour violation de la Constitution. Le procès des ministres devant la haute Cour dura près d'une année et aboutit à la condamnation de deux ministres (2). Le gouvernement comprit la nécessité de combler la lacune que présentait la législation. Il soumit à la Chambre un projet qui fut voté sans discussion le 26 décembre 1876, sanctionné le 4 janvier et promulgué le 6 mars 1877. Plusieurs dispositions de cette loi liaient par trop les mains aux ministres, et le nouveau ministère, formé en février 1877, proposa et fit voter, le 23 mars 1877, une loi complémentaire et modificative.

---

(1) Loi du 22 décembre 1876, 6 mars 1877.
(2) Ces deux ministres étaient accusés d'avoir reçu des sommes d'argent pour faire obtenir une fonction de l'Etat. Reconnus coupables, ils furent l'un et l'autre condamnés à la prison (1875).

Ces deux lois constituent le code le plus étendu et le plus complet qui existe dans aucun pays sur la responsabilité ministérielle. Elles traitent successivement des actes punissables, des peines et de la procédure.

I. *Actes punissables.* — Une première remarque à faire, c'est que cette loi ne s'applique qu'aux délits de fonction. Aux termes de l'article 4, les crimes et délits de droit commun que peuvent commettre les ministres demeurent soumis aux tribunaux et aux peines ordinaires.

La loi rend justiciables de la haute Cour le ministre qui a, dans l'exercice de ses fonctions, *soit avec intention*, soit par *négligence inexcusable* :

1° Contresigné une ordonnance royale portant atteinte à la Constitution, aux lois ou ordonnances royales rendues par délégation du pouvoir législatif ;

2° Rendu, exécuté ou prescrit d'exécuter un arrêt ou ordre portant atteinte à ces mêmes constitutions, lois ou ordonnances ;

3° Omis d'exécuter ou de faire exécuter une prescription quelconque de ces mêmes constitutions, lois et ordonnances ;

4° Exécuté ou prescrit d'exécuter une ordonnance royale non contresignée par le ministre compétent ;

5° Apposé sa signature sur l'ordonnance de sanction d'un acte non voté par la chambre des députés, et promulgué un tel acte (1) (art. 1er).

Aux termes de l'article 2, doit également être traduit devant la haute Cour le ministre qui, dans l'exercice de ses fonctions, aura :

1° Violé quelque disposition pénale des lois en vigueur ;

2° Celui qui, enfin, sans violer une disposition déterminée de la Constitution, des lois et ordonnances, *aura, avec intention, par un acte positif ou une omission, causé dommage aux intérêts de l'Etat.*

---

(1) Le ministre qui, sans participer à l'exécution de l'acte coupable, l'a néanmoins signé en Conseil des ministres, est réputé complice et responsable.

On voit combien cette dernière disposition est vague, quelle large porte elle ouvre à l'arbitraire, quelle responsabilité terrible elle fait peser sur les ministres.

La loi complémentaire du 23 mai 1877 a cherché à tempérer, dans une certaine mesure, la rigueur de ces dispositions.

Elle limite d'abord la poursuite pénale *pour négligence* aux cas où le ministre a, par un acte positif ou une omission, violé la Constitution ou les lois, et où cette violation a lésé les intérêts essentiels de l'Etat. Ainsi, double restriction : la négligence ne pourra être poursuivie qu'autant qu'elle aura amené une violation de la Constitution et des lois, et que cette violation aura lésé les intérêts essentiels de l'Etat.

L'article 2 exempte également le ministre de toute responsabilité pour les infractions à la Constitution et aux lois, quand l'infraction est l'effet d'une erreur excusable et justifiée sur le sens exact de la loi violée.

La loi assimile au ministre, quant à la responsabilité, le chef de section sur le rapport duquel a été signé l'acte illégal, et le secrétaire général qui l'a visé avant la signature du ministre.

Elle crée un nouveau cas de responsabilité : celui d'allocation de crédits excessifs (art. 4). Dans ce cas, le ministre et les chefs de section compétents sont également responsables.

Dans les cas où il y a lieu, ces différents chefs de section sont traduits comme complices devant la haute Cour.

L'article 6 est remarquable : il décide qu'en cas d'actes punis par les lois ou d'omissions que les lois en vigueur caractérisent comme délits ou crimes, et qui peuvent être commis par toute personne, ou seulement par les fonctionnaires publics, ou aussi bien par les uns que par les autres, le ministre qui en devient coupable dans l'exercice de ses fonctions sera puni de la peine attachée par la loi à ces actes ou omissions.

II. *Pénalités.* — Les infractions prévues par l'article 1er de la loi du 22 décembre 1876 sont passibles : s'il y a eu préméditation, de six mois à deux ans d'emprisonnement, et de l'interdiction, pendant une durée de cinq à dix ans, des droits civiques et politiques. — S'il n'y a eu que négligence inexcusable, le maximum de l'emprisonnement sera de six mois, et l'interdiction seulement des droits mentionnés dans l'article 24 du code pénal (privation de la place avec ses privilèges, et incapacité provisoire d'acquérir toute fonction publique, pendant deux à cinq ans, et inéligibilité aux Conseils municipaux, d'arrondissement, généraux); quant aux infractions prévues par l'article 2, la violation d'une disposition pénale sera punie de la peine imposée par la loi criminelle en vigueur, à l'exception de la peine de mort qui, en cas de crime politique, sera remplacée par les travaux forcés à perpétuité. — En ce cas aussi, interdiction, de deux à cinq ans, des droits énumérés aux articles 21 et 23 du code pénal.

Quant à l'acte ou omission ayant causé dommage aux intérêts de l'Etat, sans violation des lois (art. 7), il entraîne un emprisonnement de trois mois à un an, et l'interdiction, de deux à six ans, des droits mentionnés dans l'article 24.

L'article 7 de la loi nouvelle du 23 mai décide que le ministre qui, dans l'exercice de ses fonctions, se sera rendu coupable d'une violation quelconque de la constitution et des lois à laquelle les lois n'imposent pas une peine déterminée, sera puni d'un emprisonnement de deux ans au plus ou d'une peine pécuniaire qui pourra s'élever jusqu'à 5,000 drachmes, et la peine entraînera les incapacités prévues par les articles 21 et suivants du code pénal (art. 8).

Les contraventions de police ne peuvent jamais donner lieu à une poursuite pénale contre les ministres (Loi de 1877, art. 9).

III. *Prescription.* — La prescription est acquise si la poursuite n'a pas été intentée dans l'une des trois sessions législatives qui ont suivi la date de l'acte punissable. Si cet acte a été commis pendant la durée d'une session, la prescription ne commence qu'à partir de la session immédiatement suivante.

Au surplus, on applique les principes du code pénal dans ce qu'ils ont de non contraire à la présente loi.

IV. *Procédure devant la Chambre.* — C'est à la Chambre des députés seule qu'appartient le droit d'intenter l'action publique contre le ministre et ses complices.

Aucune instruction, aucune poursuite ne peuvent avoir lieu avant que la Chambre ait été saisie de l'affaire. Mais la démission du ministre n'arrête pas la poursuite (art. 10). La motion de poursuite exige, pour être prise en considération, la signature de vingt députés au moins ; elle précise les faits sur lesquels elle se fonde et l'acte punissable. — Immédiatement après le dépôt, elle est lue en séance publique, imprimée, distribuée, inscrite dans la huitaine à l'ordre du jour ; discutée à son rang, si l'urgence n'est déclarée.

Au jour fixé pour la discussion, la Chambre peut entendre le ministre ; en tout cas, elle doit accepter sa défense écrite ; — puis elle vote au scrutin secret sur la question de savoir si elle passera à l'ordre du jour ou si elle ordonnera une instruction préliminaire.

Le vote de l'ordre du jour arrête pour toujours la poursuite. — Si l'instruction préliminaire est votée, la Chambre nomme dans son sein une commission de douze membres, chargée d'y procéder et fixe le délai dans lequel cette commission devra lui présenter son rapport.

Cette commission peut fonctionner avec sept membres : elle nomme ses président, rapporteur, secrétaire. Elle a toutes les attributions du procureur du roi près des Cours de droit commun. Elle recueille les preuves, appelle le ministre et l'entend. — Elle peut agir par commission rogatoire (art. 16).

A l'expiration du délai fixé, délai qui peut d'ailleurs être prolongé sur la demande de la commission, le rapport est lu à la Chambre ; il doit conclure formellement pour ou contre la mise en accusation. — Il est déposé avec les pièces ; imprimé dans les cinq jours. — Les députés et les accusés ont le droit de prendre connaissance de tous les documents déposés. — La Chambre fixe le jour de la discussion et décide si elle permettra à l'accusé qui ne serait pas ministre ou député, de se présenter devant elle. — Si la commission n'a pas déposé son rapport dans le délai fixé, la Chambre en nomme une autre, ou procède immédiatement et sans rapport à la discussion générale. Le vote a lieu au scrutin secret et séparément sur chaque chef d'accusation.

Si la proposition d'accusation est rejetée, elle ne pourra jamais être reprise. Si elle est admise, la chambre choisit dans son sein cinq commissaires chargés de soutenir l'accusation, et cinq suppléants. Ces cinq accusateurs ont tous les droits et devoirs du ministère public ordinaire. Aucun acte émané d'eux n'est valable, s'il n'est fait à la majorité des voix.

Si la prorogation ou la dissolution de la chambre interviennent avant la lecture du rapport sur l'instruction préliminaire, une nouvelle commission est nommée à la session immédiatement suivante. — Si elles interviennent après cette lecture, la discussion sur les bases du rapport doit avoir lieu dans cette même session.

Si l'accusation est votée, dans la première séance publique qui suit, et qui doit avoir lieu trois jours après, le président de la chambre des députés procède au tirage au sort des douze membres qui doivent former la haute Cour, et de six suppléants (1). Le tirage fait, le président de la chambre transmet immédiatement au président de l'aréopage la résolution de la chambre, les noms des juges et des accusateurs et le dossier entier de l'affaire. Dès lors, ni prorogation ni

---

(1) Ce tirage peut être annulé par la Chambre si la constitution de la haute Cour devient impossible même avec les suppléants. Et si le tirage était empêché ou interrompu, il aurait lieu dans la session suivante (art. 23 et 24).

dissolution, ni fin de la législature ne peuvent empêcher la continuation du procès.

V. *Instruction préliminaire par l'aréopage.* — Le président de l'aréopage nomme, comme juge d'instruction, l'un des membres de la haute Cour. Ce juge a tous les droits du juge d'instruction ordinaire. En cas d'empêchement, il est remplacé par un autre membre également désigné par le président. Une chambre du conseil est constituée. Elle se compose de trois membres, le juge d'instruction et les deux premiers membres de la Cour désignés par le sort, qui, en cas d'empêchement, sont remplacés par les membres immédiatement suivants. C'est le juge d'un rang supérieur qui préside.

En cas de crime, le juge d'instruction ordonne l'arrestation et la détention préalable du prévenu. Celui-ci peut, dans les huit jours, faire opposition au mandat d'arrêt devant la Chambre du conseil qui prononce.

En cas de crime politique, la Chambre du conseil statue également sur la demande d'élargissement sous caution que peut former le prévenu.

Le juge d'instruction doit terminer l'instruction dans les trente jours, si la Chambre du conseil ne prolonge pas ce délai.

L'instruction terminée, il renvoie les documents aux accusateurs et en donne avis aux accusés.

A partir du renvoi ci-dessus, les accusateurs et accusés ont un délai de cinq jours pour soumettre au juge d'instruction leurs observations sur l'instruction par lui faite.

Si aucune observation n'est présentée, le juge d'instruction en informe le président de l'aréopage. Le président doit alors émettre un acte dont l'importance au procès est capitale. Cet acte en effet : 1° fixe le jour du commencement des débats, et ce jour ne peut être plus rapproché que le quarantième, à partir de sa publication.

2° Il fait connaître les noms des membres titulaires et suppléants de la haute Cour.

3° Il désigne le lieu où elle tiendra ses séances.

Cet acte doit être communiqué aux accusateurs et aux accusés.

Si dans le délai de cinq jours, imparti par l'article 32, les accusés présentent une observation que le juge ne croie pas fondée, la Chambre du conseil statue; son arrêt est publié, exécuté et le dossier est renvoyé aux accusés et au président de l'aréopage pour être procédé comme ci-dessus (1).

Les accusateurs doivent, vingt jours au moins avant le commencement du procès, notifier aux accusés les noms des témoins à charge. Les accusés doivent, huit jours au moins avant la même date, notifier aux accusateurs les noms des témoins à décharge. Si les témoins cités n'ont pas encore été entendus, la notification doit faire connaître les chefs sur lesquels ils devront être interrogés. La haute Cour a un pouvoir discrétionnaire pour admettre ou rejeter l'audition de tous témoins qui n'ont pas été ainsi notifiés.

VI. *Procédure devant la haute Cour.* — La constitution légale de la haute Cour exige nécessairement la présence du président de l'aréopage, de douze membres titulaires ou suppléants et de la majorité au moins des accusateurs.

Les récusations ont lieu conformément au droit commun; elles ne peuvent être que motivées.

La loi déclare expressément que la haute Cour est juge de sa compétence. Cette disposition a sans doute été inspirée par les difficultés que cette question a soulevées en France.

Les débats sont publics : ils ont lieu suivant les formes ordinaires; l'accusé peut choisir un ou plusieurs défenseurs et les choisir parmi toutes personnes. S'il n'en a pas choisi, la Cour peut lui en désigner un d'office.

Si la haute Cour déclare le Ministre non coupable elle

---

(1) Il semble que cette instruction, faite par l'aréopage, soit tout à charge. La loi ne parle ni d'ordonnance finale ni de non lieu possible. Elle n'a pour but que d'éclairer l'accusation de la Chambre des députés. L'opposition des accusés, autorisée par l'article 32, peut-elle amener un supplément d'information ? La Chambre du Conseil peut-elle en ordonner un ? Cela est probable ; mais la loi est muette sur ces divers points.

peut et doit néanmoins procéder au jugement de ses complices ou coaccusés.

Si l'accusé régulièrement cité ne comparaît pas, il est jugé par défaut, mais dans les huit jours de la notification à lui faite du jugement, le condamné pourra former opposition et l'affaire sera de nouveau jugée au plus tard dans les trente jours.

Les articles 45 à 48 organisent la procédure contre les contumaces.

VII. *Revision des arrêts de la haute Cour.* — Il n'y a, contre les arrêts de la haute Cour, d'autre voie de recours que la revision de l'instruction, mais la revision est admise en cette matière dans tous les cas où elle est autorisée en matière ordinaire (art. 49).

C'est à l'aréopage qu'il appartient de décider, en se conformant aux dispositions du droit commun (1), s'il y a lieu de recommencer l'instruction. Toutefois il n'a pas le pouvoir de casser l'arrêt de la haute Cour.

Si l'aréopage se prononce pour la revision, le procureur du roi renvoie le dossier au président de la haute Cour qui doit faire connaître à la chambre des députés la revision de l'instruction. L'affaire est instruite et jugée de nouveau dans les formes ordinaires.

C'est à la haute Cour de justice qu'il appartient de casser elle-même son premier jugement, s'il est reconnu contraire aux faits démontrés dans le second procès. Elle procède alors de nouveau à l'examen du fond de l'affaire (art. 51 et 52).

VIII. *Action civile.* — Une disposition remarquable est écrite dans l'article 61. La partie lésée par les actes criminels des ministres énoncés dans la loi a droit à une action en dommages et intérêts contre le ministre condamné. Mais cette action n'est pas de la compétence de la haute Cour. Elle ne peut être intentée que devant les tribunaux civils, et est jugée conformément au droit commun. Les mots *ministre*

---

(1) Art. 504 et suiv. du Code d'instruction criminelle.

condamné paraissent indiquer qu'elle ne peut être intentée qu'après la condamnation prononcée par la haute cour.

La grâce ne peut être accordée par le roi que conformément à la constitution (art. 82), c'est-à-dire avec l'assentiment de la chambre des députés.

La loi de 1876 a été appliquée en Grèce dans l'année même de sa promulgation. Une accusation avait été portée contre l'ancien ministre de la guerre par le nombre requis de députés, pour dommages considérables causés à l'Etat dans les fournitures, faute de diligence, et pour contravention aux dispositions qui régissent la comptabilité. La commission d'enquête se prononça pour le renvoi devant la haute Cour, mais la chambre n'adopta pas ses conclusions (1).

SECTION VI. — *Russie* (1878) (2).

Nous croyons devoir rattacher au même ordre d'idées la législation de la Russie.

A la suite de l'acquittement de Vera Sassoulitch, la Russie a modifié sur divers points sa procédure criminelle.

Une décision du conseil de l'empire, du 9 mai 1878, organise divers degrés de crimes d'Etat. Elle reconnaît à l'empereur le droit de renvoyer, par ukase impérial, à une haute Cour criminelle (3), la connaissance des *complots ourdis dans plusieurs parties de l'empire contre le pouvoir souverain, la forme du gouvernement et l'ordre de succession au trône*.

Si le crime d'Etat n'entraîne pas la privation ou restriction

---

(1) *Annuaire de législation comparée*, année 1879-1880, p. 772.
(2) *Annuaire de législation comparée*, 1879, p. 644 à 646. Demombynes, t. I, p. 633 et suiv.
(3) Nous n'avons pas trouvé d'indications précises sur la composition de cette haute Cour. Antérieurement à l'ukase du 9 mai, le Tribunal criminel supérieur était formé des présidents des départements du Conseil d'Empire et des présidents des deux départements de cassation du Sénat, constitués et convoqués en juridiction extraordinaire par l'empereur.

des droits civils, la connaissance en appartient aux cours judiciaires.

S'il entraîne cette privation ou restriction, la connaissance en appartient aux cours judiciaires siégeant en audience spéciale, avec le concours des délégués des diverses classes, ou bien, en vertu d'un ordre suprême, *au Sénat dirigeant* avec le concours de ces mêmes délégués.

Ces délégués sont : 1° le maréchal de la noblesse de la province où l'affaire est jugée; 2° le maréchal d'un des districts du ressort du tribunal où siège la Cour; 3° un maire d'une des villes du même cercle; 4° un ancien du canton du district où siège la Cour. Ce sont tous des fonctionnaires électifs, et on appelle de préférence ceux qui ont déjà rempli ces fonctions.

La Cour tient ses audiences dans le lieu où elle réside habituellement; mais, en cas de nécessité, elle peut décider qu'elle siégera dans une autre ville de son ressort. Les arrêts des cours sont susceptibles d'appel; ceux rendus avec le concours de délégués ne sont susceptibles que de recours en cassation sur lesquels statue le département criminel de cassation du Sénat.

L'instruction des crimes d'Etat est confiée pour un an, par ordre suprême, sur présentation des ministres, dans chaque ressort, à un membre des cours judiciaires qui procède à l'instruction sur l'invitation du ministre, en présence du procureur de la Cour et de son substitut. L'instruction achevée est communiquée au procureur de la Cour, qui conclut soit à un non lieu, soit à un renvoi. Les crimes, soumis à la juridiction des Cours, sont jugés par la chambre criminelle. Ceux qui entraînent la privation ou la restriction de tous les droits, sont jugés par une chambre spéciale présidée par le premier président, composée de quatre membres de la chambre criminelle et des délégués des différentes classes (1).

---

(1) *Annuaire* 1878-1879, p. 644, 645.

Un ukase impérial du 9 août 1878 renvoie devant les tribunaux militaires un certain nombre de crimes d'Etat et de crimes contre les fonctionnaires publics.

Le département criminel du Sénat a, en outre, compétence pour juger les crimes et délits commis dans l'exercice de leurs fonctions par un certain nombre de haut fonctionnaires.

C'est par la haute juridiction du Sénat qu'ont été jugés les assassins de l'empereur Alexandre III, et c'est également devant elle qu'ont été condamnés, au mois d'avril 1887, les auteurs de l'attentat du 13 mars (1).

Section VII. — *Serbie* (1869) (2).

La constitution de la Serbie, du 11 juillet 1869, proclame également la responsabilité des ministres pour actes de leurs fonctions devant le prince et devant la *skoupchtina*.

Lorsque c'est la *skoupchtina* qui accuse les ministres, la proposition doit porter la signature d'au moins vingt députés, être faite par écrit, contenir l'énumération des chefs d'accusation, et ne peut être votée qu'à la majorité des deux tiers des voix.

Les ministres peuvent être mis en accusation pour trahison envers la patrie ou le souverain, pour violation de la constitution, pour prévarication ou pour préjudice porté à l'Etat dans un but d'intérêt personnel.

Le ministre est jugé par un *tribunal d'Etat*. En cas de condamnation il ne peut être gracié (art. 100 à 104) (3).

Section VIII. — *Luxembourg* (4).

La constitution particulière du grand duché du Luxem-

---

(1) *Gazette des tribunaux*, 28 avril 1887 et jours suivants.
(2) Dareste, t. II, p. 287 et suiv.
(3) La Constitution n'indique pas la composition du tribunal d'Etat. Elle se trouve, sans doute, dans la loi sur la responsabilité des ministres, votée le 21 octobre 1870.
(4) Dareste, t. I, p. 113 et suiv.

bourg donne à la chambre le droit d'accuser les membres du gouvernement, et autorise toute poursuite contre les fonctionnaires publics pour faits de leur administration sans autorisation préalable (art. 30 et 82).

La constitution confie à une loi le soin de déterminer les cas de responsabilité, les peines à infliger, et le mode de procéder soit sur l'accusation admise par la chambre, soit sur la poursuite des parties lésées, et de pourvoir à l'organisation d'une *Cour supérieure de justice* (art. 82 et 87).

Nous n'avons pu savoir si cette loi a été promulguée.

Section IX. — *Petites principautés allemandes.*

Plusieurs petites principautés d'Allemagne ont un tribunal spécial pour le jugement des ministres.

Principauté de Reuss. — Dans la principauté de Reuss, les ministres peuvent être accusés par la Chambre devant le tribunal d'Etat. Cette juridiction ayant été abolie en 1879, il n'y a plus aujourd'hui de tribunal pour les juger (1).

Saxe-Cobourg-Gotha. — Les ministres peuvent également être accusés par le Landtag devant le tribunal supérieur d'Iéna (2).

Saxe-Weimar et Schaumbourg-Lippe. — Le Landtag a le même droit dans la Saxe-Weimar et dans la principauté de Schaumbourg où le tribunal compétent est le tribunal supérieur d'Oldenbourg (3).

Même législation dans la principauté de Schwartzbourg-Rudolstadt.

Principauté d'Oldenbourg (4). — La responsabilité ministérielle existe dans la principauté d'Oldenbourg, et une loi de 1855 a réglé les cas dans lesquels cette responsabilité peut être encourue et la procédure à suivre par la Chambre en cas de poursuites. Le tribunal compétent n'est pas indiqué,

---

(1) Demombynes, t. II, p. 678.
(2) Demombynes, t. II, p. 697.
(3) Demombynes, t. II, p. 700 et 702.
(4) Demombynes, t. II, p. 621.

CHAPITRE V.

CONSTITUTIONS D'APRÈS LESQUELLES LE TRIBUNAL AUQUEL APPARTIENT LA JURIDICTION POLITIQUE PRÉSENTE UN CARACTÈRE MIXTE.

SECTION PREMIÈRE. — *Norwège* (1814-1880) (1).

La loi fondamentale de la Norwège est encore la constitution du 4 novembre 1814. Elle n'admettait pas la responsabilité politique des ministres. Toutefois, dans son article 30, elle organisait une responsabilité pénale d'un genre particulier. Aux termes de cet article, il doit être tenu au conseil d'Etat procès-verbal de toutes les affaires qui y sont traitées. Chacun de ceux qui ont siège au conseil est obligé d'exprimer son avis en toute sincérité et le roi est tenu de l'entendre, tout en ayant le droit de se décider d'après son propre jugement. Si quelqu'un des membres du conseil estime que la décision du roi est en opposition avec la constitution ou les lois du royaume ou qu'elle est manifestement préjudiciable à l'Etat, il est de son devoir de faire contre cette décision des représentations énergiques et de consigner son avis au procès-verbal. Celui qui n'aura pas protesté de cette manière sera réputé avoir été d'accord avec le roi; il sera responsable et pourra être mis par l'*odelsthing* ou chambre basse en accusation devant la haute Cour.

Cette haute Cour, *Rigsret*, aux termes de l'article 86, se

---

(1) Dareste, t. II, p. 169, 182, 183. Demombynes, t. I, p. 148, 152, 153.

compose des membres du *Lagthing* ou chambre haute réunis à ceux de la Cour suprême.

Cette haute Cour a compétence pour juger, à raison des délits commis dans l'exercice de leurs fonctions :

1° Les membres du conseil d'Etat, qui, en Norwège, remplacent les ministres.

2° Les membres de la Cour suprême.

3° Les membres du Parlement pour infractions par eux commises en cette qualité.

La présidence de la haute Cour appartient au président du *Lagthing*.

L'accusé peut récuser sans motifs un tiers des membres de la Cour ; de manière pourtant que la Cour ne soit jamais composée de moins de quinze membres (art. 87).

Aux termes de l'article 90, les arrêts de la Cour suprême ne peuvent être ni frappés de recours ni sujets à révision ; il en est sans doute ainsi à plus forte raison des arrêts de la haute Cour, bien que la loi ne le dise pas.

Dans ce système, la responsabilité s'applique non seulement à des actes mais aux conseils donnés, ou même à l'omission de donner un conseil commandé par l'intérêt de l'Etat.

On doit remarquer, en outre, que la première Chambre, à raison du nombre de ses membres, exerce dans le tribunal chargé du jugement une action prépondérante ; mais, comme dans les constitutions précédentes, le Parlement ne juge qu'avec la participation de l'élément judiciaire.

Conformément à ces dispositions constitutionnelles, les ministres de Norwège ont été traduits devant la haute Cour et jugés par elle au cours de l'année 1884.

« La constitution de 1814 avait le tort irrémédiable de
» placer le gouvernement en face d'une assemblée unique (1)
» nommée à un suffrage presque universel et armée des

---

(1) On peut dire que l'assemblée norwégienne ou *Storthing* est unique, puisque le *Lagthing* ou Chambre haute se compose du tiers des membres de l'*Odelsting* ou Chambre basse, choisis par celle-ci dans son propre sein.

« pouvoirs les plus étendus, sans lui permettre de négocier
» avec cette assemblée par l'organe d'un ministère pris dans
» son sein et sans lui laisser d'autre moyen de défense que
» le refus de sanction (1). »

Un député, M. Sverdrup, entreprit d'obtenir la modification de la constitution et la participation des ministres aux débats du *Storthing*. En 1872, il déposa un projet portant que les ministres auraient accès aux séances des deux chambres et prendraient part aux délibérations sans prendre part aux votes. Après une discussion ardente ce projet fut voté une première fois par quatre-vingt voix contre vingt-neuf. Quelques jours après, le gouvernement fit savoir qu'il refusait sa sanction. Après un intervalle de deux ans, en 1874, le projet fut voté une seconde fois avec un léger changement de rédaction. Le gouvernement fit savoir qu'il était prêt à accorder sa sanction moyennant quatre conditions, au nombre desquelles figurait l'attribution à la couronne du droit de dissolution. Ces conditions furent rejetées à l'unanimité, et le projet voté une troisième fois en 1877. Il le fut de nouveau par quatre-vingt-treize voix contre vingt, le 17 mars 1880. Cette fois encore, le 29 mai, le roi refusa sa sanction.

La constitution de 1874 (art. 79) porte que toute résolution votée trois fois par le *Storthing* et, chaque fois, à trois ans de distance, prend force de loi, sans que la sanction royale soit nécessaire. La résolution avait été votée trois fois sans changement en 1874, 1877 et 1880. M. Sverdrup proposa au *Storthing* de déclarer qu'elle avait acquis force de loi constitutionnelle. Après de vifs débats, cette proposition fut adoptée le 9 juin par soixante-dix-neuf voix contre quarante. La solution était des plus contestables. Il ne s'agissait pas, en effet, d'une loi ordinaire mais d'une disposition constitutionnelle. Le ministère demanda une consultation à la Faculté de

---

(1) Dareste, *La dernière crise politique en Norwège* (*Revue des Deux-Mondes*, 1884, p. 350, livr. du 15 novembre). — Voir également : *Bulletin de législation comparée*, année 1884, p 294, et *Annuaire de législation comparée*, année 1884, p. 666.

droit de Christiania. La Faculté répondit à l'unanimité, qu'en matière constitutionnelle, le veto du roi était absolu. Fort de cet avis, le roi fit connaître, le 19 juin, qu'il refusait de promulguer la résolution du *Storthing*. Le *Storthing* répondit au ministère en préparant la mise en accusation des ministres devant la haute Cour.

Cette haute Cour, nous l'avons vu, se compose des membres réunis du *Lagthing* et de la Cour suprême. Mais elle ne compte que neuf membres et même après l'exercice des récusations c'est encore le *Lagthing* qui domine nécessairement dans la haute Cour. « Il est dangereux en général de
» confier à des hommes politiques le jugement des procès
» politiques ; les Chambres hautes constituées en Cour de
» justice ne rendent pas toujours bonne justice ; mais quand
» la Chambre haute, est nommée, comme le *Lagthing* nor-
» wégien, par l'assemblée issue des élections et dans son
» sein, toute garantie est sacrifiée. Par une imitation mala-
» droite des constitutions étrangères, les constituants de
» 1814 avaient confié le jugement aux accusateurs (1). »

Pour mieux assurer leur vengeance, les ennemis du ministère ne se hâtèrent pas de formuler l'accusation : ils commencèrent par supprimer deux sièges de conseiller à la Cour suprême et attendirent des élections nouvelles. Les élections de 1883 furent pour eux un triomphe. Le 23 avril, le ministère entier fut mis en accusation. L'acte d'accusation, rédigé le 9 mai, visait, entre autres griefs, le refus de sanction à la décision du 17 mars 1880 et le refus d'exécution de la décision du 9 juin. Un comité fut nommé pour soutenir l'accusation et comme on redoutait le cumul des récusations, au lieu de renvoyer les onze ministres ensemble devant la haute Cour, on instruisit séparément le procès de chacun. M. Selmer comparut le premier, le 7 août. La défense, récusa tous ceux des membres de la Cour qui avaient pris part à la décision du 9 juin 1880. On ne pouvait en effet compter sur

---

(1) Dareste, ouvr. cité, p. 360.

leur impartialité. Après de longs débats, les conclusions de la défense furent rejetées le 17 septembre.

La discussion sur le fond s'ouvrit le 3 octobre, et dura cinq mois. La défense s'appuya surtout sur la nature du droit de *veto*, dont l'essence est d'être un pouvoir discrétionnaire. M. Selmer se défendit lui-même avec énergie et éloquence. Néanmoins il fut condamné, le 27 février, à la destitution et aux frais du procès.

Dans le second procès, celui de M. Kjeruf, la défense proposa de nouveau la récusation de plusieurs membres de la Cour en se fondant sur ce qu'ils faisaient partie d'un groupe qui avait dirigé le choix des membres du *Lagthing* afin d'utiliser « l'arme acérée de la haute Cour, et avaient contribué à transformer ce tribunal en un instrument politique. » La haute Cour ayant éludé ces conclusions, l'avocat de l'accusé s'écria : « Quand un tribunal en est venu là, il n'y a plus de
» place pour la défense. Son rôle devient impossible, car ce
» n'est plus une défense contre l'accusation, c'est une dé-
» fense contre des juges...; il ne me reste qu'à protester
» contre une pareille façon d'administrer la justice. Le mi-
» nistre accusé, ici présent, partage ce sentiment ; il m'a
» déchargé, moi et mes collègues, du mandat qu'il nous avait
» confié. Je quitte donc cette barre. Je le fais d'autant plus
» volontiers que l'accusation et la poursuite, cette poursuite
» exercée au mépris de toutes les formes du droit, prendra
» pour tout le monde son vrai caractère quand la barre sera
» livrée, comme elle va l'être, à l'accusation seule. »

Après ces éloquentes paroles, l'accusé et son avocat quittèrent la salle. Tous les ministres furent condamnés à la destitution. Trois seulement, qui n'avaient pas pris part au refus de sanction de 1880, ne le furent qu'à l'amende.

Ce procès, peu juste en lui-même, et conduit avec une passion et une partialité évidentes, n'est point pour dissuader ceux qui soutiennent qu'on doit refuser aux assemblées politiques tout rôle judiciaire, et qu'on ne saurait creuser un fossé trop profond entre la politique et la justice.

Le roi de Norwège a dû se soumettre à toutes les conditions des vainqueurs.

Section II. — *Danemark* (1866) (1).

Le même caractère se retrouve dans la législation danoise.

La constitution qui régit aujourd'hui le Danemark a été votée le 7 novembre 1865, et sanctionnée le 28 juillet 1866.

Elle proclame l'irresponsabilité du roi et la responsabilité des ministres (art. 12), et déclare que l'étendue de cette responsabilité sera déterminée par une loi. Mais cette loi n'a pas encore été rendue.

Elle attribue à la fois au roi et au *Folkething* (chambre basse), le droit d'accuser les ministres à raison de leur administration.

Les accusations ainsi portées sont jugées par une haute Cour *(Rigsret)*.

Cette haute Cour se compose des membres ordinaires de la Cour suprême du royaume, et d'un nombre égal de membres du *Landsthing* ou Chambre haute, élus pour quatre ans par cette assemblée et dans son sein. Lorsque tous les membres ordinaires de la Cour suprême ne peuvent pas prendre part aux débats et au jugement d'une affaire, un nombre équivalent de membres élus par le *Landsthing* s'abstiennent de siéger en commençant par les derniers élus ou par ceux qui ont obtenu le moins de voix. La haute Cour nomme elle-même son président dans son sein. Si le *Landsthing* vient à être dissous après qu'une affaire a été portée devant le *Rigsret*, les membres élus par la Chambre dissoute conservent néanmoins leur siège pour le jugement de cette affaire.

Le roi peut aussi, mais seulement avec le consentement du *Folkething*, traduire d'autres personnes devant la haute

---

(1) Dareste, t. II, p. 62 et suiv. Demombynes, t. I, p. 199 et suiv.

Cour à raison des délits qu'il juge particulièrement dangereux pour l'Etat (art. 69).

Le code pénal danois de 1866 a pris soin d'ailleurs de qualifier les délits contre la sûreté intérieure et extérieure de l'Etat, contre la constitution, le roi, la famille royale et les assemblées législatives (1).

La procédure à suivre devant la haute Cour a été réglée par une loi du 3 mars 1862, provisoirement maintenue en vigueur par la constitution (Dispositions transitoires, art. 2).

Le roi ne peut faire grâce aux ministres des peines auxquelles ils ont été condamnés par la haute Cour qu'avec le consentement du *Folkething*.

Ainsi qu'on le voit, la constitution du Danemark comme la constitution suédoise partage le droit d'accusation des ministres entre le pouvoir exécutif et le pouvoir parlementaire. En ce qui touche les attentats à la sûreté de l'Etat, la juridiction de la haute Cour est évidemment facultative. Mais la constitution édicte des précautions toutes particulières contre l'arbitraire, puisque la haute Cour ne peut être saisie de la connaissance de ces crimes que par la double volonté du roi et de la chambre basse.

Comme à Bade, comme dans les Pays-Bas, le pouvoir législatif et le pouvoir judiciaire concourent au jugement des délits politiques.

Section III. — *Islande* (2).

En Islande, d'après la loi du 5 janvier 1874, le roi exerce son autorité par l'intermédiaire d'un ministre dit ministre d'Islande. Ce ministre est responsable du maintien de la constitution et l'*Althing*, ou assemblée des deux Chambres, peut le poursuivre en responsabilité (art. 2 et 3).

---

(1) *Bulletin de législation comparée*, 1877, p. 20.
(2) Dareste, t. II, p. 82 et suiv.

Section IV. — *Grand duché de Bade* (1818-1868) (1).

L'article 67 de la charte de 1818 qui dotait le grand duché de Bade du gouvernement constitutionnel avait posé le principe de la responsabilité ministérielle et donné à la Chambre basse le droit de porter plainte au grand duc pour violation de la constitution ou des droits constitutionnels ; à la chambre haute, celui de formuler une plainte semblable, mais seulement pour violation des droits constitutionnels qui lui étaient propres.

La responsabilité ministérielle a été complètement organisée par une loi du 20 février 1868.

L'article 1er de cette loi confère à la seconde chambre et à elle seule non plus un simple droit de plainte, mais un droit formel d'accusation contre les ministres.

Les ministres peuvent être mis en accusation dans deux cas.

1° Pour avoir violé la constitution ou quelqu'un des droits clairement reconnus par elle.

2° Pour avoir mis en péril grave la tranquillité et le salut de l'Etat.

Et ce, soit par action, soit par omission ; soit sciemment, soit par négligence grave.

La mise en accusation ne peut être votée qu'à la majorité des deux tiers des voix. Elle peut être retirée à la majorité simple. La révocation de l'accusé n'entrave en rien le droit d'accusation de la Chambre (art. 1er).

Toutefois, la mise en accusation ne peut plus avoir lieu quand la majorité de la seconde Chambre a approuvé par son vote le fait incriminé ; et l'action se prescrit par trois années révolues depuis le jour où le *Landtag* en a eu connaissance, à moins que la prescription n'ait été interrompue par une prise en considération de la demande de poursuites.

---

(1) Dareste, *Constitutions modernes*, t. I, p. 274. Demombynes, *Constitutions européennes*, t. II, p. 556. *Annuaire de législation comparée*, année 1877, p. 377, note.

Si le ministre ou haut fonctionnaire est accusé en même temps que de l'un des crimes dont nous venons de parler, ou séparément, d'avoir commis dans l'exercice de ses fonctions un crime d'Etat et un crime de droit commun, la seconde Chambre peut demander qu'en ce qui concerne ce crime, la haute Cour d'Etat renvoie l'affaire devant la juridiction ordinaire. Cette demande doit être jointe à la mise en accusation et faite dans la même forme, sans quoi il y est suppléé d'office par la haute Cour d'Etat (art. 3).

Les accusations votées par la seconde Chambre sont jugées par la première Chambre qui siège comme haute Cour d'Etat (*Staatsgerichtshof*). Toutefois elle doit, pour juger, s'adjoindre le président de la Cour suprême de justice et huit autres magistrats tirés au sort parmi les membres des tribunaux. La présidence appartient au président de la première chambre (art. 2).

C'est à la seconde Chambre qu'il appartient de soutenir l'accusation votée par elle devant la Chambre haute : Elle le fait par des commissaires qu'elle nomme à cet effet et dont les pouvoirs subsistent même après la prorogation ou la clôture du Landtag. Une fois constituée en Cour de justice, la première chambre doit statuer sur l'accusation, même après qu'elle aurait été prorogée ou dissoute comme Chambre législative (1).

Une loi du 11 décembre 1869 a réglé la procédure à suivre devant la haute Cour. Aux termes de l'article 2 de la loi du 20 février 1868, le droit de récusation appartient à l'accusé comme à l'accusation.

En cas de condamnation, la sentence doit prononcer la révocation du fonctionnaire accusé; et cette conséquence ne peut disparaître que sur la demande ou avec l'approbation des Etats (art. 1er).

La loi déclare expressément que la haute Cour d'Etat n'a

---

(1) Toutefois, en cas de dissolution de *l'assemblée des Etats*, certaines règles particulières doivent être observées (art. 4 et 5).

point compétence pour statuer sur les demandes de dommages et intérêts (art. 1ᵉʳ).

On le voit, dans l'organisation de la haute Cour, l'influence du Parlement est tempérée par un mélange de l'élément judiciaire.

CHAPITRE VI.

ETATS-UNIS ET CONSTITUTIONS SIMILAIRES.

SECTION PREMIÈRE. — *Etats-Unis.* — *Constitution fédérale* (1).

Le système judiciaire organisé par la constitution des Etats-Unis pour le jugement des hauts fonctionnaires présente un caractère tout particulier.

A la Chambre des représentants seule appartient le droit de formuler des accusations politiques (*impeachments*).

Au sénat seul appartient le droit de les juger.

Quand le sénat siège dans cette fonction, ses membres prêtent serment ou affirmation.

Si c'est le président des Etats-Unis qui est mis en jugement, le grand juge (*chief-justice*) préside le sénat qui forme alors une sorte de Cour suprême de justice.

Aucun accusé ne peut être déclaré coupable par le Sénat qu'à la majorité des 2/3 des membres présents (*constitution fédérale*, art. 1er, section 3, art. 6).

Mais, et c'est là ce qui caractérise la constitution américaine, le Sénat, constitué en Cour de justice, ne peut prononcer que des peines politiques : « En matière d'*impeachments* » dit l'art. 7, « le jugement ne pourra prononcer que la des-
» titution d'emploi et l'incapacité d'exercer, sous le gouver-

---

(1) Dareste, t. II, p. 385 et suiv. — Laboulaye, *Histoire des Etats-Unis.* t. III. — Story, *Commentaire sur la Constitution fédérale.*

» nement des Etats-Unis, aucune fonction honorifique, de
» confiance ou salariée. »

Et, principe non moins remarquable, le jugement du Sénat et la peine politique prononcée par lui ne font point obstacle au cours de la justice ordinaire et à l'application des peines de droit commun : « Le condamné, dit la consti-
» tution, n'en demeure pas moins passible d'*indictment*, de
» procès, jugement, condamnation, conformément à la loi. »

Quelles sont les personnes que la Chambre des représentants peut ainsi déférer au Sénat et pour quels délits peuvent-elles être traduites devant la Chambre haute ?

« Le président, le vice-président et tous les fonctionnai-
» res civils des Etats-Unis seront destitués de leurs fonctions
» si, à la suite d'une mise en accusation (*impeachment*), ils
» sont convaincus de trahison, concussion, autres grands
» crimes et inconduite (*misdemeanour*). »

La généralité de ces derniers termes laisse en réalité au droit de surveillance et d'accusation de la Chambre des représentants une latitude complète et un pouvoir presque discrétionnaire.

En 1876, le Sénat des Etats-Unis a été appelé à juger pour malversation le général Belknap, ministre de la guerre (1).

Ce qu'il y a de vraiment remarquable dans ce système, c'est la séparation profonde qu'il établit entre la justice politique et la justice de droit commun. « En Amérique, »
comme le remarque justement M. Laboulaye, « on a senti
» qu'il y avait un danger immense à remettre la justice cri-
» minelle entre les mains d'un corps politique (2). »

On a voulu renfermer la juridiction du Sénat dans d'étroites limites, en ne lui accordant le droit de prononcer que des peines qui atteignent l'homme public sans toucher à l'homme privé. Cette distinction fondamentale a permis à la constitution américaine de n'avoir de tribunal spécial que

---

(1) *Annuaire de législation comparée*, 1877, p. 735.
(2) Laboulaye, *Histoire des Etats-Unis*, t. III, p. 397 et suiv.

pour les délits politiques et de n'en créer aucun en matière de droit commun.

Section II. — *Géorgie* (1).

La constitution spéciale de la Géorgie du 5 décembre 1877 n'a fait que reproduire exactement, en ce qui touche les accusations politiques, les dispositions de la Constitution fédérale.

Section III. — *New-York* (2).

La constitution de l'Etat de New-York la reproduit également. Seulement le tribunal auquel doivent être renvoyées les accusations politiques n'est plus le Sénat seul : il se compose du président du Sénat, des sénateurs, du chancelier et des juges de la Cour suprême ou de la majeure partie d'entre eux.

Section IV. — *Pensylvanie, etc.* (3).

Il en est de même de la constitution particulière de la Pensylvanie et des constitutions de la plupart des Etats de l'union.

Section V. — *Confédération argentine* (4).

La confédération argentine s'est également approprié cette législation dans sa constitution du 25 septembre 1860 (art. 50 et 51).

Section VI. — *Wurtemberg et Saxe*.

Deux constitutions européennes seulement, dans l'organisation de la responsabilité des fonctionnaires, ont em-

---

(1) *Annuaire de législation comparée*, 1878, p. 766.
(2) Laferrière, *Constitutions d'Amérique*, p. 574.
(3) Dareste, t. II, p. 456.
(4) Dareste, t. II, p. 536.

prunté la distinction fondamentale consacrée par la constitution américaine. Ce sont celles du Wurtemberg et de la Saxe. La juridiction qu'elles instituent est, d'ailleurs, toute différente.

§ 1. — *Wurtemberg* (1).

La constitution du Wurtemberg du 25 septembre 1819, dans ses articles 195 à 205, présente un code complet de la matière. Les articles 52 et 53 posent le principe de la responsabilité des ministres et des fonctionnaires.

Une cour d'Etat (*Staatsgerichtshof*) est instituée *pour la protection judiciaire de la constitution*. Elle connaît des entreprises qui sont jugées avoir pour but le renversement de la constitution, ou seulement la violation d'un des points de la constitution (art. 195).

Cette Cour se compose d'un président nommé par le roi parmi les premiers présidents des Cours d'appel et de douze juges dont la moitié est nommée par le roi parmi les membres de ces Cours et dont l'autre moitié, avec trois suppléants, est élue par l'assemblée des Etats dans son sein et en séance plénière. Parmi les membres élus par les Etats, il doit y avoir au moins deux hommes de loi qui, avec le consentement du roi, peuvent être pris parmi les fonctionnaires publics. Tous les membres doivent réunir les qualités requises pour faire partie des Etats (art. 196).

Les juges de la Cour d'Etat ont les mêmes devoirs que les autres magistrats et ne peuvent comme eux être destitués que par une sentence judiciaire. S'ils acceptent un emploi public, ils sortent de la Cour mais peuvent être réélus par l'assemblée des Etats (art. 197).

Comment la Cour peut-elle être saisie ? Elle peut l'être de deux manières : 1° par un ordre du roi contresigné par le ministre de la justice ; 2° par une provocation émanée de l'une ou de l'autre des deux Chambres par l'intermédiaire

(1) Dareste, t. I, p. 228 et suiv. Demombynes, t. II, p. 712 et suiv.

de son président. Dans ces deux cas, le président de la Cour d'Etat est tenu de la convoquer. Elle doit se dissoudre lorsque le procès est achevé (art. 198).

Sa compétence est déterminée par l'article 199. Elle peut être saisie des accusations prévues par l'article 195, soit qu'elle soient dirigées par le gouvernement contre un membre des Etats ou du comité, soit qu'elles le soient par les Etats, contre un ministre ou chef de département ministériel, ou contre un membre ou un haut fonctionnaire de l'assemblée. Les fonctionnaires publics autre que les ministres ou chefs de départements ministériels ne peuvent être traduits devant la Cour si ce n'est pour violation des instructions qu'ils ont reçues de leurs supérieurs légitimes (art. 53 et 199).

S'il y a lieu d'instruire, la Cour peut choisir des commissaires enquêteurs parmi les commissaires aux enquêtes des tribunaux criminels. Un membre de la Cour nommé par le roi, et un membre nommé par les Etats doivent toujours assister à l'enquête (art. 200).

De même, il y a toujours deux rapporteurs, l'un nommé par le roi, l'autre par les Etats (art. 201).

La Cour ne peut juger à moins de dix membres et ne peut rendre aucune décision valable sans la présence d'un nombre égal de juges nommés par le roi et de juges nommés par les Etats. S'il y a inégalité, le membre le moins ancien du côté où se trouve l'excédant doit se retirer. En cas d'empêchement, le président est remplacé par le plus ancien des membres nommés par le roi.

Les débats sont publics; l'accusation et la défense également libres. Par une disposition toute particulière et digne d'être notée, le président n'a pas voix délibérative; en cas de partage l'avis favorable à l'accusé doit prévaloir (art. 202).

La Cour ne peut prononcer que des peines d'un caractère déterminé. Ces peines sont : la réprimande, l'amende, la suspension ou la destitution d'emploi, l'inégibilité temporaire ou perpétuelle à l'assemblée des Etats.

Mais lorsque la Cour a prononcé la peine la plus élevée de sa compétence, sans exclure expressément des peines plus graves, les tribunaux de droit commun peuvent, d'office, introduire de nouvelles poursuites contre le condamné (art. 204).

Cette disposition, imitée sans doute de la constitution américaine, est tout à fait isolée parmi les constitutions de l'Europe et mérite une attention particulière. La Cour, on le voit, n'a qu'une juridiction politique et ne prononce que des peines d'un caractère politique. Ces peines n'excluent pas l'intervention des tribunaux ordinaires et l'application des peines du droit commun. Toutefois, il dépend de la Cour d'Etat d'empêcher cette application. Si en prononçant la peine la plus élevée de sa compétence, elle estime que la répression est suffisante, elle peut le déclarer expressément et toute poursuite devient désormais impossible. Si elle garde à cet égard le silence, la justice ordinaire peut suivre son cours.

Les décisions de la Cour d'Etat ne sont pas sujettes à l'appel, mais elles peuvent être l'objet d'une revision (art. 204).

Le roi ne peut arrêter l'instruction, ni, par l'usage de son droit de grâce, rétablir dans sa fonction ou dans tout autre poste judiciaire ou administratif le fonctionnaire destitué par arrêt de la Cour, si l'arrêt de condamnation ne contient pas une réserve en sa faveur.

Au surplus, un comité permanent du *Landtag*, veille dans l'intervalle des sessions, à la garde de la constitution et peut, si les circonstances l'exigent, et s'il s'agit notamment d'accuser les ministres, exiger du roi la convocation d'une assemblée extraordinaire qu'il ne peut refuser (art. 188).

Ici encore les membres des tribunaux de droit commun s'unissent aux membres du Parlement pour former la haute Cour.

§ 2. — *Saxe* (1).

La constitution du royaume de Saxe, du 4 septembre 1831, se rapproche beaucoup de celle du Wurtemberg. Elle établit une haute Cour d'Etat spéciale et ne lui confère qu'une juridiction politique analogue à celle du Sénat américain.

Les Etats ont le droit, par une résolution commune des deux Chambres, de porter plainte au roi pour violation de la constitution. Le roi doit y donner satisfaction ou la transmettre suivant les cas au conseil de gouvernement, ou à la Cour suprême de justice. Le conseil de gouvernement ne donne qu'un avis que le roi peut ne pas suivre. La Cour suprême décide elle-même. Dans l'un et l'autre cas, les Etats sont avisés de la suite donnée à leur plainte (art. 140).

Les Etats ont aussi le droit de porter contre les ministres une accusation directe pour violation de la constitution. Cette accusation doit être précisée en chefs distincts et examinée par une commission spéciale. Si les deux Chambres sont d'accord sur l'accusation, elle est transmise avec les pièces justificatives à la haute Cour d'Etat (*staatsgerichtshof*). Cette haute Cour est instituée *pour la garantie judiciaire de la constitution*. Elle connaît de toute entreprise des ministres tendant soit au renversement de la constitution soit à la violation de l'une de ses dispositions.

Elle se compose d'un président choisi par le roi parmi les présidents des Cours supérieures et de douze juges dont six sont choisis par le roi dans ces mêmes Cours et dont les six autres sont élus, trois par chaque Chambre, non compris deux suppléants, dans le sein de l'assemblée des Etats. Parmi ces six derniers membres doivent se trouver au moins deux jurisconsultes. La désignation des juges est faite pour toute la durée d'une législature et irrévocable pendant ce temps.

---

(1) **Dareste**, t. I, p. 200 et suiv.

La haute Cour peut être convoquée par son président, sur l'ordre du roi, ou sur une invitation des présidents des deux Chambres.

Elle a un pouvoir d'instruction : s'il y a lieu de procéder à une enquête, le président délègue pour la faire un membre choisi par le roi et un jurisconsulte élu par les Etats. La cour élit deux rapporteurs, l'un parmi les membres nommés par le roi, l'autre parmi les élus des Chambres.

Tout vote exige, pour être valable, la présence d'au moins dix membres, et dans tous les cas, un nombre égal de membres choisis par le roi et de membres élus par les Chambres : En cas d'inégalité, le dernier membre du côté le plus nombreux se retire. Le président ne vote pas.

En cas de partage des voix la solution la plus favorable à l'accusé l'emporte.

La haute Cour, comme le Sénat des Etats-Unis, ne peut prononcer d'autre peine que le blâme formel de conduite et la destitution. La juridiction ordinaire demeure compétente pour appliquer une peine plus forte, s'il y a lieu.

La sentence de la haute Cour n'est pas susceptible d'appel mais le condamné peut demander qu'il soit procédé à une nouvelle sentence. Dans ce cas la Cour désigne deux nouveaux rapporteurs et on lui adjoint doux membres nouveaux dont l'un est nommé par le roi, l'autre choisi par les Chambres parmi les deux suppléants précédemment nommés.

La démission de l'accusé ne le soustrait ni à la poursuite ni à la sentence.

Le roi ne peut pas gracier le fonctionnaire destitué ni le rétablir dans son emploi ou dans un emploi équivalent (art. 140 à 151).

LIVRE VII

CONCLUSION

§ 1ᵉʳ.

Au terme de cette longue enquête que nous venons de poursuivre à travers notre propre histoire comme à travers les législations étrangères, le moment est venu de rechercher quelles conclusions s'en dégagent.

Si les réflexions qui vont suivre ont, à certains égards, une portée générale, dans notre pensée elles s'appliquent surtout à la France. Les législateurs de 1789 écrivaient une constitution pour l'homme. Nous sommes moins ambitieux : c'est pour le Français seul que nous parlons.

Une première question se pose, la plus redoutable de toutes : Que faut-il penser du principe même d'une haute Cour ? Il n'y a pas plus deux justices qu'il n'y a deux morales. Pourquoi donc des juridictions privilégiées ? Pourquoi des tribunaux d'exception ? Les tribunaux de droit commun ne suffisent-ils pas ?

L'avouerons-nous ? Nous avons commencé cette étude dans une pensée hostile à l'institution d'une haute Cour. Sans avoir à aucun degré cette passion de l'égalité, qui est le mal propre de l'esprit français, nous pensons que l'égalité est surtout à sa place quand il s'agit de justice. Toute notre vie nous avons caressé l'idée d'une justice unique fortement assise au milieu de nos sociétés démocratiques, pour en modérer les ardeurs et en régler le mouvement ; imposant à tous, aux grands comme aux petits, aux forts comme aux faibles, aux plus hauts personnages comme aux plus humbles citoyens, l'autorité souveraine et le niveau inflexible de la loi (1).

Nous la terminons dans une pensée différente. L'étude nous a amené à croire que l'institution d'une haute Cour se justifie par les considérations les plus graves.

Et, tout d'abord, n'a-t-elle pas pour elle la sanction de l'expérience? Si, pour juger ces accusés, que l'élévation de leur naissance ou de leurs fonctions semble placer au-dessus des autres hommes ; si, pour réprimer ces crimes qui ne s'attaquant plus aux seuls intérêts privés, mais à la constitution même d'un peuple, ébranlent un pays jusque dans ses fondements, le législateur, dans tous les temps, dans tous les pays, a cru nécessaire d'instituer une haute juridiction, n'est-ce pas qu'une pareille institution répond à un besoin naturel des sociétés, et s'impose comme un organe nécessaire de la constitution d'un peuple? En toute chose, en politique surtout, nous tenons l'expérience pour un grand maître. Cette pratique universelle, cette unanimité imposante de tous les peuples, même les plus libres, n'est-elle pas au moins un préjugé puissant en faveur de l'institution d'une haute Cour?

Est-il vrai, d'ailleurs, que, sur ce point, la raison contredise l'expérience? Non, sans doute. Si les peuples s'accordent à reconnaître la nécessité d'une juridiction supérieure, les publicistes n'ont guère été moins unanimes à en accepter le principe. Depuis les philosophes du dix-huitième siècle jusqu'aux chefs de l'école libérale moderne, depuis Montesquieu et Rousseau jusqu'au duc de Broglie et à Prévost-Paradol, presque tous s'accordent en ce point. Montesquieu n'a-t-il pas dit : « Dans les gouvernements où il y a nécessairement des distinctions dans les personnes, il faut qu'il

---

(1) Dans la discussion du sénatus-consulte de 1858, une minorité imposante par le talent, ayant à sa tête M. le premier président Delangle, se prononça contre le principe même d'une haute Cour et contre toute dérogation au droit commun.

» y ait des privilèges (1). » Et n'est-ce pas Rousseau, le grand champion de l'égalité, qui a écrit : « Pour contenir la
» puissance exécutive, je ne vois qu'un moyen : Ce n'est
» pas d'armer les tribunaux particuliers de la force publi-
» que, c'est d'en armer un corps respectable et permanent,
» tel que le Sénat (2). »

Dans un plaidoyer prononcé en 1815 devant la Cour suprême, un éminent avocat justifiait ainsi la nécessité d'une haute Cour : « Si l'on demandait quels motifs ont,
» dans tous les temps, déterminé le législateur à placer
» hors du droit commun les crimes de haute trahison, il
» suffirait de répondre que de tels attentats n'attaquent pas
» seulement la morale et la sûreté individuelle, mais qu'ils
» mettent en péril le corps social tout entier. De leur na-
» ture, ils ne peuvent donc être assimilés à aucun autre ;
» de là, une triple nécessité : pour la sûreté du prévenu,
» que les juges soient d'ordre supérieur, affranchis par le
» rang et l'état de l'influence des localités, des passions et
» des faiblesses vulgaires ; — dans l'intérêt de la société, que
» le coupable ne puisse échapper par l'intrigue et le crédit ;
» — enfin, que l'exemple soit solennel et national (3). »

Donner un grand exemple, affranchir la justice, en l'élevant à sa plus haute puissance, du double péril des passions populaires et des intrigues du pouvoir : telles sont bien, en effet, les raisons qui militent en faveur d'une juridiction plus élevée pour le jugement des grands personnages et des grands crimes. En réalité, quand il institue une haute Cour,
« le législateur ne fait que répondre à ce besoin permanent
» des sociétés d'élever, de fortifier les garanties de la jus-
» tice dans certains cas où le crime est hors des proportions
» communes, où la justice commune fléchirait devant lui ;
» où il faut, tout à la fois, garantir la société et les accusés
» contre les passions et les entraînements (4). »

(1) *Esprit des lois*, liv. VI, ch. I.
(2) *Considérations sur le gouvernement de Pologne*, ch. VII.
(3) Sirey, 1816, I, p. 33.
(4) Paroles de M. Odilon Barrot. *Moniteur* du 22 janvier 1849.

Est-ce, d'ailleurs, violer l'égalité, que choisir à un degré plus élevé de la hiérarchie les juges du fait et du droit? Non, sans doute, ce n'est que grandir, pour l'accusé comme pour la société, les garanties ordinaires. Ce n'est que rehausser la majesté et l'autorité du tribunal. Si Montesquieu a dit : « Il faut que la délicatesse du juge grandisse avec ses fonctions, » n'est-il pas juste d'ajouter qu'il en est de même de son indépendance et de ses lumières? Ici comme partout, l'égalité n'est pas dans un inflexible niveau. Au contraire, quand l'un des termes de la proportion s'élève, l'autre ne doit-il pas monter en même temps ?

Sans parler des grandes scènes de la Révolution ou de l'insurrection récente de la Commune, qu'on veuille se rappeler les journées de mai et de juin 1848, le complot d'avril 1835, ces grands attentats où la justice humaine ne se trouve plus en présence d'individus isolés, mais de légions entières marchant à l'assaut de la société. Qu'on se rappelle Babœuf écrivant au Directoire le lendemain de son arrestation : « Je suis une puissance ; ne craignez pas de » traiter avec moi d'égal à égal (1). » Que, dans un autre ordre d'idées, on se replace, par la pensée, au lendemain de 1830, au milieu de ces fureurs populaires qui demandaient la tête du prince de Polignac ; qu'on songe aux violences du procès Babœuf ; à l'émeute des accusés d'avril ; à ces procès politiques qui « empruntent à la guerre même ses emporte- » ments et ses passions (2), » et qu'on se demande si ce sont là des crimes aux proportions ordinaires ; si nos Tribunaux, nos Cours d'assises sont assez forts pour les réprimer.

Si, comme le disait M. Barthe devant le Sénat de 1858, « les juges naturels, garantis aux accusés par les constitu- » tions de tous les peuples libres, sont ceux qui peuvent le » mieux connaître des faits et des personnes, et dont les » faits et les personnes ont à attendre le plus d'impartia-

---

(1) Thiers, *Histoire de la Révolution française*.
(2) M. Cauchy.

» lité (1), » une juridiction placée, autant que le permet la faiblesse humaine, par son élévation, par son siège, à l'abri des passions populaires et des intrigues gouvernementales, ne sera-t-elle pas, pour les grands personnages, pour les grands attentats, le juge naturel, « la juridiction de droit commun (2) ? »

Nous tenons, pour notre part, que ce n'est pas là un sophisme, à la condition que cette Cour donne aux accusés toutes les garanties auxquelles ils ont droit devant les autres ; et, pour emprunter à un orateur de 1848 une heureuse expression qui rend bien notre pensée, une juridiction constituée d'après ces principes n'est réellement pas une juridiction exceptionnelle, « *c'est une juridiction supérieure* (3). »

« Qu'importe, d'ailleurs, » s'écrie un éminent magistrat qui a soutenu de sa haute autorité la thèse que nous défendons ici, « qu'importe, en vérité, que la haute Cour soit une
» juridiction spéciale, si elle répond à des nécessités également spéciales (4) ? »

A un point de vue secondaire, d'ailleurs, une juridiction suprême et centrale est mieux en situation d'instruire et de juger certains crimes, tels qu'un complot qui embrasse la généralité du territoire. Sans doute, l'unité de juridiction pourrait être obtenue par la simple application du droit commun et le dessaisissement d'un certain nombre de tribunaux. Mais, pourquoi ces complications de procédures qui embarrassent et retardent la marche des affaires ? Une juridiction unique placée au centre du pays, embrassant dans sa compétence le territoire tout entier, dominant de haut les faits, ne sera-t-elle pas plus prompte, mieux éclairée, plus efficace ?

---

(1) Rapport au Sénat.
(2) « Là où le crime grandit, les garanties au profit de la société doivent grandir avec le crime. Une Cour spéciale, jugeant les grands attentats qui mettent en péril la société, c'est là la juridiction de droit commun. » M. Rouher, *Moniteur* du 22 janvier 1849.
(3) M. Rouher.
(4) M. Reverchon, *De la haute Cour de justice*. Paris, 1870, Balitout. — Dans le même sens, M. Faustin Hélie, *Constitutions de la France*. Paris, 1873, p. 282.

§ 2.

Nous croyons donc à la nécessité d'une juridiction supérieure. Mais à qui confier la charge redoutable de cette haute justice ?

Si les opinions des publicistes et les lois des différents peuples sont d'accord sur le principe, combien elles sont loin de l'être sur son application ! L'étude de notre propre histoire, celle du droit comparé nous l'ont appris : suivant les temps, suivant les pays, la haute juridiction politique appartient tantôt au Parlement, tantôt à la Cour suprême de la nation, tantôt à un tribunal mixte formé à la fois d'éléments politiques et d'éléments judiciaires ; tantôt enfin à une Cour de justice spéciale. Certains peuples lui reconnaissent le droit de prononcer des peines de droit commun ; chez d'autres, comme aux Etats-Unis, dans le Wurtemberg, la Saxe, sa mission se borne à l'application de peines politiques qui réservent et laissent intacts les droits de la justice ordinaire. En France, elle sort des vœux formés par les cahiers des Etats généraux et des délibérations de l'assemblée constituante, sous la forme d'un grand jury élu par le peuple, d'une « sorte de représentation nationale judiciaire. » Transformée par le premier Empire en une institution monarchique, composée de sénateurs et des titulaires des plus hautes charges de l'Etat, elle devient, sous la monarchie constitutionnelle, aux mains du Parlement, un corps à la fois politique et judiciaire, investi d'un pouvoir discrétionnaire, pour qualifier le crime, régler la procédure, arbitrer la peine; corrigeant, complétant la loi par raison d'Etat et mêlant la grâce à la justice. La constitution de 1848, celle de 1852 en font une grande Cour d'assises entourée de garanties exceptionnelles et d'une majesté plus haute. Enfin, les lois constitutionnelles de 1875 la rendent au Parlement. Comment discerner, parmi tant de combinaisons différentes, au milieu des hésitations, des repentirs du législateur, quel est le meilleur système, le plus propre à assurer à la société comme aux accusés toutes les garanties d'une bonne justice?

La haute juridiction politique est-elle bien placée aux mains du Parlement? L'attribution à la Chambre basse du droit d'accuser, et, à la Chambre haute, du droit de juger les crimes commis par les ministres dans l'exercice de leurs fonctions, et les grands attentats à la sûreté de l'Etat, n'a pas seulement pour elle l'exemple de l'Angleterre, et la pratique d'un certain nombre de peuples libres : en France même, elle peut s'autoriser de l'expérience de trente années de gouvernement parlementaire, et elle a trouvé pour la soutenir une école imposante par le nombre, plus imposante encore par l'éclat du talent et l'autorité des services.

Dans ses *Vues sur le gouvernement de la France*, l'éminent duc de Broglie n'hésite pas à proposer cette solution comme indiscutable. « Il est un point » dit-il « que nous
» tenons d'avance pour accordé ; il est un principe qui ne
» fait pas question. Sous une monarchie représentative, la
» Chambre haute, sous quelque nom qu'on la désigne, doit
» être, en matière d'Etat, la haute Cour de justice criminelle.
» Ce n'est pas trop des deux Chambres, l'une comme ac-
» cusatrice, l'autre comme juge, pour avoir au besoin rai-
» son du pouvoir exécutif dans la personne de ses *agents*.
» — Ce n'est pas trop des deux Chambres, l'une comme
» accusatrice, l'autre comme juge, pour réprimer les entre-
» prises des factions, quand ces entreprises menacent la
» sécurité de l'Etat. » Et le duc de Broglie veut qu'en matière de crimes de haute trahison et d'attentat à la sûreté de l'Etat, commis par de simples citoyens, la Chambre des représentants ait le droit de saisir la justice ordinaire ou de porter l'accusation devant le Sénat; le droit d'accepter ou de décliner la compétence (1).

Dans son livre sur *La France nouvelle*, M. Prévost-Paradol, arrive avec plus de réserve, à des conclusions

---

(1) P. 322, 323, 324.

analogues : « C'est, » dit-il, « la chute des cabinets bien
» plus que leur mise en accusation qui est la véritable sanc-
» tion de la responsabilité ministérielle. Toutefois, il peut
» être nécessaire et salutaire de mettre les ministres en
» accusation, et alors on pourrait choisir, sans inconvé-
» nient, pour tribunal suprême, soit la haute Cour telle qu'on
» l'avait constituée en 1848, soit la Chambre haute telle
» que nous proposons de la constituer ici ; car elle est com-
» posée à peu près des mêmes éléments que la haute Cour
» républicaine (1). »

On le voit, s'il hésite à se prononcer entre la haute Cour et la Chambre haute, M. Paradol n'a pas d'objections contre la juridiction parlementaire.

Malgré la différence qui sépare la pairie héréditaire ou même élective d'une monarchie du Sénat électif d'une république, la constitution qui nous régit (2) a consacré ce système, et en le présentant sous l'égide de sa haute autorité à l'assemblée nationale, M. Dufaure ne craignait pas de dire que « l'efficacité en était démontrée par l'expérience de tous » les peuples libres. »

Il est assurément téméraire de ne pas s'incliner devant d'aussi hautes autorités. Ce n'est pas sans réserve et sans défiance de soi qu'on s'en sépare. Mais, malgré tout, nous ne pouvons nous ranger à ce système ; plus nous y réfléchissons, moins il nous semble juste, et quoi qu'on en dise, nous pensons qu'il n'a pour lui, ni la raison, ni l'histoire, ni la pratique actuelle de la majorité des peuples libres.

A un premier point de vue, l'histoire de la justice parlementaire en Angleterre, le jugement par le Sénat italien de l'amiral Persano, le procès récent des ministres de Norwège ne témoignent pas en sa faveur. A toute époque, et partout, on y voit la passion dominer et, trop souvent, étouffer la justice.

---

(1) P. 126, 127.
(2) Lois sur les rapports des pouvoirs publics.

Aussi, nous l'avons vu, si quelques grandes nations comme l'Angleterre et l'Italie, l'Espagne et le Portugal, le conservent encore, la plupart des lois récentes l'ont abandonné. Ni l'Autriche en 1867, ni la Turquie en 1876, ni l'Allemagne et la Grèce en 1877, ni la Roumanie en 1879 ne l'ont adopté. Partout, c'est à une juridiction spéciale qu'on a confié le jugement des délits commis par les ministres, et des crimes d'Etat. Si, dans la composition de la haute Cour, une part est faite, parfois, à l'élément politique et représentatif, le droit comparé démontre que la tendance la plus moderne est de refuser au Parlement seul toute attribution judiciaire.

Généralement condamné aujourd'hui par l'expérience, ce système peut-il, du moins, se réclamer de notre propre histoire ? Il est presque de mode, dans une certaine école, de prodiguer l'éloge à la juridiction de la Cour des pairs. Dans un mémoire où l'élévation des idées s'allie à l'excellence du langage (1), M. Cauchy a exposé le droit nouveau que la jurisprudence de la Cour avait fondé et célébré les progrès qu'elle a fait faire à la justice politique.

Il affirme qu'elle fut à la fois : « Légalement juste comme » un magistrat, moralement équitable comme un jury, com- » plètement libre dans son indulgence comme un grand jury » politique. » Nous avons reconnu nous-mêmes qu'elle avait généralement fait preuve de lumières, d'indépendance et de modération. M. Cauchy avoue qu'« il n'y a rien dans ce » résultat qu'il faille rapporter à la sagesse de la loi ; » qu'il est dû tout entier à ces hommes qui, suivant la belle parole du chancelier Pasquier, « avaient du sang de magistrat dans les veines. » Mais les hommes changent et les institutions restent. La sagesse des uns ne saurait réparer les vices des autres ; elle ne saurait supprimer la funeste influence des

---

(1) *Du jugement des crimes politiques au point de vue moral et, en particulier, de la Cour des pairs et de la haute Cour.* Mémoire lu, en 1867, à l'Académie des sciences morales et politiques. *Comptes rendus des séances de l'Académie*, par M. Ch. Vergé, t. LXXX, p. 165.

idées fausses et le péril des principes mauvais. Le sage Henrion de Pansey l'a dit : « L'autorité judiciaire et la con-
» fection des lois sont deux pouvoirs dont la réunion n'est
» jamais sans danger pour la liberté publique (1). » On oublie trop, d'ailleurs, certaines défaillances. Nous avons rappelé le procès du maréchal Ney, la pression des salons et du monde politique dominant la chambre, lui imposant de véritables dénis de justice, lui arrachant la mort du maréchal ! Sont-ce véritablement des juges, « ces Pairs prêts à tout
» faire pour la monarchie légitime comme ils avaient tout
» fait pour l'empire (2) ? » On a beau demander d'écarter ce souvenir douloureux, en disant que ce fut là une surprise, que la Chambre n'avait pas encore la pleine possession d'elle-même, la conscience de ses devoirs et de sa mission. La réponse ne rassure pas. Car cette conscience, si elle l'avait depuis acquise, il suffisait pour la lui faire perdre d'un changement des personnes ou d'une grande commotion publique.

C'est l'un des plus funestes effets, et l'œuvre particulièrement immorale des révolutions de troubler dans l'esprit des hommes les notions du vrai et du juste, d'affaiblir tous les principes, et d'ébranler les consciences plus encore que l'Etat. Comment oublier, à ce point de vue, le procès des ministres de 1830 ? Si la défense y fut libre et la peine modérée, comment n'être pas saisi d'une douloureuse et patriotique tristesse devant les sophismes qu'on accumula pour motiver la poursuite, établir la compétence de la chambre, et transformer la culpabilité morale en culpabilité légale !

Au début du rapport qu'il présentait à la Chambre des pairs au nom de la commision chargée d'instruire le procès, M. de Bastard justifiait en ces termes la mesure qui déférait les accusés à la Cour des pairs :

« La Chambre des pairs de France, par l'élévation de son

---

(1) *Des pairs de France*, ch. VI.
(2) M. Duvergier de Hauranne, t. III, p. 304.

» rang dans la hiérarchie des pouvoirs, par l'indépendance
» que lui assure la stabilité de son existence, par le nombre
» même de ses membres, par l'habitude et la nécessité où
» elle se trouve de s'occuper chaque année des plus grands
» intérêts du pays, la Chambre des pairs *pouvait seule com-*
» *poser le Tribunal suprême de la France.* Seule, par son ca-
» ractère politique et judiciaire, elle pouvait constituer cette
» magistrature d'un ordre supérieur, capable de compren-
» dre, de juger les grands procès, et de rassurer à la fois
» le pays et les accusés. *Seule, elle avait le pouvoir et le*
» *droit de s'affranchir des prescriptions étroites de la loi*
» *écrite et de n'écouter que les règles éternelles de l'équité et*
» *de la raison; de ne laisser aucun crime impuni et d'infli-*
» *ger à chaque crime la peine qui lui était justement acquise;*
» *de résister aux exigences de l'autorité et aux entraînements*
» *des partis; de ne voir enfin que le bien de la patrie, que*
» *les intérêts de la justice à laquelle les nations n'ont jamais*
» *manqué impunément.* Tel est, Messieurs, dans le présent et
» dans l'avenir de la France, le rôle auguste de la Cour des
» pairs : telle est aujourd'hui sa mission (1). »

Et il ajoutait : « En matière criminelle ordinaire et devant
» les tribunaux de droit commun, la spécification légale du
» fait incriminé doit non seulement précéder toute condam-
» nation mais toute accusation et toute poursuite ; car on ne
» saurait traduire un citoyen en justice que pour un fait
» spécialement prévu par la loi pénale ; aussi, tout acte
» d'accusation indique-t-il, avec les circonstances du fait qui
» constitue le corps du délit, la disposition de la loi qui
» le définit et le spécifie. Toutefois, en matière de crimes
» politiques et de responsabilité ministérielle, lorsqu'il
» s'agit de l'indépendance ou de la sûreté de l'Etat, du
» maintien des institutions ou des lois, des libertés publi-
» ques ou des garanties individuelles, devant un tribunal
» que la constitution a placé au sein des deux Chambres

(1) Sirey, 1831, 2, 9.

» législatives dont l'une a l'accusation et l'autre a le juge-
» ment, *il est impossible qu'il n'y ait pas accusation, quand*
» *il y a eu péril pour la patrie, et qu'il n'y ait pas jugement*
» *quand il y a eu accusation.*

» Sans doute la sûreté et la liberté d'un citoyen doivent
» être préférées à la répression d'un trouble ou d'un désor-
» dre que le le législateur a négligé de signaler. Si la so-
» ciété souffre de cette omission, le mal est réparable pour
» l'avenir, et il serait injuste qu'une peine quelconque attei-
» gnît celui qui n'aurait pas été préalablement averti par un
» texte exprès de la loi, puisqu'il n'aurait pas enfreint ses dé-
» fenses; *mais il n'en saurait être ainsi lorsque la sûreté et*
» *la liberté du pays ont été mises en danger par ceux-là*
» *mêmes qui doivent veiller à leur conservation : car la li-*
» *berté et la sûreté de tous sont préférables à celles de quel-*
» *ques uns.* De si audacieux abus de la puissance publique
» sont souvent irréparables. Ceux qui les commettent se
» mettent en guerre avec la société ; elle ne peut demeurer
» désarmée contre leurs attaques. La justice politique n'est
» pas seulement du droit public : elle est du droit des gens;
» elle est inhérente au droit naturel, qui appartient à chaque
» peuple de veiller à sa propre conservation : elle ne doit,
» elle ne peut donc jamais manquer ni de tribunaux ni de
» lois (1). »

J'en demande pardon à l'éminent rapporteur et à la commission dont il était l'organe! Mais cette théorie n'est que le plus détestable et le plus dangereux des sophismes; la négation éclatante des droits les plus sacrés de l'individu, c'est la thèse que le salut de l'Etat autorise, je ne dis pas assez, commande tout! Nous ne connaissons pas un seul de ces arguments qui ne conduise directement à la justification du tribunal révolutionnaire ; c'est la thèse même du comité de salut public, c'est son langage.

Hé quoi! il y aura au monde une juridiction, si haute

---

(1) Sirey, 1831, 2, 14.

qu'elle soit, qui aura le droit et même le devoir de s'affranchir des prescriptions étroites de la loi écrite pour n'écouter que les règles éternelles de l'équité et de la raison ! qui, pour le bien de la patrie, devra ne laisser aucun crime impuni, et pourra, pour le punir, ne suivre d'autre règle que sa conscience, transformer en crime un fait auquel aucune loi n'avait reconnu le caractère délictueux ; le frapper d'une peine qu'aucune loi n'avait édictée ! Cette juridiction pourra ainsi à la fois créer et appliquer la peine ! Elle sera, en même temps, législateur et juge ! O Montesquieu ! où êtes-vous ? Que sont devenus la séparation des pouvoirs, les grands principes de 89, les tutélaires garanties de la liberté individuelle ! Il a suffi de l'intérêt momentané d'un parti, du trouble d'une révolution pour mettre à leur place l'arbitraire absolu, le mépris du droit et de la liberté, et, pour tout dire en un mot, la formule même de la tyrannie !

De quel état des esprits témoigne un pareil langage ! Quel trouble il révèle dans les consciences ! Quels aveuglements et quels emportements ne laisse-t-il pas redouter de la part du juge qui le tient ? Nous le demandons à tout homme de bonne foi. Pour avoir été appliqués alors par une assemblée modérée, de tels principes ont-ils cessé d'être la négation même du droit, ont ils rien perdu de leur fausseté, de leur immoralité et de leur péril ?

M. de Martignac n'avait pas de peine à démontrer qu'au point de vue légal l'accusation ne se soutenait pas, d'une part, parce que la trahison prévue par l'article 56 de la charte n'avait jamais été définie, la loi promise sur cet objet étant encore à faire ; — d'autre part, parce qu'aux termes de l'article 4 du code pénal nulle infraction ne pouvait être punie d'une peine qui n'était pas prononcée par la loi avant qu'elle fût commise. « Devant une Cour qui serait purement
» judiciaire, » disait-il, « et qui n'aurait d'autres devoirs à
» remplir que ceux de juger, cette défense serait péremp-
» toire et dispenserait de toute autre. » Elle l'était, en effet, et, malgré tout leur talent, les commissaires de la Chambre

des députés n'y purent opposer que des sophismes. Mais, ajoutait-il immédiatement : « On vous l'a dit, et je le re-
» connais, vous n'êtes pas uniquement une haute Cour judi-
» ciaire, *vous êtes en même temps un grand corps politique.*
» *Ce ne sont pas seulement les intérêts de la justice qui*
» *vous sont remis, c'est la sûreté de l'Etat dont le dépôt vous*
» *est confié. Les droits et les devoirs que cette double qualité*
» *peut vous conférer ne sont définis nulle part. Dans la haute*
» *sphère où vous êtes placés, vous ne devez compte qu'à vous-*
» *même de l'usage que vous jugez juste et utile d'en faire.* »

Eh bien ! c'est précisément dans ce pouvoir arbitraire qu'on croit trouver la raison d'être de la juridiction parlementaire ; c'est de son autorité discrétionnaire qu'on se réclame pour la défendre. On y voit une institution d'Etat puisant, dans son double caractère à la fois judiciaire et politique, « une liberté plus grande que celle du juge pro-
» prement dit ; » le droit de s'affranchir des prescriptions légales pour ne consulter que l'intérêt supérieur du pays ; d'être d'autant plus juste et modérée qu'elle est plus puissante ; de mettre la clémence dans ses arrêts, au lieu de l'abandonner à la prérogative du chef de l'Etat. « Il n'est
» pas interdit à la politique, » dit **M.** Rossi, « de rester en
» deçà de la limite extrême de la justice (1). »

A merveille ! mais, si vous pouvez rester en deçà des limites de la justice, qui me garantit que vous n'irez jamais au delà ? Toute justice discrétionnaire n'est plus réellement la justice ! modérée aujourd'hui, elle sera violente demain. Les institutions ne changent-elles pas de caractère avec les mains qui les appliquent ? Sans doute, la Cour des pairs n'a usé de son pouvoir discrétionnaire que pour modérer les peines, et en cela elle est demeurée en deçà de la justice. Mais n'allait-elle pas au delà quand, s'affranchissant des principes les plus certains du droit, elle érigeait en crimes des actes non qualifiés par la loi, et créait des peines pour les punir?

---

(1) M. Rossi. *Moniteur* du 3 mars 1840.

M. Cauchy nous apprend qu'après s'être reconnu le droit de ne pas juger par ordre et de ne demeurer saisie qu'alors que la raison d'Etat lui paraissait l'exiger, elle tendait, à la fin de sa carrière, par un développement logique du même principe, à s'attribuer un droit général d'évocation. — M. Crémieux avait-il donc tort de la traiter « d'usurpatrice? » Sa juridiction était-elle en réalité autre chose que l'arbitraire?

« L'homme, a dit M. Rossi, n'est pas assez vertueux pour
» qu'on lui confie l'administration de la justice sociale sans
» autre règle de conduite que les préceptes de la justice mo-
» rale et la libre appréciation des exigences de l'ordre poli-
» tique (1). »

Rien de plus profond et de plus vrai que cette pensée. Et voilà pourquoi le soin de la justice exige et une loi pénale positive dont les prescriptions s'imposent au juge, et la division du pouvoir législatif et du pouvoir judiciaire. Qui ne voit, en effet, qu'une justice sans loi positive est nécessairement dépourvue des garanties nécessaires contre la faveur ou la haine et que la confusion dans les mêmes mains du pouvoir de faire les lois et du pouvoir de les appliquer double fatalement les chances que l'imperfection humaine laisse au caprice, à la passion et à l'erreur (2).

« Quand on laisse la définition du crime à l'accusation,
» dit M. Laboulaye, quand c'est le juge qui fixe la peine et
» l'applique, on tombe dans un danger véritable qui est de
» faire de la justice un instrument de vengeance : et si,
» comme en Angleterre, on se croit le droit d'appliquer la
» peine du bannissement et même la peine de mort, on est

---

(1) *Cours de droit pénal*, t. II, p. 398 et suiv.
(2) Ce péril, Rousseau lui-même l'a senti : « *Le danger*, dit-il, *en serait terrible* » (*Considérations sur le gouvernement de Pologne*). Et, il faut le dire à l'honneur de la Cour des pairs, elle en avait elle-même le sentiment. Dans le procès du Précurseur, en 1834, M. de Pontécoulant le signalait en ces termes : « Si les inculpés traduits devant la Cour des pairs ne trouvaient pas les plus fortes garanties dans ses lumières, son indépendance et sa haute impartialité, il n'y aurait pas de tribunal plus effrayant, puisque, en l'absence d'une loi d'organisation et de procédure, ce tribunal est réduit à

» tout près de tomber dans les excès qui ont fait tant de
» tort à la révolution française (1). »

C'est au nom de la liberté comme au nom de la justice (elles sont au fond même chose), qu'il faut proscrire ces monstrueuses confusions de pouvoirs, tant de fois condamnées par les penseurs et maudites par les victimes ; qu'il faut supprimer ces juridictions arbitraires dont le vice peut ne pas se faire sentir trop douloureusement entre des mains honnêtes et modérées, mais qui, entre des mains violentes et impures, dégénèrent bien vite en instruments des excès les plus honteux et de la plus détestable tyrannie.

Mais, « si le juge, le juge politique comme tout autre, se
» rend coupable de forfaiture quand il procède au jugement
» d'un acte auquel il ne peut pas appliquer un texte de loi
» pénale dûment publié avant le fait qu'on lui dénonce (2), »
ne serait-il pas, du moins, possible d'astreindre le Parlement lui-même aux définitions et aux peines légales, et d'enchaîner sa juridiction par les liens de la loi positive ? Sur ce point, les partisans les plus convaincus de la juridiction parlementaire hésitent ; ils craignent d'en dénaturer le caractère, qui est d'être précisément une juridiction plus libre que celle du juge proprement dit ; et, en lui enlevant la liberté de s'affranchir des qualifications de la loi, ils redoutent de lui enlever ce qui est sa raison d'être, son caractère de pouvoir modérateur.

Cependant, il faut le reconnaître, dans la plupart des pays où le jugement des crimes politiques demeure confié à la Chambre haute, des lois organiques ont défini les crimes, réglé la compétence, fixé les peines. Et l'on ne voit pas, en effet, pourquoi le Parlement, quand il se transforme en Cour de justice, ne deviendrait pas, à son tour, l'esclave de la loi.

se faire lui-même législateur, et que son unité l'oblige à remplir successivement, dans la même affaire, les fonctions de chambre du conseil, de chambre des mises en accusation, de jury et de cour d'assises. »

(1) *Histoire des États-Unis*, t. III, p. 397 et suiv.
(2) Rossi, *Traité de droit pénal*.

C'est là, à coup sûr, un grand progrès. Nous n'hésitons pas cependant, quant à nous, à repousser la juridiction des assemblées politiques, même strictement renfermée dans les limites légales. Sans doute, avec une loi positive, l'arbitraire disparaît, mais la passion reste, et l'histoire nous a appris, par des leçons trop répétées et trop rudes, quels sont, hélas! l'entraînement, l'injustice, les contradictions des partis, de tous les partis.

« Quand il s'agit de juger, » écrit M. Rossi, « l'homme
» s'égare souvent, même par l'influence des passions nobles
» et généreuses. Que n'a-t-on pas raison de craindre lorsque
» viennent conspirer avec elles les passions basses et méchan-
» tes (1) ? » A ce point de vue, une assemblée, quelle qu'elle soit, ne sera-t-elle pas toujours la plus dangereuse des juridictions? Qui ne connaît les passions qui s'y agitent, les intrigues qui s'y nouent, les intérêts qui s'y ménagent, les ambitions qui y fermentent? Tout ministre qui a quelque temps exercé le pouvoir compte nécessairement, parmi les membres d'une assemblée, des amis ardents et des adversaires acharnés. Il n'y a guère de milieu. Entre ces passions contraires, quelle place reste, je le demande, à l'impartialité et à la justice? Quand le jugement des ministres est l'une des principales attributions de la justice politique, cette seule réflexion ne suffit-elle pas à condamner le système?

On prétend, il est vrai, qu'une accusation politique veut des juges politiques. Mais c'est là précisément qu'est, à nos yeux, le sophisme. Sans doute, les Chambres sont les juges naturels de cette responsabilité morale et politique qui fait et défait les cabinets, les élève ou les renverse. Elles sont, au point de vue pénal, le plus dangereux des juges pour des accusés dont elles ont souvent tout à craindre ou tout à espérer. Si, d'ailleurs, on proscrit toute accusation vague et *constructive ;* si, comme nous, on veut que toute responsabilité pénale repose sur un texte précis et une définition lé-

---

(1) *Traité de droit pénal,* p. 2.

gale de l'infraction ; pour appliquer la peine à un délit ainsi défini, il n'est pas besoin d'un juge politique, il suffit d'un juge éclairé et indépendant.

Les attributions judiciaires conférées aux Chambres ne sont-elles pas encore une sérieuse entrave à leurs travaux législatifs? A-t-on oublié que le procès d'avril 1835 dura neuf mois? Les accusations répétées dont la Chambre haute eut à connaître sous le gouvernement de juillet suspendaient ses travaux et nuisaient à son autorité. L'histoire en témoigne, et révèle que les accusés traduits devant les assemblées ont toujours manqué de confiance et de respect pour les juges politiques (1).

§ 3.

Reste un système introduit par un grand peuple, adopté par plusieurs autres nations, soutenu par d'éloquents publicistes : c'est celui des Etats-Unis, qui, séparant profondément la justice politique de la justice de droit commun, attribue la première au Parlement en laissant l'autre aux tribunaux ordinaires. L'importance d'un tel système, la consécration que lui a donnée en Amérique près d'un siècle d'expérience, la faveur qu'il a trouvée près d'esprits aussi éminents que MM. de Tocqueville et Laboulaye, le rendent évidemment digne de la plus sérieuse attention.

Dans ce système, la Chambre basse a le droit de traduire les ministres et les hauts fonctionnaires devant la Chambre haute. Mais la Chambre haute ne peut prononcer contre l'accusé d'autre peine que celle de la révocation et certaines incapacités politiques.

Je reconnais volontiers la valeur d'un pareil système et le mérite qu'il a d'éviter toute juridiction exceptionnelle pour l'application des peines de droit commun. Echappe-t-il ce-

---

(1) L'impossibilité reconnue pour une semblable juridiction de statuer sur les intérêts civils n'est-elle pas encore un argument secondaire contre l'adoption d'une pareille juridiction?

pendant à l'objection ? Il se comprend en Amérique où la responsabilité ministérielle n'existe pas. Mais dans les pays où le ministère est politiquement et collectivement responsable, la simple révocation prononcée sur une accusation solennelle ne fait-elle pas double emploi avec le renversement du cabinet ? De deux choses l'une, d'ailleurs ; ou, après cette révocation, le juge de droit commun sera tenu d'appliquer la peine et alors c'est en réalité la haute Chambre qui juge ; ou bien il restera libre, et alors quel préjugé la décision de la Chambre haute ne fait-elle pas peser sur son jugement ! Si, cependant, il acquitte, quelle contradiction entre les deux juridictions, et par suite quel scandale !

A un autre point de vue, un tel système ne remplit qu'imparfaitement le but que nous poursuivons. S'il peut s'appliquer au jugement des ministres et des hauts fonctionnaires, il est inapplicable à la répression des grands attentats contre la société. Il en laisse la connaissance au juge de droit commun : et si, dans une société comme la nôtre, ce juge paraît trop faible et, comme on l'a dit, trop *local* pour dominer de haut et réprimer sans peur comme sans excès ces vastes complots qui attentent à la société elle-même, si c'est précisément à raison de ces défauts du juge ordinaire que nous cherchons un juge, non pas exceptionnel mais supérieur, la constitution américaine ne nous le donne pas.

§ 4.

Si maintenant nous parcourons les divers systèmes essayés dans les différents pays, on ne saurait méconnaître que, *a priori*, ils présentent à peu près tous de sérieuses garanties de justice. Il se peut que la plupart d'entre eux répondent à la situation particulière pour laquelle ils ont été créés et au tempérament du peuple auquel ils s'appliquent.

Un certain nombre de constitutions confient la juridiction politique à la Cour suprême de droit commun. Ce haut tribunal se recommande généralement par ses lumières et son impartialité. Dans les pays cependant où il est à la nomination exclusive du chef de l'Etat, nous redouterions pour lui l'ingérence du pouvoir, et nous ne serions pas sans quelque inquiétude pour son indépendance politique.

Une haute Cour formée moitié de magistrats, moitié de membres élus par les Chambres, est une combinaison ingénieuse et séduisante où l'esprit judiciaire et l'esprit politique peuvent s'éclairer et se rectifier l'un par l'autre; mais toutes ces combinaisons ont un tort, à nos yeux irréparable : c'est que, dans la plupart au moins des pays qui les ont adoptées, elles refusent aux accusés les garanties que leur assure la loi commune et constituent vraiment des tribunaux d'exception.

Or, ce qui nous paraît nécessaire pour légitimer l'institution d'une haute Cour, c'est qu'elle assure aux accusés politiques comme à tous les autres les garanties du droit commun.

En France, et en matière de crime, ces garanties se résument en deux principes essentiels : l'accusé a droit d'être jugé par le jury, il a le droit de n'être frappé que de peines édictées par la loi avant le crime qu'il a commis.

Ces deux principes sont-ils donc inconciliables avec l'institution d'une haute Cour?

Parmi les diverses combinaisons qui ont été essayées, il en est une au moins qui nous paraît les remplir : c'est celle qu'avait consacrée la constitution du 4 novembre 1848; celle qui confie le jugement du fait à des jurés désignés par le sort parmi les conseillers généraux; la direction des débats et l'application de la peine à des magistrats élus par la Cour suprême et dans son sein.

Pour reproduire un mot que nous avons déjà cité, une telle juridiction n'est vraiment pas exceptionnelle mais supérieure. Elle n'altère en rien les garanties assurées à la société comme à l'accusé par la justice ordinaire ; elle ne fait que les fortifier et les grandir, puisqu'elle ne fait qu'accroître les lumières et l'indépendance du citoyen chargé d'apprécier le fait comme du magistrat chargé d'appliquer la loi (1).

L'histoire est là pour dire que la haute Cour de 1848 ne manqua pas à sa mission. Malgré ses prédilections pour la juridiction de la Cour des pairs, M. Cauchy, dans le mémoire dont nous avons parlé plus haut, reconnaît qu'elle assura « une répression courageuse et modérée dans des » formes dignes et solennelles. »

M. Laboulaye a beau dire que cette haute Cour de justice est un tribunal d'exception, « et fait une singulière figure » dans une constitution qui proclame bien haut qu'il ne » pourra être créé de tribunaux extraordinaires à quelque » titre et sous quelque dénomination que ce soit (2). »

C'est s'arrêter aux apparences, et ne pas aller au fond des choses. On ne peut vraiment appeler tribunal d'exception une juridiction qui n'a d'autre mission que d'appliquer, dans les formes ordinaires, la loi commune. Pour emprunter un mot heureux à M. Cauchy, « la haute Cour n'est vraiment » que la Cour d'assises de droit commun élevée à sa dernière » puissance. »

Qu'on fasse, si l'on veut, désigner par le sort, au lieu de les faire élire par leurs collègues, les magistrats de la Cour suprême qui devront siéger à la haute Cour. Ce qu'il importe de proscrire, c'est la désignation laissée au chef de l'Etat, et sur ce point, le système de la constitution de 1852 doit être condamné. Nous inclinerions pourtant à préférer l'élection, plus capable que le sort aveugle de tenir compte des aptitudes, du caractère, des forces de chacun. Tel est aussi l'avis de M. Reverchon (3). Quel que soit le mode adopté, on ne devra jamais, pour faire cette désignation, attendre la

---

(1) « Les règles constitutives de cette suprême juridiction, qui procèdent » à la fois de l'élection, de l'institution du jury et du suffrage universel, » loin d'affaiblir ses garanties, leur donnent, au contraire, une plus grande » étendue et une force nouvelle. » Arrêt de la haute Cour de 1849. S., 49, 2, 240.

(2) *Histoire des Etats-Unis*, t. III, leçon 15.

(3) *De la haute cour de justice*, p. 24. Paris, 1870. — Tel est aussi l'avis de M. Faustin Hélie, p. 1218.

nécessité de convoquer la haute Cour. Les juges ressembleraient trop à des commissaires. Nous voudrions que la haute Cour eût, autant que possible, un caractère permanent. Pourquoi une désignation annuelle? Pourquoi les membres de la Cour suprême, désignés par l'élection ou par le sort pour faire partie de la haute Cour, ne seraient-ils pas inamovibles en cette qualité, et ne garderaient-ils pas ces fonctions toute leur vie? En cas de décès ou de démission, l'élection ou le sort comblerait ces vides.

Approuvé par M. Cauchy comme une idée heureuse, le choix des jurés parmi les conseillers généraux est, au contraire, vivement critiqué par M. Laboulaye : « Qui peut répondre, » dit-il, « qu'un jury choisi parmi les membres des conseils » généraux n'aura pas, dans un moment donné, une couleur » politique des plus prononcées, et ne sera pas, par consé- » quent, l'ennemi plutôt que le juge naturel des accusés ? »

Nous croyons, pour notre part, que le choix des jurés parmi les conseillers généraux est de nature à assurer, dans les temps calmes, toutes les garanties d'une bonne justice. Mais on ne peut nier qu'aux époques troublées, dans les périodes révolutionnaires, si fréquentes hélas dans notre malheureux pays, l'observation de M. Laboulaye ne présente une part de vérité. Quand la magistrature est indépendante et respectée, on pourrait imiter le système bavarois et faire désigner par les Cours d'appel, dans leur ressort, les citoyens les plus dignes par leur situation, leur caractère et leurs lumières, de siéger à ces grandes assises politiques. Nous préférerions pourtant voir la loi elle-même adjoindre aux conseillers généraux certaines autres catégories de citoyens, tels que les membres de l'Institut, les avocats élus aux Conseils de l'ordre des divers barreaux de France, les présidents des Chambres de commerce, etc. Le sort se chargerait ensuite de désigner, sur cette liste générale des hauts jurés, ceux qui devraient former le jury de jugement.

Le second principe auquel nous tenons davantage encore, c'est que la haute Cour ne puisse juger que des crimes antérieurement définis, appliquer que des peines antérieurement édictées par la loi.

Pour les grands attentats contre la société, la difficulté n'existe pas, le code pénal est là. Il en est autrement des crimes et délits politiques proprement dits commis par les fonctionnaires, et surtout par les ministres. M. Laboulaye nous dit : « Le grand défaut de la justice politique, c'est
» qu'on ne sait jamais dans quelle limite la contenir. Si vous
» faites une loi pour spécifier tous les abus dont un minis-
» tre peut se rendre coupable, il faudrait une loi qui, à elle
» seule, remplirait plusieurs *in octavo* (1). »

Sans doute, la tâche est difficile, mais elle est nécessaire. Comment oublier l'infortuné Delessart, accusé par Brissot « d'avoir compromis la dignité de la nation, de n'avoir pas » averti l'assemblée du concert des puissances et de la dé- » claration de Pilnitz, d'avoir professé dans ses notes des » doctrines inconstitutionnelles, et d'avoir donné à Kaunitz » une fausse idée de l'état de la France (2)? » Décrété d'accusation, il est conduit à Orléans dans les prisons de la haute Cour, bientôt après égorgé à Versailles. Voilà comment, sous la révolution, on envoyait les ministres à l'échafaud ! Et même à une époque plus rapprochée de nous et plus calme, au temps de l'application la plus régulière du régime parlementaire, que de scandaleuses accusations, uniquement provoquées par les vivacités de la lutte et par des compétitions personnelles! En 1828, M. Labbey de Pompières propose contre M. de Villèle et parvient à faire prendre en considération par la Chambre une accusation de trahison et de concussion qui ne repose sur aucun fondement. En 1846, ce sont des hommes comme MM. Odilon Barrot, Duvergier de Hauranne, de Malleville, Léon Faucher, de Lasteyrie, Drouin de L'Huys qui accusent M. Guizot « d'avoir trahi au » dehors l'honneur et l'autorité de la France, faussé les

---

(1) *Histoire d'Amérique*, t. III, p. 397.
(2) Séance du 19 mars 1792 Voy. Thiers, *Histoire de la Révolution, Assemblée législative*, ch. II.

» principes de la Constitution, violé les garanties de la
» liberté, ruiné les finances de l'Etat, et compromis ainsi
» les forces et la grandeur nationales ! » Imputations dont
le vague calculé dissimulait mal la faiblesse et que l'esprit
de parti seul avait dictées ! « On ne saurait, » a dit dans
ses *Mémoires* un homme d'Etat de ce temps, « les relire au-
» jourd'hui sans surprise et sans tristesse (1) ! » De telles
accusations n'ont, en effet, rien de commun avec la justice.

Mais, à ce point de vue, la législation comparée, notre propre histoire, ne nous offrent-elles pas des exemples et des leçons? Cette tâche n'a-t-elle pas été essayée par la constitution même de 1791 ? N'a-t-elle pas été accomplie plus ou moins heureusement par les lois de divers pays? Nous demandons qu'on proscrive ce mot de *haute trahison*, mot élastique d'où la subtilité des légistes peut faire sortir toute sorte d'accusation; ou, du moins, qu'on en donne une définition précise. « De toutes les lois, » a dit Henrion de Pansey, « il n'en est pas qui intéressent plus
» éminemment l'ordre social que celles dont l'objet est de
» définir les crimes d'Etat et de haute trahison. En effet, si,
» faute de précision dans les idées, et de choix dans les
» expressions, elles prêtent à l'arbitraire, tous les esprits
» seront frappés de terreur, parce que toutes les existences
» seront menacées, et, dans les discordes civiles, elles seront,
» dans les mains des factieux, une arme qui, successivement
» employée par les chefs de tous les partis, produira des
» maux incalculables. A Rome, les lois de majesté, rédigées
» en termes trop vagues, répandirent plus de calamités sur
» l'empire que les invasions des barbares (2). »

Nous demandons donc que, selon le vœu des lois constitutionnelles, la loi donne une définition précise de la haute trahison, tant au regard du président de la République que des ministres. La tâche n'est pas au-dessus des forces du

---

(1) De Falloux, *Mémoires d'un royaliste*, t. I, p. 259.
(2) *Des pairs de France*, ch. VI.

législateur. La constitution de 1848 l'avait remplie en ce qui concerne le chef de l'État. La proposition Pascal Duprat en donnait, pour le président comme pour les ministres, une définition acceptable.

Pour ce qui regarde spécialement les ministres, qu'on proscrive l'abus de pouvoir, qui présente un sens trop vague. Mais, est-ce que la dissipation des deniers publics, la corruption, la subornation, la concussion, la violation de la constitution, les entreprises contre la liberté ou la propriété des citoyens ne répondent pas à des idées nettes, à des faits précis qui ne laissent pas place aux accusations arbitraires? D'ailleurs, l'objection de M. Laboulaye se retourne contre son système. Si la définition de pareils délits est impossible, elle l'est aussi bien devant le juge de droit commun que devant le juge parlementaire. Sans doute, les catégories du législateur pourront, en matière politique comme en matière de droit commun, laisser en dehors certains faits dont la morale commanderait la répression. Mais une loi, même imparfaite, vaudra toujours mieux que l'arbitraire. Nous nous refusons, d'ailleurs, à penser que le législateur soit impuissant à saisir et à préciser par des formules, les crimes qui, pour les ministres et les hauts fonctionnaires, peuvent entraîner une responsabilité pénale. Et, pour le reste, la responsabilité politique n'est-elle pas là?

Telles sont les grandes lignes qui nous semblent devoir guider le législateur dans l'organisation d'une haute Cour et le règlement de sa compétence. Constituée d'après ces principes, elle nous semblerait échapper à la plupart des critiques dont cette juridiction a été l'objet.

Devrait-on borner la compétence de la haute Cour aux infractions purement politiques (1), ou l'étendre aux crimes et

---

(1) M. Reverchon pense, avec raison, qu'il ne faudrait donner à la haute Cour jugeant *ratione personæ* que la connaissance des délits graves, et laisser à la Cour d'appel, conformément à l'article 10 de la loi du 20 avril 1810, celle de tous les délits qui, comme ceux de chasse et de pêche, sont plutôt de simples contraventions. *De la Haute-Cour*, p. 24.

délits de droit commun commis par les hauts fonctionnaires et des personnages puissants de l'Etat, par les princes sous une monarchie, par le président et les ministres sous une république? C'est là évidemment le point le plus délicat. A cet égard, les diverses constitutions de la France ont varié; les constitutions étrangères se divisent. Nous croyons cependant que, même pour les crimes et délits de droit commun, un prince, un ministre, un président de la république doivent plutôt être déférés à la haute Cour qu'aux tribunaux ordinaires. Nous le croyons dans l'intérêt des accusés eux-mêmes, plus encore que dans l'intérêt social. Qui ne sait, en effet, quand il s'agit de personnes en vue, quelle popularité et quelle impopularité s'attachent à certains noms; à quels entraînements d'indulgence ou de sévérité certaines passions peuvent emporter l'opinion, et, avec elle, le jury de droit commun? Sans vouloir médire de ce jury, quiconque l'a pendant longtemps pratiqué ne saurait être pleinement rassuré à cet égard. Un éminent magistrat (1) signalait récemment ses défaillances, et, dans tous les temps, hier encore, de trop éclatants exemples nous ont appris combien peu il sait résister à ces courants qui, dans notre démocratie mobile, emportent à certains moments les esprits au mépris de toute vérité et de toute justice. Cette considération nous paraît, à elle seule, justifier l'attribution à la haute Cour des crimes et délits de droit commun commis par les hauts personnages. On l'a dit avec raison : « Devant les tribunaux » ordinaires, de tels accusés triompheraient par la crainte, » ou périraient par l'envie (2). »

Conviendrait-il, du moins, d'exiger, comme le font certaines législations, que, dans ce cas, la poursuite devant le juge ordinaire fût autorisée par le Corps législatif? Nous ne voyons, pour notre part, aucun motif d'édicter à cet égard une exception au droit commun, et de ne pas respecter la

---

(1) M. Guillot, juge d'instruction au tribunal de la Seine.
(2) Faustin Hélie, *Constitutions de la France*, p. 741.

liberté d'action du ministère public. C'est pour les délits de fonction qu'on comprend un autre accusateur.

§ 5.

Il nous paraîtrait à la fois logique et convenable de pourvoir la haute Cour, comme l'avaient fait les sénatus-consultes du second Empire, d'une Chambre d'instruction et d'accusation, et d'en faire une juridiction complète, se suffisant à elle-même. Sans doute, les règles qui commandent de fortifier les garanties pour le jugement n'existent pas au même degré pour l'information, et il n'y a pas les mêmes inconvénients à la laisser aux mains de la justice ordinaire. Mais une juridiction n'est vraiment achevée qu'autant qu'elle est pourvue de tous les organes nécessaires à la recherche et à la manifestation de la vérité. La haute Cour, qui reçoit de la justice de droit commun une instruction toute faite, peut la trouver insuffisante. Elle doit pouvoir la compléter. La Chambre d'instruction de la haute Cour aurait, d'ailleurs, à nos yeux, l'avantage d'épargner la nécessité d'informer sur les crimes des ministres, et à la justice ordinaire peu familière avec ce genre de poursuites, et à la Chambre des députés forcée d'usurper, dans ce cas, de véritables attributions judiciaires. Et pour les grands attentats eux-mêmes, pourquoi, au lieu de laisser se multiplier et se localiser les procédures, ne pas en confier l'instruction à une juridiction centrale embrassant d'un coup d'œil l'ensemble du territoire, pouvant apporter, dans cette tâche difficile, des vues d'ensemble, l'unité de direction, l'esprit de suite?

Par qui et comment la haute Cour doit-elle être saisie?

En ce qui touche les crimes contre la sûreté intérieure et extérieure de l'État, ce droit appartient au pouvoir exécutif. Et, en pareil cas, la juridiction de la haute Cour doit n'être qu'une juridiction facultative. C'est au pouvoir exécutif à apprécier, suivant la gravité des faits, l'état des esprits, la situation générale du pays, s'il convient de laisser la justice ordinaire suivre son cours ou de saisir la haute juridiction. C'est à lui encore évidemment qu'il appartient de désigner les membres chargés de remplir près de la haute Cour les fonctions du ministère public. Il nous semblerait convenable que le parquet de la haute Cour, au lieu d'être désigné dans chaque affaire, eût, comme la Cour elle-même, une existence permanente. Pourquoi ces fonctions n'appartiendraient-elles pas de droit au Parquet de la Cour de cassation ?

A qui doit appartenir le droit d'accuser les hauts fonctionnaires, spécialement les ministres, devant la haute Cour ? Un tel droit est-il bien placé aux mains d'une assemblée politique ? Quand on se rappelle la situation que les assemblées font aux ministres, la surveillance jalouse à laquelle ils sont soumis, les accusations souvent odieuses autant qu'absurdes dont ils y sont l'objet (1), on se prend à en douter. Combien inspire plus de confiance ce procureur général inamovible que la constitution des Pays-Bas place auprès de la haute Cour !

Cependant, il semble difficile, dans un pays constitutionnel, de refuser aux Chambres le droit d'accusation : le droit d'accuser n'est pas le droit de juger ; et une accusation passionnée, si regrettable qu'elle soit, n'aura jamais la gravité d'une sentence inique. Si le droit d'accusation peut entraîner des abus, il peut être aussi la sauvegarde de la liberté. Ce qui importe essentiellement à l'accusé, c'est de trouver des juges éclairés et impartiaux, étrangers aux passions, organes indépendants de la justice (2).

Toutefois, à raison du tempérament politique de notre pays, de la vivacité et de la mobilité de ses impressions, nous croyons que le droit d'accuser les ministres et le président de la république devrait exiger le concours des deux

---

(1) Lire dans le livre récent de M. Taine le tableau aussi exact que saisissant de cette situation des ministres, pendant la Révolution. *Origines de la France contemporaine*, t. II, ch. VII et XII ; t. III, liv. III, ch. II et III.

(2) Voir sur ce point le livre de M. Faustin Hélie : *Constitutions de la France*, p. 1447. Ses conclusions se rapprochent des nôtres.

Chambres, une résolution votée à la fois par la Chambre des députés et par le Sénat. Nous y apporterions encore un tempérament plus grave. Nous voudrions que ce droit d'accusation se réduisit à un simple droit de plainte. Cette plainte serait votée en comité secret ; elle saisirait la Chambre d'instruction qui serait forcée d'informer et contraindrait ainsi la haute Cour à instruire. Mais la haute juridiction conserverait le droit de déclarer qu'il n'y a lieu à suivre si la plainte lui semblait mal fondée. On éviterait ainsi ces recherches préliminaires pour lesquelles les Chambres sont forcées, afin de s'éclairer, d'usurper les formes de la justice. On éviterait ces débats retentissants qui passionnent les assemblées, troublent un pays ; ces résolutions solennelles qui, suivant un mot que nous avons cité, sont déjà pour les accusés un préjugé terrible. La séparation des pouvoirs serait ainsi mieux respectée. Et pourtant les droits de chacun d'eux seraient sauvegardés. La représentation nationale, gardien naturel de la constitution et des libertés publiques, ne serait pas désarmée, puisque sa plainte suffirait à provoquer les investigations de la haute justice. Sans doute elle serait forcée de s'incliner devant elle et c'est à la haute juridiction que resterait le dernier mot. Mais le pouvoir judiciaire est le plus élevé de tous les pouvoirs : tout, en dernière analyse aboutit à des jugements et l'autorité du juge est et doit être l'autorité suprême.

Nous ne voudrions pas non plus refuser au pouvoir exécutif le droit d'accuser les ministres. Pourquoi ne pas laisser au prince dans une monarchie, au président dans une république l'initiative d'une poursuite contre des ministres ou de hauts fonctionnaires prévaricateurs. Le chef de l'Etat n'est-il pas en situation d'apprécier l'opportunité d'une telle mesure, et pourquoi le procureur général près la Cour de cassation ne pourrait-il pas en son nom saisir la Chambre d'instruction d'une pareille poursuite ?

La plupart de nos constitutions écartent de Paris le siège de la haute Cour. Il est sage, en effet, de l'éloigner du foyer des agitations politiques et des passions populaires, pour mieux assurer le calme et l'indépendance de ses délibérations. Le pouvoir exécutif est évidemment le mieux placé pour apprécier en quel lieu doit être fixé le siège de la haute Cour et doit pouvoir désigner ce lieu, en la convoquant. Mais, pour le cas où il ne croirait pas devoir user de cette prérogative, il serait sage de laisser à la haute Cour elle-même le droit de déterminer au besoin la ville où elle tiendrait ses séances.

Rien dans le système que nous proposons ne nous paraîtrait s'opposer à ce que la haute Cour de justice, comme la Cour d'assises ordinaire, statuât accessoirement sur les réparations civiles.

La prescription, en ce qui regarde les délits des fonctionnaires, devrait être courte : une année à partir de la cessation des fonctions nous semblerait un délai suffisant en ce qui concerne les infractions purement politiques.

Pour ces mêmes crimes et délits, nous voudrions, avec la plupart des constitutions modernes, que le droit de grâce du chef de l'Etat ne pût s'exercer sans l'assentiment du Parlement.

La condamnation entraînerait forcément la révocation du fonctionnaire.

Quant à la procédure, nous ne voyons rien à modifier aux dispositions de notre code d'instruction criminelle.

Reste une dernière et grave question, que nous ne voulons pas éluder. Peut-il, doit-il exister un recours contre les arrêts de la haute juridiction? Nous le croyons, malgré la presque unanimité du sentiment contraire.

Pour nous, la haute Cour, telle que nous la concevons, n'est que la Cour d'assises ordinaire élevée à son plus haut degré d'autorité et de puissance. Dès lors, pourquoi ses arrêts ne pourraient-ils être l'objet d'un pourvoi en cassation pour violation des formes, comme ceux de la Cour d'assises de droit commun? On objecte l'élévation exceptionnelle du tribunal, la science presque infaillible de ses juges, l'atteinte que la cassation de ses décisions porterait à son autorité. Mais, pour nous, la raison décisive c'est que l'absence de tous recours contre ses arrêts en ferait vraiment un tribunal d'exception. Et si, devant elle, si peu vraisemblable que soit une pareille hypothèse, quelque forme substantielle de la justice avait pourtant été violée sans réformation possible, n'y aurait-il pas là un irréparable malheur ? Ici encore le droit individuel doit l'emporter sur toutes les considérations d'intérêt public. Dans ce cas, à raison de la composition de la haute Cour, de la solennité de sa justice, le pourvoi ne pourrait être jugé que par les Chambres réunies de la Cour de cassation (1).

Si l'arrêt venait à être cassé, il y aurait lieu au tirage d'un nouveau jury et à de nouveaux débats.

Nous ne verrions aucun inconvénient à ce que les arrêts de la haute Cour fussent soumis à la revision, dans les cas où elle est autorisée par nos lois. Mais il nous semble presque impossible, en fait, qu'une telle hypothèse se présente.

§ 6.

Telles sont les réflexions que nous suggère l'étude que nous avons faite des diverses organisations de la haute Cour, dans notre propre histoire et dans les législations étrangères. La Constitution qui nous régit n'a pas adopté le système qui nous paraît le meilleur. Elle confie au Sénat le jugement des attentats contre la sûreté de l'Etat et des crimes et délits politiques commis par le président de la République et par les ministres. Nous ne pouvons, du moins, qu'appeler de tous nos vœux le vote de la loi promise, qui doit définir les crimes, régler la compétence et la procédure.

Mais, nous l'avouons, c'est pour combattre de toutes nos forces l'attribution au Parlement de la juridiction politique

---

(1) Bien entendu, les membres de la haute Cour ne pourraient connaître du pourvoi.

que nous avons entrepris cette étude. Une telle attribution viole pour nous les règles fondamentales de la justice. On a beau dire que la juridiction parlementaire est une institution d'Etat dont le pouvoir modérateur est efficace et nécessaire ; nous retrouvons, malgré tout, dans cette théorie, un écho de la doctrine du salut public. Pour nous, nous n'avons cessé de souhaiter, nous ne cesserons de poursuivre la séparation aussi complète que possible de la politique et de la justice. Justice et politique n'ont rien de commun, et même nous ne savons pas de plus mortelles ennemies. Ce n'est pas du politique qu'il faut rapprocher le magistrat, ce serait plutôt du prêtre, car, lui aussi, doit s'isoler de toutes les passions contingentes et passagères pour s'élever à la vérité et à la justice éternelles. Comme le chancelier Pasquier le rappelait aux membres de la Cour des pairs, il ne faut pas qu'une sentence, une sentence politique surtout, paraisse juste aujourd'hui et demain, il faut qu'elle le paraisse toujours. Il ne faut pas que l'histoire la condamne et que la postérité flétrisse les juges, comme elle a fait pour la plupart des tribunaux politiques. Pour cela, il faut un juge qui ne soit que juge et qui n'applique que la loi. Nous croirions avoir rendu un éminent service à la cause de la justice et de la liberté si, dans une mesure quelconque, nous avions pu contribuer à faire prévaloir ces idées, à faire passer dans quelques âmes la conviction profonde qui anime la nôtre. Etranger par choix, non par indifférence, aux agitations des partis qui divisent et déchirent notre pays, nous voudrions pouvoir persuader à tous que suivant la belle parole de M. Rossi « la liberté politique a surtout besoin de justice (1). »

(1) *Traité de droit pénal*, p. 6.

TABLE DES MATIÈRES

LIVRE PREMIER.

DU JUGEMENT DES CRIMES D'ÉTAT ET DE LA RESPONSABILITÉ PÉNALE DES MAGISTRATS DANS LE DROIT ROMAIN.

CHAPITRE PREMIER.

Considérations générales. 1

CHAPITRE II.

Période royale. 3

CHAPITRE III.

Période républicaine. 6
  Section première. — De la répression des crimes politiques et des attentats à la sûreté de l'Etat avant l'établissement des *quæstiones perpetuæ*. 6
  Section II. — De la répression des crimes politiques et des attentats à la sûreté de l'Etat, depuis l'établissement des *quæstiones perpetuæ*. 16
  Section III. — Des lois criminelles destinées à assurer la répression des crimes politiques. 19
    § 1er. — Lois d'ambition (*de ambitu*). 19
    § 2. — Lois de concussion (*repetundarum*). 20
    § 3. — Lois de lèse majesté (*majestatis*). 21

CHAPITRE IV.

Période impériale. 24
  § 1er. — Des juridictions politiques sous l'Empire. 24
  § 2. — De la procédure, sous l'Empire, en matière de crimes et délits politiques. 28

LIVRE II.

DU JUGEMENT DES CRIMES D'ÉTAT ET DE LA RESPONSABILITÉ DES MAGISTRATS SOUS NOTRE ANCIENNE MONARCHIE.

CHAPITRE PREMIER.
De la justice politique sous les deux premières dynasties. 31

CHAPITRE II.
De la justice politique depuis l'avènement de Hugues Capet jusqu'au treizième siècle. — De la cour du roi. 44

CHAPITRE III.
Du pouvoir royal et du roi considéré comme grand justicier. 53

CHAPITRE IV.
De la Cour des pairs et du privilège des pairs. 63

CHAPITRE V.
Du jugement des crimes politiques depuis le treizième siècle jusqu'à Louis XIII. 72

CHAPITRE VI.
Du jugement des crimes politiques depuis la fin du règne de Henri IV jusqu'à la Révolution de 1789. 102

LIVRE III.

DES HAUTES COURS POLITIQUES DEPUIS 1789 JUSQU'A LA FIN DU PREMIER EMPIRE.

CHAPITRE PREMIER.
La haute Cour politique et les cahiers de 1789. 121

CHAPITRE II.
La haute Cour nationale et l'Assemblée constituante. 128

CHAPITRE III.
La haute Cour nationale et l'Assemblée législative. 148

CHAPITRE IV.
La haute Cour nationale et la Convention. 160

CHAPITRE V.
Le Directoire et la haute Cour de justice. 163

CHAPITRE VI.

La haute Cour sous la Constitution de l'an VIII.. 177

CHAPITRE VII.

L'Empire et la haute Cour impériale. 179

LIVRE IV.

LA HAUTE COUR POLITIQUE SOUS LA MONARCHIE CONSTITUTIONNELLE.

CHAPITRE PREMIER.

La haute Cour et la première Restauration. 187

CHAPITRE II.

La haute Cour et l'acte additionnel aux Constitutions de l'Empire... 189

CHAPITRE III.

De la haute Cour sous le gouvernement de la seconde Restauration et sous le gouvernement de juillet (1815-1848).. . · 192
SECTION PREMIÈRE. — Considérations générales. 192
SECTION II. — De l'organisation de la Cour des pairs. 196
SECTION III. — De la compétence de la Cour des pairs. 199
 § 1er. — De la compétence « ratione materiæ ». 199
 § 2. — De la compétence « ratione personæ ». 206
 § 3. — De la compétence à raison de la connexité. 210
SECTION IV.. 213
 § 1er. — Du droit d'accusation devant la Chambre des pairs et de la manière de la saisir.. 213
 § 2. — De l'accusation en matière d'attentats à la sûreté de l'Etat et de haute trahison.. 217
 § 3. — De l'accusation des pairs de France. 218
SECTION V.. 219
 § 1er. — De l'instruction devant la Cour des pairs.. 219
SECTION VI.. 221
 § 1er. — Des débats devant la Cour des pairs. 221
SECTION VII.. 223
 § 1er. — De la délibération sur la culpabilité et de l'application de la peine.. 223
 § 2. — Du jugement.. 229
 § 3. — Des contumaces. 230
 § 4. — Du jugement des affaires correctionnelles.. 231
 § 5. — Du caractère des décisions de la Cour des pairs. 231
SECTION VIII.. 232
 § 1er. — De l'action civile devant la Cour des pairs. 232
SECTION IX. Principaux procès jugés par la Cour des pairs. 234

LIVRE V.

DE LA HAUTE COUR POLITIQUE DEPUIS LA RÉVOLUTION DE FÉVRIER JUSQU'A NOS JOURS (1848-1888).

CHAPITRE PREMIER.

De la haute Cour politique sous la Constitution du 4 novembre 1848.. 251
SECTION PREMIÈRE. — Transition. 251
SECTION II. — De l'organisation de la haute Cour. 252
SECTION III. — De la compétence de la haute Cour. 253
SECTION IV. — Du droit d'accusation devant la haute Cour et comment elle pouvait être saisie.. 254
§ 1er. — De l'accusation du Président de la République.. 254
§ 2. — De l'accusation des ministres.. 255
§ 3. — De l'accusation en matière d'attentats. 255
SECTION V. — De l'instruction devant la haute Cour. 256
SECTION VI. — De la procédure devant la haute Cour.. 257
SECTION VII. — Des peines appliquées par la haute Cour. 257
SECTION VIII. — De l'action civile devant la haute Cour.. 258
SECTION IX. — Du caractère des décisions de la haute Cour.. . . . 259
SECTION X. — Grands procès jugés par la haute Cour 259
SECTION XI. — Jugement sur la haute Cour. 268

CHAPITRE II.

De la haute Cour sous la Constitution des 14-22 janvier 1852. 270
SECTION PREMIÈRE. — Principe de la haute Cour. 270
SECTION II. — Organisation de la haute Cour.. 271
SECTION III. — De la compétence de la haute Cour. 273
§ 1er. — De la compétence à raison de la nature du délit.. 273
§ 2. — De la compétence à raison de la personne ou de la fonction.. 274
SECTION IV. — Du droit d'accusation devant la haute Cour, et comment la haute Cour était saisie. 275
SECTION V. — De l'instruction.. 276
SECTION VI. — Jugement, pénalité, procédure. 278
SECTION VII. — Du jugement des contumaces.. 279
SECTION VIII. — Du jugement des délits par la haute Cour. 280
SECTION IX. — De l'action civile.. 282
SECTION X. — Suppression de la haute Cour. 282

CHAPITRE III.

De la haute Cour de justice sous la Constitution de 1875. 284
SECTION PREMIÈRE. Lois constitutionnelles concernant la haute Cour. 284
SECTION II. — De la constitution du Sénat en Cour de justice.. . . 287
SECTION III. — Du siège du Sénat constitué en Cour de justice... 287
SECTION IV. — De la compétence du Sénat constitué en Cour de justice.. 288
SECTION V. — Du droit d'accusation devant le Sénat, et comment il peut être saisi.. 300

Section VI. — Instruction, procédure, jugement, pénalité. 301
Section VII. — Caractère des décisions du Sénat. 302
Section VIII. — De l'action civile devant le Sénat. 302
Section IX. — Projet de loi sur la procédure devant le Sénat. . . . 303

LIVRE VI.

LÉGISLATION COMPARÉE. DE LA HAUTE COUR DANS LES LÉGISLATIONS ÉTRANGÈRES.

CHAPITRE PREMIER.

Considérations générales. 305

CHAPITRE II.

Constitutions d'après lesquelles la juridiction politique appartient exclusivement au parlement. 308
  Section première. — Grande-Bretagne. 308
    Première partie : Droit ancien. 308
      § 1er. — Des commissions judiciaires en Angleterre. 308
      § 2. — Origines de la juridiction parlementaire. 312
      § 3. — De la juridiction de la chambre des Lords sur ses propres membres. 314
      § 4. — De l'*impeachment*. 315
      § 5. — De l'*attainder*. 319
    Deuxième partie : Droit actuel. 322
      § 1er. — Juridiction des chambres. 323
      § 2. — Juridiction spéciale de la chambre des Lords. 323
      § 3. — *Impeachment*. 324
      § 4. — *Attainder*. 326
      § 5. — Conclusion. 326
  Section II. — Portugal (1826). 328
  Section III. — Brésil (1824). 330
  Section IV. — Italie (1848). 330
  Section V. — Espagne (1876). 333
  Section VI. — Mexique (1876). 334
  Section VII. — Hongrie (1848). 335
  Section VIII. — Etat libre d'Orange (1879). 337
  Section IX. — Hambourg (1879). 337

CHAPITRE III.

Constitutions d'après lesquelles la juridiction politique appartient exclusivement à la Cour suprême de droit commun. 338
  Section première. — Belgique (1831). 338
  Section II. — Pays-Bas (1848). 340
  Section III. — Allemagne (1877). 342
  Section IV. — Prusse (1850). 344
  Section V. — Suisse (1874). 344
    § 1er. — Constitution fédérale. 344
    § 2. — Soleure. 346

§ 3. — Genève... 347
SECTION VI. — Roumanie (1866)................................... 347
SECTION VII. — Pérou (1860)....................................... 352
SECTION VIII. — Bolivie (1878)..................................... 353

CHAPITRE IV.

Constitutions d'après lesquelles la juridiction politique appartient à une haute Cour spéciale.. 355
SECTION PREMIÈRE. — Suède (1809)................................ 355
SECTION II. — Bavière (1818)....................................... 357
SECTION III. — Autriche-Hongrie (1867)........................... 358
SECTION IV. — Turquie (1876)...................................... 364
SECTION V. — Grèce (1864-1877)................................... 366
SECTION VI. — Russie (1878)....................................... 376
SECTION VII. — Serbie (1869)....................................... 378
SECTION VIII. — Luxembourg (1868)............................... 378
SECTION IX. — Petites principautés allemandes.................... 379

CHAPITRE V.

Constitutions d'après lesquelles le tribunal auquel appartient la juridiction politique présente un caractère mixte....................... 380
SECTION PREMIÈRE. — Norwège (1814-1880)....................... 380
SECTION II. — Danemark (1866).................................... 385
SECTION III. — Islande (1874)...................................... 386
SECTION IV. — Grand duché de Bade (1818-1868)................. 387

CHAPITRE VI.

Etats-Unis et Constitutions similaires................................. 390
SECTION PREMIÈRE. — Etats-Unis. Constitution fédérale (1785).... 390
SECTION II. — Géorgie (1877)....................................... 392
SECTION III. — New-York (1846).................................... 392
SECTION IV. — Pensylvanie, etc. (1873)............................ 392
SECTION V. — Confédération argentine (1860)..................... 392
SECTION VI. — Wurtemberg et Saxe................................. 392
§ 1er. — Wurtemberg (1819-1876).................................. 393
§ 2. — Saxe (1831-1874)... 396

LIVRE VII.

CONCLUSION.

§ 1er. — Du principe d'une haute Cour.............................. 399
§ 2. — Critique de la juridiction parlementaire..................... 404
§ 3. — Critique du système américain............................... 416
§ 4. — Du caractère et de la constitution de la haute Cour........ 417
§ 5. — De l'organisation de la haute Cour........................... 425
§ 6. — Dernières réflexions... 429

TOULOUSE. — IMP. A. CHAUVIN ET FILS, RUE DES SALENQUES, 28.

www.ingramcontent.com/pod-product-compliance
Lightning Source LLC
Chambersburg PA
CBHW070531230426
43665CB00014B/1649